Christoph Dönges / Wolfram Hilpert / Bettina Zurstrassen
Didaktik der inklusiven politischen Bildung

Schriftenreihe Band 1617

Christoph Dönges / Wolfram Hilpert /
Bettina Zurstrassen

Didaktik der inklusiven politischen Bildung

bpb:
Bundeszentrale für
politische Bildung

Diese Veröffentlichung stellt keine Meinungsäußerung der Bundeszentrale für politische Bildung dar. Für die inhaltlichen Aussagen tragen die Autorinnen und Autoren die Verantwortung. Die Inhalte der zitierten Internetlinks unterliegen der Verantwortung der jeweiligen Anbietenden; für eventuelle Schäden und Forderungen übernehmen die Herausgebenden sowie die Autorinnen und Autoren keine Haftung.

Bonn 2015
© Bundeszentrale für politische Bildung
   Adenauerallee 86, 53113 Bonn
Lektorat und Redaktion: Verena Artz
Projektkoordination: Wolfram Hilpert

Titelfoto: © Soeren Stache/dpa. Veranstaltung der »Aktion Mensch« beim Europäischen Protesttag zur Gleichstellung von Menschen mit Behinderung.
Umschlaggestaltung, Satzherstellung und Layout: Naumilkat – Agentur für Kommunikation und Design, Düsseldorf
Druck: Druck- und Verlagshaus Zarbock GmbH & Co. KG, Frankfurt / Main

ISBN: 978-3-8389-0617-1

www.bpb.de

Inhalt

Christoph Dönges / Wolfram Hilpert / Bettina Zurstrassen

Einleitung: Didaktik der inklusiven politischen Bildung

Zielsetzung

Das Herausgeberteam dieser Publikation versteht Inklusion als eine umfassende gesellschaftliche Aufgabe. Inklusion ist eine Herausforderung, die unserer Gesellschaft nicht nur im Umgang mit Menschen mit Behinderungen gestellt ist. Sie ist mit dem Anspruch verbunden, die Ausgrenzung von Menschen benachteiligter gesellschaftlicher Gruppen (Menschen mit formal geringen Bildungsniveau, Menschen mit Migrationshintergrund, Menschen mit Behinderung etc.) zu überwinden.

Inklusive politische Bildung kann dementsprechend unter verschiedener Schwerpunktsetzung thematisiert werden. In dieser Publikation wird sie mit dem Fokus auf Menschen mit Lernschwierigkeiten (bevorzugte Selbstbezeichnung der Gruppe der Menschen mit geistiger Behinderung) diskutiert. Diese Schwerpunktsetzung erfolgte, weil es sich um eine Gruppe handelt, die von der politischen Bildung bislang kaum in den Blick genommen wurde.

Menschen mit Lernschwierigkeiten leben zumeist in für sie geschaffenen Strukturen (Werkstätten, Heime etc.) oder werden auch als Erwachsene familiär betreut. Die sozialstaatliche Intervention und die familiäre Fürsorge schaffen für sie zwar Orte, die sie in einer wettbewerbsorientierten Gesellschaft schützen. Aber diese Strukturen haben auch zur Folge, dass sie wie kaum eine andere Gruppe gesellschaftlich separiert sind. Zudem erschwert das weit verbreitete Vorurteil, dass Menschen mit Lernschwierigkeiten keinerlei politische Bildungs- und Urteilsfähigkeit besitzen, ihre Teilnahme am politisch-gesellschaftlichen Diskurs. Deshalb sind Bestrebungen, mit denen Menschen mit Lernschwierigkeiten unterstützt werden, am politisch-gesellschaftlichen Geschehen teilzunehmen, nur spärlich vorhanden.

Inzwischen hat aber eine Diskussion über die Ausgrenzung von Menschen mit Lernschwierigkeiten aus dem politischen Geschehen begonnen. Unter Bezugnahme auf das *Übereinkommen der Vereinten Nationen über die Rechte von Menschen mit Behinderungen*, im Folgenden als UN-Behindertenrechtskonvention (UN-BRK) bezeichnet, üben z. B. namhafte Personen aus

Politik und Gesellschaft deutliche Kritik an § 13 Nr. 2 des Bundeswahlgesetztes, im dem bestimmt ist, dass Menschen, für deren sämtliche Angelegenheiten ein Betreuer bzw. eine Betreuerin bestellt ist, vom Wahlrecht ausgeschlossen sind.

Politische Partizipation von Menschen mit Lernschwierigkeiten ist aber keineswegs primär eine Rechtsfrage. Es ist eine Frage, die eine gesellschaftliche Diskussion erfordert. Auch die Politische Bildung ist aufgefordert, sich damit zu beschäftigen. Ihre Didaktik muss wesentlich stärker als bislang auf die spezifischen Belange der Menschen mit Lernschwierigkeiten ausgerichtet werden.

In der UN-BRK wird Menschen mit Behinderungen das Recht auf Bildung »ohne Diskriminierung und auf der Grundlage der Chancengleichheit« zugesprochen. Als eines der Bildungsziele wird die Befähigung zur »wirklichen Teilhabe an einer freien Gesellschaft« genannt (Artikel 24 Absatz 1c). Der Staat soll »aktiv ein Umfeld [...] fördern, in dem Menschen mit Behinderungen ohne Diskriminierung und gleichberechtigt mit anderen wirksam und umfassend an der Gestaltung der öffentlichen Angelegenheiten mitwirken können« (Artikel 29 Absatz 1a). Gemäß der UN-BRK ist Behinderung nicht mit einer individuellen Schädigung gleichzusetzen, sondern wesentlich als Einschränkung gesellschaftlicher Teilhabe zu verstehen, ein Verständnis, das auch in aktuellen Verlautbarungen der WHO und dem *Neunten Buch* des *Sozialgesetzbuchs* zu finden ist.

Die in der UN-BRK erhobene Forderung, der Staat solle mit dem Ziel aktiv werden, Menschen mit Behinderungen die gleichberechtigte Teilhabe an politischen Prozessen zu ermöglichen, ist explizit als Aufforderung an die staatliche politische Bildung zu verstehen, sich der Aufgabe »Inklusion« anzunehmen. Politische Bildung wird in die Pflicht genommen, ihre Angebote für Menschen mit Behinderungen nutzbar zu machen und zum Empowerment von Menschen, die bisher durch die gesellschaftliche Wirklichkeit an einer gleichberechtigten Teilhabe an politischen Prozessen gehindert wurden, beizutragen.

Zentrale Fragen, mit denen sich die politische Bildung intensiver auseinandersetzen muss, sind:

• Wie können politische Bildungs- und Partizipationsprozesse inklusiv geplant und gestaltet werden?
• Wie kann ein Empowerment eine gleichberechtigte Teilhabe von Menschen, welche aus unterschiedlichen Gründen ausgegrenzt sind, ermöglichen?

Eine wesentliche Aufgabe besteht darin, Zugangsbarrieren abzubauen und Unterstützungsangebote zur selbstständigen Nutzung bereitzustellen. Dies kann aber nur zum Teil auf technisch-organisatorischem Weg erfolgen.

Eine besondere didaktische Herausforderung stellt sich, wenn Inhalte und Vermittlungswege selbst zur Barriere werden, etwa dann, wenn politische Bildung den Bildungserfordernissen von Menschen mit Lernschwierigkeiten gerecht werden will. Politische Bildungsprozesse selbst müssen inklusiv gedacht und geplant werden. Die Didaktik der politischen Bildung muss deshalb nicht grundlegend neu erfunden werden. Wie aber soll und muss sie verändert werden, damit politische Bildung auch in der Praxis inklusiv werden kann? Und welche Auswirkungen hat dies auf die Auswahl, Legitimation und Transformation von Lerninhalten der politischen Bildung und deren Verknüpfung mit Methoden und Medien? Das Herausgeberteam will mit der vorliegenden Publikation die wissenschaftliche und praxisbezogene Auseinandersetzung mit diesen Fragen fördern.

Dabei kommen auch die heterogenen Lernbedingungen und -möglichkeiten von Menschen mit und ohne Behinderung in den Blick und damit die Frage, welche heterogenen Formen der Exklusion ein inklusiver Ansatz der politischen Bildung berücksichtigen kann, soll und muss. Diese Frage ist für die Definition von Zielen, Inhalten und methodischen Möglichkeiten der politischen Bildung grundlegend. Mit den Lernbedingungen und -möglichkeiten von Menschen mit und ohne Behinderungen gerät zudem das Spannungsverhältnis zwischen Zielgruppenorientierung und Inklusion in den Fokus der Betrachtungen.

Auch die organisatorischen und bildungspolitischen Bedingungen einer inklusiven politischen Bildung werden bei der Suche nach Antworten auf die Frage, wie politische Bildung inklusiv werden kann, Beachtung finden müssen. Die Autorinnen und Autoren dieses Bandes beschäftigen sich jedoch dezidiert mit den fachdidaktischen Fragestellungen. Die (politischen) Fragen nach den Bedingungen, Möglichkeiten oder Notwendigkeiten der Verwirklichung eines bestimmten didaktischen Settings (z.B. Vorschläge zur Ausgestaltung des Schulsystems) sind nicht Gegenstand der Publikation.

Leitlinien

Das Herausgeberteam hat sich bei der Konzeption der Publikation auf folgende Leitlinien verständigt.
- **Interdisziplinarität**
  Inklusion ist eine komplexe gesellschaftliche Aufgabe, die nicht durch monodisziplinäre Betrachtungsweisen erfasst werden kann. Entsprechend wurden Autorinnen und Autoren aus den für dieses Thema relevanten Disziplinen angefragt. Der Band enthält daher Beiträge aus der Politikdidaktik, den Sozialwissenschaften und der Heil- und Sonderpädagogik.

- **Multiperspektivität**

  Über inklusive politische Bildung wird kontrovers diskutiert und diese Kontroversität soll in diesem Band abgebildet sein. Deshalb wurde darauf geachtet, Autorinnen und Autoren aus unterschiedlichen wissenschaftlichen Schulen zu versammeln, die unterschiedliche Positionen zu verschiedenen Sachverhalten (z.B. Leichte Sprache) vertreten. Zudem schließen verschiedene Unterkapitel mit einer kommentierenden Replik »Anstöße zum Weiterdenken«, in der jeweils eine Einordnung und Kritik der vorangegangenen Beiträge vorgenommen wird.

  In den Beiträgen werden auch kritische und skeptische Einschätzungen zur Möglichkeit inklusiver politischer Bildung sichtbar. Wichtig ist es, dennoch konstruktiv zu arbeiten. Die Herausforderungen auf dem Weg zu einer inklusiven Gesellschaft sind erheblich. Inklusion ist ein gesellschaftlicher Prozess, dessen Umsetzung bei einer optimistischen Betrachtung Jahrzehnte in Anspruch nehmen wird. Vermutlich wird der Prozess nie vollendet und zu einer dauerhaften gesellschaftlichen Aufgabe werden.

- **Fokus auf generelle Fragen der Inklusion und Menschen mit Lernschwierigkeiten**

  Grundlagenwerke zum Thema »inklusive politische Bildung« liegen bislang nicht vor. Der Band leistet einen ersten Beitrag zum Aufzeigen und Füllen dieser Lücke. Daher ist es von Bedeutung, dass sich die Autorinnen und Autoren auf grundlegende Fragestellungen konzentriert haben. Didaktische Fragen der politischen Bildung etwa für spezifische Zielgruppen (z.B. bestimmte medizinisch definierte Beeinträchtigungen) oder in spezifischen Settings (z.B. 9./10. Klasse der Realschule) sind nicht Gegenstand des Bandes. Der Fokus liegt aus den bereits genannten Gründen auf Menschen mit Lernschwierigkeiten.

- **Bandbreite politischer Bildung**

  Die Publikation richtet den Blick auf inklusive politische Bildung sowohl in der Schule als auch in der Jugend- und Erwachsenenbildung. Übergeordnete, d.h. beide Bereiche der politischen Bildung betreffende Fragen nach den Zielen und Aufgaben der inklusiven politischen Bildung, der Diskussion des Konzepts der Zielgruppenorientierung, der fachdidaktischen Konzeptionierung von Lehr-/Lernmethoden und Lehrmaterialien der politischen Bildung sowie der Sprache in der politischen Bildung werden in Teil 1 »Grundfragen und grundlegende Positionen zu einer inklusiven politischen Bildung« behandelt.

- **Verbindung von Theorie und Praxis**

  Die theoretischen Überlegungen werden durch Praxisbeispiele exemplifiziert bzw. es werden Praxisbeispiele in Beziehung zu theoretischen Überlegungen gesetzt.

- **Verständlichkeit**
  Der Band richtet sich an einen breiteren Leserkreis. Die Autorinnen und Autoren wurden deshalb aufgefordert, ihre Beiträge in verständlicher Sprache zu verfassen und Fachbegriffe und Theorieansätze zu erläutern. Die Publikation hat zwar einen wissenschaftlichen Anspruch, indem der aktuelle Forschungs- und Diskussionsstand sowie Grundregeln wissenschaftlichen Arbeitens berücksichtigt werden. Sie dient jedoch nicht vornehmlich dem wissenschaftlichen Diskurs. Sie soll vielmehr diejenigen, die praktisch, organisatorisch oder forschend in der Bildung, der (sozial-)pädagogischen und sonderpädagogischen Arbeit, in der Politik, der Verwaltung oder der Publizistik tätig sind, anregen, sich mit inklusiver politischer Bildung und politisch-gesellschaftlicher Teilhabe aller Menschen auseinanderzusetzen. Dazu wird vorhandenes Wissen gebündelt bereitgestellt, um auf diese Weise Ansätze einer inklusiven Praxis weiterzuentwickeln.

  Das Herausgeberteam versteht diese Publikation somit in einem weiten Sinne als ein Beitrag zu einem Fachdiskurs. Es betrachtet einen solchen Fachdiskurs als eine wichtige Vorbereitung, um den – in einem zweiten Schritt – notwendigen Dialog mit von Exklusion Betroffenen erfolgreich führen zu können. Weil sie als Beitrag zu einem (breiten) Fachdiskurs konzipiert ist, wurde ganz bewusst darauf verzichtet, die Publikation ganz oder teilweise in Leichte oder Einfache Sprache zu übersetzen.

Gliederung

Die Publikation ist in vier Oberkapitel und neun Unterkapitel unterteilt, wobei im ersten Kapitel ein Gesamtüberblick bzw. eine Einordnung des Themas »inklusive politische Bildung« erfolgt und im Verlauf der Publikation die Beiträge zunehmend in die Konkretion gehen. Die einzelnen Kapitel werden im Folgenden kurz vorgestellt:

1. Grundfragen und grundlegende Positionen zu einer inklusiven politischen Bildung

   1.1. Inklusive politische Bildung – inklusive Gesellschaft
   Die Entwicklung einer Didaktik der inklusiven politischen Bildung wird in diesem Kapitel als Teilaufgabe des gesellschaftlichen Prozesses »Inklusion« dargestellt. Dies erfolgt sowohl im Hinblick auf die fokussierte Zielgruppe »Menschen mit Lernschwierigkeiten« als auch aus einer grundsätzlichen soziologischen/gesellschaftlichen Perspektive heraus, von welche aus Inklusion nicht auf

Menschen mit Behinderungen einzugrenzen ist, sondern vielmehr in Verbindung mit gesellschaftlichen Exklusionsprozessen zu verstehen ist.

1.2. *Aufgaben, Ziele und Konzepte einer inklusiven politischen Bildung*
In diesem Kapitel skizzieren Vertreterinnen und Vertreter unterschiedlicher »Schulen« der Politikdidaktik unterschiedliche Konzeptionen einer inklusiven Didaktik der politischen Bildung. Ist es eine der zentralen Aufgabe der inklusiven politischen Bildung, Menschen mit Behinderungen zu mehr »Sichtbarkeit« als Personen zu verhelfen, indem sie befähigt werden, politisch in Erscheinung zu treten und sich an den gemeinsamen Angelegenheiten zu beteiligen? Ist Menschenrechtsbildung und Demokratie-Lernen das zentrale Element einer inklusiven politischen Bildung? Oder bleibt auch in der inklusiven politischen Bildung ein Kompetenzaufbau als Vermittlung der Fachsprache zentral? Die Leserinnen und Leser sind eingeladen, die Tragfähigkeit der Antworten auf diese zentralen fachdidaktischen Fragen für sich zu bewerten.

1.3. *Zielgruppenorientierung – ein Widerspruch zu Inklusion oder deren Voraussetzung?*
Während des Workshops *Inklusive politische Bildung* im März 2014 in Köln, war die Frage der Zielgruppenorientierung in der inklusiven politischen Bildung einer der wesentlichen Aspekte, zu dem die Teilnehmenden kontroverse Auffassungen hatten oder bei dem zumindest die Klärung und Präzisierung von Inhalten und Begrifflichkeiten notwendig erschien. Ist es möglich, den Widerspruch zwischen zielgruppenorientierten Angeboten, die partiell notwendig sind, und dem Anspruch der Inklusion aufzulösen? Es werden erste konzeptionelle Ansätze vorgestellt, wie Lehrmethoden und Materialien der politischen Bildung konzipiert sein sollten, damit sie einerseits Menschen in ihrer erschwerten Lernsituation gerecht werden und andererseits dem Ziel einer inklusiven Gesellschaft Rechnung tragen.

1.4. *Sprache und inklusive politische Bildung*
Politik ist Kommunikation und Kommunikation bedingt sprachliche Kompetenzen, in modernen Gesellschaften zudem eine elaborierte Lese- und Schreibkompetenz. Sprache kann somit auch zur Barriere für politische Teilhabe werden. In diesem Kapitel wird das Konzept der Leichten Sprache kontrovers diskutiert: Ist Leichte Sprache ein Instrument, welches die gesellschaftliche Teilhabe von Menschen mit Lernschwierigkeiten fördert, ja gar ermöglicht? Oder verfestigt und verstärkt sie vielleicht sogar die Exklusion?

1.5. Pädagogische Arbeit mit Medien als Element der inklusiven politischen Bildung

In der Mediengesellschaft ist Medienkompetenz eine unerlässliche Voraussetzung für die gesellschaftliche Teilhabe. Die gilt auch im Hinblick auf politische Partizipation. In diesem Kapitel werden Wege der Entwicklung von Medienkompetenz für Menschen mit Lernschwierigkeiten wissenschaftlich und anhand von Praxisbeispielen in den Blick genommen.

2. Inklusive politische Bildung in der Schule

2.1. Lehr- und Lernprozesse in der inklusiven Schule

Die Frage, wie politische Bildung inklusiv werden kann, wird in diesem Abschnitt mit Blick auf die Schule gestellt. Da die Grundschuldidaktik seit jeher auf heterogene Lerngruppen ausgerichtet ist, werden im ersten Beitrag dieses Kapitels ausgewählte Modelle und Praxisbeispiele aus der Sachunterrichtsdidaktik diskutiert. Im zweiten Beitrag geht es zunächst um das Risiko, dass im Zusammenhang mit Inklusion an das Bildungssystem und die Bildungspraxis weitreichende Ansprüche gestellt werden, denen es an konkreten Anschlussmöglichkeiten für die Planung und Durchführung von Unterricht fehlt. Danach wird anhand eines Planungsmodells verdeutlicht, wie eine an sonderpädagogischen Entwicklungsbereichen orientierte Förderung von Schülerinnen und Schülern mit den fachlichen Anforderungen eines politisch bildenden Unterrichts verknüpft werden kann. Im dritten Beitrag wird exemplarisch geschildert, welche Wege in Grundschulen, die auf dem Weg der Inklusion vorangeschritten sind, derzeit beschritten werden. In der Replik wird eine weiterführende Diskussion der dargestellten Modelle und aufgeworfenen Fragen eingefordert.

2.2. Wege zur Politik- und Demokratiekompetenz für Schülerinnen und Schüler mit Lernschwierigkeiten

Im ersten Beitrag werden Ansatzpunkte und Gelingensbedingungen für einen politischen Unterricht, in dem explizit auch Schülerinnen und Schüler mit Lernschwierigkeiten mitwirken können, aufgezeigt. Im zweiten Beitrag, der Replik, wird diskutiert, ob bzw. inwieweit ein solcher Unterricht noch als politischer Unterricht bezeichnet werden kann.

3. Inklusive politische Jugend- und Erwachsenenbildung

3.1. Erfordernisse und Perspektiven

Der Frage, wie und ob die politische Jugend- und Erwachsenenbildung für Menschen mit kognitiven Beeinträchtigungen inklusiv konzipiert werden kann, wird aus dem Blickwinkel der Politikwissenschaft/Politikdidaktik und der Heil- und Sonderpädagogik nachgegangen. Dabei wird auch das Dilemma angesprochen, dass die Teilnehmerorientierung in der Erwachsenenbildung mit dem Anspruch auf Inklusion kollidiert. Im ersten Beitrag geht es um spezifische Lernbedingungen von Menschen mit Lernschwierigkeiten, eine geeignete Verortung inklusiver politischer Bildung und die erforderliche Professionalisierung der außerschulischen politischen Jugend- und Erwachsenenbildner. Im zweiten Beitrag werden Menschen mit unterschiedlich bedingten Teilnahmeeinschränkungen in den Blick genommen; es wird erörtert, wie deren Zugangserschwernisse methodisch und organisatorisch abgebaut werden können. Im letzten Beitrag, der Replik, erfolgt eine Einordnung der beiden vorangegangenen Beiträge.

3.2. Politische Bildung und politische Praxis

Stellvertretend für unterschiedlichste Projekte und Initiativen zur Öffnung des politischen Raums für Menschen mit Lernschwierigkeiten werden in diesem Unterkapitel drei Projekte vorgestellt. Den Einzeldarstellungen geht eine grundsätzliche Betrachtung der möglichen Wege zur Öffnung des politischen Raums für Menschen mit kognitiven Beeinträchtigung voraus, die auch der Einordnung der nachfolgenden Praxisbeispiele dient.

Teil 1

Grundfragen und grundlegende Positionen zu einer inklusiven politischen Bildung

1.1 Inklusive politische Bildung – inklusive Gesellschaft

Martin Kronauer

Politische Bildung und inklusive Gesellschaft

»[…] ihre [gemeint ist die Erwachsenenbildung] Funktion ist die *Aufklärung*. Der neue Aberglaube, mit dem sie es zu tun hat, ist der an die Unbedingtheit und Unabänderlichkeit dessen, was der Fall ist. Dem beugen sich die Menschen, als wären die übermächtigen Verhältnisse nicht selber Menschenwerk. Die Undurchsichtigkeit dieser Verhältnisse, die mehr in der Kompliziertheit der Apparatur als im Wesen besteht, läßt sich aber durchdringen. Die Veränderungen in den Menschen selbst, die sie zu bloßen Agenten der Verhältnisse machen, kann man bestimmen und in den Menschen die Ahnung erwecken, die sie insgeheim bereits hegen: daß sie betrogen werden und sich selber nochmals betrügen.« (Adorno 1956)

Eine solche Charakterisierung der Erwachsenenbildung erscheint heute, wo die Vermittlung von Wissen zuallererst und bei Strafe des Untergangs dem individuellen Funktionieren innerhalb der »übermächtigen Verhältnisse« dienen soll, völlig unzeitgemäß. Theodor W. Adorno formulierte sie für den Volkshochschultag 1956. Wer sich allerdings ernsthaft mit der Frage auseinandersetzen will, wie politische Bildung zu einer »inklusiven Gesellschaft« beitragen könnte, der wird nicht umhin kommen, unzeitgemäß zu sein und jene programmatischen Sätze heute wieder aufzugreifen. Denn der Ausgangspunkt einer solchen Auseinandersetzung kann nur eine Kritik dessen sein, »was der Fall ist« – die Vorherrschaft von Verhältnissen nämlich, die gerade nicht »inklusiv« sind, sondern vielmehr Menschen regelmäßig »exkludieren«. In diesem Verständnis besteht die Aufgabe gerade politischer Bildung folglich darin, in den Menschen die »Ahnung« zu »erwecken« und zu stärken, dass sie betrogen werden, wenn ihnen unter diesen Umständen eine Gesellschaft in Aussicht gestellt wird, an der alle problemlos teilhaben können.

Politische Bildung mit Blick auf eine »inklusive Gesellschaft« wird deshalb zunächst von Exklusionen zu sprechen haben. Dafür gibt es auch gute historische Gründe. Denn die Exklusionsdebatte in Europa ging in gewisser Weise der Inklusionsdebatte voraus. Sie markierte eine Zäsur, angezeigt zunächst von einer Rückkehr der Arbeitslosigkeit und einer Zunahme von Armut, die beide in den ersten Jahrzehnten nach dem Zweiten Weltkrieg überwunden schienen. Dazu der erste Punkt der folgenden Ausführungen.

Was in der Exklusionsdebatte thematisiert wird, betrifft unmittelbar die Kernfrage der politischen Bildung, die nach dem Zustand der Demokratie, und ihre zentrale Aufgabe, politisches Urteilsvermögen zu schärfen. Soziale Ausgrenzungen stehen im Widerspruch zu demokratischen Verhältnissen. Die Tatsache, dass Menschen am Arbeitsmarkt, in ihren sozialen Beziehungen und in den sozialstaatlichen Systemen ausgegrenzt werden, verweist auf eine Krise der Institutionen, von denen gesellschaftliche Teilhabe, mithin der sozial-materielle Unterbau von Demokratie, in kapitalistischen Gesellschaften abhängt. Gerade darauf also muss sich politische Bildung beziehen. Dazu der zweite Punkt.

Politische Bildung, die von der Erkenntnis geleitet wird, dass die gesellschaftlichen Verhältnisse in ihrer gegenwärtigen Verfassung zwangsläufig Exklusionen hervorbringen und Demokratie unterminieren, wird diejenigen, die sie anspricht, zu gesellschaftsveränderndem Handeln zu ermächtigen suchen und ihre Partizipation in allen Belangen fördern. Denn eine inklusive, soziale und materielle Teilhabe ermöglichende Gesellschaft kann selbst nur auf partizipativem Weg entstehen, in einem »unabschließbaren Prozess« (Burtscher u. a. 2013, S. 260) der Auseinandersetzung über legitime und illegitime Grenzziehungen. Dazu der dritte und abschließende Punkt.[1]

»Ahnung erwecken«: Kritik exkludierender Verhältnisse als Voraussetzung von Inklusion

Wenn heute in Deutschland von »Inklusion« die Rede ist, dann meist mit Bezug auf Menschen mit Behinderungen. Den Ausgangspunkt bildet dabei die UN-Behindertenrechtskonvention (UN-BRK). Im Jahr 2006 verabschiedet, wurde sie 2009 auch von der Bundesrepublik ratifiziert. Allerdings findet sich in der ursprünglichen deutschen Übersetzung das Wort »Inklusion«, das dem englischen Wortlaut in zentralen Artikeln entsprechen würde, nicht. Stattdessen ist von »Einbeziehung« und, in Verbindung mit dem Bildungssystem, von »Integration« die Rede.[2]

Aber Integration trifft gerade nicht das Neue und Bahnbrechende, das die Konvention ins Auge fasst. Diese kehrt gewissermaßen die Verantwortlichkeiten um. Es soll nicht mehr vor allem darum gehen, Menschen mit Behinderungen so zu betreuen und zu beeinflussen, dass sie in die Gesellschaft passen, sie in diesem Sinn also zu »integrieren«, sondern umgekehrt darum, die Gesellschaft so zu öffnen, dass sie Menschen mit Behinderungen selbstverständlich einbezieht.[3] Nicht mehr institutionalisierte Sonderbehandlung, sondern anerkannte Differenz innerhalb gemeinsamer Institutionen und Organisationen ist das Ziel. Das soll insbesondere für das Bildungswesen gelten. Der weitreichende Anspruch der Konvention zeigt sich aber vor allem darin, dass sie die »full and effective participation and inclusion in society« zu einem Grundprinzip erklärt, das sich notwendig aus der Anwendung der Menschenrechte auf Menschen mit Behinderungen ergebe und dem somit völkerrechtliche Verbindlichkeit zukomme.

Dies ist eine sehr bemerkenswerte Argumentation. Sie hat weitreichende Implikationen, die allerdings in der Debatte um die Inklusion von Menschen mit Behinderungen, jedenfalls in Deutschland, weitgehend ausgeblendet werden. Denn wenn Inklusion ein Menschenrecht darstellt, kann dieses nicht auf Menschen mit Behinderungen begrenzt werden. Oder umgekehrt: Wenn Inklusion lediglich ein Desiderat für Menschen mit Behinderungen wäre, lebten wir bereits in einer im Kern »inklusiven Gesellschaft«, die allein noch dieser besonderen Gruppe ihre Tore zu öffnen hätte. Dies ist aber offensichtlich nicht der Fall. Und es würde zudem die gewaltigen gesellschaftlichen Anstrengungen unterschätzen, derer es bedarf, um die gesellschaftlichen Institutionen und Organisationen tatsächlich inklusiv umzugestalten. Denn was für die »Inklusion« von Menschen mit Behinderungen gelten sollte, nämlich dass sie bei Anerkennung ihrer besonderen Bedarfe ihre Lebensziele gleichberechtigt mit allen anderen Menschen verfolgen können, muss für eben jene anderen Menschen mit ihren besonderen Bedarfen gleichermaßen gelten. Auf solche Inklusion aber ist die gegenwärtige Gesellschaft nicht angelegt.

Gerade dies müsste deshalb eine der Aufklärung verpflichtete politische Bildung zuallererst zeigen, wenn sie sich nicht von vornherein vom Gedanken einer »inklusiven Gesellschaft« verabschieden will. Denn die Gefahr, zu betrügen und betrogen zu werden, ist beim Versprechen von Inklusion besonders groß – als ob es ohne Weiteres und ohne tief greifende institutionelle und gesellschaftliche Veränderungen einzulösen wäre.

Die Ahnung, dass die Gesellschaften Europas nicht nur nicht inklusiv sind, sondern im Gegenteil Menschen wieder zunehmend sozial ausschließen, und zwar weit über den Kreis von Menschen mit Behinderungen hinaus, dämmerte bereits in den 1980er Jahren. Inzwischen ist sie zur regelmäßig bestätigten Gewissheit geworden, dokumentiert unter anderem in den Berichten der Europäischen Kommission zur Beschäftigung und sozialen Entwicklung in Europa. Armut, Arbeitslosigkeit und mit ihnen verbundene soziale Ausschließungen nehmen zu, und dies insbesondere seit der Finanzmarktkrise und der Überwälzung ihrer Kosten auf die Bevölkerungen Europas (European Commission 2012).

Der entscheidende Begriff hierfür ist »Exklusion«. Er kam ursprünglich in der politischen und akademischen Debatte in Frankreich auf und wurde rasch auf der europäischen Ebene und in anderen Ländern der Europäischen Union aufgegriffen (zur Begriffsgeschichte Kronauer 2010, S. 35 ff.). In der öffentlichen Diskussion ging der Exklusionsbegriff dem Inklusionsbegriff voraus – und zwar weniger als ein theoretisch ausgewiesener Begriff denn als Bezeichnung für eine problematische gesellschaftliche Entwicklung, mit der eine »neue soziale Frage« aufgekommen sei.[4]

Der »kurze Traum immerwährender Prosperität« (Lutz), der nicht nur in Deutschland, sondern auch in vielen anderen europäischen Ländern nach dem Zweiten Weltkrieg geträumt worden war, kam in den 1970er Jahren offensichtlich zu einem Ende. Armut und Arbeitslosigkeit, die ein für alle Mal besiegt oder zumindest besiegbar zu sein schienen, nahmen wieder zu und verfestigten sich. Aber sie manifestierten sich nun nicht mehr wie in den Vorkriegsjahren als sichtbares Massenelend verarmter Arbeiterinnen und Arbeiter, sondern als steigende Zahl von Einzelschicksalen, die administrativ bearbeitet wurden. Die nach dem Zweiten Weltkrieg neu eingeführten oder stabilisierten Sozialversicherungssysteme schützten zwar vor raschem sozialem Abstieg. Für Langzeitarbeitslosigkeit allerdings waren sie nicht ausgelegt; sie wiesen darüber hinaus erhebliche Lücken in der Bereitstellung von Leistungen bei bestimmten kritischen Lebensphasen und Haushaltskonstellationen auf (deshalb sind beispielsweise in vielen europäischen Ländern alleinerziehende Mütter oder Jugendliche besonders von Armut betroffen).

Aber auch die informellen sozialen Unterstützungsnetze waren geschwächt. Die traditionellen Arbeitermilieus mit ihren Nachbarschaftsorganisationen in den Städten hatten sich in der Prosperitätsphase weitgehend aufgelöst (Pirker 1991). Zugleich hatten sich die Lebens- und Haushaltsformen stärker individualisiert. Beides erschwerte nun die Bündelung von materiellen und sozialen Ressourcen. Und dort, wo der Familienverband traditionsgemäß Rückhalt in Notlagen gewährt, wie vor allem in den südeuropäischen Ländern mit schwächer ausgebildeten, fragmentierten Sozialstaaten, wurde er mit dieser Aufgabe zunehmend überfordert.

»Exklusion« beschreibt somit eine für die Nachkriegszeit neue soziale Realität, und zwar die von Menschen, die, wiewohl in der Regel in irgendeiner Form administrativ eingebunden und »verwaltet«, dennoch von Möglichkeiten der gesellschaftlichen Teilhabe am Arbeitsmarkt, als Konsumentinnen und Konsumenten, als Bürgerinnen und Bürger zunehmend abgekoppelt werden. Der Begriff benennt damit zugleich aber auch einen gesellschaftlichen Skandal. Denn die Tatsache der Exklusion widerspricht dem Selbstbild kapitalistischer Gesellschaften, die zugleich demokratisch sein wollen und nach den historischen Erfahrungen von Weltwirtschaftskrise, Faschismus und zwei Weltkriegen mit ihren sozialstaatlichen Institutionen die »ausdrückliche Verantwortung einer Gesellschaft für das Wohlergehen ihrer Mitglieder in grundlegenden Belangen« (Girvetz zit. nach Kaufmann 1997, S. 21) anerkannt hatten.

Es befremdet, wie sehr die auf die Inklusion von Menschen mit Behinderungen ausgerichtete (und dabei zumeist auf Bildung und Ausbildung verengte) jüngste Inklusionsdebatte in Deutschland den Kontext der sozialen Ausschließungen, der in der Exklusionsdebatte seit Jahrzehnten thematisiert wird, ausblendet. Dies nährt zugleich den Verdacht, dass es auch mit der Inklusion von Menschen mit Behinderungen nicht allzu ernst gemeint sein könnte.

Politische Bildung, die sich von der Idee einer »inklusiven Gesellschaft« leiten lässt, ist deshalb gehalten, die Verbindung zwischen den beiden Debattensträngen und ihren jeweils unterschiedlichen Ausgangspunkten aufzuzeigen, ohne dabei die spezifischen Unterschiede in den Problemkonstellationen zu leugnen. Denn eine ernst gemeinte Inklusionspolitik kann sich nicht damit zufriedengeben, die »Inklusion« von Menschen mit Behinderungen in Bildungseinrichtungen und Arbeitsmärkte zu betreiben, die nach ihrer eigenen Logik Menschen immer wieder aussortieren und ausschließen. Zugleich wird sie sich aber auch daran messen lassen müssen, inwieweit sie den besonderen Bedarfen von Menschen mit Behinderungen Rechnung trägt (Kronauer 2013).

Demokratie und inklusive Gesellschaft

Warum aber soll sich politische Bildung überhaupt auf das Thema »inklusive Gesellschaft« einlassen? Weil es den Kern ihres Gegenstandsbereichs betrifft, die Demokratie. Demokratie wäre hier aber nicht zu reduzieren auf ihre institutionalisierten repräsentativen Formen wie Parlamente, Exekutive und Gewaltenteilung und politische Bildung nicht auf die Vermittlung von Wissen über diese Institutionen. Demokratie lebt, wenn sie denn eine lebendige sein soll, von der Gestaltungsmacht, welche die Mitglieder eines Gemeinwesens über ihr eigenes Leben sowie die Gegenwart und die Zukunft des Gemeinwesens ausüben können. Und dazu bedarf es grundlegender sozialer und materieller Voraussetzungen.

Die zentrale Frage, die sich insbesondere nach dem Zweiten Weltkrieg und den zuvor gemachten Erfahrungen der Weltwirtschaftskrise und des Aufkommens faschistischer Massenbewegungen stellte, war, ob solche Voraussetzungen im Rahmen von Gesellschaften mit kapitalistischer Ökonomie und durch sie geprägten Klassenverhältnissen überhaupt geschaffen werden können. Kaum noch gegenwärtig in politischer Bildung heute ist die Erinnerung daran, wie diskreditiert der Kapitalismus als Wirtschafts- und Gesellschaftsordnung angesichts der Vorgeschichte des Weltkriegs und der Komplizenschaft der Wirtschaftseliten mit dem Nationalsozialismus in Deutschland unmittelbar nach Kriegsende war – sehr präsent allerdings ist diese Erinnerung noch in Adornos eingangs wiedergegebenem Vortragsauschnitt.

Die in einer Reihe europäischer Länder historisch gefundene oder eher: erstrittene und in gesellschaftspolitischen Kompromissen ausgehandelte Antwort bestand in einer Ausweitung des Bürgerstatus auf den sozialen Bereich und somit in der Inkorporierung oder »Inklusion« (ohne dass dieser Begriff verwendet wurde) der lohnabhängigen Klassen in die bürgerliche Gesellschaft. Der entscheidende Schritt sollte die Ergänzung persönlicher und politischer Bürgerrechte durch soziale Rechte sein.

Die Implikationen dieses Schritts hat der englische Soziologe Thomas Humphrey Marshall kurz nach Kriegsende in seinen berühmten Vorlesungen *Citizenship and Social Class* erörtert: »Mit dem sozialen Element bezeichne ich eine ganze Reihe von Rechten, vom Recht auf ein Mindestmaß an wirtschaftlicher Wohlfahrt und Sicherheit, über das Recht an einem vollen Anteil am gesellschaftlichen Erbe, bis zum Recht auf ein Leben als zivilisiertes Wesen entsprechend der gesellschaftlich vorherrschenden Standards. Die am engsten mit ihnen verbundenen Institutionen sind das Erziehungswesen und die sozialen Dienste.« (1992, S. 40) Soziale Rechte schützten die lohnarbeitenden Klassen vor völliger Marktabhängigkeit. Sie brächten für sie zugleich, über die Öffnung des Bildungswesens und die sozialen Dienste, Lebenschancen »in Reichweite«, die zuvor ausschließliches Privileg der besitzenden Klassen gewesen seien (ebd., S. 66). Klassen- und Einkommensungleichheit verschwänden auf diesem Wege (noch) nicht, aber der Stachel sei gesetzt, um sie weiter zu verringern. Gestärkt wird die »Statusgleichheit« der Individuen als Bürgerinnen und Bürger, trotz fortbestehender Einkommensungleichheit (ebd., S. 73).

In ähnlicher Weise analysiert der französische Soziologe Robert Castel die Einführung der Sozialversicherungssysteme als einen Kompromiss innerhalb der Klassengesellschaft, nach dem die weiter gehenden revolutionären Versuche, ein Recht auf Arbeit für die Lohnabhängigen durchzusetzen, im 19. Jahrhundert gescheitert waren. Sozialversicherungssysteme reduzieren die typischen Risiken, die aus der Lohnarbeitsexistenz erwachsen – den Verlust des Einkommens bei Arbeitslosigkeit, Krankheit und im Alter. Und sie eröffneten den Lohnabhängigen zum ersten Mal einen Zugang in die bürgerliche Gesellschaft. Denn als Bürger galt zuvor nur, wer über eigenen Besitz verfügte. Dies schloss die arbeitenden, weil besitzlosen Klassen aus. Nun, mit dem gesetzlich verankerten Sozialversicherungssystem, erwarben die Lohnabhängigen ein Eigentum eigener Art, ein »Sozialeigentum«, wie Castel es nennt. Es gewährt ein gewisses Maß an sozialer Sicherheit, bildet damit das Gegenstück zum privaten bürgerlichen Eigentum und die Grundlage des auf die arbeitenden Klassen ausgeweiteten Bürgerstatus (Castel 2011a, S. 208).

Im Rückblick erscheinen die dem Ende des Zweiten Weltkriegs folgenden 30 Jahre des Wirtschafts- und Beschäftigungswachstums, des Ausbaus der Sozialstaaten, der – relativen – Angleichung der Lebensverhältnisse und der Ausweitung von Rechten auf die arbeitenden Klassen in Deutschland und anderen europäischen Ländern häufig in einem verklärenden Licht. Umso wichtiger ist es für eine der Aufklärung und dem Gedanken einer »inklusiven Gesellschaft« verpflichteten politischen Bildung, die Grenzen und Widersprüche, die diese Epoche ebenfalls kennzeichneten, im Blick zu behalten und zu thematisieren.

Die Klassenungleichheit wurde, trotz Abschwächung ihrer Wirkungen, nicht beseitigt, die Eigentumsverhältnisse wurden nicht angetastet, wirtschaftliche Entscheidungen auf betrieblicher Ebene blieben, trotz Mitbestimmung, demokratischer Kontrolle weitgehend entzogen. Die konventionelle Arbeitsteilung zwischen den Geschlechtern, die Abhängigkeit der Frau vom erwerbstätigen Ehemann, die während des Krieges und unmittelbar danach tendenziell aufgebrochen worden war, wurde in Deutschland wiederhergestellt, rechtlich zementiert und von den sozialstaatlichen Regelungen gefördert. Bürgerrechte wurden als Staatsbürgerrechte definiert und schlossen Migranten von politischer Beteiligung (wenn auch zunächst nicht von sozialen Rechten) aus. Menschen mit Behinderungen unterlagen rechtlichen und darüber hinaus faktischen Diskriminierungen. Unkonventionelle Lebensstile und Orientierungen wurden abgewertet oder ausgegrenzt. Die Jugendrevolten, feministischen und sozialen Bewegungen der 1960er und 1970er Jahre stellten diese Grenzen in Frage, drängten auf basisdemokratischen Einfluss, Gleichheit und Anerkennung von gleichberechtigter Differenz, und dies nicht ohne Erfolge.

Die entscheidende Schwachstelle beim Versuch, Demokratie und Kapitalismus »inklusiv« durch die Etablierung sozialer Rechte zu versöhnen, blieb freilich die prekäre Verbindung zwischen sozialen Rechten und auf Gewinn abzielender Erwerbsarbeit.[5] Die Arbeitsteilung in kapitalistischen Gesellschaften ist weitgehend marktförmig organisiert und schließt ein Machtgefälle von Kapital und Arbeit ein. Der Zugang zur Inklusionsinstanz Erwerbsarbeit hängt von unternehmerischen Entscheidungen und nicht vom Bürgerstatus ab. Ein soziales Recht auf Arbeit kann es de facto in diesen Verhältnissen nicht geben. Gleichzeitig sind die sozialstaatlichen Systeme, die vor Marktabhängigkeiten in einem gewissen Umfang schützen sollen, auf die Erträge aus Erwerbsarbeit angewiesen, können aber ihrerseits Erwerbsarbeit nicht als soziales Recht garantieren. An dieser »systemischen« Schwachstelle der Inklusion setzte in den 1980er Jahren die »Schockwelle« (Castel 2011b, S. 38) des Wandels der Arbeits- und Beschäftigungsverhältnisse an und ihre Auswirkungen unterspülen, um im Bild zu bleiben, bis heute die materiellen Grundlagen der Demokratie.

Nicht Naturgewalt hat diese Schockwelle ausgelöst und für die Ausbreitung ihrer Wirkungen gesorgt, sondern menschliches Handeln. Dazu gehört die politische Neuordnung und Liberalisierung der Finanzmärkte, die strategische Neuorientierung von Großunternehmen, die nun in erster Linie die Anlegerinteressen bedienen, und innerhalb der EU der Vorrang der wirtschaftlichen Integration mit der Schaffung eines gemeinsamen Marktes und – für einen Teil der Mitgliedsländer – einer gemeinsamen Währung, ohne gleichzeitig die politische und soziale Einigung zu bewerkstelligen (Kronauer 2013). Überall in Europa werden, in national unterschiedlichen Varianten und Abstufungen, sozialstaatliche Leistungen und soziale Rechte eingeschränkt oder noch enger als zuvor an die Voraussetzung von Erwerbsarbeit geknüpft. An die Stelle des sozialstaatlichen Schutzes vor völliger Marktabhängigkeit tritt mehr und mehr eine Sozialpolitik, die darauf abzielt, die Marktgängigkeit (im Jargon der Europäischen Union: *employability*) der Individuen zu fördern, diesen aber auch die Risiken des Scheiterns am Markt zu übertragen (Kronauer 2010, S. 254 ff.).

Das Ergebnis war und ist eine Zunahme und zugleich Neukonturierung sozialer Ungleichheiten. Die Einkommen und Vermögen driften weiter auseinander und damit zugleich die Lebensverhältnisse (Goebel u. a. 2010). Die durch Klassen- und Schichtzugehörigkeit bedingten Ungleichheiten bleiben erhalten und vertiefen sich, etwa mit Blick auf Bildungsabschlüsse und ihre Erträge (Solga/Powell 2006). Sie werden aber zudem überlagert von Teilhabeungleichheiten, welche einer Logik von unterschiedlichen arbeits- und sozialrechtlichen Absicherungen folgen. Mindergeschützte (sowie häufig auch gering entlohnte) Beschäftigungsverhältnisse nehmen zu, aus denen auch geringere (wenn überhaupt) sozialversicherungsrechtliche Ansprüche erwachsen. Gerade in Deutschland fällt es schwer, von prekären in gesicherte Arbeitsverhältnisse zu wechseln. Und eine erhebliche Zahl von Langzeitarbeitslosen bleibt dauerhaft vom Arbeitsmarkt abgekoppelt, fristet eine Existenz am Rand oder unterhalb des kulturell-gesellschaftlich angemessenen Lebensstandards. Die negativen Folgen wachsender sozialer Ungleichheit für die gesellschaftliche und politische Partizipation und das Vertrauen in politische Institutionen sind vielfach nachgewiesen (Böhnke 2010, Bödeker 2011, Schäfer u. a. 2013, im europäischen Vergleich Green u. a. 2011).

Während in vielen europäischen Ländern soziale Rechte eingeschränkt werden und ein Rückbau des Sozialstaats zu beobachten ist, werden individuelle Rechte, etwa auf dem Weg der Anti-Diskriminierungsgesetze der Europäischen Union, tendenziell eher gestärkt. Das gilt für die Rechte von Frauen ebenso wie für die Rechte von Menschen mit Behinderungen. Stehen diese beiden Tendenzen im Widerspruch zueinander? Nicht unbedingt. Denn die Stärkung individueller Rechte befindet sich durchaus im Einklang mit einer gesellschaftspolitischen Orientierung, die den Individuen auch eine stärkere Verantwortung für sich selbst übertragen will. Umgekehrt schützt sie aber nicht – oder zumindest nicht ohne Weiteres – vor den Folgen der sozialen Entsicherungen. So sind es vor allem nach wie vor Frauen, die in den mindergeschützten Arbeitsverhältnissen beschäftigt und deren Risiken ausgesetzt sind. Für Menschen mit Behinderungen wiederum zeichnet sich in der Diskussion über geschützte Werkstätten ab, dass die »Inklusion« in konkurrenzgetriebene Märkte neue Exklusionsrisiken erzeugt (Burtscher 2013). Mit Blick auf eine »inklusive Gesellschaft« folgt daraus: Inklusion über individuelle Rechte bedarf der absichernden Inklusion in soziale Rechte.

Politische Bildung als Ermächtigung zu gesellschaftsveränderndem Handeln

Eine »inklusive Gesellschaft« kann per definitionem nie vollendet sein. Das liegt nicht zuletzt am grundlegend historischen Charakter gesellschaftlicher Verhältnisse und Institutionen. Politische Bildung, die sich bewusst ist, dass Demokratie ihr zentrales Anliegen darstellt, und deshalb aus guten Gründen Inklusion zu fördern sucht, kann daher auch auf keine jemals verwirklichten oder vorgezeichneten Vorbilder zurückgreifen. Sie kann aber, ausgehend von einer kritischen Auseinandersetzung mit dem, was »der Fall ist«, zentrale Problembereiche benennen, welche für die Realisierung einer jeweils historisch möglichen »inklusiveren«, somit demokratischeren

Gesellschaft angegangen werden müssten. Zwei solcher Problembereiche habe ich bereits angesprochen: das Spannungsfeld von sozialen Rechten, Demokratie und kapitalistischer Ökonomie; die notwendige Vermittlung von individuellen mit sozialen Rechten der Inklusion. Weitere kritische Punkte müssten thematisiert werden: die Reichweite einer »inklusiven Gesellschaft«, somit die Legitimität, aber auch notwendige Durchlässigkeit von äußeren Grenzen (Migration); die Unterscheidung zwischen sozialen Schließungen, die unter Umständen berechtigt oder gar notwendig sind, weil sie Personengruppen schützen (zum Beispiel das Verbot von Kinderarbeit), und sozialen Schließungen, die überwunden werden müssen, weil sie die Lebenschancen und die Lebensqualität von Menschen beeinträchtigen.[6]

Mit der Aufklärung über die anstehenden Probleme und die Voraussetzungen einer »inklusiveren« Gesellschaft wäre bereits ein wichtiger Schritt getan, Menschen, die sich nicht abfinden wollen mit dem, was »der Fall ist«, zu ermächtigen, exkludierende Grenzen aufzubrechen und legitime soziale Schließungen zu gestalten. Politische Bildung müsste dabei aber auch ihre eigenen fachlichen Grenzen durchlässig machen, sich öffnen für die beim Verändern von Verhältnissen gemachten neuen Erfahrungen, sich bilden lassen von ihren Adressaten. Wenn es bei Inklusion um Teilhabe geht, dann muss sich das auch in den partizipativen Formen wiederfinden, in denen sie angegangen wird. Das gilt auch und gerade für die Partizipation von Menschen mit Behinderungen.

Anmerkungen

1 Ich danke Karl-Ernst Ackermann und Eduard Jan Ditschek für die anregenden Diskussionen, die in diesen Text eingeflossen sind, und Eduard Jan Ditschek für seine weiterführenden Kommentare zum ursprünglichen Manuskript. Die alleinige Verantwortung liegt gleichwohl selbstverständlich beim Verfasser.

2 Artikel 3 c der Konvention formuliert als eines ihrer »general principles«: »full and effective participation and inclusion in society«. In der deutschen Übersetzung ist von »Teilhabe und Einbeziehung« die Rede. Im viel diskutierten Artikel 24, Absatz 1 wird ein »inclusive educational system« gefordert, die deutsche Übersetzung spricht vom »integrativen Bildungungssystem« (siehe UN-BRK).

3 Der Perspektivenwechsel wird bereits in der Definition von Behinderung deutlich: »Zu den Menschen mit Behinderung zählen Menschen, die langfristige körperliche, seelische oder Sinnesbeeinträchtigungen haben, welche sie in Wechselwirkung mit verschiedenen Barrieren an der vollen, wirksamen und gleichberechtigten Teilhabe an der Gesellschaft hindern können.« (Art. 1) Nicht die körperlichen und seelischen Beeinträchtigungen allein, sondern diese in der Wechselwirkung mit den gesellschaftlich aufgerichteten Barrieren verhindern gleichberechtigte Teilhabe.

4   In Frankreich bildete zunächst *cohésion sociale* den Gegenbegriff zu *exclusion* und die Folie für die Vorstellung von Exklusion als *rupture des liens sociaux* (Paugam 1996, S. 14). In den Dokumenten der Europäischen Kommission zum Thema *social exclusion* tauchen gelegentlich *integration, inclusion* und *social cohesion* nebeneinander (und ohne begriffliche Abgrenzung) auf. Bereits dies kann als ein Hinweis darauf gedeutet werden, dass dem Exklusionsbegriff, weil er eine kritische historische Zäsur markierte, die führende Rolle als Anstoßgeber und Leitgedanke in der Debatte zukommt, nicht dem der Inklusion. Umgekehrt lässt sich erst aus der Exklusionsdebatte schließen, was jeweils mit einer »inklusiven Gesellschaft« gemeint sein könnte.

5   Wolfgang Streeck hat in seinem Buch *Gekaufte Zeit. Die vertagte Krise des demokratischen Kapitalismus* (Streeck 2013) die verschiedenen Phasen dargestellt, in denen der potenzielle Widerspruch zwischen Demokratie und Kapitalismus nach dem Zweiten Weltkrieg aufzuheben versucht wurde, und das letztliche Scheitern dieser Versuche.

6   Zu dieser Unterscheidung, einem gerade auch mit Blick auf die Inklusion von Menschen mit Behinderungen wichtigen Aspekt, siehe Kronauer 2013.

Literatur

Adorno, T. W. (1956): Aufklärung ohne Phrasen. Zum Deutschen Volkshochschultag 1956. Zeit-Archiv. Verfügbar unter: http://www.zeit.de/1956/41/aufklaerung-ohne-phrasen (Zugriff: 31. 10.2014).

Bödeker, S. (2011): Die soziale Frage der Demokratie. Einkommen und Bildung beeinflussen die Chancen politischer Teilhabe. In: WZB Mitteilungen. Heft 134. S. 26–29.

Böhnke, P. (2011): Ungleiche Verteilung politischer und zivilgesellschaftlicher Partizipation. In: Aus Politik und Zeitgeschichte. Heft 1–2. S. 18–25.

Burtscher, R. (2013): Erwachsenenbildung inklusiv? Die Werkstatt für behinderte Menschen zwischen Exklusion und Inklusion. In: Burtscher, R./Ditschek, E. J./Ackermann, K.-E./Kil, M./Kronauer, M. (Hrsg): Zugänge zu Inklusion. Erwachsenenbildung, Behindertenpädagogik und Soziologie im Dialog. Bielefeld. S. 105–115.

Burtscher, R./Ditschek, E. J./Ackermann, K.-E./Kil, M./Kronauer, M. (2013): Schlusswort. In: Burtscher, R./Ditschek, E. J./Ackermann, K.-E./Kil, M./Kronauer, M. (Hrsg.): Zugänge zu Inklusion. Erwachsenenbildung, Behindertenpädagogik und Soziologie im Dialog. Bielefeld. S. 257–260.

Castel, R. (2011a): Was ist soziale Sicherheit? Die sozio-anthropologische Dimension sozialer Sicherung. In: Castel, R.: Die Krise der Arbeit. Neue Unsicherheiten und die Zukunft des Individuums. Hamburg. S. 199–218.

Castel, R. (2011b): Eine große Transformation. In: Castel, R.: Die Krise der Arbeit. Neue Unsicherheiten und die Zukunft des Individuums. Hamburg. S. 9–53.

European Commission (2012): Employment and Social Developments in Europe 2012. Brüssel.

Goebel, J./Gornig, M./Häußermann, H. (2010): Polarisierung der Einkommen: Die Mittelschicht verliert. In: Wochenbericht des DIW Berlin. Heft 24. S. 2–8.

Green, A./Janmaat, G./Cheng, H. (2011): Social Cohesion: Converging and Diverging Trends. In: National Institute Economic Review. Heft 215. S. 6–22.

Kaufmann, F.-X. (1997): Herausforderungen des Sozialstaats. Frankfurt am Main.

Kronauer, M. (2010): Exklusion. Die Gefährdung des Sozialen im hochentwickelten Kapitalismus. 2., aktualisierte und erweiterte Auflage. Frankfurt am Main/New York.

Kronauer, M. (2013): Soziologische Anmerkungen zu zwei Debatten über Inklusion und Exklusion. In: Burtscher, R./Ditschek, E.J./Ackermann, K.-E./Kil, M./Kronauer, M. (Hrsg): Zugänge zu Inklusion. Erwachsenenbildung, Behindertenpädagogik und Soziologie im Dialog. Bielefeld. S. 17–25.

Lutz, B. (1989): Der kurze Traum immerwährender Prosperität. Frankfurt am Main/New York.

Marshall, T.H. (1992): Bürgerrechte und soziale Klassen. Zur Soziologie des Wohlfahrtsstaates. Frankfurt am Main/New York.

Paugam, S. (1996): La constitution d'un paradigm. In: Paugam, S. (Hrsg): L'exclusion, l'état des savoirs. Paris. S. 7–19.

Pirker, T. (1991): Vom »Ende der Arbeiterbewegung«. In: Weinert, R. (Hrsg.): Theo Pirker – Soziologie als Politik. Schriften von 1949 bis 1990. Berlin. S. 51–64.

Schäfer, A./Vehrkamp, R./Gagné, J.F. (2013): Prekäre Wahlen. Milieus und soziale Selektivität der Wahlbeteiligung bei der Bundestagswahl 2013. Gütersloh.

Solga, H./Powell, J. (2006): Gebildet – Ungebildet. In: Lessenich, S./Nullmeier, F. (Hrsg.): Deutschland – eine gespaltene Gesellschaft. Frankfurt am Main/New York. S. 175–190.

Streeck, W. (2013): Gekaufte Zeit. Die vertagte Krise des demokratischen Kapitalismus. Frankfurt am Main.

UN-BRK [UN-Behindertenrechtskonvention]. Abgedruckt in: Beauftragte der Bundesregierung für die Belange behinderter Menschen (Hrsg.): Die UN-Behindertenrechtskonvention. Übereinkommen über die Rechte von Menschen mit Behinderungen. Berlin. Verfügbar unter: http://www.behindertenbeauftragter.de/SharedDocs/Publikationen/DE/Broschuere_UNKonvention_KK.pdf?__blob=publicationFile (Zugriff: 31.10.2014).

Karl-Ernst Ackermann

Politische Bildung im inklusiven Bildungssystem – grundsätzliche Fragen

In der pädagogischen und der bildungspolitischen Diskussion um Bildung nimmt gegenwärtig der Gedanke der Inklusion eine zentrale Rolle ein. Die hiermit verbundenen Ansprüche und Vorstellungen werden – besonders im Blick auf Menschen mit Behinderung – auf die bündige Formel »inklusive Bildung« gebracht. Wenn also in Zukunft Konzepte zu einer Didaktik der »inklusiven« Bildung vorgelegt werden, gilt es darüber nachzudenken, in welchem Kontext dies geschieht, welche grundsätzlichen Fragen hinsichtlich der Inklusion in der Bildung und hierbei vor allem in der politischen Bildung zu berücksichtigen sind und welche Orientierungspunkte sich aus behindertenpädagogischer[1] und pädagogischer Perspektive abzeichnen. Bevor auf diese Aspekte näher eingegangen wird, werden zunächst einige Beobachtungen zur gegenwärtigen Diskussion um Inklusion wiedergegeben.

Zur Diskussion um Bildung im inklusiven Bildungssystem

Ein neuer »Ton« in der Diskussion: Verbindlichkeit

Ausschlaggebend für die aktuelle behindertenpädagogische Diskussion zur Bildung ist das *Übereinkommen der Vereinten Nationen über die Rechte von Menschen mit Behinderung,* das hier abweichend von der üblichen Zitierpraxis nicht als UN-BRK bzw. UN-Behindertenrechtskonvention, sondern als UN-Konvention abgekürzt wird. Bei der 2006 von den Vereinten Nationen verabschiedeten und 2009 vom Deutschen Bundestag ratifizierten Konvention handelt es sich nicht um ein Sonderrecht für Menschen mit Behinderung – wie die Abkürzung »UN-Behindertenrechtskonvention« suggerieren könnte –, sondern um eine völkerrechtliche Vereinbarung, die »allgemeingültige Aspekte der Menschenwürde zum Ausdruck« (Eichholz 2012, S. 353) bringt. Diese Konvention trägt zusammen mit anderen Übereinkommen der Vereinten Nationen zu einem »umfassenden Menschenrechtsschutzsystem« (ebd., S. 353) bei. Entscheidend ist hierbei, dass sich die Unterzeichnerstaaten der Konvention nicht nur dazu verpflichtet haben, sie voll anzuerkennen, sondern sie auch umzusetzen und den Prozess der Umsetzung kontinuierlich zu überprüfen.

Mit der Rezeption der UN-Konvention macht sich nun ein neuer »Ton« von Verbindlichkeit in der behindertenpädagogischen Diskussion um Bildung bemerkbar. Diese Verbindlichkeit stellt in der bislang üblichen Diskussionskultur von Pädagogik und Erziehungswissenschaft eine neue Dimension dar. Denn jetzt geht es nicht mehr lediglich um eine akademisch geführte theoretische Auseinandersetzung zur Begründung pädagogischer Intentionen, Prinzipien oder Ideen, sondern insbesondere auch um die mit dieser Begründung einhergehende Verpflichtung zur Umsetzung von Inklusion, die durch die UN-Konvention bereits legitimiert ist. Somit bewegt sich die pädagogische Diskussion nun in einem »völkerrechtlich abgesteckten Rahmen« (Eichholz 2012, S. 353), der sich vor allem in der Verpflichtung zur Umsetzung auswirkt. Die Auseinandersetzung mit der UN-Konvention stellt nun nicht mehr eine unverbindliche Diskussion dar, sondern einen Diskurs, der auf Realisierung der vereinbarten Artikel des Übereinkommens drängt.

Ethische Implikationen

In der sonderpädagogischen Literatur manifestiert sich die neue Verbindlichkeit unter anderem auch darin, dass zum Beispiel von »der Verpflichtung zur Inklusion als Menschenrechtsfrage« (Hinz 2011, S. 121) die Rede ist. Inklusion wird als ein Menschenrecht aufgefasst (z. B. Lindmeier 2012) und dementsprechend in Bezug auf die Menschenrechte und die Menschenwürde legitimiert. Dass Inklusion als normatives Prinzip im pädagogischen Kontext darüber hinaus einer ethischen Begründung bedarf, gerät hierbei aus dem Blick. Auf diese bislang kaum thematisierte Problematik geht Dederich ein:

> »Dass die Inklusion heute sehr stark von den Menschenrechten her legitimiert wird, hat einen [...] Grund in der Sache selbst. Denn ein umfassendes (nicht juridisch, sondern moralisch verstandenes) Recht auf Inklusion dürfte *ethisch* kaum zu begründen sein.« (2013b, S. 4 f.)

Denn aus ethischer Perspektive stehen den Rechten auch Pflichten gegenüber. Im Blick auf Inklusion stelle sich das Problem, »dass es ebenso wenig eine Pflicht geben kann, andere Menschen – und seien sie behindert – beispielsweise wertzuschätzen oder sich mit ihnen freundschaftlich verbunden zu fühlen, wie es ein Recht geben kann, von anderen wertgeschätzt oder als Freund betrachtet zu werden« (ebd. – unter Verweis auf Felder 2012). Wo dieses neue Kräftespiel zwischen pädagogischer Begründung und Reflexion einerseits und rechtlichen sowie bildungspolitischen Vorgaben zur Umsetzung andererseits hinführt, muss aus pädagogischer Sicht sorgfältig beobachtet werden.

Inklusive Bildung als inklusives Bildungssystem?

Mit der Betonung der Verbindlichkeit ist zunehmend deutlich geworden, dass es sich bei der sonderpädagogischen Inklusionsdebatte weniger um eine pädagogische Diskussion zur Begründung von Programmen und Zielsetzungen handelt, sondern vielmehr die bildungspolitische Dimension der Umsetzung der UN-Konvention ins Zentrum gerückt wird. Das lässt sich am Beschluss der Kultusministerkonferenz *Inklusive Bildung von Kindern und Jugendlichen mit Behinderungen in Schulen* (KMK 2011) verdeutlichen. Obwohl der Titel anderes andeutet, ist in diesem Beschluss weniger von »inklusiver Bildung« als von »inklusiven Bildungsangeboten« die Rede. Im Abschnitt »Ziel der Empfehlungen« wird betont, dass diese Empfehlungen von dem »Grundsatz der Inklusion« als einem »umfassenden Konzept des menschlichen Zusammenlebens« (ebd., S. 3) ausgehen. Die etwas näher auf das inhaltliche Verständnis eingehende Erläuterung von Inklusion verdeutlicht, dass hierunter Bildung im strukturellen Sinne bzw. im Blick auf die Organisation der Institution Schule und als Bildungssystem verstanden wird. Inklusion wird somit vor allem als »Zugang« zum Bildungssystem interpretiert.

> »Inklusion in diesem Sinne bedeutet für den Bereich der Schule einen gleichberechtigten Zugang zu Bildung für alle und das Erkennen sowie Überwinden von Barrieren.« (ebd.)

Mit dieser Fokussierung wird zwar eine relevante Dimension von Bildung betont, nämlich der Zugang zum Bildungssystem. Doch aus pädagogischer Perspektive beansprucht die Bezeichnung »inklusive Bildung« ein umfassenderes Verständnis von Bildung, das z. B. den Prozess der Bildung im Subjekt bzw. des sich bildenden Subjekts einschließt. Doch Bildung in diesem umfassenden Sinne wird in den Empfehlungen an keiner Stelle näher thematisiert. Damit erfolgt unter dem Stichwort »inklusive Bildung« eine Reduktion des umfassenden pädagogischen Verständnisses von Bildung auf lediglich eine ihrer Dimensionen, nämlich auf den institutionellen und organisatorischen Aspekt des Bildungssystems.

Die an die pädagogische Adresse gerichtete Aufgabenstellung könnte dementsprechend folgendermaßen lauten: Wie lässt sich »inklusive Bildung« – hier verstanden als Aufgabe, auf struktureller Ebene ein inklusives Bildungssystem zu ermöglichen – durch bildungspolitische Steuerung verwirklichen? Hierbei geht es nun nicht mehr um die Begründung und Reflexion von Inklusion, denn diese ist ja bereits qua UN-Konvention legitimiert, sondern allein um die Konzipierung eines inklusiven Bildungssystems und dessen konsequente Umsetzung. Dies ist zunächst eine strukturelle Frage nach der Gestaltung bzw. Steuerung der institutionellen und organisatorischen Rahmenbedingungen. Im Weiteren ist es aber auch eine Frage, die sich an die Didaktik richtet, insbesondere an die Didaktik der politischen Bildung. Man erwartet eine Didaktik der politischen Bildung, von der man sich erhofft, dass sie zu einer inklusiven Gesellschaft beiträgt. Wie entgeht diese Didaktik jedoch der Gefahr, in einem solchen Kontext zu einem bildungspolitischen Steuerungsinstrument reduziert zu werden?

Zum Verständnis von Inklusion

In der UN-Konvention wird deutlich, dass Inklusion nicht bedeutet, Menschen mit Behinderung an gegebene gesellschaftliche Verhältnisse anzupassen. Vielmehr sollen die gesellschaftlichen Verhältnisse so modifiziert werden, dass Heterogenität akzeptiert wird und Menschen mit Behinderung am Leben in der Gesellschaft gleichberechtigt teilhaben.

Auch wenn die UN-Konvention keine Sonderkodifizierung allgemeiner Menschenrechte für eine bestimmte Personengruppe darstellen soll, so besteht doch das Dilemma, dass sie die Gruppe der Menschen mit Behinderung fokussiert und damit einhergehend auf diese Gruppe fokussiert wird. Dementsprechend hat sich folgende Sprachregelung entwickelt: Menschen mit einem Migrationshintergrund werden in unsere Gesellschaft »integriert«, Menschen mit Behinderung hingegen sollen in die Gesellschaft »inkludiert« werden.

Demgegenüber wird im Folgenden ein breites Verständnis von Inklusion beansprucht, das sich auf alle Menschen bezieht. Es kann aus diesem Verständnis heraus nicht darum gehen, Menschen mit Behinderung in eine Gesellschaft zu inkludieren, sondern vielmehr muss es darum gehen, eine inklusive Gesellschaft zu entwickeln, in der auch Menschen mit Differenz zur erwarteten Normalität, so z. B. auch Menschen mit Behinderung, Anerkennung finden.

Dieser Anspruch, Diversität insgesamt zu berücksichtigen, gerät in der rehabilitations- und behindertenpädagogischen Diskussion oft aus dem Blick. Dementsprechend hat sich dort ein Sonderdiskurs über Inklusion entwickelt. Darauf hat unter anderem Kronauer aufmerksam gemacht. Er verweist darauf, dass es in Deutschland zwei verschiedene Debatten über Inklusion gebe: zum einen die Debatte über Inklusion von Menschen mit Behinderungen, die besonders durch die UN-Konvention von 2006 angestoßen wurde. Zum anderen eine schon etwas früher einsetzende Debatte, die »das gesellschaftspolitische Problem neuer sozialer Spaltungen« (Kronauer 2013, S. 17) in den Blick nimmt. Diese zweite Debatte, die aus sozialwissenschaftlicher Sicht geführt wird, habe bezeichnenderweise weniger am Begriff der Inklusion angesetzt, sondern sei zunächst vom Begriff »Exklusion« ausgegangen. Die neuen sozialen Spaltungen werden auf »weiterreichende Veränderungen am Arbeitsmarkt und in den Beschäftigungsverhältnissen, in den Systemen sozialstaatlicher Sicherung und in den Haushalts- und Lebensformen« (ebd.) zurückgeführt.

Die erstgenannte Debatte, die sich als sonderpädagogische Debatte bezeichnen lässt, richtet zwar – ebenso wie die zweite Debatte – ihr Kritik gegen die »diskriminierenden, die Lebenschancen von Menschen beeinträchtigenden sozialen Schließungen« (ebd., S. 24). Doch geht die hier an zweiter Stelle genannte, also die »gesellschaftspolitische Debatte«, über die Problemstellung der ersten Debatte hinaus. Denn »sie setzt sich kritisch mit den Regeln der zentralen Institutionen auseinander, die in den kapitalistischen Gesellschaften der Gegenwart über Inklusion und Exklusion entscheiden« (ebd., S. 14).

Demgegenüber werden aus sonderpädagogischer Sicht weniger die faktischen gesellschaftspolitischen Zusammenhänge erfasst, welche über Inklusion und Exklusion entscheiden, sondern es wird vielmehr die normative Legitimationsbasis für Inklusion in den Mittelpunkt gerückt. Es geht aus sonderpädagogischer Sicht eher darum, das Projekt Inklusion als ein legitimes Projekt zu erweisen und auf diesem Hintergrund den normativen Anspruch zu formulieren, dass Menschen mit Behinderung als gleichwertig anerkannt werden.

Für das Verständnis von Inklusion lassen sich also die folgenden Perspektiven voneinander abheben.

Aus soziologischer Sicht geht es eher darum, die soziale Faktizität gesellschaftlicher Spaltungen und die sich daraus ergebenden illegitimen Schließungen zu erkennen und zu verstehen, um davon ausgehend nach realen Ansatzpunkten für die Überwindung illegitimer sozialer Spaltungen zu suchen. Inklusion stellt aus dieser Sicht eine gesellschaftspolitische Aufgabe dar.

Aus behindertenpädagogischer Sicht wird Inklusion hingegen vor allem als ein durch die UN-Konvention legitimierter Anspruch gegenüber der Gesellschaft, Menschen mit Behinderung in ihren Menschenrechten anzuerkennen, aufgefasst. Inklusion ist so eher ein Mittel oder Medium, welches dazu dient, die Anerkennung von Menschen mit Behinderungen in der Gesellschaft dadurch zu erreichen, dass man eine normative Basis hat. Die UN-Konvention wird zum normativen Bezugspunkt – mit dem Zweck, die Anerkennung von Menschen mit Behinderung innerhalb der Gesellschaft durchzusetzen.

Inklusion im Sinne der UN-Konvention wird also als ein Menschenrecht postuliert. Aus soziologischer Sicht ist Inklusion eine gesellschaftspolitische Aufgabe. Voraussetzung für die Überwindung sozialer Spaltungen ist die Kenntnis der Strukturen und Funktionen der Gesellschaft. Aus behindertenpädagogischer Sicht hingegen stellt Inklusion die gleichberechtigte Teilhabe von Menschen mit Behinderung am Leben in der Gesellschaft und damit deren Anerkennung in der Gesellschaft dar.

Die UN-Konvention fordert zwar neben der Gewährleistung eines inklusiven Bildungssystems auch die Schärfung des »Bewusstsein[s] für Menschen mit Behinderungen« sowie die Förderung einer inklusiven Einstellung und Haltung in der ganzen Gesellschaft (Artikel 8). Doch liegt es auf der Hand, dass in der Umsetzung der Konvention und bei der Kontrolle dieser Umsetzung eher jene Aspekte von Inklusion betont werden, die beschreibbar und operationalisierbar sind. So wird zum Beispiel weniger auf Bildung im Sinne des individuellen Bildungsprozesses abgehoben als vielmehr auf die Rahmenbedingungen, z. B. die Institutionen und Organisation des Bildungssystems.

Fazit: In der UN-Konvention und vor allem in deren Rezeption wird nicht Bildung, sondern das inklusive Bildungssystem fokussiert. Und das inklusive Bildungssystem wird vorrangig bezogen auf das Schulsystem und auf dessen Übergänge (Frühe Bildung – Schule – berufliche Bildung) diskutiert. Das Thema »Inklusion in der Erwachsenenbildung« ist beispielsweise bislang kaum aufgegriffen worden.

Problemstellungen

Aus den unterschiedlichen Perspektiven der sonderpädagogischen und der sozialwissenschaftlichen Inklusionsdebatte ergeben sich einige grundsätzliche Fragestellungen für eine inklusive politische Bildung. Dies lässt sich an zwei grundsätzlich verschiedenen Organisationsformen eines inklusiven Bildungssystems exemplifizieren, an der obligatorischen Schule auf der einen und an der auf freiwilliger Teilnahme basierenden Erwachsenenbildung auf der anderen Seite.

Schule

Die Gleichzeitigkeit unterschiedlicher, einander ausschließender Normen und Orientierungsmuster des Handelns und Denkens in unserer Gesellschaft führt zu Spannungsfeldern, Ambivalenzen und Antinomien, von denen auch das Projekt Inklusion betroffen ist. Besonders für die Schule ergibt sich das Dilemma, dass sie auf der einen Seite die gesellschaftliche Funktion von Selektion und Allokation zu erfüllen hat und zur notwendigen Hierarchisierung hierbei das Leistungsprinzip herangezogen wird. Zugleich kommt ihr aber auf der anderen Seite die Funktion zu, durch Inklusion mehr oder weniger auch gesellschaftliche Kohäsion zu fördern. Durch die Schulpflicht in unserer Gesellschaft wird dieses Dilemma auf Dauer gestellt. Bezogen auf die inklusive Schule hat Oelkers dieses Problem folgendermaßen angesprochen: »Eine Schlüsselfrage, die bislang wenig Konsens hervorgebracht hat, bezieht sich darauf: Wie soll ›Inklusion‹ möglich sein in einem System, das strukturell auf Selektion angelegt ist?« (2010, S. 3).

In der Sonderpädagogik wird der Widerspruch zwischen Inklusion und Selektion selten thematisiert. Doch solange solche strukturellen Widersprüche zwischen den verschiedenen sozialen Funktionen der Institution Schule ignoriert oder geleugnet werden, lässt sich das Projekt einer inklusiven Pflichtschule wohl kaum angemessen realisieren.

Erwachsenenbildung im inklusiven Bildungssystem

Erwachsenenbildung ist nicht verpflichtend, sondern freiwillig. Jeder kann frei entscheiden, ob er ein Angebot wahrnimmt oder nicht. Für den Bereich der Erwachsenenbildung dürften deshalb andere Möglichkeiten hinsichtlich einer Realisierung von Inklusion bestehen als im Schulsystem. Gleichwohl ist damit zu rechnen, dass für eine inklusive Erwachsenenbildung an anderer Stelle Widersprüche auftauchen. Diese Widersprüche zu identifizieren, ist eine der zentralen Aufgaben einer reflektierten inklusiven Erwachsenenbildung.

Die Zielgruppenorientierung in der Erwachsenenbildung kollidiert mit dem Anspruch auf Inklusion! Zugleich ist fraglich, ob die Forderung nach offenen bzw. inklusiven Angeboten den Bedürfnissen von Menschen mit Behinderungen bzw. ihren Teilhabeeinschränkungen immer gerecht wird. Hier ist ein Sowohl-als-auch zu entwickeln, das möglichst allen erwachsenen Menschen die Realisierung legitimer Bildungswünsche ermöglicht und gleichzeitig auch den Menschen Bildungsmöglichkeiten eröffnet, die sich bislang von der allgemeinen Erwachsenenbildung ausgeschlossen fühlen. Inklusion schließt hier Zielgruppenorientierung nicht zwangsläufig aus.

Aspekte für eine Didaktik der politischen Bildung in einem inklusiven Bildungssystem

Vor dem Hintergrund der vorangehenden Ausführungen wird die Dimension der Herausforderung deutlich, die sich für eine Didaktik der politischen Bildung im Blick auf ein inklusives Bildungssystem ergibt. Zunächst liegt die Frage nahe: Wie wirken sich überhaupt Behinderungen auf subjektive Lernprozesse bzw. auf die Bildung der Subjekte aus? Um hier zu einer Klärung zu gelangen, sind weitere Fragen zu stellen:

1. Welches generelle Verständnis von Behinderung wird gegenwärtig in der Sonderpädagogik vertreten?
2. Von welchem Verständnis von Bildung lässt sich der Inklusionsdiskurs leiten?
3. Wie wirken sich Behinderungen auf Prozesse des Lernens bzw. der Bildung aus?

Verständnis von Behinderung: vom medizinischen zum sozialen Modell

Bis in die 1980er Jahre hinein war das sonderpädagogische Verständnis von Behinderung medizinisch dominiert. Es wurde versucht, »Behinderung an sich« zu beschreiben, sie auf ihre medizinischen Ursachen hin zu analysieren und möglichst wirksame therapeutische Verfahren zu ihrer Behandlung oder Vermeidung zu entwickeln. Dementsprechend wurde Behinderung in erster Linie als eine organisch bedingte Schädigung in der Person bzw. als Eigenschaft der Person aufgefasst. Dies drückte sich bis in die 1990er Jahre in der Bezeichnung »der Behinderte« aus! Heute wird von »Menschen mit Behinderung« gesprochen, um zu verdeutlichen, dass es sich in erster Linie um Menschen handelt und Behinderung lediglich einen sekundären Aspekt darstellt. Der Wandel von einem medizinisch-pathologischen zu einem sozialwissenschaftlichen Verständnis von Behinderung lässt sich mit Blick auf die entsprechenden Verlautbarungen der Weltgesundheitsorganisation (WHO) nachvollziehen.

Die frühere Fassung der WHO-Klassifikation ICF *(International Classification of Functioning, Disability and Health)* basierte auf den drei Dimensionen »Schädigung«, »Beeinträchtigung« und »Behinderung«, die auf das Individuum bezogen waren. In der aktuellen ICF (DIMDI 2005) wurden diese Dimensionen durch »Funktionen und Strukturen des menschlichen Organismus«, »Aktivität aller Art einer Person« und »Teilhabe/Partizipation an Lebensbereichen« ersetzt. Ihr liegt ein bio-psycho-soziales Verständnis von Behinderung und Gesundheit zugrunde, das heute weitgehend Konsens in der Behindertenpädagogik ist. Nicht mehr der individuelle Defekt

(Schädigung) des Individuums, sondern die gesellschaftlichen und sozialen Aspekte werden nun betont. Behinderung ist Beeinträchtigung in Bezug auf Teilhabe oder Aktivität! Behindert ist nicht die Person, sondern die Situation, in der sich ein Mensch mit einer Schädigung befindet. Damit war der Schritt vom medizinischen Modell, das Behinderung als Problem bzw. Eigenschaft einer Person begriff, zum sozialen Modell, das Behinderung als gesellschaftlich bedingtes Problem begreift, vollzogen.

Zum kulturwissenschaftlichen Verständnis von Behinderung

Gegenwärtig wird ansatzweise ein kulturwissenschaftliches Verständnis von Behinderung diskutiert, das allerdings bislang noch zögernd rezipiert wird. Es beschreibt Behinderung als soziales Konstrukt bzw. als Ergebnis von Prozessen der Wahrnehmung.

> »Behinderung ist [...] das Ergebnis eines Wahrnehmungs- und Deutungs-
> prozesses angesichts von erwartungswidrigen Merkmalen oder Eigen-
> schaften eines Individuums. Sie ist eine Folge der kulturellen Hervor-
> bringungen von ästhetischen, kognitiven, moralischen, kommunikativen,
> sozialen und ökonomischen Ordnungsmustern, die Eigenes und Fremdes,
> Vertrautes und Unvertrautes, Erwünschtes und Unerwünschtes, Normales
> und Abnormes, ›Gutes‹ und ›Böses‹ unterscheidbar machen. Behinderung
> ist ein historisch wandelbares Figur-Hintergrund-Phänomen, das auf den
> Horizont von Verstehensprozessen verweist [...].« (Dederich 2009, S. 37)

Die Rahmenbedingungen sowie der Kontext von Behinderung werden stärker gewichtet; das Individuum wird als Akteur, der seine Lebenssituation mitgestaltet, aufgefasst.

Bedeutung der Schädigung aus pädagogischer Sicht

Bei aller Relevanz des sozialen Kontextes im gegenwärtigen Verständnis von Behinderung als einem sozialen Konstrukt bleibt aus behindertenpädagogischer Sicht jedoch auch die Dimension der »Schädigung« von Bedeutung. Mit dem Sammelbegriff »Behinderung« wird ein umfangreiches Spektrum unterschiedlicher Behinderungsformen zusammengefasst, das einerseits Sinnesbehinderungen (wie Blindheit und Sehbehinderung, Gehörlosigkeit und Hörbehinderung), Körperbehinderungen und geistige Behinderung aufweist, andererseits eher sozial induzierte Formen von Behinderungen (Lernbehinderungen, Sprachbehinderung, Verhaltensstörungen) enthält. Dieses Spektrum weist auch mit Blick auf Inklusion unterschiedliche Herausforderungen auf; so fordern – im Unterschied zu den Förderschwerpunkten »Lernen« oder »motorische Entwicklung« – Behinderungen wie schwere geistige Behinderung, die auch als »Komplexe Behinderung« bezeichnet wird (Fornefeld 2008), oder Verhaltensstörungen immer wieder die Frage nach den Grenzen von Inklusion heraus. Im Folgenden soll deshalb auf Menschen mit Komplexer Behinderung etwas ausführlicher eingegangen werden.

Doch gegen gängige Missverständnisse gilt es zuvor zu betonen, dass Behinderung keine Krankheit ist und auch nicht mit einer Schädigung *(impairment)* oder einem Syndrom gleichgesetzt werden kann, sondern als bio-psycho-soziales Bedingungsgefüge und im kulturwissenschaftlichen Verständnis begriffen werden muss. Darüber hinaus muss betont werden, dass spezifische Syndrome – z.B. das Downsyndrom – nicht zu einem bestimmten Typus von Menschen mit Behinderung generalisiert werden dürfen; vielmehr muss die faktische Individualität und Heterogenität innerhalb einer solchen Gruppe wahrgenommen werden.

Als Menschen mit schwermehrfacher Behinderung werden meistens Menschen mit geistiger Behinderung und zusätzlichen weiteren Behinderungen bezeichnet. In Abgrenzung zu der sozialpolitisch und administrativ relevanten Definition der »Schwerbehinderung«, beispielsweise nach dem Sozialgesetzbuch IX (SGB IX) – »Menschen sind […] schwerbehindert, wenn bei ihnen ein Grad der Behinderung von mindestens 50 vorliegt […]« (§ 2 Abs. 2 SGB IX)[2] –, wird aus heil- und sonderpädagogischer Sicht mit der Bezeichnung »schwere« oder »schwerste Behinderung« auf eine besonders intensive Behinderung verwiesen. Statt einer definitorischen Festlegung wird in der Regel eher versucht, durch Beschreibung eine genauere Verständigung über diesen Terminus zu erzielen. So schreibt z.B. Barbara Fornefeld retrospektiv über Schüler mit schwerster Behinderung:

> »Es waren Kinder, die sowohl in ihrer motorischen, als auch in ihren geistig-seelischen Fähigkeiten auf das Schwerste beeinträchtigt waren, die bei allen alltäglichen Verrichtungen der Hilfe anderer bedurften, die gefüttert, angezogen, gepflegt, gelagert werden mussten und die darum […] in besonderer Abhängigkeit von Eltern, Lehrern und Betreuern blieben. Es waren Kinder, die häufig nicht erwartungsgemäß auf Kontakt- und Lernangebote reagierten, die sich nicht durch aktive Sprache, sondern eher durch Laute oder somatisch z.B. mittels Speichelfluss, Tränenflüssigkeit, Körpergeruch oder -bewegungen ausdrückten.« (Fornefeld 2001, S.127)

Eine weitere Beschreibung von Menschen mit schwermehrfacher Behinderung stammt von Andreas Fröhlich:

- »Sie brauchen viel körperliche Nähe, um direkte Erfahrungen machen zu können.
- Sie brauchen körperliche Nähe, um andere Menschen wahrnehmen zu können.
- Sie brauchen andere Menschen, die ihnen die Umwelt auf einfachste Weise nahebringen.
- Sie brauchen andere Menschen, die ihnen Fortbewegung und Lageveränderung ermöglichen.
- Sie brauchen jemanden, der sie auch ohne Sprache versteht und sie zuverlässig versorgt und pflegt.« (1998, S. 16)

Zum Verständnis von Bildung

Als genuiner Gegenstand von Pädagogik – und das heißt auch von Behindertenpädagogik – gilt die Bildung des Subjekts in einem intergenerationellen und zugleich sozialen Interaktionskontext. Bildsamkeit und Bildung werden aus dieser Sicht als eine spezifische menschliche Möglichkeit begriffen. In diesem pädagogischen Bildungsverständnis wird die Frage nach der Genese von Bildung und hiermit der individuelle Aspekt und die reflexive Dimension von Bildung akzentuiert: Das Individuum bildet sich selbst in einem symbolvermittelten und in soziale Interaktion eingelassenen reflexiven Prozess. Bildung in diesem Sinne muss vom je einzelnen Subjekt aus sich heraus ergriffen werden. Es handelt sich um einen Prozess, der nicht delegiert werden kann.

Mit dieser Möglichkeit eines jeden einzelnen Menschen, sich selbst bilden zu können, wird eine für das pädagogische Verständnis wesentliche Seite von Bildung begriffen. Es handelt sich um Bildung im reflexiven Sinne – d. h. um die Möglichkeit des Individuums, sich selbst zum Gegenstand seiner Betrachtung und seines Erlebens zu machen. Diese Seite der Bildung fokussiert den individuell verankerten Kern von Bildung.

Demgegenüber wird in den gegenwärtigen Inklusionsdebatten in der Regel eine völlig andere Seite von Bildung thematisiert, nämlich das Bildungssystem bzw. das Gesamt an Einrichtungen und Rahmenbedingungen, die für diese Möglichkeit des Menschen bedeutsam sind. Bildung wird hier in einem transitiven Sinne verstanden. In diesem Verständnis richtet sich Bildung an andere Menschen, denen z. B. das kulturelle Erbe vermittelt wird. Hierbei wird der intergenerationelle und soziale Kontext akzentuiert, der jeweils für eine nächste Generation von Bedeutung ist. Bildung in diesem transitiven Sinne ist gerade auch aus sozialwissenschaftlicher Sicht von großer Relevanz. Aus dieser Perspektive wird Bildung dann auch oft mit ihrem Ergebnis identifiziert, d. h. Bildung wird als Produkt begriffen – zum einen in Form eines Bildungskanons oder als Bildungssystem, zum anderen in Form von individuellen Kompetenzen.

In den gegenwärtigen Inklusionsdebatten wird vor allem die transitive Seite von Bildung thematisiert. Es geht um das Bildungssystem. Die reflexive Bildung bleibt in der Regel ausgeblendet. Doch aus pädagogischer Perspektive kommt gerade dieser reflexiven Seite von Bildung die größere Bedeutung zu (Ackermann 2012, S. 93 ff.). Dementsprechend muss politische Bildung auch diese reflexive Seite von Bildung thematisieren.

Auswirkungen der Behinderung auf die Bildung des Subjekts

Unterscheiden sich Aufgaben und Ziele der (politischen) Bildung je nach den spezifischen Teilhabeerschwernissen bzw. Behinderungen? In der Heil- und Sonderpädagogik werden »Verhaltensphänotypen« diskutiert, d. h. bestimmte Syndrome werden mit bestimmten Verhaltensweisen in Verbindung gebracht. Doch gibt es bisher keine »Bildungs- oder Lernphänotypen«. Die individuelle Vielfalt innerhalb von Personengruppen mit bestimmen Behinderungsformen ist viel zu groß, um solche eindeutigen Typenbildungen konstatieren zu können (Beispiel: Downsyndrom). Es gibt keine spezifischen Bildungsprozesse, die sich auf eine Behinderungsform zurückführen lassen. Dementsprechend gibt es auch keine behindertenspezifischen didaktischen Vorstellungen in Bezug auf Aufgaben, Ziele und Inhalte der (politischen) Bildung. Aber es lassen sich für die Wege der Vermittlung, für Methoden und für Organisationsformen behinderungsspezifische Ansätze differenzieren (dazu UN-Konvention, Artikel 24 Absatz 3).

Politische Bildung ist im »Förderschwerpunkt geistige Entwicklung« (Schule) wie in der Erwachsenenbildung mit der Heterogenität der Schülerinnen und Schüler bzw. der Kursteilnehmerinnen und Kursteilnehmer konfrontiert. Die Aufgaben, Ziele und Inhalte der politischen Bildung sind hier die gleichen wie sonst auch. Darüber hinaus sollten jedoch die Konflikte, Widersprüche und Antinomien, die in der Inklusionsdiskussion deutlich werden, in der politischen Bildung aus der eigenen Betroffenheit heraus thematisiert und reflektiert werden, so z. B. auch die nachfolgend skizzierte Problematik.

Kernproblem der Inklusion

Das zentrale Problem für eine »inklusive Bildung« besteht darin, dass bislang nur wenige nichtbehinderte Menschen aus freien Stücken Interesse an ihr zeigen. Behinderungen lösen in Menschen, die sich als nichtbehindert erachten, offensichtlich Abgrenzungen und Differenzerfahrungen aus, die sie nicht dazu veranlassen, weitere Begegnungen mit diesen Menschen zu suchen. Dies gilt in besonderem Maße gegenüber Menschen mit Komplexer Behinderung. Dieses Problem ist aufgrund der Autonomie der Bildung und des Prinzips der Freiwilligkeit nicht einfach qua Verordnung zu lösen.

Dass Bildung der Subjekte im inklusiven Kontext das ideale Ziel ist, liegt auf der Hand. Dass inklusive Settings die Conditio sine qua non für Bildung darstellen, darf jedoch bezweifelt werden. Denn die Grundparadoxie von Bildung legt ja gerade nahe, dass sie in ihrem Ergebnis offen bleibt bzw. dass nicht von außen erzwungen werden kann, wozu das Subjekt sich aus eigener Selbsttätigkeit heraus entscheiden muss. Oder anders formuliert: Ein inklusives Setting garantiert nicht, dass sich die darin zu ihrer Bildung gelangenden Subjekte immer inklusiv verhalten und orientieren bzw. exklusionsverhindernd tätig werden, wie umgekehrt nichtinklusive Settings sich nicht von vorneherein zwangsläufig dahingehend auswirken, Inklusion zu verhindern. Insgesamt sollte in der (sonder-)pädagogischen Inklusionsdebatte differenziert werden, was Gegenstand von Aufklärung sein sollte und wie diese so vermittelt werden kann, dass sie reflexive Bildung ermöglicht.

Eine besondere Aufgabe der politischen Bildung kann darin gesehen werden, die zuvor skizzierten Problemstellungen für eine inklusive Gesellschaft aufzugreifen und bewusst zu machen. Insbesondere sollten einerseits die soziale Spaltung in der Gesellschaft und die hieraus resultierenden illegitimen Schließungen und andererseits die Ab- und Ausgrenzung von Menschen mit Behinderung thematisiert werden, ebenso die Antinomien und Widersprüche, die sich dem Projekt Inklusion stellen.

Es existieren bislang weder eine behinderungstypische Didaktik noch eine inklusive Didaktik, die zur Förderung einer inklusiven Gesellschaft beitragen könnten. Eine »inklusive Didaktik« im Sinne einer neuen »Sonderdidaktik« wird in der heil- und sonderpädagogischen Diskussion auch abgelehnt. Da es um die Bildung aller Menschen gehe, müsse es sich um eine Didaktik der Allgemeinen Pädagogik handeln. Ein spezifisch sonderpädagogischer Kern einer solchen Didaktik kann jedoch in der besonderen Form von Zuwendung gesehen werden, mit der die Lehrenden den Schülerinnen und Schülern oder Teilnehmenden mit (geistiger) Behinderung begegnen und die als anerkennende Vorwegnahme von Subjektivität und Interesse an Bildung beschrieben werden kann.

Es könnten also Organisationsformen und Methoden der politischen Bildung entwickelt werden, die für den Gedanken der Inklusion sensibilisieren. Ein zentraler Aspekt für die Didaktik der politischen Bildung besteht jedoch darin, eine dem Gedanken der Inklusion adäquate Fragestellung zu entwickeln. Beispielsweise muss an die Stelle der Frage, wie politische Bildung an Menschen mit geistiger Behinderung vermittelt werden könnte, die folgende Frage treten: Wie können Lerngruppen hergestellt werden, in denen nichtbehinderte Teilnehmende ein Interesse daran entwickeln, auch Menschen mit Behinderung zu begegnen und sich mit ihnen und in Auseinandersetzung mit ihnen zusammen zu bilden.

Anmerkungen

1 Im vorliegenden Text werden die Bezeichnungen Heil-, Sonder-, Behinderten- und Rehabilitationspädagogik synonym verwendet, obwohl sie auf durchaus unterschiedliche Positionen des disziplinären Selbstverständnisses verweisen.

2 Die Schwere einer Behinderung wird mit der Maßeinheit »Grad der Behinderung« (= GdB) auf einer Skala zu erfassen versucht, und zwar in Zehnergraden von 20 bis 100. Mit dem GdB soll die Auswirkung einer Behinderung auf die Teilhabe am gesellschaftlichen Leben ausgedrückt werden. Der GdB wird von der zuständigen örtlichen Versorgungsbehörde (Versorgungamt) auf der Grundlage der bundeseinheitlichen »Versorgungsmedizinischen Grundsätze« sowie der Einschätzung der Schwere der Behinderung durch Hausärzte, Amtsärzte, Verwaltungs- oder Gerichtsentscheidungen etc. festgestellt (BMAS 2013, S. 186).

Literatur

Ackermann, K.-E. (2012): Veränderungen im Selbstverständnis der Geistigbehindertenpädagogik im Kontext von Leitvorstellungen. Zur Verortung von ›Inklusion‹ in der Geistigbehindertenpädagogik. In: Breyer, C./Fohrer, G./Goschler, W./Heger, M./Kießling, C./Ratz, C. (Hrsg.): Sonderpädagogik und Inklusion. Oberhausen. S. 83–99.

BMAS [Bundesministerium für Arbeit und Soziales] (Hrsg.) (2013): Ratgeber für Menschen mit Behinderung. Bonn (Ausgabe Januar 2013).

Dederich, M. (2009): Behinderung als sozial- und kulturwissenschaftliche Kategorie. In: Dederich, M./Jantzen, W. (Hrsg.): Behinderung und Anerkennung. Enzyklopädisches Handbuch der Behindertenpädagogik. Band 2. Stuttgart. S. 15–39.

Dederich, M.(2013 a): Philosophie in der Heil- und Sonderpädagogik. Stuttgart.

Dederich, M. (2013 b): Ethische Aspekte der Inklusion. Köln. Verfügbar unter: http://www.inklusion-lexikon.de/ethik_dederich.php (Zugriff: 20.10.2014).

Eichholz, R. (2012): Konventionsrechtliche Anmerkungen zu den Empfehlungen »Inklusive Bildung von Kindern und Jugendlichen mit Behinderungen in Schulen« – Beschluss der Kultusministerkonferenz vom 20.10.2011. In: Sonderpädagogische Förderung heute. Heft 4. S. 352–361.

Felder, F. (2012): Inklusion und Gerechtigkeit. Das Recht behinderter Menschen auf Teilhabe. Frankfurt am Main.

Fornefeld, B. (2001): Elementare Beziehung – Leiborientierte Pädagogik – Phänomenologische Schwerstbehindertenpädagogik. In: Fröhlich, A./Heinen, N./Lamers, W. (Hrsg.): Schwere Behinderung in Praxis und Theorie – ein Blick zurück nach vorn. Texte zur Körper- und Mehrfachbehindertenpädagogik. Düsseldorf. S. 127–144.

Fornefeld, B. (Hrsg.) (2008): Menschen mit Komplexer Behinderung. Selbstverständnis und Aufgaben der Behindertenpädagogik. München.

Fröhlich, A. (1998): Basale Stimulation. Das Konzept. Düsseldorf.

Hinz, A. (2011): Unbelegte Behauptungen und uralte Klischees – oder: Krisensymptome der Heilpädagogik? In: Teilhabe. Heft 3. S. 119–122.

DIMDI [Deutsches Institut für Medizinische Dokumentation und Information]. WHO-Kooperationszentrum für das System Internationaler Klassifikationen (Hrsg) (2005): ICF. Internationale Klassifikation der Funktionsfähigkeit, Behinderung und Gesundheit. Genf 2005. Verfügbar unter: http://www.dimdi.de/dynamic/de/klassi/downloadcenter/icf/endfassung/icf_endfassung-2005-10-01.pdf (Zugriff: 20.10.2014).

KMK [Kultusministerkonferenz] (2011): Inklusive Bildung von Kindern und Jugendlichen mit Behinderungen in Schulen (Beschluss der Kultusministerkonferenz vom 20.10.2011). Verfügbar unter: http://www.kmk.org/fileadmin/veroeffentlichungen_beschluesse/2011/2011_10_20-Inklusive-Bildung.pdf (Zugriff: 20.10. 2014).

Kronauer, M. (2013): Soziologische Anmerkungen zu zwei Debatten über Inklusion und Exklusion. In: Burtscher, R./Ditschek, J. E./Ackermann, K.-E./Kil, M./Kronauer, M. (Hrsg.): Zugänge zu Inklusion. Erwachsenenbildung, Behindertenpädagogik und Soziologie im Dialog. Bielefeld. S. 17–25.

Lindmeier, C. (2012): Heilpädagogik als Pädagogik der Teilhabe und Inklusion. In: Sonderpädagogische Förderung heute. Heft 1. S. 25–44.

Musenberg, O./Riegert, J. (Hrsg.) (2015): Inklusiver Fachunterricht in der Sekundarstufe. Stuttgart.

Oelkers, J. (2011): Inklusion als Aufgabe der öffentlichen Schule. Vortrag auf der 25. Internationalen Fachtagung der Inklusions-/Integrationsforscher_innen am 23. Februar 2011 in Bremen. Verfügbar unter: http://www.ife.uzh.ch/research/emeriti/oelkersjuergen/vortraegeprofoelkers/vortraege2011/BremenInklusionSchule.pdf (Zugriff: 20.10.2014).

UN-Konvention [Übereinkommen der Vereinten Nationen über die Rechte von Menschen mit Behinderung]. Abgedruckt in: Beauftragte der Bundesregierung für die Belange behinderter Menschen (Hrsg.): Die UN-Behindertenrechtskonvention. Übereinkommen über die Rechte von Menschen mit Behinderungen Verfügbar unter: http://www.behindertenbeauftragter.de/SharedDocs/Publikationen/DE/Broschuere_UNKonvention_KK.pdf?__blob=publicationFile (Zugriff: 20.10.2014).

Wachtel, P. (2012): Inklusive Bildung von Kindern und Jugendlichen mit Behinderungen – zu den Empfehlungen der Kultusministerkonferenz – Stellungnahme des vds. In: Sonderpädagogische Förderung heute. Heft 4. S. 369-375.

Anja Besand / David Jugel

Inklusion und politische Bildung – gemeinsam denken!

Der Begriff der Inklusion hat in den letzten Jahren eine erstaunliche Dynamik entwickelt. Sowohl in der Öffentlichkeit als auch in der Wissenschaft wird Inklusion diskutiert, gedacht und zunehmend auch in Handlungen umgesetzt. Keine Zeitungsausgabe scheint derzeit ohne einen Artikel über Fragen der Inklusion auszukommen. Keine Talkshow, die nicht bereits zu diesem Thema Gäste eingeladen hätte. In der politischen Bildung ist von der Aufgeregtheit dieser Debatte allerdings bislang wenig zu spüren. Ja mehr als das: hier scheint der Begriff »Inklusion« bislang wenig bedeutungsvoll zu sein. Tatsächlich ist die Auseinandersetzung mit dem Thema »Inklusion« in der politischen Bildung erst im Jahr 2014 langsam in Gang gekommen. Sie findet in diesem Buch ihren ersten öffentlichen Ausdruck. Aber warum ist das so? Warum hält man sich in der politischen Bildung dem Inklusionsbegriff gegenüber so weit zurück?

Wenn wir Inklusion als einen in allen gesellschaftlichen Teilbereichen vernetzt verlaufenden Wandlungsprozess verstehen, welcher darauf abzielt, jedem Menschen in allen gesellschaftlichen Lebensbereichen auf Grundlage seiner individuellen Bedarfe Zugang, Teilhabe und Selbstbestimmung zu ermöglichen, dann hat Inklusion auch und gerade mit politischer Bildung sehr viel zu tun. Denn die Ermöglichung politischer Teilhabe für alle bildet von jeher den Ausgangspunkt politischer Bildung. Politische Bildung inner- und außerhalb der Schule versteht sich nicht als Elitenbildung. Es geht ihr nicht um die Ausbildung von politischen Entscheidungsträgerinnen und -trägern, sondern darum, allen Menschen politische Mitgestaltung zu ermöglichen.

Über die Frage, ob und inwiefern die politische Bildung diesem Anspruch auch gerecht wird, wurde in den vergangenen Jahren sehr viel diskutiert: »Politische Bildung für Politikverdrossene«, »politische Bildung für politikferne Gruppen«, »politische Bildung in der Einwanderungsgesellschaft« oder »gendersensible politische Bildung« – das alles sind Überschriften und Begriffe, unter denen die entsprechenden Debatten zusammengefasst werden können. Gemeinsam haben sie, dass sie oftmals von defizitorientierten Zielgruppenbeschreibungen ausgehen, die sich empirisch nur sehr schwer nachvollziehen lassen (Besand u. a. 2013, Calmbach/Borgstedt 2012). Dem Inklusionsbegriff, der in diesem Zusammenhang naheliegend gewesen wäre, ging man in der Vergangenheit in der politischen Bildung nichtsdestotrotz aus dem Weg. Damit reaktualisiert sich allerdings die Frage nach dem »Warum«. Wenn der Inklusionsbegriff, wie hier bislang nur angedeutet und behauptet wird, tatsächlich unmittelbar an das Bildungs- und Selbstverständnis politischer Bildung anschlussfähig ist – warum wird er dann nicht angesprochen?

Eine mögliche Erklärung könnte sein, dass der Begriff von den relevanten Akteurinnen und Akteuren bisher anders verstanden und genutzt wird. Und tatsächlich: Analysiert man die Papiere und Stellungnahmen, welche im März 2014 auf dem ersten Workshop der Bundeszentrale für politische Bildung zu Fragen inklusiver politischer Bildung vorgestellt wurden, stößt man auf eine Fülle von ganz unterschiedlichen Begriffsvorstellungen (z. B. Ackermann 2014, Besand 2014, Gerdes 2014, Weißeno 2014, Zurstrassen 2014). Darüber hinaus findet man auch Bedenken, die dem Begriff entgegengebracht werden (z. B. Weißeno 2014, Detjen 2014). Beide Feststellungen hängen direkt miteinander zusammen. Denn eine diffuse Vorstellung von Inklusion erzeugt auch in der Öffentlichkeit Bedenken, die teilweise in Ablehnung umschlagen. So liest man z. B. Zeitungsartikel mit dem Titel *Inklusionsdebatte – Eine unglaubliche Gleichmacherei* (Gayer 2014) oder muss sich im Wahlkampf mit der Wahlplakat-These der AFD *Vielfalt statt Gleichmacherei* auseinandersetzen.

Umso wichtiger scheint es zum jetzigen Zeitpunkt zu sein, Energie in die begriffliche Arbeit zu investieren und nach Möglichkeiten zu suchen, der Diskussion von Beginn an einen gemeinsamen und klaren Inklusionsbegriff zugrunde zu legen (Wocken 2009, S. 2). Der vorliegende Beitrag soll daher Verständnisdimensionen offenlegen, in denen sich Vorstellungen über Inklusion in der Inklusionsdebatte bewegen, und gleichzeitig versuchen, eine sinnvolle Verortung des Inklusionsbegriffs in der politischen Bildung aufzuzeigen.

Die Vorstellungen über Inklusion unterscheiden sich gleich in mehreren Bereichen. Ihr gemeinsamer Kern scheint jedoch zu sein, dass es bei Inklusion darum gehe, *Zugang, Teilhabe* und *Selbstbestimmung* zu erlangen, die durch Rücksichtnahme auf die individuellen *Bedarfe* des Subjekts – nicht durch dessen Anpassung – ermöglicht werden sollen (z. B. Hinz 2003, Feyerer 2012, Wocken 2009, S. 16). Unterschiede lassen sich jedoch hinsichtlich der Benennung der zu inkludierenden Subjekte, der Inklusionsformen und -strategien, der von Inklusion betroffenen gesellschaftlichen Teilbereiche und der theoretischen Begründung dieser Vorstellungen identifizieren.

Verkürzen lässt sich dies auf die Frage: *Wer erhält wie, wo und warum Zugang, Teilhabe und Selbstbestimmung auf Grundlage seiner Bedarfe?* (vgl. Abb. 1). Die in diesem Satz gefassten Dimensionen dienen uns im Folgenden als heuristisches Instrument zur Bearbeitung der Frage, welches Verständnis von Inklusion in der politischen Bildung nach unserem Erachten am sinnvollsten zugrunde gelegt werden sollte.

Abb. 1: *Verständigungsdimensionen zum Begriff Inklusion*

Verständigungsdimension 1	Verständigungsdimension 2	Verständigungsdimension 3
Wer soll inkludiert werden?	**Wie kann das geschehen?**	**Zugang und Teilhabe in welchem Bereich?**

Quelle: eigene Darstellung.

Erste Verständnisdimension: Vorstellungen über die zu inkludierenden Subjekte

Zugang, Teilhabe und Selbstbestimmung (a) nur für Menschen mit Behinderung (b) oder additiv: auch für Menschen unterschiedlicher sozialer und kultureller Herkunft, unterschiedlichen Geschlechts/Sexueller Orientierung oder (c) für alle Menschen mit Teilhabeerschwernissen?

Die Frage, *wer* inkludiert werden soll, und damit die Frage nach den Subjekten, die Zugang und Teilhabe erfahren sollen, bleibt in der öffentlichen Diskussion des Öfteren auf Menschen mit Behinderung beschränkt (Hinz 2013, Wocken 2009, S. 8). Und tatsächlich erlebte die sonderpädagogische Debatte um Inklusion durch die 2006 beschlossene UN-Behindertenrechtskonvention einen kräftigen Impuls. Gleichwohl betonen selbst ausgewiesene Vertreterinnen und Vertreter dieser Debatte, dass Inklusion nicht nur auf Menschen mit Behinderung beschränkt werden kann, sondern sich auch auf Menschen unterschiedlichen Alters, verschiedener kultureller Herkunft, unterschiedlichen Geschlechts, unterschiedlicher Sexualität oder sozialer Herkunft usw. beziehen muss (z. B. Hinz 2002, S. 3; 2003, Prengel 2006, S. 11 ff, Preuss-Lausitz 1993, Wocken 2009, S. 8, Aktion Mensch 2014). Damit verweist die Debatte über die Inklusion von Menschen mit Behinderung direkt auf andere Subjektgruppen, auf die additiv die Forderung nach Inklusion erweitert wird.

Tatsächlich lassen sich in der Migrationspädagogik und Interkulturalitätsforschung (z. B. Hummrich 2012, Esser 2009, S. 359) sowie in der

Gender- und Queerforschung (z.B. Raab 2011, Gschwandtner/Jakob 2011) ähnliche emanzipatorische Ansätze finden, die Zugang und Teilhabe auf Basis individueller Bedarfe fordern. Schwieriger wird es, wenn es um die soziale Ungleichheits- und Armutsforschung geht. Während sonder-, gender- und migrationspädagogische Ansätze versuchen Zuschreibungsmechanismen zu verhindern, indem das »Anderssein« als Normalität beschrieben wird, erheben soziale Ungleichheits- und Armutsforschung die Forderung nach der Überwindung des »Andersseins« durch Anpassung und Kompensation. Festgehalten werden kann an dieser Stelle, dass ein additives Vorgehen – was bedeutet, die Frage nach der Reichweite von Inklusion durch Aufzählung konkreter marginalisierter Gruppen zu beantworten – an die Grenzen der einzelnen Disziplinen stößt und sich zudem regelmäßig in dem Widerspruch verfängt, durch den Hinweis auf die Benachteiligung einer Gruppe diese zugleich zu konstruieren und zu verfestigen.

Unter einer inklusiven Perspektive solle es stattdessen um die Überwindung von Ausschlussmechanismen im Allgemeinen gehen bzw. darum, gruppenspezifische Dilemmata zu beseitigen. Für eine solide Definition des Begriffs »Inklusion« heißt dies, dass die Subjekt-Reichweite von Inklusion grundsätzlich *alle* Menschen mit Zugangs-, Teilhabe- und Selbstbestimmungserschwernissen erfassen muss. Und das bedeutet, dass auch in der politischen Bildung die Debatte um Inklusion sich nicht auf Menschen mit Behinderung beschränken kann. Sie muss sich vielmehr auf alle Menschen beziehen.

Zweite Verständnisdimension: Wie sieht Inklusion aus oder: Vorstellungen über Inklusionsstrategien und Inklusionsformen

Inklusion als (a) Abgrenzung zu Exklusion, Segregation und Integration oder (b) als Zustand und Ergebnis von Integration oder (c) als Wandlungsprozess?

Die zweite Verständnisdimension bezieht sich auf die Frage, *wie* man sich Inklusion vorzustellen vermag, und ist damit auch konkret auf Inklusionsstrategien gerichtet. Aufgrund der Vielfalt möglicher Zielgruppen und Kontexte ist diese Frage in allgemeiner Form jedoch nur sehr schwer zu beantworten und wird häufig ex negativo, also über das Ausschluss- und Abgrenzungsverfahren, bearbeitet. Eine populäre Darstellungsweise, die diesem Verfahren folgt, ist das Stufenmodell, das Bürli (1997) entwickelt hat und das von Sander (2004, 2008 nach Wocken 2009, S. 11) und Hinz (2004 nach Wocken 2009, S. 11) aufgenommen wurde (vgl. Abb. 2):

Abb. 2: Populäre (aber problematische) Darstellung von Inklusion nach Wikipedia (2014)

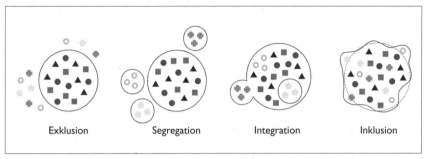

| Exklusion | Segregation | Integration | Inklusion |

Quelle: http://de.wikipedia.org/wiki/Inklusive_P%C3%A4dagogik#/media/File:
Schritte_zur_Inklusion.svg (Zugriff: 10.09.2014).

Elemente des Stufenmodells sind Exklusion, bei der von einem kompletten Ausschluss von Subjekten (beispielsweise aus Bildungsinstitutionen) ausgegangen wird, Segregation, die von Hospitalisierung oder Existenz spezifischer (Bildungs-)Einrichtungen gekennzeichnet ist, Integration, welche auf die Überwindung von Segregation durch räumliche Zusammenführung unterschiedlicher Subjektgruppen abzielt und letztlich Inklusion als Form der Teilhabe aller Menschen auf Grundlage ihrer jeweiligen Bedarfe. So eingängig und verbreitet diese Darstellung auch sein mag, sind mit ihr doch gleichzeitig mehrere, zum Teil schwerwiegende Probleme verbunden.

1. Im Rahmen der Abbildung entsteht geradezu unweigerlich der Eindruck einer zeitlichen Abfolge, an deren Ende zwangsläufig Inklusion als Vollendung steht (dazu: Wocken 2009, S. 12).
2. Integration und Inklusion werden als klar abgrenzbare Konzepte dargestellt, wobei Integration als defizitäre Vorstufe von Inklusion erscheint.
3. Inklusion wird als klar beschreibbarer Zustand präsentiert, dem eine Institution oder ein Angebot entsprechen kann oder eben auch nicht.

Folgt man der Abbildung, scheint der Schlüssel zum Verständnis des Begriffs »Inklusion« vor allem in der Beziehung der Begriffe »Integration« und »Inklusion« zu liegen. Allerdings gibt es hinsichtlich ihrer Abgrenzung eine Vielzahl von unterschiedlichen Vorstellungen. So existieren Konzepte, die unter Inklusion und Integration das Gleiche verstehen und die Begriffe synonym verwenden (ebd., S. 2). Möglicherweise begründen sich diese Vorstellungen in der Folge der Übersetzungen von internationalen Vereinbarungen. So wurde für die deutsche Fassung der Salamanca-Erklärung von 1994 und der UN-Behindertenrechtskonvention von 2006 *inclusion* offiziell mit »Integration« übersetzt (UNESCO 1994, UN 2008).

Andere verstehen unter Inklusion eine·verbesserte Integration, wie z.B. Andreas Hinz, der Integration als ein eher schlecht funktionierendes Praxisverfahren beschreibt, das durch Inklusion zu überwinden oder abzulösen sei (2002, S. 11).

Hinz' Kritik richtet sich vor allem gegen die Praxis von Integration, die der Zwei-Gruppen-Theorie folge und weiterhin zwischen den »Normalen« und den »Anderen« unterscheide (ebd., S.7). Er räumt in diesem Zusammenhang allerdings ein, dass die theoretischen Grundlagen von Integration (Feuser, Press-Lausitz, Reiser, Sander) schon von vornherein inklusiv gewesen seien (Hinz 2004 nach Wocken 2009, S. 5) und sich seine Kritik eher auf die praktische Umsetzung von Integration beziehe. In der öffentlichen Diskussion wurde jedoch nie wirklich zwischen Theorie und Praxis unterschieden und so konnte Inklusion schließlich als die bessere Integration erscheinen. Diese Vorstellung entwickelte eine Dynamik, die sich nicht mehr stoppen ließ. Dabei sitzt die Öffentlichkeit jedoch – wie Georg Feuser es ausdrückt – einer »Inklusionslüge« auf (2012, S. 2). Denn in der Praxis stoßen Inklusion und Integration auf die gleichen Probleme. Ein neues Label könne diese Probleme nicht beseitigen.

Ein weiteres und für die Diskussion über Inklusion schwerwiegendes Missverständnis entsteht, wenn Inklusion als ein Zustand verstanden wird (Saldern 2011, S.5), der am Ende eines integrativen Prozesses stehe (Feuser 2012, S. 1). Aus dieser Perspektive erscheint der Inklusionsbegriff wie ein Label oder Markenzeichen, dem Institutionen, Veranstaltungen oder Angebote entsprechen können oder eben nicht. Dagegen vertreten öffentliche Träger auf der Grundlage ihrer Erfahrungen die Position, dass Inklusion als Prozess (Aktion Mensch 2012, S.2) bzw. Transformationsprozess (UNESCO 2009, S.4) oder als Veränderungs- und Gestaltungsprozess (Montag Stiftung für Jugend und Gesellschaft 2014) verstanden werden sollte, wenn sie praktisch fruchtbar werden soll.

Doch welches Verständnis von Inklusion ist, nach allem was bis zu dieser Stelle erläutert wurde, für die politische Bildung sinnvoll? Zur Beantwortung dieser Frage scheint weniger eine theoretische als vielmehr eine pragmatische Herangehensweise überzeugend. Wichtig scheint, bei allen Auseinandersetzungen das Ziel im Auge zu behalten. Das Ziel ist, Zugang, Teilhabe und Selbstbestimmung für alle Menschen realisieren zu können. Würden wir Inklusion als Zustand verstehen, in dem die Teilhabe aller gewährleistet ist, wäre sie angesichts der damit verbundenen Herausforderungen das beste Argument gegen sich selbst und würde als unerfüllbare Forderung, Träumerei (Wocken 2009) oder Utopie verkommen.

Bedenkt man weiterhin, dass es wenig Sinn ergäbe, Inklusion von Integration abzugrenzen, da es nie eine tiefgreifende Auseinandersetzung mit

Letzterer in der politischen Bildung gegeben hat, der Terminus *Inklusion* auch international besser anschlussfähig ist (Wocken 2009, S. 22) und die politischen Handlungsimpulse derzeit Inklusion als Ziel der UN-Behindertenrechtskonvention kräftig unterstützen, scheint die Beschreibung von inklusiver politischer Bildung als *Wandlungsprozess* der politischen Bildung, mit dem Ziel, Zugang, Teilhabe und Selbstbestimmung aller Menschen zu ermöglichen, ein sinnvolles Grundverständnis zu sein. An diese Feststellung schließt sich jedoch sogleich die Frage an, in welchem Rahmen politische Bildung Zugang, Teilhabe und Selbstbestimmung schaffen kann.

Dritte Verständnisdimension: Vorstellungen über die betroffenen gesellschaftlichen Teilbereiche

Inklusion findet in (a) Schule oder (b) im ganzen Bildungssystem oder auch (c) in allen öffentlichen Teilbereichen, wie Arbeitswelt, Wohnraum, Institutionen, oder auch (d) zwischen verschiedenen Kulturen oder (e) gar in mikrogesellschaftlichen Bereichen wie Familie oder Peergroups statt? Welche Rolle spielt die Wechselwirkung zwischen den gesellschaftlichen Teilbereichen?

Der Begriff »Inklusion« wird in der öffentlichen Debatte häufig nicht nur auf eine bestimmte Zielgruppe – nämlich Menschen mit Behinderung – bezogen, sondern gleichzeitig auch nicht selten auf den Bereich Schule verengt. Unter Inklusion wird demnach landläufig eine Debatte verstanden, in der es um die Integration von Schülerinnen und Schülern mit Behinderung in sogenannte Regelschulen geht.

Aber reicht es, wenn wir Schule und andere Bereiche des Bildungssystems inklusiver gestalten? Verschiebt sich damit Exklusion durch Selektions- und Verteilungsprozesse nicht nur auf andere gesellschaftliche Teilbereiche wie das System der Erwerbsarbeit, das Gesundheitssystem oder das politische System? In Ansätzen lässt sich dieses Problem bereits jetzt beobachten. Denn nicht zuletzt, weil es in den letzten Jahren vor allem im Bereich der vor- und grundschulischen Ausbildung gelungen ist, inklusivere Konzepte zu realisieren, stehen die weiterführenden Schulen derzeit unter einem erheblichen Druck von Eltern, die ihre Kinder – nach erfolgreicher Grundschulzeit – nicht in Förder- oder Sonderschulen schicken möchten. Inklusion ergibt eben nur dann Sinn, wenn sie umfassend ist und Menschen nicht nur in bestimmten Phasen oder Teilbereichen ihres Lebens zu Zugang, Teilhabe und Selbstbestimmung verhilft.

Inklusion kann folglich nicht allein – wie es Butterwege (2010) postuliert – eine bildungs-, beschäftigungs-, familien- oder sozialpolitische Neukonzeption sein; zu fordern ist vielmehr eine inklusive Gesamtgesellschaft. »Inklusion zu fördern – Exklusion zu vermeiden, ist nicht primär eine pädagogische Aufgabe, sondern stellt eine gesamtgesellschaftliche Herausforderung dar.« (Goeke 2012, S. 135). Aber was heißt gesamtgesellschaftlich? Heißt das »nur«, dass alle öffentlichen Teilbereiche einen Wandlungsprozess vollziehen, um Zugang, Teilhabe und Selbstbestimmung zu ermöglichen, oder sind davon auch private, kulturelle oder religiöse Bereiche betroffen, die Menschen ausschließen? Antworten auf diese Frage bleibt der Diskurs bisher schuldig.

Festgehalten werden kann aber durchaus, dass öffentliche Institutionen, also Orte an denen Menschen zusammenkommen, wie Kitas, Schulen, Job-Center oder Krankenhäuser, aber auch die Bereitsteller öffentlicher Netze, wie Versicherungen, Kommunikationsunternehmen, Energieversorger u. Ä., in besonderer Weise gefordert sind, ihre Angebote und Institutionen inklusiv zu gestalten (Siller 2013, S. 27). Weiterhin ist im Verlauf der bisherigen Debatte deutlich geworden, dass Inklusion kein Prozess ist, der in einzelnen Bereichen funktioniert und in anderen nicht. Inklusion wird sich nur durch eine (gesamt-)gesellschaftliche Auseinandersetzung mit Benachteiligung und Privilegierung (Sulzer 2013, S. 18) bzw. durch inklusive Impulse in verschiedenen gesellschaftlichen Teilbereichen, die inklusive Prozesse in anderen Teilbereichen auslösen oder verstärken, entwickeln lassen. Das gilt auch für die politische Bildung.

Eine inklusive politische Bildung wird an ihre Grenzen stoßen, wenn Kommunikation und Habitus[1] von politischen Akteurinnen und Akteuren weiterhin große Teile der Gesellschaft ausschließen. Ein inklusives Bildungssystem bleibt wirkungslos, wenn einige Menschen von Erwerbsarbeit ausgeschlossen bleiben und separiert werden. Nur wenn gesellschaftliche Teilbereiche aufeinander abgestimmt sind, ist ein gesamtgesellschaftlicher Inklusionsanspruch denkbar. Folglich muss auch inklusive politische Bildung den Anspruch haben, über ihre Grenzen hinaus inklusive Impulse zu setzen und selbst empfänglich für solche Impulse zu sein.

Zwischenbilanz

Fasst man die Erkenntnisse der vorgestellten drei Dimensionen zusammen, dann lässt sich festhalten,

a. dass Inklusion in der politischen Bildung Zugang, Teilhabe und Selbstbestimmung für *alle Menschen* ermöglichen sollte und mit diesem Begriff nicht speziell behinderte Menschen gemeint sind oder angesprochen werden sollen;

b. dass der Begriff »Inklusion« nicht auf einen Zustand, sondern auf einen *Prozess* gerichtet ist und eine scharfe Abgrenzung vom Begriff »Integration« in diesem Zusammenhang nicht zielführend ist;

c. dass dieser Prozess den Bildungsbereich und damit auch die politische Bildung zwar betrifft, aber untrennbar auch mit *anderen gesellschaftlichen Teilbereichen* verbunden ist.

Als Definition ergibt sich damit folgende Formulierung: Inklusion ist ein in allen gesellschaftlichen Teilbereichen vernetzt verlaufender Wandlungsprozess, der darauf abzielt, jedem Menschen in allen gesellschaftlichen Lebensbereichen auf Grundlage seiner individuellen Bedarfe Zugang, Teilhabe und Selbstbestimmung zu ermöglichen.

Wir glauben, mit dieser Definition eine Grundlage für das Verständnis des Begriffs »Inklusion« vorgelegt zu haben, die einerseits den derzeitigen Diskussionsstand repräsentiert und andererseits in besonderer Weise auf die Herausforderungen der Integration des Begriffs in den Fachdiskurs der politischen Bildung abgestimmt ist.

Wie kann man politische Bildung inklusiv denken?

Auch wenn im Vorhergehenden ein breites Vorstellungsfeld von Inklusion nachgezeichnet wurde, bleibt festzuhalten, dass der Diskurs sehr theoretisch orientiert ist und damit praktisch nicht selten oberflächlich bleibt. Anstatt sich dem Kern von Inklusion in der Bildung zuzuwenden, der Didaktik (dazu auch: Feuser 2012, S. 290), geht es in der Inklusionsdebatte – auch wegen der Kontroversen, die sich in diesem Zusammenhang im (bildungs-)politischen Bereich ergeben – noch immer stark um grundsätzliche Fragen. Deutlich wird allerdings durchaus, dass sich im Hinblick auf eine inklusive politische Bildung neben theoretischen Herangehensweisen und Strukturen auch Prozesse ändern müssen. Wie aber haben wir uns solche veränderten Prozesse vorzustellen? Wie könnte eine inklusivere politische Bildung aussehen? Um zumindest in Ansätzen auszuleuchten, was die bis hierher entwickelten Zusammenhänge für den politischen Bildungsbereich konkret bedeuten, wollen wir in einem letzten Abschnitt nach Konkretisierungen suchen. Als Gliederung dienen uns die bisher herausgearbeiteten Kernthesen.

Politische Bildung für alle? Was heißt das?

Wenn wir in der politischen Bildung den Begriff »Inklusion« nicht alleine auf die Vermittlung besserer Teilhabechancen für Menschen mit Behinderung beziehen, dann ist es in der zukünftigen Arbeit im Bereich der politischen Bildung auch nicht damit getan, Menschen mit Behinderung als zusätzliche und neu zu adressierende Gruppe anzusprechen. Es reicht nicht, politische Informationsbroschüren in Leichter Sprache anzubieten, wenn es uns gleichzeitig nicht gelingt, angemessene Lernmaterialien für Schülerinnen und Schüler in Haupt-, Real- oder Berufsschulen[2] zu entwickeln. Es genügt nicht, in einem Videoclip Gebärdendolmetscherinnen und -dolmetscher einzusetzen, wenn wir gleichzeitig nicht auch in der Lage sind, Themen auszuwählen, die für Mädchen attraktiv sind. Es ist nicht genug, bei der Auswahl einer Tagungsstätte auf barrierefreie Zugänge zu achten, wenn an unseren Wochenendseminaren oder Abendveranstaltungen weiterhin nur Akademikerinnen und Akademiker teilnehmen.

Die hier gewählte Formulierung mag manchen Leserinnen und Lesern als Zumutung erscheinen, mit den vorgestellten Beispielen lässt sich aber sehr gut zeigen, dass der Ausschluss von Bildungsangeboten sich häufig nicht allein entlang *einer* Differenzlinie ergibt. Vielmehr kommen nicht selten verschiedene Ausschlussmechanismen gleichzeitig zur Geltung. Ein an Finanzpolitik interessierter Rollstuhlfahrer hat möglicherweise weniger Schwierigkeiten, an einer interessanten Diskussionsveranstaltung teilzunehmen, als ein Maurergeselle aus Polen, der Probleme mit der deutschen Sprache hat. Einem gehörlosen Mädchen ist durch den Einsatz eines Gebärdendolmetschers bzw. -dolmetscherin wenig geholfen, wenn das Thema eines Videoclips für es nicht interessant ist. Mit der Frage, was das für die konkrete Arbeit im Bereich der politischen Bildung bedeutet, beschäftigt sich unser zweiter Beitrag in Teil 1.3 dieses Bandes.

Der Zusammenhang lässt sich allerdings auch umdrehen: Nehmen wir das Beispiel der Informationsbroschüre in Leichter Sprache. Die Bundeszentrale für politische Bildung und einige Landeszentralen haben in jüngster Zeit Informationsmaterialien in Leichter Sprache[3] herausgegeben. Die Intension war, Menschen mit geistiger Beeinträchtigung – insbesondere im Vorfeld von Wahlen – besser als bisher zu informieren. Von Lehrerinnen und Lehrern aus dem Bereich der Haupt- und Realschule wissen wir, dass sie (da sie mit dem Begriff der Leichten Sprache häufig nicht vertraut sind) diese Materialien im schulischen Unterricht eingesetzt haben. Viele von ihnen sind begeistert, dass endlich auch für ihre Zielgruppe verständliche Informationsmaterialien erstellt werden. Auch Menschen, die Deutsch als Zweitsprache erlernen, freuen sich nicht selten über Informationen in einer solchen sprachlichen Aufbereitung. Das heißt, Informationsmaterialien, die ursprünglich für Menschen mit geistiger Beeinträchtigung oder Lernschwierigkeiten entwickelt wurden, werden in der Praxisrealität von einer sehr viel breiteren Zielgruppe geschätzt.

Im Kontext einer inklusiven politische Bildung geht es dementsprechend nicht darum, Spezialdidaktiken für spezifische Zielgruppen wie »Behinderte«, »Migranten«, »Politikferne«, »sozioökonomisch Benachteiligte« usw. zu entwickeln, es geht vielmehr darum, sich gezielt mit den Zugangsschwierigkeiten zu beschäftigen, die Menschen davon abhalten, sich mit politischer Bildung zu beschäftigen, und Angebote zu entwickeln, die diese Hindernisse abbauen. Die Angebote, die so entstehen, werden nie nur eine der skizzierten Gruppen ansprechen, sondern alle Menschen, die die jeweiligen Zugangsschwierigkeiten teilen.

Inklusion ist ein Prozess (kein Zustand) und dieser Prozess hat schon längst begonnen

Nicht selten neigen wir dazu, im Kontext der Diskussion über Inklusion die Hände über dem Kopf zusammenzuschlagen und zu beklagen, dass das alles gar nicht zu schaffen sei. Es fehlten die Leute, die Kompetenzen, die Ausbildung und überdies die Mittel, um die tief greifenden Veränderungen, die nötig wären, auch tatsächlich in die Wege zu leiten. Wir müssten in der politischen Bildung kleinere Brötchen backen, unsere Ziele kürzer und realistischer formulieren, wenn wir nicht verzweifeln wollen. Es gäbe schließlich auch noch andere Probleme.

Wenn wir in der politischen Bildung den Begriff »Inklusion« allerdings nicht als Zustand, sondern als Prozess begreifen, in dem es darum geht, Menschen über politische Bildung bessere Teilhabechancen zu vermitteln, und wenn wir darüber hinaus auch versuchen, der unproduktiven Diskussion über die Unterschiede zwischen Integration und Inklusion aus dem Weg zu gehen, dann stehen wir in diesem Prozess gar nicht am Anfang. Wir sind vielmehr schon mittendrin. Nicht nur die Erfahrungen, die in Projekten und Bereichen wie »politische Bildung für politikferne Gruppen« oder »politische Bildung in der Einwanderungsgesellschaft« – um nur zwei Beispiele zu nennen – gesammelt wurden, sondern auch fachdidaktische Diskussionen über Begriffe wie »Elementarisierung« (Schiele 2009) »Lebensweltorientierung« (Calmbach/Borgsteft 2012) und durchaus auch die heftig ausgetragenen Debatten über Begriffe wie »Kompetenzorientierung« und »Basiskonzepte« (Besand u.a. 2011) sind in diesem Sinne alle als Schritte zu verstehen, politische Bildung inklusiver zu gestalten. Wir dürfen uns in diesem Zusammenhang nur nicht zufriedengeben. Politische Bildung verträgt es durchaus, noch ein ganzes Stück inklusiver zu werden. Wichtig wäre es in diesem Zusammenhang, die bereits entwickelten Ansätze unter einer dezidiert inklusiven Perspektive zu betrachten und weiterzudenken. Auch hier möchten wir auf unseren zweiten Beitrag in Teil 1.3 hinweisen.

Politische Bildung inklusiv zu denken weist weit über den (schulischen) Bildungsbereich hinaus

Unsere dritte These, wonach die Diskussion um Inklusion sich nicht sinnvoll auf den (schulischen) Bildungsbereich beschränken lässt, scheint auf den ersten Blick für die politische Bildung weniger herausfordernd zu sein, schließlich sind Angebote zur politischen Bildung in der Bundesrepublik nicht auf die Schule beschränkt. Wir verfügen über entwickelte Strukturen in der außerschulischen Jugend- und Erwachsenenbildung. Tatsächlich geht es aber um mehr als das. Es wurde weiter oben bereits darauf hingewiesen, dass eine inklusive politische Bildung an ihre Grenzen stoßen wird, wenn Kommunikation und Habitus von politischen Akteurinnen und Akteuren weiterhin große Teile der Gesellschaft ausschließen. Sie wird auch an Grenzen kommen, wenn es medial nicht gelingt, politische Informationen anschlussfähig an alle gesellschaftlichen Gruppen zu kommunizieren.

Gleichzeitig sollen in diesem Zusammenhang aber auch die Chancen, die sich für politische Bildung ergeben, beleuchtet werden. Wenn es nämlich mit Hilfe einer inklusiveren politischen Bildung glückt, mehr marginalisierte und ausgeschlossene Menschen zur politischen Teilhabe und politischen Mitbestimmung zu befähigen, kann dies einen gesamtgesellschaftlichen Wandlungsprozess unterstützen, der dazu führt, dass die Interessen dieser Menschen hinsichtlich Zugang, Teilhabe und Selbstbestimmung auch in anderen gesellschaftlichen Teilbereichen verstärkt in die politische Gestaltung einfließen. Dieser Verantwortung muss sich die politische Bildung noch stärker als bisher bewusst werden und sie als Katalysator nutzen, um den gesamtgesellschaftlichen Prozess der Inklusion durch eine inklusive politische Bildung zu unterstützen und voranzutreiben.

Anmerkungen

1 Der Begriff »Habitus« meint hier Gewohnheiten im politischen Handeln und Denken.
2 Oberschule, Mittelschule, Stadtteilschule oder wie immer die Schulart in den jeweiligen Bundesländern auch genannt wird.
3 Der Begriff »Leichte Sprache« bezieht sich auf eine speziell geregelte Ausdrucksweise der deutschen Sprache, die auf besonders leichte Verständlichkeit ausgerichtet ist und speziell für Menschen mit kognitiven Einschränkungen entwickelt wurde.

Literatur

Ackermann, K.-E. (2014): Politische Bildung für eine inklusive Gesellschaft. Verfügbar unter: http://www.bpb.de/lernen/werkstatt-politikdidaktik-inklusiv/180603/k-e-ackermann-politische-bildung-fuer-eine-inklusive-gesellschaft (Zugriff: 09.08.2014).

AfD (2014): Vielfalt statt Gleichmacherei. Verfügbar unter: http://www.pinterest.com/pin/570549846515323556/(Zugriff: 19.08.2014).

Aktion Mensch (2012): Inklusion: Schule für alle gestalten. Verfügbar unter: http://publikationen.aktion-mensch.de/unterricht/AktionMensch_Inklusion_Praxisheft.pdf (Zugriff: 10.09.2014).

Aktion Mensch (2014): Was ist Inklusion? Verfügbar unter: http://www.aktion-mensch.de/inklusion/was-ist-inklusion.php (Zugriff: 10.09.2014).

Besand, A. (2011): Zurück in die Zukunft? Über Konzepte von Konzepten. Über die Bedeutung von Wissen und Vorstellungen davon, was Kompetenzen sind. In: Goll, Thomas (Hrsg.): Politikdidaktische Basis- und Fachkonzepte. Schwalbach am Taunus. S. 71–79.

Besand, A. (2014): «Inklusive Didaktik der politischen Bildung»? Überlegungen als Beitrag zur Definition eines Begriffs (aus Sicht der Politikdidaktik). Verfügbar unter: http://www.bpb.de/lernen/werkstatt-politikdidaktik-inklusiv/180745/a-besand-inklusive-didaktik-der-politischen-bildung (Zugriff: 09.08.2014).

Besand, A./Birkenhauer, P./Lange, P. (2013): Politische Bildung in digitalen Umgebungen. Eine Fallstudie. Zum Projekt DU HAST DIE MACHT. Dresden.

Bürli, A. (1997): Sonderpädagogik international. Vergleiche, Tendenzen, Perspektiven. Luzern.

Butterwegge, C. (2010): Kinderarmut und sozialer Ausschluss. Verfügbar unter: http://www.inklusion-online.net/index.php/inklusion-online/article/view/115/115 (Zugriff: 18.08.2014).

Calmbach, M./Borgstedt, S. (2012): »Unsichtbares« Politikprogramm? Themenwelten und politisches Interesse von »bildungsfernen« Jugendlichen. In: Kohl, W./Seibring, A. (Hrsg.): »Unsichtbares« Politikprogramm? Themenwelten und politisches Interesse von »bildungsfernen« Jugendlichen. Bonn: Bundeszentrale für politische Bildung. S. 43–80.

Detjen, J. (2014): Politische Handlungsfähigkeit im Kontext der Aufgabe ›inklusive politische Bildung‹. Thesen. Verfügbar unter: http://www.bpb.de/lernen/werkstatt-politikdidaktik-inklusiv/180325/j-detjen-politische-handlungsfaehigkeit-im-kontext-der-aufgabe-inklusive-politische-bildung (Zugriff: 09.08.2014).

Esser, H. (2009): Pluralisierung oder Assimilation? Effekte der multiplen Inklusion auf die Integration von Migranten. In: Zeitschrift für Soziologie. Heft 5. S. 358–378.

Feuser, G. (1989): Allgemeine integrative Pädagogik und entwicklungslogische Didaktik. In: Behindertenpädagogik. Heft 1. S. 4–48.

Feuser, G. (2012): 25 Jahre Integrations-/Inklusionsforschung: Rückblick – Ausblick. Eine kurze, kritische Analyse. In: Seitz, S./Finnern, N.-K./Korff, N./Scheidt, K. (Hrsg.): Inklusiv gleich gerecht? Inklusion und Bildungsgerechtigkeit. Bad Heilbrunn. S. 289–294.

Feuser, G. (2013), Inklusive Bildung – ein pädagogisches Paradoxon. Verfügbar unter: http://www.georg-feuser.com/conpresso/_data/Feuser_G_-_Inklusive_Bildung_ -_ein_p_dagogisches_Paradoxon_17_07_2013.pdf (Zugriff 09.09.2014).

Feyerer, E. (2012): Offene Fragen und Dilemmata bei der Umsetzung der UN-Konvention. Verfügbar unter: http://www.inklusion-online.net/index.php/inklusion-online/article/view/89/(Zugriff 14.08.2014).

Gayer, C. (2014): »Eine unglaubliche Gleichmacherei«. Verfügbar unter: http://www.faz.net/aktuell/feuilleton/inklusionsdebatte-unglaubliche-gleichmacherei-13057236.html (Zugriff: 13.08.2014).

Gerdes, J. (2014): Subjektorientierung, Menschenrechtsbildung und Demokratie-Lernen als wichtige Elemente einer ›Inklusiven politischen Bildung‹. Verfügbar unter: http://www.bpb.de/lernen/werkstatt-politikdidaktik-inklusiv/180315/-j-gerdes-subjektorientierung-menschenrechtsbildung-und-demokratie-lernen?p=0#bio0 (Zugriff: 09.08.2014).

Goeke, S. (2012): Kinderarmut – ein Thema auch für die Integrations-/Inklusionsforscher/innentagung? In: Seitz, S./Finnern, N.-K./Korff, N./Scheidt, K. (Hrsg.): Inklusiv gleich gerecht? Inklusion und Bildungsgerechtigkeit. Bad Heilbrunn. S. 130–136.

Gschwandtner, H./Jakob, A. (2011): Gender Mainstreaming als wesentlicher Aspekt einer inklusiven Pädagogik. Verfügbar unter: http://www.inklusion-online.net/index.php/inklusion-online/article/view/103/103 (Zugriff 13.08.2014).

Hinz, A. (1993): Heterogenität in der Schule. Integration – Interkulturelle Erziehung – Koedukation. Hamburg.

Hinz, A. (2002): Von der Integration zur Inklusion – terminologisches Spiel oder konzeptionelle Weiterentwicklung? In: Zeitschrift für Heilpädagogik. Heft 9. S. 354–361.

Hinz, A. (2003): Inklusion – mehr als nur ein neues Wort?! In: Lernende Schule. Heft 23. S. 15–17.

Hinz, A. (2004): Vom sonderpädagogischen Verständnis der Integration zum integrationspädagogischen Verständnis der Inklusion!? In: Schnell, I./Sander, A. (Hrsg.): Inklusive Pädagogik. Bad Heilbrunn. S. 41–74.

Hinz, A. (2013): Inklusion – von der Unkenntnis zur Unkenntlichkeit!? Kritische Anmerkungen zu einem Jahrzehnt Diskurs über schulische Inklusion in Deutschland. Verfügbar unter: http://www.inklusion<online.net/index.php/inklusion/article/view/201/182 (Zugriff: 12.08.2014).

Hummrich, M. (2012): Zum Umgang mit interkultureller Heterogenität. Verfügbar unter: http://www.inklusion-online.net/index.php/inklusion-online/article/view/41/41 (Zugriff: 12.08.2014).

Montag Stiftung für Jugend und Gesellschaft (2014): Inklusion. Verfügbar unter: http://www.montag-stiftungen.de/jugend-und-gesellschaft/stiftung-jugend-gesellschaft/ueber-uns/inklusion.html (Zugriff: 20.08.2014).

Prengel, A. (2006): Pädagogik der Vielfalt. Verschiedenheit und Gleichberechtigung in Interkultureller, Feministischer und Integrativer Pädagogik. 3. Auflage. Opladen.

Preuss-Lausitz, U. (1993): Die Kinder des Jahrhunderts – Zur Pädagogik der Vielfalt im Jahr 2000. Weinheim.

Raab, H. (2011): Inklusive Gender? Gender, Inklusion und Disability Studies. Verfügbar unter: http://www.inklusion-online.net/index.php/inklusion-online/article/view/104/104 (Zugriff: 17.08.2014).

Saldern, M. von (2011): Zur Verantwortung von Unterstützungssystemen bei der Inklusion in Schule. Verfügbar unter: http://www.elternvertretung-glevsaar.de/fileadmin/user_upload/Foerderschulen/PDF/Vortrag_HerrSaldern.pdf (Zugriff: 20.08.2014).

Sander, A. (2004): Inklusive Pädagogik verwirklichen – zur Begründung des Themas. In: Schnell, I./Sander, A. (Hrsg.): Inklusive Pädagogik. Bad Heilbrunn. S. 11–22.

Sander, A. (2008): Etappen auf dem Weg zu integrativer Erziehung und Bildung. In: Eberwein, H./Mand, J. (Hrsg.): Integration konkret. Begründung, didaktische Konzepte, inklusive Praxis. Bad Heilbrunn. S. 27–40.

Schiele, S. (2009): Elementarisierung politischer Bildung. Überlegungen für Informationen zur Politischen Bildung. Band 30. Innsbruck/Bozen/Wien.

Siller, P. (2013): Was heißt Inklusion? Zur Orientierungskraft eines aufstrebenden Begriffs. In: Polar. Heft 15: Drinnen/Draußen. Berlin.

Sulzer, Anika (2013): Inklusion als Wertrahmen für Bildungsgerechtigkeit. In: Wagner, Petra (Hrsg.): Handbuch Inklusion. Grundlagen vorurteilsbewusster Bildung und Erziehung. Freiburg im Breisgau. S. 12–21.

UN (2008): Gesetz zu dem Übereinkommen der Vereinten Nationen vom 13. Dezember 2006 über die Rechte von Menschen mit Behinderungen sowie zu dem Fakultativprotokoll vom 13. Dezember 2006 zum Übereinkommen der Vereinten Nationenüber die Rechte von Menschen mit Behinderungen. Verfügbar unter: http://www.un.org/Depts/german/uebereinkommen/ar61106-dbgbl.pdf (Zugriff: 22.08.2014).

UNESCO (1994): Die Salamanca-Erklärung und der Aktionsrahmen für besondere Bedürfnisse (deutsche Übersetzung) Verfügbar unter: http://www.unesco.at/bildung/basisdokumente/salamanca_erklaerung.pdf (Zugriff: 12.08.2014).

UNESCO (2009): Inklusion: Leitlinien für die Bildungspolitik, Bonn.

Weißeno, G. (2014): Inklusiver Politikunterricht – Arbeit mit Konzepten und Förderung der Politikkompetenz. Verfügbar unter: http://www.bpb.de/lernen/werkstatt-politikdidaktik-inklusiv/180319/g-weisseno-inklusiver-politikunterricht (Zugriff: 18.08. 2014)

Wocken, H. (2009): Inklusion & Integration. Ein Versuch, die Integration vor der Abwertung und die Inklusion vor Träumereien zu bewahren. Manuskript seines Beitrages bei der Integrationsforscher/innen-Tagung in Frankfurt. Verfügbar unter: www.hans-wocken.de/Wocken-Frankfurt 2009.doc (13.08.2014)

Zurstrassen, B. (2014): Inklusive Didaktik der politischen Bildung»? Überlegungen als Beitrag zur Definition eines Begriffs (aus Sicht der Politikdidaktik). Verfügbar unter: http://www.bpb.de/lernen/werkstatt-politikdidaktik-inklusiv/180303/b-zurstrassen-inklusive-didaktik-der-politischen-bildung (Zugriff: 14.08.2014).

1.2 Aufgaben, Ziele und Konzepte einer inklusiven politischen Bildung

Tonio Oeftering

Hannah Arendts Begriff des Politischen und Inklusion

In diesem Beitrag soll politiktheoretisch begründet werden, warum sich die politische Bildung verstärkt dem Thema Inklusion zuwenden sollte. Der politikdidaktische Bezug auf Hannah Arendts Begriff des Politischen (dazu ausführlich Oeftering 2013) ergibt sich aus ihrem Denken, welches eng mit ihrer Biografie verbunden ist: Arendt wurde 1906 geboren, sie war deutsche Jüdin und wurde deswegen im Dritten Reich verfolgt und schließlich ausgebürgert. Sie war jahrelang Flüchtling und Staatenlose und hat am eigenen Leib erfahren, was es heißt, nicht dazuzugehören, ausgegrenzt und aus der Gesellschaft verstoßen zu sein. Diese Erfahrung war für Arendts Denken zutiefst prägend, sie war, wie Waltraud Meints-Stender schreibt, eine »frühe Theoretikerin der Exklusion« (2006, S. 21). Vor diesem Hintergrund lässt sich auch erahnen, warum für Arendt »das Recht jedes Menschen auf Mitgliedschaft in einem politischen Gemeinwesen« (2008b, S. 766), das sie auf die prägnante Formel »das Recht, Rechte zu haben« gebracht hat, das fundamentalste Menschenrecht überhaupt darstellt (ebd., S. 611 ff., Arendt 1949, Oeftering 2011).

Wenn wir uns dem Thema Inklusion in der politischen Bildung zuwenden, dann ist es also naheliegend, sich mit Hannah Arendt zu beschäftigen. Denn auch die inklusive politische Bildung stellt die Frage, wie Menschen Teil des Gemeinwesens werden können und wie die Exklusion von Menschen mit Behinderung aus dem Gemeinwesen abgebaut werden kann. Die Beschäftigung mit Hannah Arendts Begriff des Politischen bietet sich hierfür an, weil Arendt anhand der Phänomene *Pluralität, Freiheit* und *Natali-*

tät zeigt, was es heißt, dieses Recht, Rechte zu haben, zu nutzen, also als politischer Mensch tätig zu werden.

Hannah Arendts Begriff des Politischen

Pluralität – die Grundlage von Politik

»Politik«, so schreibt Hannah Arendt, »beruht auf der Tatsache der Pluralität der Menschen.« (2007, S. 9) Dieser Satz steht am Anfang ihrer Manuskripte zu der Frage »Was ist Politik?« und der herausgehobenen Position im Text entspricht der für den Gegenstand grundlegende Stellenwert der Aussage: Ohne die Pluralität der Menschen gibt es keine Politik.

Was haben wir uns mit Hannah Arendt unter Pluralität vorzustellen? Zunächst einmal meint Arendt mit dem Begriff der Pluralität mehr als die bloße Vielzahl von Menschen, in dem Sinne, wie es etwa eine Vielzahl von Bäumen oder Tieren gibt. Pluralität ist für sie ein spezifisch menschliches Phänomen, das sich in der paradoxen Tatsache äußert, dass sie sich als *Gleichheit* und gleichzeitig als *Verschiedenheit* zeigt. Die relative Gleichheit der Menschen liegt darin begründet, dass wir über die Fähigkeit, eine gemeinsame Sprache zu sprechen, verfügen, in einer gemeinsamen Welt leben und uns im politischen Raum als Gleiche anerkennen und agieren können. Mit Verschiedenheit ist hingegen »das absolute Unterschiedensein jeder Person von jeder anderen« (Arendt 2008a, S. 213) gemeint. Die Tatsache also, dass der relativen Gleichheit zum Trotz jeder Mensch über einen individuellen Kern verfügt, der ihn von allen Menschen, die vor ihm waren, zur gleichen Zeit sind oder auch nach ihm sein werden, unterscheidet.

Darüber hinaus ist entscheidend, dass wir Menschen unsere Verschiedenheit und damit unsere Einzigartigkeit aktiv zum Ausdruck bringen. Dass wir also im Unterschied zu einem Tier nicht nur *etwas*, sondern *uns* mitteilen. Und die Art und Weise, wie wir diese Einzigartigkeit zum Ausdruck bringen, ist das Sprechen und das Handeln. Diese beiden Tätigkeiten sind Arendt zufolge »die Modi, in denen sich das Menschsein selbst offenbart« (ebd., S. 214) und gleichzeitig die Tätigkeiten, die das Politische im Kern ausmachen.

Arendt bezieht sich hier auf den antiken Philosophen Aristoteles und dessen berühmte »Definition« des Menschen als eines von Natur aus politischen *(zoon politikon)* und zur Sprache begabten Lebewesens *(zoon logon echon)* (Aristoteles Pol I, 2, 1253a). Schon Aristoteles beschreibt das Sprechen der Menschen als grundlegend für ihre Fähigkeit, politisch tätig zu werden. Er unterscheidet zwischen der Stimme, über die auch Tiere verfügen und die dazu da ist, Schmerz und Lust zu äußern, und der Sprache, über die nur die Menschen verfügen. Diese ist dafür da, »das Nützliche und das Schädliche und so denn auch das Gerechte und das Ungerechte anzuzeigen. Denn das ist den Menschen vor den anderen Lebewesen eigen, dass sie Sinn haben für Gut und Böse, für Gerecht und Ungerecht und was dem ähnlich ist. Die Gemeinschaftlichkeit dieser Ideen aber begründet die Familie und den Staat.« (ebd., S. 9 ff.)

Wenn wir mit Aristoteles sagen, dass der Mensch ein von Natur aus politisches Lebewesen ist, dann heißt dies also nicht, dass »es *im* Menschen etwas Politisches gäbe, das zu seiner Essenz gehöre« (Arendt 2007, S. 11), dass also jeder Mensch das Politische in sich trägt. Im Gegenteil, dies »gerade stimmt nicht; *der* Mensch ist a-politisch. Politik entsteht in dem *Zwischen-den*-Menschen, also durchaus *außerhalb* des Menschen.« (ebd.) Denn in der Politik geht es Arendt zufolge immer um das »Zusammen- und Miteinander-Sein der *Verschiedenen*« (ebd., S. 9), also um die Pluralität *der* Menschen. Kein Mensch kann für sich alleine »politisch« sein. Um zu einem politischen Lebewesen zu werden, müssen die Menschen ihre private Sphäre (bei Aristoteles den *oikos*) verlassen, sich in die *polis*, also in die öffentliche Sphäre, begeben und dort miteinander sprechend und handelnd tätig werden – Politik ist nur realisierbar in der Anwesenheit einer Mitwelt.

Freiheit – der Sinn von Politik

»Der Sinn von Politik ist Freiheit.« (ebd., S. 28) Um zu verstehen, was Hannah Arendt mit diesem Satz zum Ausdruck bringen möchte, muss man sich zunächst bewusst machen, dass sie ganz bewusst vom *Sinn* von Politik spricht und nicht sagt, dass Freiheit der Zweck oder das Ziel von Politik sei. Dies ist bedeutsam, weil der Sinn einer Sache, im Unterschied zu ihrem Zweck oder Ziel, »in ihr selbst beschlossen« (ebd., S. 203) liegt. Freiheit so verstanden ist also nicht im Ergebnis von Politik, sondern nur im Vollzug derselben, also im politischen Sprechen und Handeln mit den anderen *polites* selbst zu finden. Die Vorstellung, dass Freiheit nicht einer einzelnen Person zukommt, sondern sich erst in der Anwesenheit einer Vielzahl von Menschen entfalten kann, bedeutet auch, dass der Einzelne als Individuum in seiner Vereinzelung niemals frei sein kann. Frei sein kann nur derjenige, der den politischen Raum betritt und in diesem agiert.

Diese Beschreibung von Freiheit mag uns zunächst befremdlich erscheinen. Das liegt vor allem daran, dass wir es gewohnt sind, Politik in Zweck-Mittel-Kategorien zu denken: Politik ist das Mittel, um uns Freiheit zu ermöglichen. Wir erwarten also nicht, im politischen Handeln selbst Freiheit zu finden, sondern wir erwarten von den politisch Handelnden, dass sie uns Freiheit ermöglichen. Wir suchen nicht die Freiheit *in* der Politik, sondern wir wünschen uns die Freiheit *von* der Politik. Und zwar sowohl in dem Sinne, dass uns Politik individuelle Freiheit ermöglicht, als auch in dem Sinne, dass wir uns nicht an ihr zu beteiligen brauchen.

Dieses individualistische Freiheitsverständnis ist Hannah Arendt zufolge das Ergebnis eines langen Prozesses im philosophischen Denken, der schon bei den alten Griechen einsetzte und sich bis in die Moderne fortsetzte und verschärfte. Die Vorstellung, dass Freiheit eine individuelle Eigenschaft ist und darin besteht, sich nicht an den gemeinsamen Angelegenheiten beteiligen zu müssen, hält sie für fatal. Denn dies bedeutet, dass es den Menschen nicht mehr möglich ist, die in der Mitwelt gegebene Pluralität zu erfahren und selbst mitzuentscheiden, wie ihre gemeinsamen Angelegenheiten geregelt werden. Mit der zunehmenden Bereitschaft, auf das Miteinander-Sprechen und Handeln in der öffentlichen Sphäre zu verzichten, drohen den Menschen fundamentale Erfahrungen ihrer eigenen Möglichkeiten verloren zu gehen. Sie werden unfrei und treten dann nicht mehr als handelnde Personen in Erscheinung, sondern degradieren sich selbst zu Objekten von Macht- und Herrschaftsstrukturen, denen sie passiv ausgeliefert sind, gefangen in ihrer Rolle als marktkonforme Konsumenten und Teil der bloß auf ihren ökonomischen Selbsterhalt bedachten arbeitenden Bevölkerung. Die Pluralität, die Freiheit und damit das Politische drohen so aus der Welt zu verschwinden.

Natalität – das Wunder der Politik

Ist dieser Verlust des Politischen unaufhaltsam? »Damit ein Anfang sei, wurde der Mensch geschaffen, vor dem es niemand gab.« (Augustinus zit. nach Arendt 2008a, S. 215 f.) In der Auseinandersetzung mit diesem Wort des christlichen Philosophen Augustinus entwickelt Arendt ihren Begriff der »Natalität« und damit die Antwort auf die Frage, ob der oben beschriebene drohende Verlust des Politischen unaufhaltbar ist. Vor dem Hintergrund ihrer eigenen Erfahrungen zu Zeiten der nationalsozialistischen Konzentrationslager, des Kalten Krieges und der aufkommenden Massengesellschaft sieht Arendt zwar die reale Gefahr, dass »das Politische überhaupt aus der Welt verschwindet« (2007, S. 13), und sie weist auch darauf hin, dass eine Wende zum Guten »nur durch eine Art Wunder geschehen« (ebd., S. 31) könne; allerdings versteht sie »Wunder« nicht als eine metaphysisch-religiöse Kategorie, also als einen Akt göttlichen Wirkens o. Ä., sondern als ein spezifisch menschliches Vermögen. Denn ein Wunder bedeutet für sie das Eintreten eines Ereignisses, auf das zwar gehofft, dessen tatsächliches Eintreten jedoch niemals vorausgesagt werden kann. Und die Menschen sind, so Arendt, »offenbar auf eine höchst wunderbare und geheimnisvolle Weise dazu begabt [...], Wunder zu tun. Diese Begabung nennen wir im gewöhnlichen und abgegriffenen Sprachgebrauch das Handeln.« (ebd., S. 34) .

Dem Handeln ist es eigen, bestehende Prozesse zu unterbrechen und damit einen neuen und unvorhergesehenen Anfang zu setzen. Arendt verweist auf das, was wir den »Geschichtsprozess« nennen, und darauf, dass dieser nicht historisch-materialistisch oder evolutionär determiniert sei, sondern dass er aus »Ketten von Ereignissen« bestehe, dass er, wie sie sagt, aus »menschlichen Initiativen entstanden ist und durch neue Initiativen dauernd durchbrochen wird« (ebd., S. 32). Der Satz »Damit ein Anfang sei, wurde der Mensch geschaffen, vor dem es niemand gab« bedeutet also: Durch die Geburt eines Menschen wird ein neuer Anfang gesetzt und der Mensch als ein Jemand geboren. Die Einzigartigkeit des Menschen zeigt sich darin, dass er, wie er selbst ein Anfang ist, über die Fähigkeit verfügt, neue, unvorhersehbare Anfänge zu setzen, d. h., sich aktiv sprechend und handelnd in die Welt einzuschalten und diese nach seinen Vorstellungen zu verändern.

Dieses Phänomen nennt Hannah Arendt die »Natalität« des Menschen. Und vor diesem Hintergrund kann die Frage, ob das Politische aus der Welt verschwinden wird, in neuem Licht erscheinen und mit »Nein« beantwortet werden. Denn wenn es, wie Arendt sagt, »im Zuge der Ausweglosigkeit, in die unsere Welt geraten ist, liegt, Wunder zu erwarten, so verweist diese Erwartung uns keineswegs aus dem ursprünglichen politischen Bereich heraus. Wenn der Sinn von Politik Freiheit ist, so heißt dies, dass wir in diesem Raum – und in keinem anderen – in der Tat das Recht haben, Wunder zu erwarten. Nicht weil wir wundergläubig wären, sondern weil die Menschen, solange sie handeln können, das Unwahrscheinliche und Unberechenbare zu leisten imstande sind und dauernd leisten, ob sie es wissen oder nicht.« (ebd., S. 35)

Politische Bildung und Inklusion

Welche Schlüsse lassen sich aus Arendts Begriff des Politischen für eine inklusive politische Didaktik ziehen? Festzustellen ist, dass sich eine demokratische politische Bildung in einem permanenten Spannungsverhältnis zwischen Emanzipation und Integration vollzieht (Oeftering 2013, S. 42 ff.). Einerseits ist es ihr Anliegen, die nachwachsende Generation oder in der politischen Erwachsenenbildung die Teilnehmenden in die bestehende Ordnung zu integrieren; andererseits ist eine am Ziel der Mündigkeit orientierte politische Bildung dazu aufgerufen, die Lernenden in die Lage zu versetzen, sich von der bestehenden Ordnung zu emanzipieren, also in eine kritische Distanz zu den bestehenden Verhältnissen zu treten und diese gemäß ihrer eigenen Interessen zu verändern. Mit Hannah Arendt können wir sagen, dass inklusive politische Bildung Menschen mit Behinderung dazu befähigen soll, mit anderen Menschen in der öffentlichen Sphäre ihres Gemeinwesens zusammenzukommen, um dort als Bürgerinnen und Bürger die gemeinsamen Angelegenheiten nach ihren Vorstellungen zu regeln. Dass Menschen mit Behinderung in der politischen Sphäre bisher kaum sichtbar sind, hängt nicht nur mit exkludierenden gesellschaftlichen Strukturen, wie etwa einem ungenügenden Wissen über und Bewusstsein für Fragen von Inklusion und Behinderung aufseiten der Mehrheitsgesellschaft, zusammen, sondern auch damit, dass Menschen mit Behinderung erst dazu befähigt werden müssen, ihre Bürgerinnen- und Bürgerrolle an- und wahrzunehmen. Damit Inklusion gelingt, muss sich die politische Bildung also insgesamt stärker des Themas Inklusion annehmen, d. h. darüber aufklären und zur aktiven Auseinandersetzung mit Inklusion anregen. Sie muss zudem Antworten finden auf die Frage, wie politische Bildung gestaltet sein muss, um Menschen mit Behinderung den Zugang zur öffentlichen Sphäre zu erleichtern.

Inklusion als Thema der politischen Bildung

Die Notwendigkeit, dass Thema Inklusion in der politischen Bildung allgemein zu stärken, lässt sich etwa daran ablesen, dass ein für Inklusion zentrales Dokument wie die UN-Behindertenrechtskonvention nur knapp einem Viertel der deutschen Bevölkerung über 16 Jahre bekannt ist (Bundesvereinigung Lebenshilfe 2014, S. 16). Befunde wie dieser machen deutlich, dass politische Bildung gefordert ist, die Menschenrechte und hier insbesondere die Rechte von Menschen mit Behinderung zum Inhalt zu machen und die für Inklusion relevanten gesellschaftlichen und politischen Strukturen und Prozesse aufzuzeigen und zu hinterfragen.

Eine an Hannah Arendt orientierte politische Bildung darf sich jedoch nicht auf die Vermittlung von Fachwissen zu Fragen von Menschenrechten, Behinderung und Inklusion beschränken. Ihr Anliegen muss sein, die Teilnehmenden zu einer sach- und methodengeleiteten diskursiven Auseinandersetzung über die wesentlichen damit verbundenen politischen Probleme zu befähigen. Die in Arendts Begriff der Pluralität angelegte Vielfalt von Perspektiven, Meinungen und Standpunkten, von denen aus die Welt betrachtet werden kann, muss auch die möglichen Perspektiven,

Meinungen und Standpunkte von Menschen mit Behinderung einschlie-
ßen. D. h., Menschen ohne Behinderung sollten sich ebenfalls mit den
mit Inklusion verbundenen politischen Fragestellungen auseinandersetzen:
Wie sollen und vor allem: wie wollen Menschen mit Behinderungen
leben? Sollen Behindertenwerkstätten aufgelöst und Menschen mit Behinderung in den »normalen« Arbeitsmarkt integriert werden? Sollen Quo-
ten für Menschen mit Behinderung bei der Besetzung von öffentlichen
Ämtern eingeführt werden?

Man könnte auch sagen: Damit Menschen mit Behinderung stärker in
Erscheinung treten können, müssen die Menschen ohne Behinderung lernen, die Welt mit den Augen der Ersteren zu sehen, um deren Perspektiven,
Bedürfnisse und Problemlagen überhaupt wahrnehmen zu können. »Wahrnehmung« bedeutet hier allerdings nicht, Menschen mit Behinderung *nur*
als Menschen mit Behinderung wahrzunehmen. Diese werden ohnehin
allzu oft als bemitleidenswerte Wesen und hilfsbedürftige Empfänger gesellschaftlicher Wohlfahrtsleistungen gesehen – und viel zu selten als gleichberechtigte Bürgerinnen und Bürger (ebd., S.7, Köhler 2014).

Dementsprechend besteht das Ziel von Inklusion gerade darin, Behinderung nicht ausschließlich als ein Unterscheidungsmerkmal, sondern als
Normalität anzusehen. Hannah Arendts Begriff der Pluralität kommt hier
erneut zum Tragen: Denn Pluralität zeigt sich, wie oben beschrieben, als
Gleichheit und gleichzeitig als Verschiedenheit. Inklusion in den politischen
Raum bedeutet demnach, dass die Menschen, und zwar mit und ohne
Behinderung, in diesem Raum als Gleiche miteinander verkehren und
gleichzeitig sprechend und handelnd offenbaren, wer sie jeweils sind. Sie
»zeigen aktiv die personale Einzigartigkeit ihres Wesens, treten gleichsam
auf die Bühne der Welt, auf der sie vorher so nicht sichtbar waren« (Arendt
2008a, S.219).

Inklusive politische Bildung

Damit Menschen mit Behinderung die »Bühne der Welt« betreten und auf
ihr agieren können, müssen sie in die Lage versetzt werden, am politischen
Leben teilzunehmen. Eine inklusive politische Bildung, die sich im Spannungsfeld von Integration und Emanzipation bewegt, hätte also die Aufgabe, auch Menschen mit Behinderung dazu zu befähigen, sich in ihrer
Einzigartigkeit im öffentlichen Raum zu exponieren, um dort in Freiheit
mit anderen Menschen sprechend und handelnd ihre gemeinsamen Angelegenheit zu regeln, um auf diese Weise, um es mit Arendt zu sagen, ihren
eigenen Faden in das Bezugsgewebe menschlicher Angelegenheiten zu
schlagen (ebd., S.222ff.), als Teil der politischen Gemeinschaft neue und

unverhoffte Anfänge zu setzen und damit in die bestehende Welt und die in ihr waltenden Prozesse bewusst einzugreifen. Denn in dieser Fähigkeit besteht für Arendt die Freiheit, die den Sinn des Politischen ausmacht: »Das Wunder der Freiheit liegt in diesem Anfangen-Können beschlossen, das seinerseits wiederum in dem Faktum beschlossen liegt, dass jeder Mensch, sofern er durch Geburt in die Welt gekommen ist, die vor ihm da war und nach ihm weitergeht, selber ein neuer Anfang ist.« (Arendt 2007, S. 34)

An dieser Stelle zeigt sich eine zentrale Herausforderung für die politische Bildung: Wenn politische Bildung dazu beitragen möchte, Menschen (und zwar alle!) zur politischen Beteiligung am Gemeinwesen zu befähigen, dann muss sie entsprechende Angebote bereitstellen, die auch Menschen mit Behinderung in die Lage versetzen, sprechend und handelnd im öffentlichen Raum zu agieren. Dieser Anspruch hat Konsequenzen für die Gestaltung politischer Bildung, insbesondere was den Umgang mit der Heterogenität der Lerngruppen und die sich daraus ergebende Notwendigkeit zur Differenzierung betrifft.

So muss die Politikdidaktik etwa auf der Ebene des zu vermittelndem Fachwissens neu nachdenken: Was sind die zentralen Inhalte und wie lassen sich diese angemessen vermitteln, wenn auch in höheren Klassenstufen auf unterschiedlichen Komplexitätsniveaus unterrichtet werden muss? Dass in inklusiven Lerngruppen Fachwissen nicht von allen Teilnehmenden auf der gleichen Abstraktionsstufe gelernt und reproduziert werden kann, ist augenfällig. Dies ist aber auch in nichtinklusiven Klassen der Fall. Folglich gilt es hier vor allem, einen adäquaten Umgang mit einer neuen (oder besser: erweiterten) Form von Heterogenität zu finden.

Ein weiteres Beispiel: Auf der Ebene der Methoden stellt sich die Frage, wie das vorhandene politikdidaktische Instrumentarium weiter ausdifferenziert werden kann, sodass alle Schülerinnen und Schüler partizipieren können. Nachzudenken wäre hier beispielsweise über eine intensivere Vorbereitung auf die Teilnahme an gängigen Makromethoden wie Pro-Contra-Debatten, Talkshows usw. *(Peer Group Coaching)* oder auch über unterschiedliche Redezeiten während deren Durchführung (z.B. »Redezeitjoker«, welche von Schülerinnen und Schülern mit Lernproblemen »gezogen« werden können, wenn sie das Gefühl haben, ihren Standpunkt nicht ausreichend dargelegt zu haben).

An beiden Beispielen wird aber auch deutlich: Die Politikdidaktik muss sich nicht neu erfinden. Sie verfügt über ein breites Repertoire an didaktischen Prinzipien, Methoden und Inhalten, die lediglich auf Inklusion hin neu bedacht und erweitert werden müssen (Zustrassen 2014).

Dabei bleibt zentral: Politik vollzieht sich vor allem im Miteinander-Reden und Miteinander-Handeln der Bürgerinnen und Bürger, politische Bildung im Miteinander-Reden und Miteinander-Handeln der Lernenden. Das heißt: Einen politischen Menschen zeichnet mehr aus, als nur ein adäquates Wissen *über* die Welt – nämlich ein Interesse *an* der Welt und die Bereitschaft zum gemeinsamen Sprechen und Handeln *in* der Welt. Die Schülerinnen und Schüler hierzu zu befähigen, bleibt die erste Aufgabe einer inklusiven politischen Bildung.

Darüber hinaus dürften die hier im Anschluss an Hannah Arendts Begriff des Politischen angestellten Überlegungen deutlich gemacht haben: Es geht nicht nur darum, einer weiteren sozialen Gruppe einen verbesserten Zugang zu Bildungsangeboten zu verschaffen. Sondern es geht bei der Diskussion um Inklusion und politische Bildung letztlich um die Frage, wem das »Recht, Rechte zu haben« eingeräumt wird, wer also Teil des Gemeinwesens werden darf und wer von diesem ausgeschlossen bleibt.

Literatur

Arendt, H. (1949): Es gibt nur ein einziges Menschenrecht. In: Die Wandlung, Heft 8. S. 754–770.

Arendt, H. (2007): Was ist Politik? Fragmente aus dem Nachlass. München.

Arendt, H. (2008a): Vita activa oder Vom tätigen Leben. München.

Arendt, H. (2008b): Elemente und Ursprünge totaler Herrschaft. Antisemitismus, Imperialismus, Totalitarismus. München.

Aristoteles (1990): Politik. Hamburg.

Bundesvereinigung Lebenshilfe e. V. (2014): Gesellschaftliche Teilhabesituation von Menschen mit Behinderung. Berlin. Verfügbar unter: http://www.lebenshilfe.de/de/presse/2014/artikel/allensbach-studie-zur-inklusion-611348278.php?list Link=1 (Zugriff: 05.12.2014).

Köhler, J. M. (2014): Teilhabe ernst nehmen – Politische Partizipation von Menschen mit Lernschwierigkeiten. Verfügbar unter: http://www.bpb.de/lernen/projekte/inklusiv-politisch-bilden/180234/politische-partizipation-von-menschen-mit-lernschwierig keiten (Zugriff: 23.04.2015).

Meints-Stender, W. (2006): Eine frühe Theoretikerin der Exklusion. In: Die Tageszeitung. 14./15.10. S. 21.

Oeftering, T. (2011): Hannah Arendt und die »Aporien der Menschenrechte«. In: Oeftering, T./Schwendemann, W. (Hrsg.): Menschenrechtsbildung und Erinnerungslernen. Berlin: S. 31–47.

Oeftering, T. (2013): Das Politische als Kern der politischen Bildung? Hannah Arendts Beitrag zur Didaktik des politischen Unterrichts. Schwalbach am Taunus.

Zurstrassen, B. (2014): Inklusive politische Bildung aus politikdidaktischer Sicht. Verfügbar unter: http://www.bpb.de/lernen/projekte/inklusiv-politisch-bilden/1803 01/b-zurstrassen-schule-und-inklusive-politische-bildung-aus-politikdidaktischer-sicht (Zugriff: 23.04.2015).

Jürgen Gerdes / Diana Sahrai / Uwe H. Bittlingmayer / Fereschta Sahrai

Menschenrechtsbildung und Demokratie-Lernen als zentrale Elemente einer inklusiven politischen Bildung

Politische Bildung und Inklusion

Das Thema »Inklusion« wird in der deutschen Diskussion überwiegend auf das Bildungssystem, insbesondere auf allgemeinbildende Schulen bezogen. Es sind vor allem die Rahmenbedingungen des Lernens, teilweise auch die Methoden, weniger aber die Themen und Inhalte, welche in den inklusionspädagogischen Fokus geraten sind. Damit mag zusammenhängen, dass politische Bildung bislang keine prominente Rolle im inklusionspädagogischen Diskurs spielt, obgleich – so unsere These – mit Demokratie und Menschenrechten als obersten Legitimationsnormen demokratischer Rechtsstaaten (Habermas 1992) systematische thematische Bezüge naheliegend sind.

Ein wesentlicher Grund für diese *thematische politische Lücke* im inklusionspädagogischen Diskurs besteht darin, dass sich Inklusion gut in den dominanten bildungspolitischen Trend, Bildungsanstrengungen mit ökonomischen Zielen kurzzuschließen, einfügen lässt. So gilt beispielsweise die inklusionspädagogische Ersetzung (leistungs-)homogener Lerngruppen durch (wechselseitig sich stimulierende und unterstützende) heterogene Lerngruppen auch in Bezug auf die zu steigernden Schulleistungen als eine geeignete Strategie, obwohl die schul(system)politischen Konsequenzen umstritten sind. Das zentrale Argument, das bei anderen bildungspolitischen Themen, z.B. lebenslanges Lernen, Kompetenzorientierung oder Ganztagsschulen, ebenfalls eine zentrale Rolle spielt, lautet, dass eine moderne Wissensökonomie im Namen ihrer internationalen Wettbewerbsfähigkeit es sich schlicht nicht leisten kann, auf die Aktivierung der Ressourcen und Potenziale von bislang marginalisierten Bevölkerungsgruppen zu verzichten.

Gleichzeitig werden Fragen sozialer Gerechtigkeit in einem auf Eigenverantwortung, Marktteilnahme sowie Beschäftigungsfähigkeit ausgerichteten Diskurs des aktivierenden Staates auf Chancengleichheit und

Teilhabegerechtigkeit reduziert, um weiter gehende Ansprüche auf Verteilungsgerechtigkeit abzuwehren (Gerdes 2014a). Soziale Gerechtigkeit soll nun vorrangig durch Bildungsreformen erreicht werden, die eine größere soziale Mobilität der bislang marginalisierten Gruppen ermöglichen.

Seitdem Inklusion im Kontext der UN-Behindertenrechtskonvention (UN-BRK) diskutiert wird, treten jedoch *zwei Aspekte* hervor, die auf eine besondere Zuständigkeit politischer Bildung hindeuten. *Erstens* bezieht sich die UN-BRK auf das gesamte Spektrum der allgemeinen Menschenrechte, die unter der Perspektive ihrer Verwirklichungsbedingungen für Menschen mit Behinderung konkretisiert werden (Bielefeldt 2009). Die Realisierung von Menschenrechten ist damit eine Aufgabe, die das gesamte Ensemble von Institutionen und Akteuren in demokratischen Rechtsstaaten betrifft und sich kaum auf das Bildungssystem, einzelne Schulen oder Unterrichtsmethoden beschränken lässt. So lassen sich etwa materielle Barrieren (z. B. bauliche und technische Infrastruktur) und institutionelle Barrieren (z. B. Institutionen des Bildungssystems, des Sozialstaats usw.) kaum allein durch pädagogische Anstrengungen überwinden. Wenn Inklusion aber ein gesamtgesellschaftliches und damit *politisches* Thema ist, wäre damit auch eine besondere Zuständigkeit politischer Bildung gegeben, jedenfalls solange man Politik als bewusste kollektive Einwirkung auf gesellschaftliche Probleme und Verhältnisse im Namen gemeinwohlbezogener Ziele versteht.

Zweitens ist die Zuständigkeit für Inklusion auch etwas, was die *systematische Aufgabe politischer Bildung* betrifft, solange politische Bildung die eigene Rolle so versteht, etwas zur demokratischen bzw. menschenrechtlichen Kultur und zur Stabilität demokratischer Verhältnisse insgesamt beizutragen. Dies müsste umso stärker gelten, je mehr Tendenzen der »Postdemokratie« (Crouch 2008) in Gestalt von z. B. zunehmender Entparlamentarisierung politischer Entscheidungen und von konstant sozial selektiven Formen politischer Beteiligung zu beobachten sind.

Politische Inklusion und Demokratie-Lernen

Wenn Inklusion in einer gesamtgesellschaftlichen Perspektive die selbstverständliche und voraussetzungslose Zugehörigkeit aller Menschen zur Gesellschaft und ihre gleichberechtigte Teilhabe in den zentralen Institutionen meint, wäre das äquivalente Prinzip auf der politischen Ebene offenbar das der Demokratie. So ist die *politische Inklusion* aller erwachsenen Bürgerinnen und Bürger nach der einflussreichen Demokratietheorie von Robert A. Dahl (2000, S. 35 ff.) eines von fünf idealen, aber notwendigen Definitionskriterien eines demokratischen politischen Systems: Jede den politischen Regelungen und Gesetzen unterworfene volljährige Person hat ein unbeschränktes Recht auf die gleiche politische Mitgliedschaft und den damit verbundenen politischen Beteiligungsrechten, was wiederum eine möglichst gleichberechtigte politische Repräsentation der Interessen aller Bürgerinnen und Bürger gewährleisten soll. Die Leistung von Dahls prozeduraler Demokratietheorie besteht vor allem darin, dass ideale Kriterien der Demokratie mit den empirischen Bedingungen repräsentativer und großflächiger Massendemokratien unter Bezug auf zentrale politische Institutionen (z. B. Wahlen und politische Beteiligungsrechte) systematisch verbunden werden, sodass sich die traditionelle Gegenüberstellung von realistischen und normativen Demokratietheorien relativiert.

Politische Gleichheit ist in den westlichen Demokratien jedoch heute zunehmend gefährdet. Besonders die Annahme sozialer Demokratie, dass soziale und ökonomische Ungleichheiten mittels politischer Intervention in gewissem Umfang korrigiert werden könnten, trifft offenbar immer weniger zu. Statt dass der demokratische Staat auf globalisierte Märkte im Namen der Interessen von Bürgerinnen und Bürgern an sozialer Gerechtigkeit einwirkt, bestimmen heute Märkte, Kapitalinteressen und fiskalpolitische Vorgaben die politische Agenda (Streeck 2013, Offe 2014). Viele postdemokratische Symptome einer insgesamt abnehmenden politischen Repräsentation der Interessen der Bürgerinnen und Bürger (einen guten Überblick bieten Michelsen/Walter 2013) müssten sicher mit institutionellen Reformen (z. B. der politischen Parteien und von Bürgerbeteiligungsformen) statt mit pädagogischen Bemühungen angegangen werden.

Andererseits sind der kontinuierliche Rückgang und die wachsende soziale Selektivität konventioneller politischer Beteiligung (Merkel/Petring 2012) Probleme, welche von einer inklusiven politischen Bildung adressiert werden müssten. Denn wenn die sozialen Gruppen mit unteren Einkommen sowie niedrigeren Schulabschlüssen von ihrem Wahlrecht keinen Gebrauch machen und sich der Mitarbeit in politischen Parteien zunehmend mehr entziehen, übersetzt sich soziale Benachteiligung zusätzlich in politische Marginalisierung, anstatt dass umgekehrt die politische Einflussnahme und Repräsentation ressourcenschwacher Personen zur Verbesserung ihrer Lage und zur Korrektur sozialer Ungleichheiten führen.

Aufgrund des starken Zusammenhangs von Bildungsniveau und politischer Beteiligung ist häufiger argumentiert worden, dass Politikdistanz in erster Linie eine Folge fehlenden politischen Wissens sei (z. B. Patzelt 2009). Auch das viel diskutierte Kompetenzmodell für die schulische Politikdidaktik (Weißeno u. a. 2010, Detjen u. a. 2012) hat als Ausgangspunkt die Annahme, dass ein systematisches Lernen der politischen »Fachsprache«

zu »einer größeren Chancengleichheit unter den Lernenden« führe und deshalb »insbesondere Lernenden aus ›bildungsfernen‹ Schichten« nutzen würde (Massing 2012, S. 25, Weißeno 2015).

Dieser wesentlich auf Basis- und Fachkonzepten beruhende Ansatz ist innerhalb der Politikdidaktik vehement und vielfältig kritisiert worden (Autorengruppe Fachdidaktik 2011). Moniert wird z. B., dass die annoncierte Kompetenzfokussierung (als Verbindung von Wissen, Motivation, Einstellung und Handlungsfähigkeit) aufgrund der einseitigen kognitiven Ausrichtung uneingelöst bleibe, dass die Fachkonzepte nur und selektiv aus der Politikwissenschaft abgeleitet worden seien und insbesondere dass die Vorstellung der Vermittlung von wissenschaftlich gesichertem politischem Begriffswissen ein hierarchisches Lehr- und Lernverständnis impliziere, das weder der Pluralität und Kontroversität von Politik gerecht werde noch die subjektiven Vorstellungen und Konzepte der Schülerinnen und Schüler angemessen berücksichtige.

Ein solcher auf politikwissenschaftlich abgeleitete Fachkonzepte fokussierender Ansatz inklusiver politischer Bildung muss auch aus soziologischer Sicht in seiner Reichweite skeptisch gesehen werden. Denn die Ablehnung von bzw. Gleichgültigkeit gegenüber politischen Institutionen, Parteien und Politikerinnen bzw. Politikern in sozial benachteiligten Gruppen hängt mit nachhaltigen schicht- bzw. milieuspezifischen Sozialisationsprozessen und alltäglichen Erfahrungen und Kommunikationen im lebensweltlichen sozialen Umfeld zusammen. Politische Beteiligungsenthaltung korreliert nicht nur mit individuellen, sondern auch mit sozialen Faktoren, etwa damit, dass auch in Familien, Freundeskreisen, Stadtteilen usw. Politik nicht als relevant für das eigene Leben angesehen wird (z. B. Petersen u. a. 2013). Um auf die sozialisationsbedingte politische Entfremdung sozial benachteiligter Gruppen angemessen zu reagieren, sind zunächst die sozialen Voraussetzungen, an die politische Bildung anknüpfen könnte, zu adressieren.

Diese »vorpolitischen« Voraussetzungen bestehen in der Förderung von fachunspezifischen Basiskompetenzen für allgemeine Handlungsbefähigungen wie besonders Selbstbewusstsein, Selbstwirksamkeitsüberzeugungen und sozialen Kompetenzen (Bittlingmayer/Hurrelmann 2005). Dazu sind am besten erfahrungs-, handlungsorientierte und längerfristige Projekte geeignet, die im Idealfall auch in Kooperation mit außerschulischen Institutionen und Akteuren durchgeführt werden, wie dies im Kontext von Diskussionen um »Demokratiepädagogik« und »Lernen durch Engagement« vorgeschlagen wird (z. B. Götz u. a. 2014). In jedem Fall erscheint im Kontext der Adressierung »politikferner« Gruppen eine konsequent subjektorientierte Herangehensweise, die sich vorrangig zu den Erfahrungen, Interessen und Deutungen der Adressatinnen und Adressaten in Beziehung setzt, als erfolgversprechend (Scherr 2012). Längerfristige Projekte, eine konsequente Lebensweltorientierung und die Einbeziehung handlungsorientierter Elemente sozialen Lernens sind entscheidende Voraussetzungen dafür, dass die durchaus vorhandenen, aber »unsichtbaren« Interessen sozial benachteiligter Gruppen an politischen Themen aufgedeckt werden können, die häufig nicht mit Politik in Verbindung gebracht werden, weil als »Politik« nur der Politikbetrieb und die Selbstdarstellung von Politikern und Politikerinnen wahrgenommen werden, wozu kein persönlicher Bezug besteht (Calmbach/Borgstedt 2012, S. 69 ff.).

Die Einbeziehung sozialen Lernens korrespondiert im Übrigen auch mit anspruchsvolleren inklusionspädagogischen Konzepten, z. B. dem »Index für Inklusion« (Boban/Hinz 2003, Reich 2012). Gelingende gemeinsame Lernprozesse in heterogenen Lerngruppen dürften nämlich stark von den vorhandenen sozialen Kompetenzen wie Toleranz, Empathie, wechselseitigem Respekt und dem Grad des Gemeinschaftsgefühls abhängen.

Der Hinweis auf die Bedeutung der vorpolitischen Voraussetzungen darf nicht dahingehend missverstanden werden, dass soziales Lernen und gesellschaftliche Partizipationsförderung schon mit politischer Aufklärung und Partizipation gleichzusetzen wären (Gerdes 2013). Auch würde die bloße Ersetzung eines engen institutionellen durch einen wesentlich erweiterten Politikbegriff, der ehrenamtliches Engagement, Mitarbeit in Sportvereinen und Fanclubs oder lebensstilbezogene Ausdrucksformen miterfasst (z. B. Lorig/Vogelgesang 2008), zu dem zweifelhaften Ergebnis führen, dass Politikdistanz nicht mehr als solche erscheinen würde, ohne dass sich an den erwähnten »postdemokratischen« Repräsentationsverhältnissen irgendetwas geändert hätte. Deswegen sind didaktische und methodische Konzepte notwendig, die eine systematische Verknüpfung von sozialem mit politischem Lernen ermöglichen. In Anbetracht konstant asymmetrischer Partizipationsmuster sollten dabei Formen politischer Partizipation in den Unterricht einbezogen werden und nicht länger aus Neutralitätsgründen in der Schule ausgeschlossen werden (Widmaier/Nonnenmacher 2011).

Wenn Handeln vorwiegend durch Praxis und Erfahrung erlernt wird (Beutel/Fauser 2001), müsste daran schon aus pädagogischen Überlegungen gedacht werden. Die Autorinnen und Autoren dieses Beitrags haben im Rahmen des VorBild-Projekts zur politischen Bildung in Förderschulen im Auftrag der Bundeszentrale für politische Bildung (Bittlingmayer u. a. 2012) und im Zuge der Entwicklung des Lebenskompetenzförderungsprogramms *Lions-Quest Erwachsen handeln* für allgemeine und berufsbildende Schulen außercurriculare Unterrichtsprogramme konzipiert, die sozial-emotionales und politisches Lernen systematisch miteinander verknüpfen. Der mögliche Einwand, dass sich aus solchen zielgruppenorientierten Programmen inklusionswidrige etikettierende Konsequenzen ergeben könnten, ist nicht einfach von der Hand zu weisen. Der relevante Maßstab der Bewertung zielgruppenspezifischer Programme besteht jedoch darin, ob sie geeignet sind, an der demokratischen Inklusion von sozial benachteiligten Jugendlichen in der Gesamtgesellschaft (und nicht nur in pädagogischen Situationen) etwas zu ändern.

Inklusion und Menschenrechtsbildung

Das Thema der Menschenrechtsbildung eignet sich aus einer Reihe von Gründen besonders für eine inklusive politische Bildung. *Erstens* stellen sich keine Probleme einer zielgruppenspezifischen Kategorisierung, weil sich Menschenrechtsbildung nicht nur an Menschen mit Beeinträchtigungen oder Förderungsbedarf richtet. So werden in der UN-BRK Menschenwürde und Menschenrechte als Gegenstand notwendiger »Bewusstseinsbildung« herausgestellt, um »Klischees, Vorurteile [...] in allen Lebensbereichen zu bekämpfen« (Bundesgesetzblatt 2008, S. 1 427 f.).

Zweitens könnte ein Vorteil einer auf Menschenrechtsbildung fokussierenden Inklusionsperspektive darin bestehen, dass die Erhaltung und Internationalisierung rechtsstaatlicher Strukturen, innerhalb derer Grund- und Menschenrechte eine wesentliche Komponente sind, in der Zukunft realistischer ist als die Rettung von Institutionen demokratischer Repräsentation, welche möglicherweise an die Voraussetzung interventionsfähiger Nationalstaaten gebunden sind (Dahrendorf 2002, S. 12). Unter aktuellen Bedingungen könnte es für sozial marginalisierte Gruppen rational sein, auf demokratische Beteiligung zu verzichten, weil sie für eine politische Verbesserung ihrer prekären Lebens- und Arbeitssituation von den etablierten politischen Parteien nicht mehr viel zu erwarten haben (Offe 2014, S. 9 f., 14).

Drittens eignet sich das Thema der Menschenrechte besonders gut für eine systematischere Verbindung der Förderung von sozialen *und* politischen Kompetenzen, weil Menschenrechte eine alle Menschen betreffende private und gesellschaftliche *und* eine politische Dimension haben (ausführlich Gerdes 2014b). Der private und gesellschaftliche Sinn von individuellen Menschen- und Grundrechten besteht in der Sicherung der physischen und psychischen Integrität von Personen in alltagsweltlichen Kontexten sowie in der Realisierung ihrer basalen Bedürfnisse und geteilten grundlegenden Interessen. Damit sie wirksam werden können, sind sie darüber hinaus auf eine entgegenkommende zivilgesellschaftliche Kultur der Toleranz angewiesen, in der Menschen die Rechte anderer respektieren. Andererseits haben Grund- und Menschenrechte eine eindeutig politische Seite, da sie ein Kriterium der Legitimation demokratischer politischer Systeme sind, durch politische Institutionen (z. B. internationale Menschenrechtskonventionen und Verfassungen) gewährleistet werden und aufgrund ihrer abstrakten Formulierungen permanent rechtlich und politisch interpretiert werden. Sinnvolle Programme der Menschenrechtsbildung müssten an lebensweltliche Erfahrungen und Ereignisse der Berücksichtigung und Beeinträchtigung von Menschenrechten anknüpfen, ohne ihre politische Gewährleistung, Rechtfertigung und verschiedenen Interpretationen außer Acht zu lassen.

Viertens gibt es in Deutschland im Bereich der Menschenrechtsbildung erheblichen Nachholbedarf. Empirische Studien haben festgestellt, dass es bezogen auf die Menschenrechtsdeklarationen und der in diesen formulierten Rechte enorme Wissensdefizite gibt (Sommer/Stellmacher 2009, S. 65 ff.). Es ist zu vermuten, dass diese geringen Kenntnisse auf in Deutschland *insbesondere im Schulbereich dominierende* sogenannte implizite Ansätze (Fritzsche 2013, S. 9) zurückzuführen sind, die Menschenrechtsbildung nur als einen zu berücksichtigenden Aspekt innerhalb anderer schulfachspezifischer Inhalte oder übergreifender Querschnittsthemen (wie Werteerziehung, sozialem Lernen u. Ä.) verstehen, auch wenn dies im Hinblick auf die verschiedenen Bundesländer und Schulformen im Einzelnen variieren dürfte. Das zentrale Problem besteht hier darin, dass bei einer Unmenge an Lehrplaninhalten Bezüge zu Menschenrechten hergestellt werden *können*, ohne dass damit eine fokussierte Auseinandersetzung mit der politischen Dimension des Themas einhergehen *muss*.

Wenn hingegen Menschenrechte zum dezidierten Thema werden, beschränken sich die Konzepte häufig auf die kognitive Kenntnis relativ abstrakter Normen, Begriffe und Menschenrechtsdokumente, ohne dass der konkrete lebensweltliche Sinn von Menschenrechten als Schutzmechanismen legitimer individueller Interessen und Selbstbestimmungsansprüche in alltagsweltlichen Situationen unmittelbar deutlich wird.

Ein inklusiver Ansatz der Menschenrechtsbildung müsste versuchen, die beiden genannten komplementären Probleme dadurch zu vermeiden, dass Menschenrechte gleichermaßen als Gegenstand kognitiven *und* sozialmoralischen Lernens behandelt werden. Nur wenn auch systematisches Wissen über Menschenrechte und ihre einschlägigen Dokumente einbezogen wird, können soziale Verhaltensweisen wie Toleranz, gegenseitige Achtung und Empathie als dem Sinn von Menschenrechten korrespondierende Einstellungen und Handlungen identifiziert und verstanden werden. Ein Menschenrechtsbezug, der die lebensweltliche Dimension grundlegender individueller Bedürfnisse berücksichtigt, könnte gleichzeitig auch das Risiko senken, dass soziales Lernen zu einer pädagogischen Praxis sozialer Disziplinierung degeneriert. Menschen mit sozial ungleichen Startchancen sollten sich selbst als Personen begreifen können, die – unabhängig von ihrer eigenen schulischen Leistung – Menschenrechte besitzen, auf die sie sich berufen können.

Literatur

Autorengruppe Fachdidaktik (2011): Konzepte der politischen Bildung. Eine Streitschrift. Schwalbach am Taunus.

Beutel, W./Fauser, P. (Hrsg.) (2001): Erfahrene Demokratie. Wie Politik praktisch gelernt werden kann. Opladen.

Bielefeldt, H. (2009): Zum Innovationspotenzial der UN-Behindertenrechtskonvention. Deutsches Institut für Menschenrechte. Berlin.

Bittlingmayer, U.H./Gerdes, J./Sahrai, D. (2012): Politische Bildung unter erschwerten Bedingungen in Förderschulen. Einige Anmerkungen aus der Perspektive des VorBild-Projektes. In: Widmaier, B./Nonnenmacher, F. (Hrsg.): Unter erschwerten Bedingungen: Politische Bildung mit bildungsfernen Zielgruppen. Schwalbach am Taunus. S. 130–148.

Bittlingmayer, U.H./Hurrelmann, K. (2005): Medial vermittelte politische Bildung für Jugendliche aus bildungsfernen Milieus aus soziologischer Sicht. Expertise für die Bundeszentrale für politische Bildung.

Boban, I./Hinz, A. (Hrsg.) (2003): Index für Inklusion. Lernen und Teilhabe in der Schule der Vielfalt entwickeln. Halle an der Saale.

Bundesgesetzblatt (2008): Gesetz zu dem Übereinkommen der Vereinten Nationen vom 13. Dezember 2006 über die Rechte von Menschen mit Behinderungen sowie dem Fakultativprotokoll vom 13. Dezember 2006 zum Übereinkommen der Vereinten Nationen über die Rechte von Menschen mit Behinderungen. S. 1419–1457.

Calmbach, M./Borgstedt, S. (2012): »Unsichtbares« Politikprogramm? Themenwelten und politisches Interesse von »bildungsfernen« Jugendlichen, in: Kohl, W./Seibring, A. (Hrsg.): »Unsichtbares« Politikprogramm? Themenwelten und politisches Interesse von »bildungsfernen« Jugendlichen. Bonn: Bundeszentrale für politische Bildung. S. 43–80.

Crouch, C. (2008): Postdemokratie. Frankfurt am Main.

Detjen, J./Massing, P./Richter, D./Weißeno, G. (2012): Politikkompetenz – ein Modell. Wiesbaden.

Dahl, R.A. (2000): On Democracy. New Haven/London.

Dahrendorf, R. (2002): Die Krisen der Demokratie. Ein Gespräch. München.

Fritzsche, K.P. (2013): Erfahrungen mit der Menschenrechtsbildung. In: Polis. Heft 1. S. 7–9.

Gerdes, J. (2013): Demokratiepädagogik und die Krise der Demokratie. In: Berkessel, H./Beutel, W./Faulstich-Wieland, H./Veith, H. (Hrsg.): Jahrbuch Demokratiepädagogik 2013/14. Schwalbach am Taunus. S. 141–152.

Gerdes, J. (2014a): Von sozialer Gerechtigkeit zu Teilhabe- und Chancengerechtigkeit. Neoliberale Diskursstrategien und deren postdemokratische Konsequenzen. In: Bauer, U./Bolder A./Bremer H./Dobischat, R./Kutscha, G. (Hrsg.): Expansive Bildungspolitik – Expansive Bildung? Wiesbaden. S. 61–88.

Gerdes, J. (2014b): Menschenrechtsbildung zwischen sozialem und politischem Lernen. In: Götz, M./Widmaier, B./Wohnig, A. (Hrsg), S. 139–160.

Götz, M./Widmaier, B./Wohnig, A. (2014) (Hrsg.): Soziales Engagement politisch denken. Chancen für politische Bildung. Schwalbach am Taunus.

Habermas, J. (1992): Faktizität und Geltung: Beiträge zur Diskurstheorie des Rechts und des demokratischen Rechtsstaats. Frankfurt am Main.

Lorig, P./Vogelgesang, W. (2008): Unpolitische Jugend? Jugendliche Lebenswelten als politisch-partizipatorische Lernfelder. In: Kursiv: Journal für politische Bildung. Heft 2. S. 64–76.

Massing, P. (2012): Die vier Dimensionen der Politikkompetenz. In: Aus Politik und Zeitgeschichte. Heft 46–47. S. 23–29.

Merkel, W./Petring, A. (2012): Politische Partizipation und demokratische Inklusion. In: Mörschel, T./Krell, C. (Hrsg.): Demokratie in Deutschland. Wiesbaden. S. 93–119.

Michelsen, D./Walter, F. (2013): Unpolitische Demokratie. Zur Krise der Repräsentation. Frankfurt am Main.

Offe, C. (2014): Participatory Inequality in the Austerity State: A Supply Side Approach. DFG-Kolleg Postwachstumsgesellschaften. Working Paper 1/2014. Jena.

Patzelt, W. (2009): Politikfern sind die Ahnungslosen. In: Kursiv. Journal für politische Bildung. Heft 1. S. 12–17.

Petersen, T./Hierlemann, D./Vehrkamp, R. B./Wratil, C. (2013): Gespaltene Demokratie. Politische Partizipation und Demokratiezufriedenheit vor der Bundestagswahl 2013. Gütersloh.

Reich, K. (2012): Inklusion und Bildungsgerechtigkeit. Standards und Regeln zur Umsetzung einer inklusiven Schule. Weinheim/Basel.

Scherr, A. (2012): Pädagogische Grundsätze für die politische Bildung unter erschwerten Bedingungen. In: Widmaier, B./Nonnenmacher, F. (Hrsg.): Unter erschwerten Bedingungen: Politische Bildung mit bildungsfernen Zielgruppen. Schwalbach am Taunus. S. 62–76.

Sommer, G./Stellmacher, J. (2009): Menschenrechte und Menschenrechtsbildung. Wiesbaden.

Streeck, W. (2013): Gekaufte Zeit. Die vertagte Krise des demokratischen Kapitalismus. Frankfurt am Main.

Weißeno, G. (2015): Inklusiver Politikunterricht – Konzepte, Befunde, Kompetenzen. In: Sahrai, F./Bittlingmayer, U. H./Gerdes, J./Sahrai, D. (Hrsg.): Inklusive politische Bildung. Schwalbach am Taunus (im Erscheinen).

Weißeno, G./Detjen, J./Juchler, I./Massing, P./Richter, D. (2010): Konzepte der Politik – ein Kompetenzmodell. Bonn: Bundeszentrale für politische Bildung.

Widmaier, B./Nonnenmacher, F. (Hrsg.) (2011): Partizipation als Bildungsziel. Schwalbach am Taunus.

Georg Weißeno

Inklusiver Politikunterricht – Förderung der Politikkompetenz

Anlass und Ziel

Viele Erwartungen sind mit der Inklusion verbunden. Sie wird als ein gesamtgesellschaftlicher Prozess verstanden. Ein Aspekt ist die gemeinsame Beschulung von Menschen mit und ohne Behinderung. Ein Beispiel hierfür ist ein inklusiver Politikunterricht. Sofort stellen sich Fragen: Wie können alle diese Schülerinnen und Schüler bei qualitativ nicht unterschiedlichen Zielen, Praktiken und Arbeitsformen so beschult werden, dass sie in ihrer Individualität zu ihrem Recht kommen (Tenorth 2013, S. 9 f.)? Die kognitive und emotionale Entwicklung, die Förderung von Werten und Einstellungen sollen unterstützt werden. Ob aber alle alles können, ist fraglich. Ob alle bessere Ergebnisse in der Leistungs- und Sozialdimension erreichen, ist zu untersuchen. Über diese normativ hoch aufgeladenen Thematiken wird derzeit viel in Lehrerzimmern und in der Wissenschaft diskutiert.

Die gemeinsame Beschulung in allen Bildungsgängen, Organisationen oder Schulformen ist die derzeit am lebhaftesten diskutierte gesamtgesellschaftliche Aufgabe. Das Problem, wie hierbei auf Gleichheit und Differenz, Individualisierung und Universalisierung zu reagieren ist, wird im Folgenden nicht behandelt. Unberücksichtigt bleibt ebenfalls die weiter gehende Forderung, jegliche Form der Exklusion durch Bildungsgänge, soziale Herkunft oder Abschlüsse zu beenden. Letzteres überdehnt den Begriff der Inklusion. In diesem Beitrag wird die Frage der Inklusion auch nicht an der Institution Schule festgemacht. Er beschränkt sich vielmehr auf die fachdidaktischen Fragen nach der Auswahl der Inhalte für einen inklusiven Politikunterricht und der Förderung aller Schülerinnen und Schüler.

Die anthropologische Prämisse lautet, dass die Bildsamkeit aller Menschen gegeben ist (ebd.). Die zweite Prämisse ist eine Kompatibilitätsannahme, nach der die optimale Entwicklung der menschlichen Möglichkeiten, die Entfaltung der Würde und des Selbstwertgefühls von Menschen mit Behinderungen und ihre Befähigung zu einer wirksamen gesellschaftlichen Teilhabe mit inklusivem Politikunterricht zu erreichen seien (Werning/Baumert 2013). Hier geht es nicht um gesellschaftliche Teilhabe, sondern um die Vorbereitung auf die Möglichkeit politischer Partizipation.

Der Politikunterricht und der Aufbau der Politikkompetenz sind für alle zukünftigen Bürgerinnen und Bürger relevant. »Ziel der Vermittlung von Kompetenzen ist die Befähigung zu selbstständigem und selbstverantwortlichem Handeln.« (Klieme/Hartig 2007, S. 21) Die Konzeption kompetenzorientierten Politikunterrichts nach dem Modell der Politikkompetenz (Detjen u. a. 2012) eröffnet Möglichkeiten eines strukturierten Unterrichts für Schülerinnen und Schüler mit und ohne Behinderung. Das Modell ist für einen inklusiven Politikunterricht geeignet, weil es die Anforderungen beschreibt, welche an ein Wissens- und Erfahrungsgerüst für die spätere politische Teilhabe zu stellen sind. Wenn Schülerinnen und Schüler über konzeptuelles Politikwissen verfügen, können sie in späteren Anwendungssituationen, sei es in der Schule oder als Bürgerinnen und Bürger, zu kontextadäquaten Lösungen von Aufgaben kommen, obwohl sie mit solchen noch keine konkreten Erfahrungen gemacht haben. Wer etwa über ein Fachkonzept »Wahlen« verfügt, kann einen Bericht über den Ablauf der Wahlen in einem anderen Land einschätzen und erschließen, ob diese demokratischen Vorgaben entsprechen.

Im Folgenden wird im ersten Schritt dargestellt, was unter inklusivem kompetenzorientiertem Politikunterricht zu verstehen ist. Daran anschließend werden zentrale Aspekte der Vermittlung der Fachsprache beschrieben. Dabei werden Möglichkeiten aufgezeigt, wie durch pädagogische Flexibilität in Bezug auf die fachbezogene Kommunikation, Individualisierung und Differenzierung eine größere Responsivität und Adaptivität im inklusiven Politikunterricht erreichbar sind. Da die Voraussetzungen von Klasse zu Klasse, von Schule zu Schule unterschiedlich sind, können keine Best-Practice-Modelle kopiert werden.

Inklusiver kompetenzorientierter Politikunterricht

Das Ziel des Politikunterrichts, zur politischen Mündigkeit beizutragen, gilt für alle Schülerinnen und Schüler, also auch für diejenigen mit sonderpädagogischem Förderbedarf. Erreichbar wird das Ziel, so die hier vertretene Auffassung, durch die zu beschreibende Konzeption kompetenzorientierten Politikunterrichts (Weißeno 2014). Die Umstellung auf die Kompetenzorientierung bringt Veränderungen mit sich, die insbesondere Schülerinnen und Schülern mit sonderpädagogischem Förderungsbedarf zugutekommen können. Eine dieser Veränderungen ist die Festsetzung von Mindeststandards für alle, die der Politikunterricht zu erreichen hat. Diese gilt es mit den pädagogischen Initiativen für Inklusion zu verbinden. Die Mindeststandards, die das Modell der Politikkompetenz konkretisiert, bieten allen Lehrkräften eine klare Orientierung. Auch Schülerinnen und Schüler mit Förderbedarf haben einen Anspruch darauf, die Standards zu erreichen. Für die Formulierung der Standards ist die Strukturierung der Domäne Politik eine Grundvoraussetzung.

Der Begriff der Kompetenz wird in der Politikdidaktik unterschiedlich verwendet. Entsprechend finden sich viele individuelle Deutungen und Definitionsversuche. Kompetenz ist zudem ein Begriff, der in der Alltagssprache benutzt wird, z. B. im Zusammenhang mit der Gesetzgebung, mit Experten oder Ämtern. In die Pädagogik wurde er 1971 von Heinrich Roth eingebracht. Die Trias von Selbst-, Sach- und Sozialkompetenz, heute ergänzt um Methodenkompetenz, meint die allumfassende Handlungsfähigkeit. Diese sehr weiten Kompetenzdefinitionen können jederzeit beliebig erweitert werden. Solange aber die genannten Begriffe nicht empirisch valide überprüfbar formuliert sind, ist die Formulierung von Standards auf dieser Basis nicht möglich. Es muss definiert und überprüft werden, was die Schülerinnen und Schüler zu bestimmten Zeitpunkten tatsächlich können.

Die kognitionspsychologische Kompetenzdefinition setzt auf bestimmte, klar definierte Begriffe, die theoriegeleitet empirisch überprüfbar sind. Lernaufgaben und Klassenarbeiten sind an derartigen Kompetenzbeschreibungen auszurichten. Klieme und Leutner definieren Kompetenzen als »kontextspezifische kognitive Leistungsdispositionen, die sich funktional auf Situationen und Anforderungen in bestimmten Domänen beziehen« (2006, S. 879). Unterricht ist u. a. dazu da, die kulturellen Fertigkeiten (Weltwissen) genauso auszubilden wie das bereichs- bzw. domänenspezifische Wissen in den Fächern.

Die Domäne Politik ist Kindern bereits im Kindergarten bekannt. Hierzu haben sie naive Theorien. Naive Theorien zur Politik umfassen jenes Wissen und jene Konzepte, die zur Interpretation politischer Probleme und Situationen herangezogen werden (Götzmann 2015). Wellman und Gelman definieren naive Theorien im Allgemeinen als das durchschnittliche Verständnis von abgegrenzten Informationskonzepten von Nicht-Wissenschaftlerinnen und Nicht-Wissenschaftler (1998 S. 524). Aus inhaltlicher Sicht handelt es sich nicht um wissenschaftliche Theorien, wie sie beispielsweise die Politikwissenschaft hervorbringt. Die für unseren Zusammenhang bedeutsamen kindlichen Vorstellungen sind oft noch mit Fehlkonzepten behaftet. Dieses frühkindliche Wissen entwickelt sich in der Schule weiter. Die domänenspezifische Entwicklung erlaubt es, den Ent-

wicklungsstand eines Kindes zu diagnostizieren. Bei jedem Kind liegen
während der Schulzeit sehr unterschiedliche fachsprachliche Entwick-
lungsstände vor. Sie müssen erfasst und dem Entwicklungsstand entsprechende didaktische Angebote gemacht werden (Ratz 2011, S. 19 f).

Abb. 1: Modell der Politikkompetenz

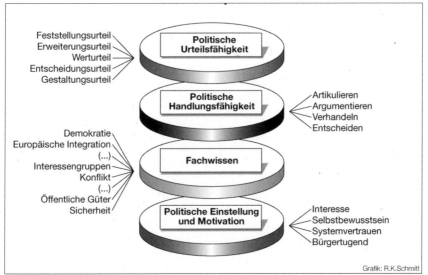

Quelle: Detjen u. a. 2012, S. 15.

Über welche naiven Theorien ein Kind verfügt, mit welchen Kompetenzen eine Schülerin oder ein Schüler ausgestattet ist, zeigt sich im Unterricht und in den Klassenarbeiten, in denen Aufgaben unter Nutzung der
Fachsprache zu lösen sind. Die Politikkompetenz lässt sich nicht anhand
einer einzigen Einzelbeobachtung bestimmen, sondern es bedarf einer
ganzen Reihe von Einzelbeobachtungen in unterschiedlichen Situationen
(Weißeno 2012). Sie lässt sich auch nicht in der Lebenswelt bzw. Lebensbewältigung feststellen. Dies wäre ein sehr einseitiges Bildungsverständnis
(ebd. S. 23). Sie lässt sich vielmehr erst über schulisches Lernen diagnostizieren. Hierzu ist der Wissenskorpus mit Fachbegriffen klar zu definieren.
    Adressatenbezogenes Fachwissen ist zentral für die Vernetzung mit den
beiden weiteren Kompetenzdimensionen. Die Schülerin bzw. der Schüler
muss von den Ergebnissen der fachsprachlichen Betrachtungen ausgehen
und ihre innere Struktur und Begrenzungen in einem Urteil bewerten.
Im politischen Handeln werden die theoretischen und methodologischen

Betrachtungen sowie die abgeleiteten Urteile gegenüber anderen Personen dargestellt und vertreten. Diese drei Teildimensionen sind nicht voneinander abhängig, sondern wirken additiv auf die Politikkompetenz. Sie werden von der vierten Dimension Einstellung und Motivation beeinflusst (Weißeno 2015). Grundsätzlich muss es das Ziel sein, die kognitiven Operationen bei allen Schülerinnen und Schülern mit geeigneten Methoden, z. B. dem kooperativen Lernen, anzuregen. Inklusiver Politikunterricht erfordert neben der Verwendung der Fachsprache flexible und wenig segregierende Unterrichtsformen. Das Modell in Abbildung 1 zeigt die Kompetenzdimensionen, an denen sich der (inklusive) Politikunterricht ausrichten kann.

Vermittlung der Fachsprache

Der individuelle Fachwissensaufbau geschieht der Kognitionspsychologie zufolge über Begriffsbildungen (Pfeiffer 2008). Dies bedeutet aber kein »Begriffslernen« im Sinne von »Wörterlernen«. Vielmehr ist Lernen kontextgebunden. Wissen ist folglich mit den Merkmalen der Kontexte, in denen es erworben wurde, verbunden. »Dabei werden kognitive Prozesse in eine Reihe von Einzelschritten zerlegt, in denen eine abstrakte Größe, die Information, verarbeitet wird.« (Anderson 2001, S. 12) Gelernt wird dadurch, dass sich im Gedächtnis Informationen und Erfahrungen in Strukturen (kognitiven Landkarten) zunehmend verfangen, welche bei allen menschlichen Gehirnen Ähnlichkeiten aufweisen (Solso 2005, S. 11). Nur wenn die Schülerinnen und Schüler erkennen können, mit welchen (konstituierenden) Begriffen sich Konzepte bilden lassen, können sie Wissen kontextspezifisch analysieren, d. h. in seine Begriffe zerlegen und die Zusammenhänge prüfen.

Die in das Modell der Politikkompetenz (Detjen u. a. 2012) integrierte Beschreibung des Fachwissens wurde bereits 2010 (Weißeno u. a.) vorgelegt. Die 30 Fachkonzepte sind politikwissenschaftlich und -didaktisch begründet. Fachkonzepte stellen einen Begriffsraum mit zusammenhängenden Begriffen dar, welche durch Assoziationen miteinander verbunden sind (Solso 2005, S. 251). Sie lassen sich mit Hilfe von konstituierenden Begriffen beschreiben. Konstituierende Begriffe entfalten den Inhalt von Fachkonzepten. Im Verlauf des Lernprozesses kommt es dann idealerweise im Gedächtnis zu einer sich ausbreitenden Aktivierung von und unter den Begriffen. Für verschiedene Klassenstufen und Beeinträchtigungen sind unterschiedlich viele und unterschiedlich abstrakte konstituierende Begriffe zu nutzen. Dabei ist darauf zu achten, dass das so geordnete Wissen für die Adressatinnen und Adressaten mit entsprechendem Förderbedarf bzw. für alle Schülerinnen und Schüler aller Alters- und Schulstufen jeweils kognitiv zugänglich ist (Schiefer u. a. 2011, S. 243).

Abb. 2: Fachkonzepte der politischen Bildung

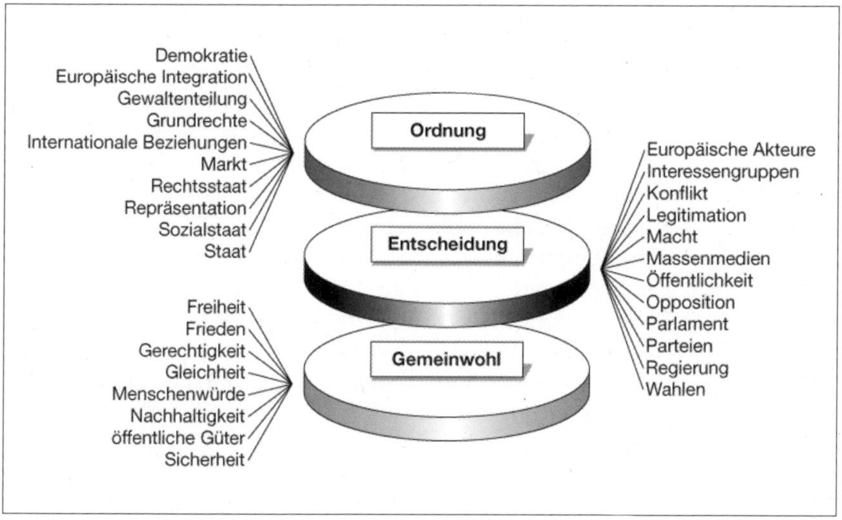

Quelle: Weißeno u. a. 2010, S. 12.

Wenn der Fachsprachenumsatz kumulativ angelegt ist, entstehen weniger Benachteiligungen. Kumulatives Lernen findet statt, indem die Fachkonzepte in verschiedenen Themen konkretisiert werden. Fachkonzepte und Begriffe bilden die erforderlichen kognitiven Wissenseinheiten. Sie werden in unterschiedlichen Kontexten situiert, aktualisiert und präsentiert. Sie helfen den Lernenden, das fachliche Wissen zu nutzen und einzuordnen, also systematisch und strukturiert zu erlernen. Sie dienen dem Kompetenzaufbau, indem sie Fachinhalte vernetzen. Erst die Vernetzung verleiht dem Wissen Struktur und Organisation.

Die 30 Fachkonzepte bewähren sich für die Schülerinnen und Schüler, wenn sie für verschiedene politische Kontexte und Beispiele erklärende Funktionen übernehmen können. Auch wenn sich später die Tagespolitik ändert, das in der Schule erworbene fachliche Gerüst an Fachkonzepten sichert die erste Einschätzung der neuen Vorgänge. Außerdem kann sich das Fachwissen durch ständige Anreicherung mit Fachvokabular sinnvoll erweitern. Neue Wissenselemente passen zu vorhandenen und werden so im Gedächtnis aufgenommen. Nur wer die Fachsprache Politik in der Schulzeit lernt, kann das politische Tagesgeschehen auf angemessenem Niveau verstehen und selbst verfolgen sowie politisch partizipieren.

Die Domäne Politik verfügt mithin über ein Vokabular, das in gewisser Weise ein Alleinstellungsmerkmal beansprucht. Begriffe einer Fachsprache sind exklusiv und müssen in fachlich definierbaren Situationen richtig angewandt werden. In unterrichtlichen Leistungssituationen werden die sprachlichen Äußerungen deshalb sowohl lexikalisch wie auch syntaktisch als schon richtig oder schon falsch bewertet. Darüber hinaus weisen fachsprachliche Texte besondere Textstrukturen auf, z.B. in einer politischen Rede oder in einem wissenschaftlichen Text. Dies ist ein weiterer Hinweis auf die Situation, in der die Fachsprache adäquat zu benutzen ist. »Die Fachsprache einer Disziplin ist demnach durch ein bestimmtes Fachvokabular, ein sprachliches Inventar, um Fachvokabular miteinander zu verbinden, und die Rücksichtnahme auf die jeweils vorliegende Kommunikationssituation gekennzeichnet.« (Rincke 2010, S. 238) Deshalb wird auch im inklusiven Politikunterricht von einer je nach Schülerin bzw. Schüler unterschiedlich elaborierten Alltags- und Fachsprache ausgegangen.

Der Erwerb einer basalen politischen Fachsprache *(political literacy)* ist ein zentrales Ziel des Politikunterrichts. Sie ist die allen Schülerinnen und Schülern gemeinsame Sprache im Politikunterricht. Sie ermöglicht erst unterrichtlich gehaltvolle Kommunikation und erleichtert darüber hinaus allen Schülergruppen das Lernen sowie den Kompetenzaufbau. Dies ist gerade in heterogenen Klassen von besonderer Bedeutung. Denn Begriffsbildungen müssen alle Schülerinnen und Schüler vornehmen. Sich fachsprachlich ausdrücken zu können ist die Basis für die Entwicklung politischer Ideen, für die Verbalisierung eigener Erfahrungen und Einstellungen oder für die Lösung neuer Lernaufgaben.

Lernaufgaben motivieren, wenn sie sich auf politische Situationen (Aktualität) beziehen, sich durch Authentiziät und Rätselcharakter auszeichnen und wenn sie individuelle Lernwege zulassen. Kognitiv aktivierender Unterricht als Tiefenstruktur des Unterrichts (Kunter/Trautwein 2013) gilt allgemein als lernförderlich. Er lädt ein zu kooperativem Lernen und trainiert dadurch Problemlösungsstrategien. Individualisierung und Differenzierung sind möglich. Empirische Ergebnisse sprechen für einen robusten Einfluss der Vermittlung und Nutzung kognitiver Strategien. Wichtig ist eine effiziente Klassenführung (Werning/Baumert 2013). Darüber hinaus fördern die Vermittlung strukturierter Lerntechniken und explizite Instruktionen den Kompetenzaufbau (Möller 2013).

Die Aufgaben im Politikunterricht sollten Situationen im realen politischen Leben relativ ähnlich sein. Der Kontext hat Einfluss auf die Interessantheit, Bekanntheit und Glaubwürdigkeit. Die Lernaufgaben werden zunächst gelesen. Anschließend bilden die Schülerinnen und Schüler mentale Modelle für den zu wählenden Lösungsweg. Hierzu ist das Verstehen der Fragestellung eine wichtige Voraussetzung. Bei der Lösung werden die fachlich relevanten Aspekte selegiert.

Die Lehrkräfte können kognitiv aktivierende Lernangebote machen und dabei mit den Schülerinnen und Schülern in der Fachsprache anregend interagieren. Die kognitive Aktivierung ist die bedeutsamste leistungsrelevante Qualitätsdimension. Wenig kognitiv aktivierend sind z. B. das Auswendiglernen von Fakten, Übungsaufgaben nach dem gleichen Schema oder Aufgaben, die bekanntes Wissen nur abrufen. Hohe kognitive Aktivierung liefern Aufgaben, die im Widerspruch zu Bekanntem stehen, bei denen mehrere Lösungen richtig sein können, zu deren Lösung man bereits vorhandene Konzepte erweitern muss usw. (Weißeno 2015)

Hilfreich ist das Anlegen individueller Lerntagebücher oder einer Art »Kompetenzraster« (Masuhr 2013, Detjen u.a. 2012). Darin ist zu notieren, welche fachsprachlichen Begriffe bereits genutzt werden, welche neu sind, welche im neuen Kontext wiederholend angewendet werden. Lerntagebücher sind ein Diagnosebogen, in dem der fachsprachliche Stand, aber auch die Merkmale der Argumentations- und Urteilsfähigkeit festgehalten werden. Responsive und adaptive Förderung wird dadurch möglich. Der Unterricht lässt sich mit den Lerntagebüchern inhaltlich und methodisch an die Lernenden anpassen, indem fehlende kognitive Voraussetzungen entweder direkt gefördert oder ausgleichend umgangen werden. Das Lernen im inklusiven wie im allgemeinen Politikunterricht folgt also ähnlichen Prinzipien.

Literatur

Anderson, J. R. (2001): Kognitive Psychologie. 3. Auflage. Heidelberg.
Detjen, J./Massing, P./Richter, D./Weißeno, G. (2012): Politikkompetenz – ein Modell. Wiesbaden.
Götzmann, A. (2015): Entwicklung politischen Wissens in der Grundschule. Wiesbaden.
Klieme, E./Hartig, J. (2007): Kompetenzkonzepte in den Sozialwissenschaften und im erziehungswissenschaftlichen Diskurs. In: Prenzel, M./Gogolin, I./Krüger, H.-H. (Hrsg.): Kompetenzdiagnostik. Wiesbaden. S. 11–29.
Klieme, E./Leutner, D. (2006): Kompetenzmodelle zur Erfassung individueller Lernergebnisse und zur Bilanzierung von Bildungsprozessen. Verfügbar unter: http://kompetenzmodelle.dipf.de/pdf/rahmenantrag (Zugriff 06.07.2011).
Kunter, M./Trautwein, U. (2013): Psychologie des Unterrichts. Paderborn.
Masuhr, V. (2013): Praxisbeispiel: Waldschule Flensburg. In: Schulmanagement Handbuch. Band 146. S. 56–66.

Möller, J. (2013): Effekte inklusiver Beschulung aus empirischer Sicht. In: Schulmanagement Handbuch. Band 146. S. 15–37.

Pfeiffer, T. (2008): Wissensstrukturen. In: Weißeno G. (Hrsg.): Politikkompetenz. Was Unterricht zu leisten hat. S. 76–88. Wiesbaden.

Ratz, C. (2011): Zur Bedeutung einer Fächerorientierung. In: Ratz, C. (Hrsg.): Unterricht im Förderschwerpunkt geistige Entwicklung. Fachorientierung und Inklusion als didaktische Herausforderung. S. 9–40. Oberhausen.

Rincke, K. (2010): Alltagssprache, Fachsprache und ihre besonderen Bedeutungen für das Lernen. In: Zeitschrift für Didaktik der Naturwissenschaften. S. 235–260.

Schiefer, F./Schlummer, W./Schütte, U. (2011): Politische Bildung für alle?! – Anbahnung von Politik- und Demokratiekompetenz bei Schülern mit dem Förderschwerpunkt geistige Entwicklung. In: Ratz C. (Hrsg.): Unterricht im Förderschwerpunkt geistige Entwicklung. Fachorientierung und Inklusion als didaktische Herausforderung. S. 241–262. Oberhausen.

Solso, R. L. (2005): Kognitive Psychologie. Heidelberg.

Tenorth, H. E. (2013): Inklusion – Prämissen und Problemzonen eines kontroversen Themas. In: Schulmanagement Handbuch. Band 146. S. 6–14.

Weißeno, G. (2012): Dimensionen der Politikkompetenz. In: Weißeno, G./Buchstein, H. (Hrsg.): Politisch Handeln. Modelle, Möglichkeiten, Kompetenzen. S. 156–177. Bonn: Bundeszentrale für politische Bildung.

Weißeno, G. (2014): Was ist anders im neuen Politik-Kompetenzmodell? In: Manzel, S. (Hrsg.): Politisch mündig werden. Politikkompetenz in der Schule aufbauen und diagnostizieren. S. 11–23. Opladen.

Weißeno, G. (2015): Inklusiver Politikunterricht – Konzepte, Befunde, Kompetenzen. In: Bittlingmayer, U./Sahrai, F. (Hrsg.): Inklusive politische Bildung (im Erscheinen).

Weißeno, G./Detjen, J./Juchler, I./Massing, P./Richter, D. (2010): Konzepte der Politik – ein Kompetenzmodell. Bonn: Bundeszentrale für politische Bildung.

Wellman, H./Gelman, S. (1998): Knowledge Acquisition in Foundational Domains. In: Kuhn, D./Siegler, R.: Handbook of Child Psychology. Volume 2. 5. Auflage. S. 523–563. New York.

Werning, R./Baumert, J. (2013): Inklusion entwickeln: Leitideen für Schulentwicklung und Lehrerbildung. In: Schulmanagement Handbuch. Band 146. S. 38–55.

1.3 Zielgruppenorientierung – ein Widerspruch zu Inklusion oder deren Voraussetzung?

Christoph Dönges / Jan Markus Köhler

Zielgruppenorientierung oder Inklusion in der politischen Bildung – Dilemma oder Scheingegensatz?

Einleitung

In der außerschulischen Bildungsarbeit galten zielgruppenorientierte Angebote lange Zeit als Königsweg, um Heterogenität gerecht zu werden. Mit der UN-Behindertenrechtskonvention (UN-BRK) und dem Recht auf inklusive Bildung werden die dem Vorgehen zugrunde liegenden gruppenbezogenen Kategorien nun aber »dysfunktional und obsolet« (Hinz 2008, o. S.). Hinz folgend kennt »inklusive Pädagogik [...] keine ›spezielle Förderung‹ mehr, denn sie würde eine ›spezielle‹ Gruppe von einer ›allgemeinen‹ Gruppe abheben« (ebd.). Im Sinne der UN-BRK darf nicht länger mit einer solchen Zwei-Gruppen-Theorie operiert werden, vielmehr geht es darum »ein pädagogisch untrennbares Spektrum von Individuen« (ebd.) in den Blick zu nehmen. Durch diese neue Sichtweise drängen sich im Hinblick auf zielgruppenorientierte Angebote verschiedene Fragen auf: Stehen sie in grundlegendem Widerspruch zu den Zielen inklusiver politischer Bildung? Führen gut gemeinte zielgruppenorientierte Angebote zwangsläufig in das Dilemma, Zwei- bzw. Mehr-Gruppen-Theorien aufrechtzuerhalten? Verbietet eine inklusive Ausrichtung die Nutzung zielgruppenorientierter Zugänge? Ist es überhaupt umsetzbar, dass jederzeit gemeinsam gelernt wird?

Gleichzeitig haben separierende und zielgruppenorientierte Angebote in den vergangenen Jahrzehnten dazu beigetragen, dass sich das Bild von Per-

sonengruppen wandelte: So lieferten sie z. B. den »Beleg für die Bildungsfähigkeit bzw. Bildsamkeit von Erwachsenen mit geistiger Behinderung
[…], die diesen bis in die 1980er und 1990er Jahre hinein noch abgesprochen wurde« (Ackermann 2012, S. 28). Zudem adressierten zielgruppenorientierte Angebote oftmals Personengruppen, die zuvor nur wenig an
politischer Bildung partizipierten. Zielgruppenorientiere Zugänge konnten
Akteurinnen und Akteure dabei für Bedarfe der zuvor weitgehend ausge-
schlossenen Gruppen sensibilisieren (Lutz 2002, S. 30). Auch wenn man dieser Perspektive folgt, stellen sich Fragen: Ist Zielgruppenorientierung nicht
ein Weg zur Inklusion? Handelt es sich bei Zielgruppenorientierung und
inklusivem Ansatz nur um einen Scheingegensatz? Und hilft die Beschäftigung mit den Bedarfen von und Barrieren für einzelne Zielgruppen nicht
zumindest, Bildungsvorhaben sensibler zu planen und Vielfalt besser begegnen zu können?

Um sich den beschriebenen Fragen anzunähern, ist es zunächst erforderlich, das Konzept der Zielgruppenorientierung näher zu betrachten.

Zielgruppenorientierung

Zielgruppenorientierung ist ein Begriff aus der Erwachsenenbildung,
der zum Ausdruck bringt, »wie aus der abstrakten Planungskategorie des
›Adressaten‹ letztlich ein leibhaftig anwesender ›Teilnehmer‹ werden kann
und auf welche Weise dies über Bildungsorganisation professionell gesichert
werden kann« (Schäffter 2014, S. 4). Der Begriff beschreibt damit einen für
jede Bildungsplanung konstitutiven Prozess. Es kann überdies festgestellt
werden, dass er einem Bedeutungswandel unterliegt, welcher im Laufe der
Geschichte zu unterschiedlichen Ausgestaltungen geführt hat (ebd.). Setzt
man diese Wandlungsfähigkeit voraus, ist auch eine Zielgruppenorientierung mit inklusivem Vorzeichen denkbar. Diese Verbindung von Zielgruppenorientierung und Inklusion ist als Voraussetzung einer gelingen-
den inklusiven politischen Bildung anzusehen, von der nur dann die Rede
sein kann, wenn sie alle Adressatinnen und Adressaten erreicht und zu
wirklichen Teilnehmenden werden lässt. Um eine solche Perspektive zu
entwickeln, ist es erforderlich, die Zielgruppenorientierung und die damit
verbundenen Probleme genauer in den Blick zu nehmen.

Die Ausrichtung auf eine bestimmte Zielgruppe ist seit den 1970er Jahren
in der Erwachsenenbildung allgemein anzutreffen und seit dieser Zeit werden auch Menschen mit Behinderungen als Zielgruppe wahrgenommen
(Lindmeier 2003, S. 190, Theunissen 2003, S. 46 f.). Dem Zielgruppenansatz dieser Zeit lag eine ausgeprägte emanzipatorische Intention zugrunde.

»Zielbestimmend war dabei, dass die ökonomisch und bildungsmäßig ›unterprivilegierten‹ und folglich sozial randständigen Minoritäten als ein wichtiges Potential für gesellschaftspolitische Transformation gedeutet wurden und daher über emanzipatorisch angelegte Bildungsarrangements Einfluss auf ihre eigenen gesellschaftlichen Bedingungen der Lebensführung gewinnen sollten.« (Schäffter 2014, S. 5 f.)

Zum Problem wurde für diesen Ansatz, dass er letztlich auf der Fremdzuschreibung von Defiziten beruhte. Die in den 1980er Jahren einsetzende Kritik an dieser Defizitausrichtung hat die Zielgruppenorientierung in der allgemeinen Erwachsenenbildung diskreditiert. In der Erwachsenenbildung von Menschen mit Behinderungen ist sie dagegen bis heute als Organisationsform von Bedeutung (Lindmeier u.a. 2000, S. 139 ff.). Als Folge der Kritik am Zielgruppenansatz zogen sich die Regelerwachsenenbildungseinrichtungen in den 1990er Jahren aus der Bildungsarbeit für Menschen mit Behinderungen zurück (ebd., S. 133) und diese Entwicklung wird, so ist zu vermuten, erst mit der aus der UN-BRK resultierenden Verpflichtung auf ein inklusives Bildungssystem eine Umkehrung erfahren.

Lindmeier (2003) sieht gestützt auf Siebert (1993) die Zielgruppenorientierung als prägend für eine vergangene Phase der Erwachsenenbildung an, die nun durch eine neue integrative Erwachsenenbildung abgelöst wird. Dabei gehe es für alle Beteiligten um eine gewinnbringende Verschränkung der verschiedenen Perspektiven. Die geringe Beachtung von Menschen mit Behinderungen durch Bildungseinrichtungen führt Lindmeier (2003, S. 191) darauf zurück, dass von diesen unergiebige und befremdliche Perspektiven erwartet werden, die Abgrenzungs- und Ausgrenzungsreaktionen hervorrufen.

Mit dieser Deutung wird verstehbar, warum, wie von Lutz (2003, S. 13) geschildert, Seminarangebote zur politischen Bildung, die auf Menschen mit geistiger Behinderung ausgerichtet sind, aber für alle Menschen offen ausgeschrieben wurden, auf kein Interesse bei der nichtbehinderten Bevölkerung stoßen. Es erscheint daher wenig erfolgversprechend, inklusive politische Bildung durch zielgruppenspezifische Angebote zu verwirklichen, die für Menschen ohne Behinderung geöffnet werden. Es gilt stattdessen, allgemeine Angebote der politischen Bildung für Menschen mit Behinderungen zugänglich zu machen. Dafür ist zielgruppenspezifisches Denken erforderlich, das sich nicht in einer diskriminierenden Defizitanalyse erschöpft, sondern die Stärken und Möglichkeiten der Zielgruppe wahrnimmt, ihre Selbstbestimmung achtet und fördert, Assistenzmöglichkeiten entwickelt und die erforderlichen Ressourcen einfordert – kurz eine Zielgruppenorientierung, die im Sinne des Empowermentansatzes gewandelt ist.

Schäffter (2014, S. 12) spricht in diesem Zusammenhang von einem klientzentrierten Begriffsverständnis der Zielgruppenorientierung und meint damit eine Verbindung von objektiven und subjektiven Perspektiven, die die reine Anbieterperspektive mit ihrer Zuschreibungsproblematik ersetzt. In die Bildungsplanung müssen demnach als objektive Perspektive die »strukturellen Merkmale der *riskanten Lebenslage*« (ebd., Hervorhebung im Original) und die Ergebnisse einer aus Sicht der Adressatinnen und Adressaten erfolgenden und mit ihnen reflektierten Problemfeldexploration einfließen, bei der die konkreten Barrieren und Zugangserschwernisse des Bildungsvorhabens identifiziert und anschließend abgebaut werden. Dabei sind nicht nur die aufgrund der Behinderung zu erwartenden Erschwernisse grundsätzlich zu berücksichtigen. Diese objektivierende Herangehensweise bedarf einer Ergänzung aus der subjektiven Perspektive der jeweiligen Teilnehmerinnen und Teilnehmer, sodass diese ihre Barrieren aufzeigen und bei der konkreten Gestaltung von Unterstützungsmaßnahmen mitwirken können.

Zielführender als Barrieren nur aufzulisten erscheint zudem eine Betrachtung mit Hilfe eines strukturierten Analyserasters. Mögliche Barrieren müssen in ihrer individuell spezifischen Ausprägung identifiziert und Wege zu ihrer Überwindung aufzeigt werden. Anknüpfungsfähig scheint in diesem Zusammenhang das Partizipationsmodell, das 1988 von Beukelman/ Mirenda mit Hinblick auf Menschen mit Kommunikationsbeeinträchtigungen entwickelt wurde (2013, S.108).

Überlegungen zur Identifizierung und Überwindung möglicher Barrieren politischer Bildungsangebote

Das Partizipationsmodell – eine Planungshilfe für inklusive politische Bildung?!

Zentrales Ziel des Partizipationsmodells ist, Menschen mit schweren Kommunikationsbeeinträchtigungen ein Mehr an Partizipation in allen Lebensbereichen zu ermöglichen (Lage 2006, S.208). Durch diese Fokussierung scheint das Modell übertragbar auf die Planung inklusiver politischer Bildungsmaßnahmen. Diese zielen ebenfalls im Kern darauf ab, Bürger dazu zu befähigen, politisch *zu partizipieren* und sich in das demokratische System einzubringen (Schubert/Klein 2007, S.232). In seiner ursprünglichen Form lieferte das Partizipationsmodell eine Schrittfolge zur Analyse, Planung, Durchführung und Evaluation von Maßnahmen der Unterstützten Kommunikation (Braun/Kristen 2001, S.10, Wilken 2010, S.3). Abbildung 1 vereinfacht diese Schrittfolge, um aufzuzeigen, wie sie im Kontext inklusiver politischer Bildung eingesetzt werden könnte. Eine vollständige Darstellung, die allerdings auf Maßnahmen der Unterstützten Kommunikation abzielt, findet sich bei Lage (2006, S. 211).

Abb. 1: Vereinfachte Darstellung der Schrittfolge des Partizipationsmodells

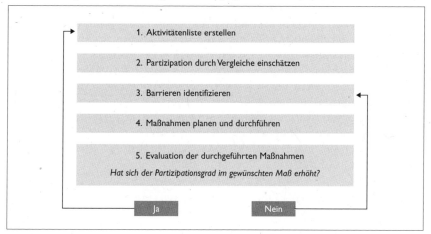

Quelle: eigene Darstellung in Anlehnung an Lage 2006, S. 211, Beukelman/Mirenda 2013, S. 109.

In einem *ersten Schritt* soll, den Ausführungen von Braun/Kristen (2001, S. 7 ff.) und Lage (2006, S. 210 ff.) folgend, eine Liste der täglichen Aktivitäten einer Person erstellt werden. Diese zeigt dann, welche Bereiche für die Person individuell bedeutsam sein könnten. Im *zweiten Schritt* wird der Partizipationsgrad der Person in diesen Bereichen mit dem von Peers ohne Behinderung (z. B. Teilnehmende ohne Behinderung in einem inklusiven Setting) verglichen. Ziel ist dabei keine defizitorientierte Beschreibung der Person, sondern das Aufzeigen üblicher Partizipationsmuster in den jeweiligen Bereichen, die auch der Person ermöglicht werden sollen. Im *dritten Schritt* soll geklärt werden, welche möglichen Barrieren im Rahmen einer Intervention bedeutsam werden könnten. Auf Grundlage der ermittelten Aktivitätsbereiche und Barrieren werden in einem *vierten Schritt* Maßnahmen geplant. Dabei sollen Barrieren und Hindernisse möglichst beseitigt oder zumindest mitgedacht werden. Im abschließenden *fünften Schritt* erfolgt eine Evaluation der durchgeführten Maßnahmen. Wie Abbildung 1 zeigt, wird dabei erhoben, ob der Partizipationsgrad der Person tatsächlich im gewünschten Maße erhöht werden konnte. Wurden die Ziele erreicht, können neue Bereiche in den Blick genommen werden. Wurden die Ziele nicht erreicht, soll der Blick auf zuvor unerkannte Barrieren gerichtet werden. Das Partizipationsmodell wird in der Regel für Einzelpersonen eingesetzt. Ohne konkrete individuelle Bedarfe vor Augen zu haben, ist es deshalb nicht möglich, in der weiterführenden Betrachtung alle in Abbildung 1 gezeigten Schritte des Partizipationsmodells zu thematisieren. Gleichwohl scheint es zielführend, einzelne Schritte zu fokussieren: Zum einen das Identifizieren möglicher Barrieren inklusiver politischer Bildung (Schritt 3 des Modells), zum anderen die Suche nach Ideen, wie diese Barrieren überwunden werden könnten (Schritt 4 des Modells).

Für Bildungseinrichtungen, die ihre zukünftigen Teilnehmerinnen und Teilnehmer noch nicht kennen, kann die Schrittfolge des Modells nur in enger Kooperation bearbeitet werden. Einbezogen werden müssten dabei zum einen die zukünftigen Teilnehmerinnen und Teilnehmer selbst, zum anderen die pädagogischen Mitarbeiterinnen und Mitarbeiter, die Erstere, bspw. in einer Wohneinrichtung, tagtäglich erleben und ihre individuellen Interessen und Bedarfe benennen können.

Zur Heterogenität von Zielgruppen und Barrieren

Bei inklusiven politischen Bildungsangeboten können verschiedene Barrieren bedeutsam werden, die sich im Hinblick auf unterschiedliche Zielgruppen und individuelle Bedarfe jeweils mit unterschiedlicher Intensität zeigen. Für Menschen mit Sinnesbeeinträchtigungen lassen sich diese Barrieren in vielen Fällen mit technischer oder organisatorischer Unterstützung ausräumen. Für Menschen mit geistiger Behinderung bestehen solche Lösungsmöglichkeiten derzeit oftmals nicht, weshalb eine hohe Intensität der Exklusionsmechanismen zu erwarten ist. Vor diesem Hintergrund werden wir im Folgenden die Personengruppe Menschen mit geistiger Behinderung in den Mittelpunkt der Betrachtung rücken.

Barrieren und Perspektiven zu ihrer Überwindung

Die Sozialisation und das Umfeld eines Menschen beeinflussen sein Interesse an politischer Bildung. Mit Gaiser u. a. kann davon ausgegangen werden, dass es Wissen und Erfahrungen bedarf, damit Menschen sich für politische Themen interessieren: Sie beschreiben, »dass das Verständnis für Politik das Ergebnis eines längeren Sozialisationsprozesses ist, in dessen Verlauf Jugendliche sich Wissen aneignen, zunehmend in öffentliche Räume hineinwachsen und schließlich Verantwortungsrollen im familiären, beruflichen und öffentlichen Bereich übernehmen« (2006, S. 217).

Im Hinblick auf Menschen mit geistiger Behinderung ist dieser Prozess so nicht zu erwarten. Verhinderte Selbstwirksamkeitserfahrungen, Stigmatisierung, Diskriminierung, reduzierte Bildungsangebote und -erwartungen werden trotz Normalisierungsprinzip und Empowermentansatz bedeutsam.[1] Sie können die (politische) Sozialisation der meisten Menschen mit geistiger Behinderung erschweren. Inklusive politische Bildung trifft somit auf soziale Ungleichheit, die mit der Öffnung von politischen Bildungsangeboten für Menschen, die womöglich durch erlernte Hilflosigkeit geprägt sind, nicht überwunden wird. Es besteht im Gegenteil die Gefahr, diese Kluft zu vergrößern. So beschreibt Lutz, dass Menschen mit und Menschen ohne Behinderung oftmals als Gruppen unter sich bleiben. Teilweise würden Menschen mit Behinderung durch die Dominanz einzelner Menschen ohne Behinderung eingeschüchtert (2003, S. 18). Diese Erfahrung deckt sich mit Beobachtungen, die bei einer inklusiven Wahlkampfveranstaltung im Rahmen des Projekts *Politik einfach verstehen* gemacht wurden (siehe den Beitrag von Christoph Dönges in Teil 3.2 dieses Bandes). Hier äußerten selbst Personen mit Selbstvertretungserfahrungen und -kompetenzen, dass sie sich in einer solchen Gruppe nicht trauen, sich einzubringen.

Diese Erfahrungen verweisen auf ein grundsätzliches Machtgefälle, das in erster Linie durch unterschiedliche kommunikative Kompetenzen in Erscheinung tritt. Kompensatorisch intendierte pädagogische Angebote zur Erweiterung von Kompetenzen stellen eine naheliegende Möglichkeit dar, diese Barriere zu überwinden. Dabei ist aber mit Munsch (2012) auf die Gefahr hinzuweisen, dass auf diese Weise bestehende soziale Ungleichheit in trügerischer Weise durch Pädagogisierung verdeckt wird.

Vor diesem Hintergrund könnte ein nicht originär pädagogisches Konzept, wie das der Assistenz, zielführender sein. Zu denken ist hier an advokatorische Assistenz, die im Sinne Mohrs (2006, S. 22) als Interessenvertretung zu verstehen ist. Sie könnte im Kontext politischer Bildung für einen Teil der Assistenznehmerinnen und -nehmer auf eine Dolmetscherfunktion reduziert werden. Mit Hinblick auf Menschen mit schwerer Behinderung umfasst advokatorische Assistenz allerdings mehr als die bloße Übersetzungstätigkeit: Es ergibt sich eine Notwendigkeit advokatorischen Für-Sprechens, um auch Belange von Klienten, die eigene Vorstellungen und Wünsche alleine nicht oder nur unzureichend zum Ausdruck bringen können, in Diskurse einzubringen (Fornefeld 2008, S. 58). Wichtig erscheint in diesem Zusammenhang das Plädoyer von Mohr, nur von Assistenz zu sprechen, so lange die Regie tatsächlich beim Menschen mit Behinderung liegt. Assistenz kann ansonsten Gefahr laufen, Bevormundung begrifflich zu verschleiern und Personen in ihrer Meinung zu überwältigen (2006, S. 21 f.).

Um einer Pädagogisierung politischer Bildung von Menschen mit geistiger Behinderung entgegenzuwirken, erscheint es darüber hinaus sinnvoll, Selbstbildungsprozesse anzustoßen, bei denen Personen mit Selbstvertretungserfahrungen und -kompetenzen die politischen Bildungsangebote durchführen oder zumindest maßgeblich an diesen beteiligt sind. Damit stellt sich die Frage, ob und wenn ja, in welcher Weise die Bildung »homogener« Gruppen für eine inklusive politische Bildung sinnvoll ist.

Diese Frage erscheint auf den ersten Blick abwegig, da eine solche Gruppenbildung mit dem Inklusionsansatz nicht zu vereinbaren ist. In der Diskussion um eine inklusive Schule spielt sie aber eine wesentliche Rolle. Wagner (2012) hat dazu ein Konzept vorgelegt, in dem der gemeinsame Unterricht phasenweise aufgehoben wird. Grundlegend für diesen Entwurf ist Wockens (1998) Verständnis gemeinsamer Lernsituationen, welche nicht allein kooperativ an einem gemeinsamen Lerngegenstand, sondern auch koexistent gestaltet sein können. Da Wockens Ansatz die speziellen Bedürfnisse von Kindern mit schwerer Behinderung nicht einschließt, sind über die gemeinsamen Lernsituationen hinaus »exklusiv-individuelle Lernsituationen« (Markowetz 2004, S. 177) einzurichten, in denen z. B. therapeutische oder pflegepädagogische Angebote erfolgen. Wagner ist sich der Gefahr bewusst, dass sich die heterogene Klasse zugunsten »homogener« Untergruppen auflösen könnte. Deshalb fordert er, die Schulklasse in eine heterogene Stammgruppe umzuwandeln, »die für die einzelnen Schülerinnen und Schüler den sozialen und immer wieder auch unterrichts- und lernbezogenen Mittelpunkt bildet. Diese Gruppe ist das Bindeglied zwischen unterschiedlichen Lernsituationen und therapeutischen Unterstützungsangeboten.« (Wagner 2012, S. 123)

Dieses Modell ist zwar nicht auf die Erwachsenenbildung übertragbar, macht aber deutlich, dass auch unter inklusivem Vorzeichen eine vorübergehende Bildung »homogener« Gruppen angezeigt sein kann. Denkbar sind in diesem Zusammenhang verschiedene zielgruppenspezifische Vorbereitungsangebote, die Teilnehmer(gruppen) auf eine anschließende inklusive Veranstaltung vorbereiten. Um dabei die inklusive Ausrichtung zu wahren, ist aber entscheidend, dass die Angebote *direkt* an eine folgende inklusive Veranstaltungen angeknüpft sind. Diese Verbindung muss konkret und nicht in Form einer vagen Aussicht auf ein inklusives Folgeangebot bestehen, um ein »›Steckenbleiben‹ in der Separation« (Lindmeier u. a. 2000, S. 209) zu vermeiden.

Eine Möglichkeit der zielgruppenspezifischen Vorbereitung wäre ein spezielles Angebot für Personen, die eine Funktion in Selbstvertretungsgremien innehaben. Denkbar wären ebenso Angebote, in denen Inhalte in leichter Sprache vermittelt werden.[2] Die Entwicklung von Fragen, Positionen oder die vorbereitende Auseinandersetzung mit einem Interessenschwerpunkt würden so zielgruppenspezifisch im Vorfeld einer inklusiven Bildungsveranstaltung stattfinden. Insbesondere letzterer Vorschlag scheint bedeutsam, da Sprache als zentrale Barriere inklusiver politischer Bildung begriffen werden kann. Politisches Handeln in demokratischen Gesellschaften ist vor allem sprachliches Handeln (Kercher 2013, S. 23, Fackelmann 2014, S. 33 f.). Da dieses Problem im Beitrag von Bettina Zurstrassen in Teil 1.4 dieses Bandes ausführlich behandelt wird, wird hier auf eine weitere Darstellung verzichtet

Alle vorangegangenen Überlegungen, die sich auf die Zielgruppe Menschen mit geistiger Behinderung richten, dürfen allerdings nicht darüber hinwegtäuschen, dass eine entscheidende Barriere für inklusive Angebote in den negativen Einstellungen und Erwartungen des nichtbehinderten Umfelds liegt: So zeigen z. B. die Ergebnisse des Projekts *IncluCity Cologne* der Universität zu Köln, dass »die Einstellungen von Angehörigen oder Mitarbeiter/-innen aus der Werkstatt oder der Wohneinrichtung [...] ein bedeutsamer unterstützender oder auch erschwerender Faktor« (Terfloth 2005, S. 23) für die politische Bildung und Partizipation von Menschen mit geistiger Behinderung darstellen. Darüber hinaus stellt sich das Problem, dass inklusive Angebote generell, und nicht nur wie Lutz (2003, S. 17 f.) für die politische Bildung berichtet, auf geringes Interesse bei nichtbehinderten Menschen stoßen (Lindmeier 2003, S. 191). Dabei können Menschen ohne Behinderung sehr wohl von der originären Perspektive der Teilnehmer mit Behinderung und dem inklusiven Setting profitieren. So wurde die bereits angesprochene inklusive Wahlkampfveranstaltung im Rahmen des Projekts *Politik einfach verstehen* von einem Teilnehmer ohne Behinderung als beste Wahlkampfveranstaltung bezeichnet, die er je erlebt habe. Auch wenn es sich dabei lediglich um eine Einzelmeinung handelt, konnte der Teilnehmer seine Einschätzung aufschlussreich und nachvollziehbar mit der klaren Sprache (die Teilnehmerinnen und Teilnehmer waren gehalten in leichter Sprache zu sprechen), der Sachlichkeit und dem Verzicht auf Polemik in der Argumentation der beteiligten Politikerinnen und Politiker begründen.

Fazit

Zielgruppenorientierung im dargestellten Sinne stellt keinen Gegensatz zur Inklusion, sondern eine Bedingung für ihr Gelingen dar. Es gilt strukturelle Barrieren zu identifizieren und abzubauen. Diese entstehen im Zusammenspiel der Bedingungen und Anforderungen politischer Bildung mit der Bildungssituation von Menschen mit Behinderungen. Da sich diese Barrieren aber immer in einer individuell spezifischen Weise auftun, ist ein Analyseinstrument erforderlich, wie es in Anlehnung an das Partizipationsmodell dargestellt wurde. Auf diese Weise lassen sich konkrete Unterstützungsmöglichkeiten ermitteln und evaluieren. Zielgruppenorientierung steht damit für die unbedingte Berücksichtigung der vielfältigen Bedarfe von Menschen mit Behinderungen in inklusiven Bildungsangeboten und stellt einen Grundpfeiler inklusiver politischer Bildung dar. Ob sich eine inklusive politische Bildung etablieren kann, wird darüber hinaus von der bildungspolitischen Förderung, einer auf inklusive Bildung ausgerichteten Professionalisierung der Mitarbeiterinnen und Mitarbeiter, der Überzeugungskraft ihrer theoretischen Legitimation und der Akzeptanz durch Menschen ohne Behinderungen abhängen.

Anmerkungen

1   Normalisierungsprinzip und Empowermentansatz stellen Leitkonzepte der Geistigbehindertenpädagogik dar, welche eine Betrachtung der Lebensbedingungen von Menschen mit geistiger Behinderung unter Berücksichtigung der gesellschaftlichen Norm fordern (Normalisierungsprinzip) bzw. durch Aspekte wie Selbstbestimmung, Stärkenperspektive, Selbstvertretungsanspruch und der Forderung nach Ressourcengerechtigkeit (Empowermentansatz) gekennzeichnet sind.

2   Mit der Schreibweise »leichte Sprache« möchten wir darauf hinweisen, dass es *die* leichte Sprache nicht gibt. Ob ein Text leicht oder schwer ist, ist individuumsabhängig. Ein Text in leichter Sprache kann somit nicht alle Personen einer Zielgruppe erreichen. Die unbestritten sinnvollen und hilfreichen Regeln für Leichte Sprache dürfen über dieses Problem nicht hinwegtäuschen und eine für die gesamte Zielgruppe gültige Lösung suggerieren.

Literatur

Ackermann, K.-E. (2012): Erwachsenenbildung für Menschen mit geistigen Behinderungen. Zwischen den Stühlen. In: DIE Zeitschrift für Erwachsenenbildung. Heft 2. S. 26–29.

Beukelman, D. R./Mirenda, P. (2013): Principles of Assessment. In: Beukelman, D. R./ Mirenda, P. (Hrsg.): Augmentative & Alternative Communication. Supporting Children & Adults with Complex Communication Needs. 4. Auflage. Baltimore. S. 101–129.

Braun, U./Kristen, U. (2001): Woran hakt es? Analysehilfe durch das Partizipationsmodell nach Beukelman/Mirenda. In: Unterstützte Kommunikation. Heft 1–2. S. 6–10.

Fackelmann, B. (2014): Legitim? Herrschaft durch Sprache in Politik und Wissenschaft. In: Aus Politik und Zeitgeschichte. Heft 9–11. S. 33–38.

Fornefeld, B. (2008): Menschen mit Komplexer Behinderung – Klärung des Begriffs. In: Fornefeld, B. (Hrsg.): Menschen mit Komplexer Behinderung. Selbstverständnis und Aufgaben der Behindertenpädagogik. München. S. 50–81.

Gaiser, W./Gille, M./de Rijke, Johann (2006): Politische Beteiligung von Jugendlichen und jungen Erwachsenen. In: Hoecker, B. (Hrsg.): Politische Partizipation zwischen Konvention und Protest. Eine studienorientierte Einführung. Opladen. S. 211–234.

Hinz, A. (2008): Inklusive Pädagogik und Disability Studies – Gemeinsamkeiten und Spannungsfelder. Überlegungen in neun Thesen. Verfügbar unter: http://www.zedis. uni-hamburg.de/wp-content/uploads/2008/05/hinz_thesen_inkled_disabstud.pdf. (Zugriff: 14.09.2012).

Kercher, J. (2013): Verstehen und Verständlichkeit von Politikersprache. Verbale Bedeutungsvermittlung zwischen Politikern und Bürgern. Wiesbaden.

Lage, D. (2006): Unterstützte Kommunikation und Lebenswelt. Eine kommunikationstheoretische Grundlegung für eine behindertenpädagogische Konzeption. Bad Heilbrunn.

Lindmeier, B./Lindmeier, C./Ryffel, G./Skelton, R. (2000): Integrative Erwachsenenbildung für Menschen mit Behinderung. Praxis und Perspektiven im internationalen Vergleich. Neuwied.

Lindmeier, C. (2003): Integrative Erwachsenenbildung. In: Theunissen, G., S. 189–204.

Lutz, J. (2002): Politische Bildung für Menschen mit Behinderungen – Herausforderung und Chance. In: Erwachsenenbildung und Behinderung. Heft 2. S. 27–36.

Lutz, J. (2003): Integrative Politische Bildung – eine Quadratur des Kreises? Eine Antwort auf die Kritik an den politischen Bildungsseminaren in der Diakonie Stetten. In: Erwachsenenbildung und Behinderung. Heft 2. S. 12–19.

Markowetz, R. (2004): Alle Kinder alles lehren! Aber wie? Maßnahmen der Inneren Differenzierung und Individualisierung als Aufgabe für Sonderpädagogik und Allgemeine (Integrations-) Pädagogik auf dem Weg zu einer inklusiven Didaktik. In: Schnell, I./Sander, A. (Hrsg.): Inklusive Pädagogik. Bad Heilbrunn. S. 167–186.

Mohr, L. (2006): Was bedeutet »Assistenz«? In: Schweizerische Zeitschrift für Heilpädagogik. Heft 11. S. 18–23.

Munsch, C. (2012): Aktive Bürgerschaft als sozial(pädagogisches) Bildungsziel? Argumente gegen eine individualisierende Sicht auf »engagementsferne« Gruppen. In: Widmaier, B./Nonnemacher, F. (Hrsg.): Unter erschwerten Bedingungen. Politische Bildung für bildungsferne Zielgruppen. Schwalbach am Taunus. S. 42–51.

Schäffter, O. (2014): Zielgruppenorientierung als relationales Planungsprinzip. Perspektiven auf Erwachsenenbildung im Strukturwandel. Verfügbar unter: https://ebwb.hu-berlin.de/team/schaeffter/downloads/working-paper-zielgruppenorientierung-als-relationales-planungsprinzip_final.pdf (Zugriff: 01.09.2014).

Schubert, K./Klein, M. (2007): Das Politiklexikon. 4., aktualisierte Auflage. Bonn.

Siebert, H. (1993): Theorien für die Bildungspraxis. Bad Heilbrunn.

Terfloth, K. (2005): Inklusion und Partizipation – Politische Erwachsenenbildung im kommunalen Raum. In: Erwachsenenbildung und Behinderung. Heft 1. S. 19–27.

Theunissen, G. (2003): Erwachsenenbildung und Behinderung. Impulse für die Arbeit mit Menschen, die als lern- oder geistig behindert gelten. Bad Heilbrunn.

Wagner, M. (2012): Die inklusive Schule der Zukunft – Wirklich eine Schule für alle? In: Breyer, C./Fohrer, G./Goschler, W./Heger, M./Kießling, C./Ratz, C. (Hrsg.): Sonderpädagogik und Inklusion. Oberhausen. S. 117–126.

Wilken, E. (2010): Einleitung. In: Wilken, E. (Hrsg.): Unterstützte Kommunikation. Eine Einführung in Theorie und Praxis. 3. Auflage. Stuttgart. S. 1–9.

Wocken, H. (1998): Gemeinsame Lernsituationen. In: Hildeschmidt, A./Schnell, I. (Hrsg.): Integrationspädagogik. Auf dem Weg zu einer Schule für alle. Weinheim. S. 37–53.

Anja Besand / David Jugel

Zielgruppenspezifische politische Bildung jenseits tradierter Differenzlinien

Insbesondere im Gespräch mit Lehrerinnen und Lehrern gebraucht, führt der Begriff »Inklusion« häufig zu einer geradezu reflexhaften Abwehrreaktion. »Inklusion« steht für sie nicht selten für die von außen an den Bildungsbereich herangetragene Zumutung, zu all den ohnedies bereits herausfordernden Aufgaben, die sie bewältigen müssen, eine weitere Mammutaufgabe hinzuzufügen: die gleichzeitige Beschulung von Schülerinnen und Schülern mit und ohne Behinderung. »Wie soll das gehen? Was soll das bringen? Wer soll das bezahlen und wie stellt ihr euch das eigentlich vor?« sind entsprechend die aufgeregten Reaktionen der Gesprächsteilnehmerinnen und -teilnehmer. Aber mit dem Begriff Inklusion verbindet sich weit mehr als »nur« eine schulpädagogische Debatte. Inklusion in der politischen Bildung kann nur gelingen, wenn sie in und außerhalb der Schule vorangetrieben wird. Inklusion bedeutet, Bildungsmaterialien bewusst zu gestalten. Inklusion betrifft die Auswahl und Gestaltung von Tagungsorten, die Auswahl von Kooperationspartnern und auch das Marketingkonzept. Inklusion ist nicht einfach. Aber sie ist auch nicht so schwierig, wie allgemein angenommen wird.

Mit diesem Beitrag möchten wir den Versuch unternehmen, die Debatte zu beruhigen, und dabei speziell der Frage nachgehen, ob und in welcher Weise wir in der politischen Bildung unter dem Begriff »Inklusion« zur Verwirklichung von neuen Zielgruppenkonzepten beitragen können. Oder anders formuliert: Wie soll eine politische Bildung aussehen, die einerseits in der Lage ist, neue Zielgruppen anzusprechen, und sich gleichzeitig nicht an der Reproduktion defizitorientierter Zuschreibungskategorien beteiligt? Dies ist keine leichte Frage und aus diesem Grund entwickeln wir unsere Antwort auf der Grundlage von vier grundlegenden und substanziellen Argumenten:

Argument Nr. 1: Im Kontext des Begriffs »Inklusion« geht es gleichzeitig um mehr und um sehr viel weniger als darum Menschen mit Behinderung in schulische Bildungsprozesse einzubeziehen.

Argument Nr. 2: Die Herausforderungen, die sich mit dem Begriff »Inklusion« verbinden, sind weder neu noch unbearbeitet. In der politischen Bildung beschäftigen wir uns – allerdings ohne den Begriff explizit zu verwenden – bereits seit vielen Jahren mit dem Thema »Inklusion«. Der Begriff, unter dem diese Debatte rekonstruiert werden kann, ist der der Adressatenorientierung.

Argument Nr. 3: Um sich von Inklusionsherausforderungen nicht einschüchtern zu lassen, ist es ratsam Inklusion als Prozess und nicht als normativen Zustand zu beschreiben.

Argument Nr. 4: Exklusion in Bildungsprozessen verläuft häufig gar nicht nur entlang tradierter Zuschreibungslinien, sondern quer dazu. Im Hinblick auf die Ermöglichung von Zugang, Teilhabe und Selbstbestimmung im politischen Bildungsprozess ergeben sich damit nicht selten ganz überraschende Lösungen.

Argument Nr. 1: Es geht um mehr als »Behinderung«

In der bildungspolitischen Aufregung, die sich im Kontext des Begriffs »Inklusion« ergeben hat, wird häufig übersehen, dass die Ansprüche, die sich damit verbinden, sich nicht allein – ja nicht einmal im Besonderen – an Schulen richten und dass es gleichzeitig auch nicht allein darum geht, Bildungsansprüche von Menschen mit Behinderung durchzusetzen. Wie bereits in unserem Beitrag in Teil 1.1 dieses Bandes dargelegt, muss unter Inklusion vielmehr ein in allen gesellschaftlichen Teilbereichen vernetzt verlaufender Wandlungsprozess verstanden werden, der darauf abzielt, jedem Menschen in allen gesellschaftlichen Lebensbereichen auf Grundlage seiner individuellen Bedarfe Zugang, Teilhabe und Selbstbestimmung zu ermöglichen.[1] Legen wir diese Definition von Inklusion in der politischen Bildung zugrunde, dann geht es um nicht mehr und nicht weniger als um eine politische Bildung für *alle* Menschen. Obwohl auf den ersten Blick die normativen Erwartungen, die sich durch eine solche Formulierung ergeben, also kaum gesteigert werden können, sind wir in der politischen Bildung mit dieser Perspektive seit Jahren vertraut. In der politischen Bildung geht es schon immer um nicht mehr oder weniger als darum, *alle* Menschen zu erreichen (Sander 2003, S. 14 ff., Schiele 2009, S. 349 ff.).

Politische Bildung versteht sich nicht als Elitenprojekt. Sie ist nicht auf die Ausbildung zukünftiger politischer Leistungsträgerinnen und Leistungsträger gerichtet, sondern hat das Ziel, die Ausbildung politischer Urteils- und Handlungskompetenzen *aller* Bürgerinnen und Bürger – und mehr als das: *aller* Menschen – zu unterstützen. So erklärte der damalige bayerische Ministerpräsident Wilhelm Hoegner am 17. Oktober 1956 anlässlich der Gründung der Akademie für politische Bildung in Tutzing z. B.: »Das

Problem im modernen Massenstaat besteht nun darin, einen vernünftigen Willen der Staatsbürger zustande zu bringen, Fehlentscheidungen möglichst zu vermeiden. Das setzt Urteilsfähigkeit der breiten Volksschichten voraus. Urteile bedeuten immer die Wahl zwischen verschiedenen Möglichkeiten, und zwar eine richtige und gerechte Wahl. Richtige Urteile beruhen auf Erkenntnis und Erfahrung. Politische Erkenntnis kann nur durch politische Bildung gewonnen werden. Die Bildung eines politischen Bewusstseins der breiten Volksschichten ist eine Schicksalsfrage der Demokratie.« (zit. nach Schiele 2009)

Ob und inwiefern es dem Bildungsbereich gelingt, diesen Anspruch einer echten Breitenwirkung tatsächlich gerecht zu werden, ist in den letzten Jahren unter vielfältigen Überschriften diskutiert worden. Politische Bildung für »politik- oder bildungsferne Gruppen«, »politische Bildung in der Einwanderungsgesellschaft«, »gendersensible politische Bildung« sind nur einige der vielfältigen Schlagworte, die in diesem Zusammenhang entwickelt worden sind (z. B. Behrens/Motte 2006, Besand u. a. 2013, Detjen 2007, Richter 2014). Allerdings kann an dieser Stelle festgehalten werden, dass jenseits der Debatten zu der Frage, ob und mit welchen Strategien es politischer Bildung gelingen kann, sich »breit« aufzustellen und damit alle Menschen anzusprechen, so gut wie keine Debatten darüber geführt werden, ob das überhaupt Aufgabe und Ziel politischer Bildung sein kann. Politische Bildung ist damit normativ von Beginn an an inklusiven Bildungsprozessen interessiert und sucht nach Mitteln und Wegen, diese zu organisieren. Ein reflexhaftes Abwehren aktueller Inklusionsansprüche scheint diesen Zusammenhang zu übersehen.

Argument Nr. 2: Wir sind Inklusionsexperten oder: Wir kennen das Feld der Inklusion bereits sehr gut

Auch wenn die Debatte zum Thema »Inklusion« gegenwärtig mit einer gewissen Aufgeregtheit geführt wird, sind die Herausforderungen, die mit Inklusion verbunden sind, weder neu noch völlig unbewältigt. Vielmehr werden sie in der politischen Bildung seit vielen Jahren unter wechselnden Schlagworten oder Überschriften immer wieder diskutiert und bearbeitet. Bei genauerer Betrachtung wird sichtbar, dass der Bildungsbereich bereits über vielfältige Instrumente verfügt, um Bildungsprozesse inklusiver zu gestalten. So muss der Beutelsbacher Konsens[2] aus dem Jahr 1976 beispielsweise als starkes und durchaus wirkungsvolles Instrument verstanden werden, mit dessen Hilfe die Exklusion politisch/sozialer oder weltanschaulicher Positionen und damit auch Personen vermieden werden soll.

Mit dem letzten Punkt des Beutelsbacher Konsenses, der im didaktischen Prinzip der Schüler- bzw. Adressatenorientierung von Schmiederer bereits 1977 noch einmal differenziert entfaltet worden ist, wird zudem offensichtlich, dass politische Bildung bereits auf den ersten Blick auf Zugang, Teilhabe und Selbstbestimmung ausgerichtet ist. Auch hier zeigt sich also eine starke Passung der Begriffe, die im Kontext der Inklusionsdebatte und der Diskussion um das Selbstverständnis politischer Bildung genutzt werden. Aber auch andere zentrale Begriffe wie »Handlungsorientierung« (Reinhardt 2014) oder »Lebensweltorientierung« (Calmbach/Borgstedt 2012) betonen, dass Zugangswege im Bildungsprozess vielfältig sein müssen und dass Bildungsprozesse von den Adressatinnen und Adressaten und nicht vom Bildungsgegenstand aus zu entwickeln sind (vgl. Abb. 1)

Im Rahmen dieses Beitrags besteht weder der Raum noch die Möglichkeit, alle diese Bezüge systematisch sichtbar zu machen und ausführlich darzustellen, nichtsdestotrotz ist es uns wichtig, darauf hinzuweisen, dass wir in der Diskussion um politische Bildung seit Jahren daran gewöhnt sind, inklusive Perspektiven einzunehmen. Wir stehen in diesem Kontext also nicht am Anfang, sondern es liegen bereits entwickelte Instrumente vor, mit deren Hilfe sich Bildungsprozesse in unserer Domäne inklusiver gestalten lassen. Dass wir uns mit dem bisher Erreichten dennoch möglicherweise nicht zufriedengeben können (z.B. Schiele 2009, Calmbach, M./Borgstedt 2012, Besand 2013), heißt nicht, dass wir uns im Hinblick auf die bildungspolitische Herausforderung, die sich mit dem Stichwort »Inklusion« verbindet, nicht schon auf den Weg gemacht hätten.

Argument Nr. 3: Inklusion ist kein Zustand, sondern ein Prozess

In eben diesem Sinn raten wir dringend dazu, den Begriff »Inklusion« als Prozess- und nicht als Statusbegriff zu verstehen. Unter einer inklusiven Perspektive ginge es demnach um die Verbesserung von Zugangs-, Teilhabe- und Mitbestimmungschancen und damit um die schrittweise Annäherung an ein Ideal – statt um die sofortige Herstellung des Ideals selbst. Politische Bildung unter einer inklusiven Perspektive zu betrachten, bedeutet also, sich intensiv und aufrichtig mit den folgenden Fragen zu beschäftigen: Welche Bildungsteilnehmerinnen und -teilnehmer können aus welchem Grund mit konkreten Bildungsangeboten erreicht oder nicht erreicht werden? Welche Exklusionsmechanismen werden – wenn auch häufig unbeabsichtigt – im Rahmen von Bildungsangeboten wirksam und wie könnten diese (schrittweise) überwunden werden?

Abb. 1: Zentrale Begriffe der politischen Bildung und ihr Bezug zur Inklusionsdebatte

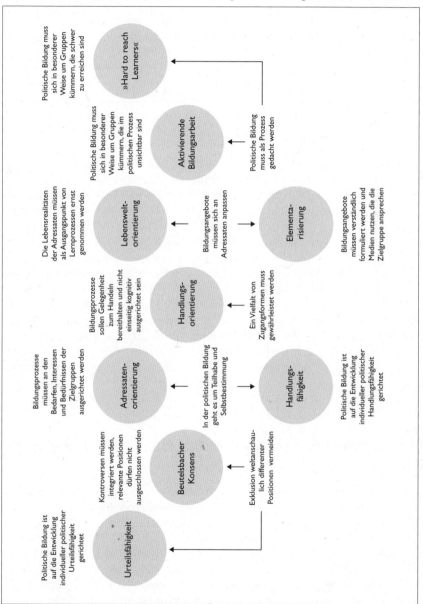

Quelle: eigene Darstellung.

Abb. 2: Leitfragen im Inklusionsprozess

Quelle: eigene Darstellung.

Empirische Untersuchungen, wie die *Shell Jugendstudie,* aber genauso die Daten der *Pisa-Studie,* des deutschen Bildungsberichts oder der (bereits in die Jahre gekommenen) OECD-Studie *Civic Ed* haben in diesem Zusammenhang sichtbar gemacht, dass besonders Schülerinnen und Schüler aus dem Bereich der Haupt- und Realschule Distanzen zu den Gegenständen der politischen Bildung entwickelt haben. Ein Blick in vorliegende Unterrichtmaterialien und Schulbücher macht zudem ein bedenkliches Ungleichgewicht sichtbar: Während für den Bereich des Gymnasiums und der gymnasialen Oberstufe eine große Fülle von Materialien bereitgestellt werden, stehen für Haupt- und Förderschulen oder auch den beruflichen Bildungsbereich wie BVJ/BGJ – in dem eine nicht unerhebliche Anzahl von Schülerinnen und Schüler verweilen – bis heute kaum Materialien zur politischen Bildung zur Verfügung (Besand 2014). Hier bieten sich nicht nur Ansatzpunkte, mit deren Hilfe sich Exklusionsmechanismen beschreiben lassen, sondern diese Ansatzpunkte drängen sich gleichzeitig als Ausgangspunkt zu einer inklusiveren politischen Bildung geradezu auf.

Argument Nr. 4.: Exklusion verläuft selten entlang klassischer Differenzlinien

Wir möchten in diesem Zusammenhang allerdings auch dem Eindruck begegnen, dass es unter einer inklusiven Perspektive lediglich darum gehen könnte, im Rahmen politischer Bildung unterschiedliche Zielgruppen wie Perlen an einer Schnur einzusammeln und gleichsam additiv zu bedienen.

Wenn wir uns unter einer inklusiven politischen Bildung – wie weiter oben bereits ausgeführt – nicht ausschließlich eine politische Bildung für Menschen mit Behinderung vorstellen, sondern inklusive Bildungskonzepte als Konzepte für *alle* Menschen verstehen, dann ergibt sich die Frage, auf wen sich das Wort »alle« überhaupt bezieht und wie mit »allen«

im Bildungsprozess konkreten umzugehen ist. Im Vorhinein kann festgehalten werden, dass es auch im Kontext einer inklusiven politische Bildung nicht einfach darum gehen kann, eine Reihe von »Spezial-Didaktiken« oder isolierten Bildungskonzeptionen zu entwickeln, die jeweils individuell auf den Umgang mit Menschen mit Behinderung oder mit Migrationshintergrund oder unterschiedlicher sexueller Orientierung, Altersgruppen, sozialer Milieus, Religionen usw. gerichtet sind. Dafür gibt es mehrere Gründe.

Abb. 3: Die Addition von Zielgruppen führt nicht automatisch zu Inklusion

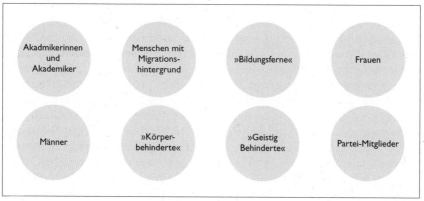

Quelle: eigene Darstellung.

Zum einen ließ sich in der Vergangenheit beobachten, dass Angebote, die an gesonderte Gruppen adressiert waren (weil sie vermeintlich schwer erreichbar sind), oft defizitorientiert konzipiert wurden (Besand 2013, S. 10 ff.). Die Zuschreibungen, die bei einer solchen Herangehensweise vorgenommen werden, sind allerdings nicht in der Lage, die Hindernisse abzubauen, die es schwer machen, diese Gruppen zu erreichen; im Gegenteil: sie verfestigen diese eher. Am Beispiel des Begriffs »Politikferne« lässt sich dies gut nachvollziehen. Er wurde im Zuge der PISA-Debatte und der aufkommenden deutschen Bildungsberichterstattung dem Begriff »bildungsfern« nachempfunden und bezeichnet eine Gruppe von Menschen, deren gemeinsames Merkmal offenbar in einer gewissen Ferne oder Distanz zum Gegenstand Politik besteht. Durch die Nähe zum Begriff der Bildungsferne wird allerdings auch angedeutet, dass Menschen dieser Gruppe sich möglicherweise in Umgebungen oder Kontexten aufhalten, in denen nur niedrige formale Bildungsabschlüsse realisiert werden können. Empirisch stellt sich der Zusammenhang allerdings komplexer da: Zum einen lässt sich selbst für junge Menschen ohne Bildungsabschlüsse Interesse für politische Fragen nachweisen (z.B. Calmbach, M./Borgstedt 2012, Besand 2014), zum anderen erweisen sich auch Akademikerinnen und Akademikern nicht selten als politisch verdrossen. Der Begriff »Politikferne« liefert damit für die praktische Bildungsarbeit kaum Anhaltspunkte.

Perspektiven für die praktische Bildungsarbeit: Löst euch von alten Differenzkategorien oder Zielgruppenbeschreibungen!

Wie aber soll eine politische Bildung aussehen, die einerseits in der Lage ist, neue Zielgruppen anzusprechen, und die sich gleichzeitig nicht an der Reproduktion defizitorientierter Zuschreibungskategorien beteiligt? Zunächst bedarf es dafür einer sinnvollen inklusiven Perspektive, welche nicht mehr an die traditionellen Zielgruppen gebunden ist. Denn nur so kann verhindert werden, dass unser Handeln durch den Bezug auf eine bestimmte Gruppe Teil der Reproduktion von Benachteiligung wird. Dazu ist es sinnvoll, eine andere Differenz-Perspektive einzunehmen als bisher und zwar eine Perspektive, die zwischen zwei Arten von Differenzlinien unterscheidet: Zum einen existieren Zuschreibungslinien, die wir bisher nutzen und an die häufig Diskriminierung gekoppelt ist, und zum anderen gibt es Anschlusslinien, die dadurch gekennzeichnet sind, dass sie durch fehlende Passungen Zugang, Teilhabe und Selbstbestimmung erschweren oder gar verhindern.

Die Differenzkategorie »Migrationshintergrund« ist ein Beispiel für eine Zuschreibung, die durch Vergleich entsteht, aber keine Eigenschaft (Dederich 2014, S. 128–137), die per se zum Ausschluss führt, ist. Dass ein Teil der Menschen dieser Gruppe Schwierigkeiten hat, an politischer Bildung teilzuhaben, liegt nämlich nicht am Merkmal Migrationshintergrund selbst – es gibt Menschen mit Migrationshintergrund, die problemlos Zugang finden –, sondern daran, dass die Kommunikation oder kulturell geprägte Lebensweise einiger Menschen mit Migrationshintergrund nicht passfähig zu bestehenden Angeboten politischer Bildung ist.

Die Kommunikationsform schließt auch Menschen aus, die Behinderungen haben, die nicht passfähig zur Kommunikationspraxis der politischen Bildung sind (Taube, Blinde, Menschen mit geistiger Beeinträchtigung usw.), oder Menschen, die aufgrund ihres Herkunftsmilieus andere Kommunikationswege und -formen nutzen. Die Ausschlusslinie ist also nicht Migration, Behinderung oder Milieuzugehörigkeit, sondern in diesem Fall »Kommunikation«. Dass eine solche geänderte Differenzperspektive sinnvoll ist, wird offensichtlich, wenn man bedenkt, dass beispielsweise Materialen, die von der Bundeszentrale für politische Bildung in einfacher Sprache verfasst wurden, nicht nur für Menschen mit Behinderung genutzt werden, sondern sich bei Lehrerinnen und Lehrern vieler Schularten große Beliebtheit als Unterrichtsmaterialien erfreuen.

Abb. 4: Differenzperspektiven: Zuschreibungs- und Ausschlusslinien

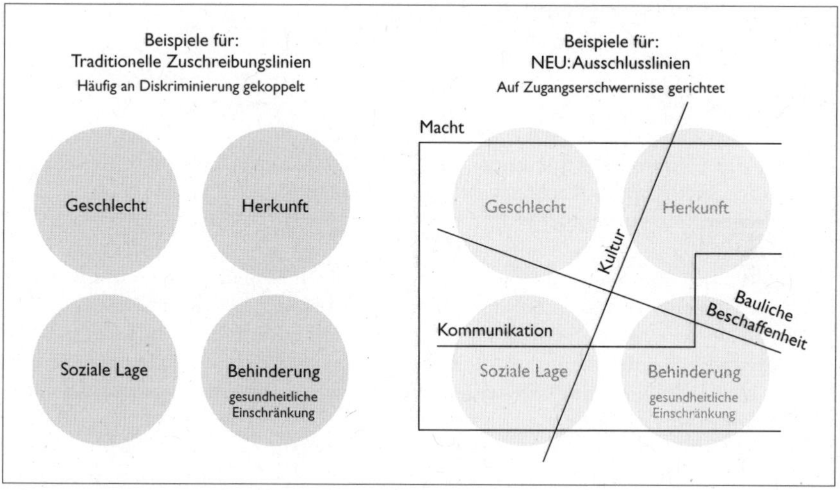

Quelle: eigene Darstellung.

Weitere Ausschlusslinien sind beispielsweise Macht, Kultur oder bauliche Beschaffenheit (vgl. Abb. 4). Eine andere Differenz-Perspektive ersetzt jedoch nicht die Dekonstruktion von Zuschreibungskategorien und die Forderung nach Sensibilisierung; sie erweitert diese lediglich.

Politische Bildung inklusiver zu gestalten, bedeutet folglich nicht, das methodische Repertoire des Lernbereichs um einige sonderpädagogische Elemente zu bereichern. Eine inklusive politische Bildung bedarf vielmehr einer sehr grundsätzlichen Sensibilisierung für Exklusionsprozesse entlang vielfältiger Zuschreibungslinien. Gleichzeitig muss es allerdings auch darum gehen, sich mit den Möglichkeiten von Anschlusslinien, die quer zu den traditionellen Zielgruppenkonzepten liegen, intensiv zu beschäftigen.

Im Kern muss es das Ziel sein, Konzepte zu entwickeln, die Praktikerinnen und Praktikern vor Ort bei der Diagnose von Lernausgangslagen/ Interessen unterstützen. Damit kann eine Perspektive eingenommen werden, die auf die Ausschlussmechanismen des Einzelnen gerichtet ist, um darauf aufbauend mit den entsprechenden Konzepten auf die Bedürfnisse des Individuums reagieren zu können. Erforderlich ist also – als Grundlage für inklusive Prozesse – die Entwicklung inklusiver diagnostischer Verfahren innerhalb der politischen Bildung und zu guter Letzt geht es auch darum, Inklusion in der politischen Bildung sinnvoll theoretisch zu begründen, um die Austauschprozesse zwischen Praxis und Theorie in diesem Zusammenhang fruchtbar halten zu können. Nur so kann sichergestellt werden, dass Inklusion in der politischen Bildung nicht alter Wein in neuen Schläuchen sein wird.

Anmerkungen

1 Auch die Leitlinien für Inklusion der UNESCO gehen in ihren Formulierungen grundsätzlich von den Rechten *aller* Menschen aus (UNESCO 2009, S. 3).
2 Der sogenannte Beutelsbacher Konsens formuliert das normative Grundverständnis politischer Bildung in drei Punkten: 1.) Überwältigungsverbot: Es ist nicht erlaubt, die Schülerinnen und Schüler im Sinne einer erwünschten Meinung zu überrumpeln und an der Gewinnung eines selbstständigen Urteils zu hindern. 2.) Kontroversitätsgebot: Was in Wissenschaft und Politik kontrovers ist, muss auch in der politischen Bildung kontrovers behandelt werden. 3.) Schülerinnen und Schüler müssen in die Lage versetzt werden, eine politische Situation und ihre eigene Interessenlage zu analysieren (Wehling 1977).

Literatur

Behrens, H./Motte, J. (2006): Politische Bildung in der Einwanderungsgesellschaft. Zugänge, Konzepte, Erfahrungen. Schwalbach am Taunus.
Besand, A. (2014): Politische Bildung in den beruflichen Schulen. Schwalbach am Taunus.
Besand, A./Birkenhauer, P./Lange, P. (2013): Politische Bildung in digitalen Umgebungen. Eine Fallstudie. Zum Projekt DU HAST DIE MACHT. Dresden.
Calmbach, M./Borgstedt, S. (2012):»Unsichtbares« Politikprogramm? Themenwelten und politisches Interesse von »bildungsfernen« Jugendlichen. In: Kohl, W./Seibring, A. (Hg.): »Unsichtbares« Politikprogramm? Themenwelten und politisches Interesse von »bildungsfernen« Jugendlichen. Bonn: Bundeszentrale für politische Bildung. S. 43–80.
Dederich, M. (2014): Egalitäre Differenz, radikale Andersheit und Inklusion. Ein Problemaufriss. In: Lanwer, W. (Hrsg.): Bildung für alle Beiträge zu einem gesellschaftlichen Schlüsselproblem. Gießen.
Detjen, J. (2007): Politische Bildung für bildungsferne Milieus. In: Aus Politik und Zeitgeschichte. Heft 32–33. Bonn. S. 3–9.
Reinhardt, S. (2014): Handlungsorientierung. In: Sander, W. (Hrsg.):Handbuch politische Bildung. Schwalbach am Taunus. S. 275–311.
Richter, D. (2014): Geschlechtsspezifische Zusammenhänge politischen Lernens. In: Sander, W. (Hrsg.):Handbuch politische Bildung. Schwalbach am Taunus. S. 359–350.

Sander, W. (2003): Politik in der Schule. Marburg.

Schiele, S. (2009): Elementarisierung politischer Bildung. Überlegungen für Informationen zur Politischen Bildung. Band 30. Innsbruck/Bozen/Wien.

UNESCO (2009): Inklusion: Leitlinien für die Bildungspolitik. Bonn.

Wehling, H.-G. (1977): Konsens à la Beutelsbach? In: Schiele, S./Schneider, H. (Hrsg.): Das Konsensproblem in der politischen Bildung. Stuttgart. S. 173–184.

Bettina Zurstrassen

Zielgruppenorientierung
Anstöße zum Weiterdenken – eine Replik

Der Zielgruppenansatz aus den 1970er Jahren erlebt im Zuge der Inklusionsdebatte ein Revival, nachdem er viele Jahre in der Kritik stand. Durch zielgruppenorientierte Angebote, so die Kritik, werde die gesellschaftliche Exklusion der anvisierten Sozialgruppen verstärkt, und zwar durch die Separierung und besonders durch die defizitorientierte Fremdzuschreibung und Perspektivierung der Menschen mit Behinderung. In Bezug auf die zielgruppenorientierte »Randgruppenarbeit« konstatierte Wolfgang Giesecke bereits 1989: »Bildungsangebote haben hier für staatliche Instanzen legitimierenden instrumentellen Charakter. Sie gleiten ab in eine Betreuungs- und Befriedungsarbeit. [...] Bildungsveranstaltungen werden so zu Aufbewahrungsorten für diejenigen, die die Selbstaktivitäten in dem gesellschaftlich geforderten Sinne nicht realisieren können, um zu ihrem Recht zu kommen.« (1989, S. 128) Theunissen stellt insgesamt segregierende sonderpädagogische Institutionen im Leitziel der Inklusion unter einen Legitimierungszwang: »Spezielle (z. B. sonderpädagogische) Systeme legitimieren sich nur als additive Angebote, wenn sie von behinderten Menschen als Unterstützungsressource erwünscht sind bzw. als notwendig erachtet werden.« (2011, S. 162)

Christoph Dönges und Jan Markus Köhler, die Autoren des Beitrags »Zielgruppenorientierung oder Inklusion in der politischen Bildung – Dilemma oder Scheingegensatz?« sehen im Zielgruppenansatz dagegen ein probates Instrument für die Umsetzung der Inklusion. Sie betonen, dass Zielgruppenorientierung »keinen Gegensatz zur Inklusion, sondern eine Bedingung für ihr Gelingen« darstelle. Der Kritik am Zielgruppenansatz begegnen sie mit dem Hinweis, dass erst über diesen eine Sensibilisierung für soziale Gruppen, die im Bildungsprozess exkludiert waren bzw. denen in der Förderpädagogik lange die Bildungsfähigkeit abgesprochen wurde, entstanden sei. Letzteres ist bei Erwachsenen mit einer geistigen Behinderung bis in die 1980er und 1990er Jahre der Fall gewesen.

Dennoch distanzieren sich auch Dönges und Köhler von exkludierenden zielgruppenorientierten Angeboten, aber sie weisen zugleich darauf hin, dass zielgruppenorientierte Angebote notwendig seien, um die »strukturellen Barrieren zu identifizieren und abzubauen«. Der Widerspruch klärt sich, wenn man ihr Konzept des Zielgruppenansatzes berücksichtigt. Es beruht im Wesentlichen auf dem pädagogischen Konzept der »Individualisierung«, nach dem in Lernprozessen die individuellen Lernvoraussetzungen der Lernenden berücksichtigt und individuelle Förderung bereitgestellt werden müssen. Zielgruppenorientierung in diesem Verständnis bedeutet eine radikale Binnendifferenzierung bis hin zur Individualisierung innerhalb einer Lerngruppe. Dönges und Köhler plädieren damit für eine Neudefinition des Zielgruppenbegriffs und -konzepts, dem inhaltlich auch Kritiker des »alten« Zielgruppenansatzes folgen könnten. Aufgrund der historischen Vorbelastung des Zielgruppenkonzepts dürfte die weitere Verwendung des Begriffs im pädagogischen Feld dennoch Unbehagen auslösen. Es wäre deshalb wünschenswert gewesen, wenn Dönges und Köhler ihr Festhalten am Begriff und Konzept des Zielgruppenansatzes intensiver begründet hätten.

Nur eine Heterogenitätsdimension mehr?

In ihrem Beitrag »Zielgruppenspezifische politische Bildung jenseits tradierter Differenzlinien« vertreten Anja Besand und David Jugel die These, dass politische Bildung schon immer »inklusiv« ausgerichtet gewesen sei. In der Tat sind heterogene Zielgruppen keine jüngere Entwicklung. Im Zuge der Inklusion wird den schon vorhandenen Heterogenitätsdimensionen (Gender, ethnische und soziale Herkunft, religiöse Zugehörigkeit etc.), hinter denen ein weiter Inklusionsbegriff steht, die Dimension der Menschen mit Behinderung hinzugefügt. Die Politikdidaktik verfügt prinzipiell über solide, theoretisch untermauerte Instrumentarien und Lehr-Lern-Methoden, um binnendifferenzierte Lehrangebote für heterogene Lerngruppen zu konzipieren. Dennoch ist die These von Besand und Jugel differenzierungsbedürftig.

Das Phänomen heterogener Lernausgangslagen in einer Lerngruppe ist nichts Neues – von identischen Lernausgangslagen auszugehen war im Grunde immer eine Illusion –, aber die vorhandenen didaktischen, unterrichtsmethodischen und pädagogischen Konzepte für die Arbeit mit heterogenen Lerngruppen sind unausgereift. Es gelingt im deutschen Schulsystem vielfach nicht, durch Förderung die nachteiligen Lernausgangslagen von Schülerinnen und Schülern zu kompensieren, um ihnen ähnliche Bildungschancen wie ihren sozial privilegierten Mitschülerinnen und -schülern zu eröffnen. Im Gegenteil, in der Tendenz werden im deutschen Schulsystem ungleiche Lernausgangslagen sogar noch erweitert und verfestigt. In keinem anderen Industriestaat ist das Ausmaß sozialer Ungleichheit im Bildungssystem so stark ausgeprägt wie in Deutschland, auch in der politischen Bildung. Im Umgang mit Heterogenität ist die politische Bildung gescheitert, wenn überhaupt ein Bewusstsein dafür bestanden hat. Gefordert ist aber auch die Bildungspolitik, denn an Sonder- und Hauptschulen oder in der außerschulischen Erwachsenenbildung bestehen für die politische Bildung im Vergleich zu Gymnasien deutlich ungünstigere Rahmenbedingungen (z. B. Stundenvolumen, fachgerechter/nichtfachgerechter Unterricht).

Besands und Jugels These, dass Inklusion nichts Neues sei, soll ermutigen. Sie ist bildungspolitisch aber auch verführerisch, weil die Illusion genährt werden kann, dass Inklusion eine Frage des pädagogischen Willens ist und keine weiteren Maßnahmen erfordert. Damit entsteht die Gefahr, dass die spezifischen Unterstützungsbedarfe von Schülerinnen und Schülern mit Lernproblemen (und anderen Formen von Behinderung), aber auch der Lehrenden in heterogen-inklusiven Lerngruppen ausgeblendet werden. Notwendig ist die Entwicklung von sonder- und heilpädagogisch fundierten Konzepten für die politische Bildung für Menschen mit Lernproblemen (und anderen Formen von Behinderung), denn sie haben spezifische Unterstützungsbedarfe. Die sonder-, heil- und sozialpädagogische Expertise ist notwendig für die förderpädagogische Diagnostik und die unterrichtsmethodische Aufbereitung. Unterrichtsplanung für inklusive Lerngruppen mit Menschen mit Lernproblemen setzt fundierte Kenntnisse der spezifischen Behinderungsbilder voraus, um individuell Unterstützungsangebote und Förderkonzepte entwickeln zu können.

Welche politische Bildung soll es sein?

Bedarf es einer eigenen sozialwissenschaftlichen Didaktik der inklusiven Bildung? Es wäre wünschenswert gewesen, dass Besand/Jugel ihr politikdidaktisches Konzept einer inklusiven politischen Bildung deutlicher skizziert hätten. Sie verneinen zwar die Frage der Notwendigkeit einer eigenen politischen Didaktik, begründet dies aber nicht in Abwägung der bestehenden Konzepte, deren Kernaussagen hier kurz skizziert werden sollen (Zurstrassen 2014a). So wird in der politikdidaktischen Literatur auf der einen Seite die These vertreten, dass in der politischen Bildung mit sogenannten politikdistanzierten Milieus mehr sozialpädagogisch als politikwissenschaftlich geschultes Personal notwendig sei (Widmaier/Nonnenmacher 2012, S. 14). Der Fokus wird bei diesen Milieus auf soziales Lernen gelegt. In Bezug auf Förderschülerinnen und -schüler hat Baulig dieses konzeptionelle Verständnis von politischer Bildung konkretisiert, indem er ausführt, dass es »zunächst gezielter Themen und Interventionen, wie das Ansprechen von Gefühlslagen, die Vermittlung von Alternativen zur Affektabfuhr« bedarf (1997, S. 248).

Munsch kritisiert dagegen, dass die Gefahr bestehe, durch diese Maßnahmen die bestehende soziale Ungleichheit durch Pädagogisierung zu verdecken (2012, S. 42). Mader wies bereits 1990 darauf hin, dass Zielgruppenkonzepte, »in denen Bildungsmaßnahmen nicht mehr vorrangig einem inhaltlichen Lernziel oder Abschluss oder dem Erwerb verwendbaren Wissens und Könnens dienen«, zu »psychosozialen Aufenthaltsorten« werden (ebd., S. 8). Er führt weiter aus: »Dadurch droht insbesondere bei Angeboten für ›Benachteiligte‹ und ›Minderprivilegierte‹, dass sie eine eigenständige ›Lebenswelt‹ in sich kreisenden Teilsystemen von Bildung ausbilden.« (ebd.) Ihnen werden fachliche Lernangebote und die Einübung von politischen Partizipationsstilen vorenthalten, die für die Definition eigener Interessen und ihre politisch-gesellschaftliche Durchsetzung bedeutsam sind.

Diese Fähigkeiten werden umso dringlicher, weil »moderne« Partizipationsformen, die Selbst- und Eigeninitiative (im Sinne von normativen demokratietheoretischen Ansätzen) und elaborierte kommunikative Fähigkeiten erfordern (z. B. in deliberativen Demokratien), vermutlich zunehmen werden (Klatt/Walter 2011, S. 201). Die Ausweitung moderner Partizipationsformen birgt derzeit die Problematik einer Verstärkung sozialer Ungleichheitsprozesse, da bürgerliche Milieus machttheoretisch einen Organisations- und Ressourcenvorteil haben und deshalb ihre Interessen besser durchsetzen können (Bremer 2012, S. 30, theoretische Fundierung bei Popitz 1992, S. 187–197).

Politische Bildung, die primär auf soziales Lernen abzielt, läuft Gefahr vornehmlich der Sozialdisziplinierung von benachteiligten Sozialgruppen zu dienen und nicht der Befähigung der Lernenden zur Interessenvertretung. Im Hinblick auf das Streben hin zu einer inklusiven Gesellschaft ist dieser Ansatz sozialen Lernens kontraproduktiv.

Literatur

Baulig, V. (1997): Politik an Sonderschulen. In: Sander, W.: Handbuch politische Bildung. Schwalbach am Taunus. S. 241–253.

Bremer, H. (2012): »Bildungsferne« und politische Bildung. Zur Reproduktion sozialer Ungleichheit durch das politische Feld, in: Widmaier, B./Nonnenmacher F. (Hrsg.), S. 27–41.

Dahl, Robert A. (1989): Democracy and its Critics. New Haven/London.

Giesecke, W. (1989): Problematik des Zielgruppenbegriffs in der Erwachsenenbildung. In: Dalkner, D./Ludwigs, W./Ungar, M.: Freisland Kolloquium Erwachsenenbildung für Menschen mit (geistiger) Behinderung vom 2. Bis 4. Juni. Dokumentation. Oldenburg. S. 74–86.

Klatt, J./Walter, F. (2011): Entbehrliche der Bürgergesellschaft? Sozial Benachteiligte und Engagement. Bielefeld.

Mader, W. (1990): Adressatenforschung und Zielgruppenentwicklung. In: Grundlagen der Weiterbildung – Praxishilfen. S. 1–16.

Munsch, C. (2012): Aktive Bürgerschaft als sozial(pädagogisches) Bildungsziel? Argumente gegen eine individualisierende Sicht auf »engagementsferne« Gruppen. In: Widmaier, B./Nonnenmacher, F. (Hrsg.), S. 42–51.

Pfahl, L. (2012): Bildung, Behinderung und Agency. Eine wissenssoziologische Untersuchung der Folgen schulischer Separation und Inklusion. In: Becker, R./Solga, H. (Hrsg.): Soziologische Bildungsforschung. SonderHeft der Kölner Zeitschrift für Soziologie und Sozialpsychologie. Heft 12. S. 415–436.

Popitz, H. (1992): Phänomene der Macht. Tübingen.

Theunissen, G. (2011): Inklusion als gesellschaftliche Zugehörigkeit – Zum neuen Leitprinzip der Behindertenhilfe. In: Neue Praxis. Heft 2. S. 156–168.

Widmaier, B./Nonnenmacher, F. (2012): Unter erschwerten Bedingungen: Politische Bildung mit bildungsfernen Zielgruppen. Schwalbach am Taunus.

Zurstrassen, B. (2014a): Schule und inklusive politische Bildung aus politikdidaktischer Sicht. Verfügbar unter: http://www.bpb.de/lernen/werkstatt-politikdidaktik-inklusiv/180301/b-zurstrassen-schule-und-inklusive-politische-bildung-aus-politikdidaktischer-sicht (Zugriff: 19.10.2014).

Zurstrassen, B. 2014(b): «Inklusive Didaktik der politischen Bildung»? Überlegungen als Beitrag zur Definition eines Begriffs (aus Sicht der Politikdidaktik). Verfügbar unter http://www.bpb.de/lernen/werkstatt-politikdidaktik-inklusiv/180303/b-zurstrassen-inklusive-didaktik-der-politischen-bildung (Zugriff: 19.10.2014).

Nadine Rüstow

Leichte Sprache – eine neue »Kultur« der Beteiligung

Das Konzept der Leichten Sprache

»Die Leichte Sprache ist eine linguistische Welt für sich. Sie hat eigene Regeln, eigene Übersetzer, ein eigenes Schriftgut. Und sie breitet sich vermehrt neben der »komplexen« Sprache aus. Die Idee der Leichten Sprache stammt aus den USA. In Deutschland engagiert sich seit den 1990er Jahren die Organisation *Mensch zuerst – Netzwerk People First Deutschland*, die später das *Netzwerk Leichte Sprache* gegründet hat, für die Weiterentwicklung der Leichten Sprache. Die Gleichstellungsbewegung für Menschen mit Lernschwierigkeiten rüttelt damit an der letzten Bastion, die den Zugang zu allen Informationen versperren kann: der Sprache.« (Ochsenbein 2014)

Leichte Sprache ist eine Form der schriftlichen und mündlichen Kommunikation, deren Regelwerk insbesondere für und gemeinsam mit Menschen mit Lernschwierigkeiten entwickelt wurde. Es existiert ein festes Regelwerk, welches für Übersetzerinnen und Übersetzer in Leichte Sprache eine wichtige Handlungsmaxime darstellt. Komplizierte Sachverhalte werden beispielsweise in kurzen Sätzen und mit gebräuchlichen Wörtern dargestellt. Fach- und Fremdwörter werden vermieden oder erklärt. Bestimmte grammatikalische Regeln und Schreibweisen kommen für eine bessere Verständlichkeit und Lesbarkeit zur Anwendung. Publikationen werden übersichtlich mit Bildern gestaltet. Zurückgreifen können Übersetzerinnen und Übersetzer dafür z. B. auf ein Buch und eine CD der Lebenshilfe Bremen (2013) mit über 500 Abbildungen für die Leichte Sprache.

Mehr Verständlichkeit von Texten, Informationen zu Patientenrechten, Flyern, Webauftritten, vertraglichen Informationen, Leitbildern, Parteiprogrammen etc. – das ist eine Forderung vor allem von Menschen mit Lern- oder Leseschwierigkeiten. Leichte Sprache ist auch eine Forderung der UN-Behindertenrechtskonvention (UN-BRK). Sie ist ein wesentlicher Schlüssel für mehr Teilhabe und Selbstbestimmung. Bevölkerungsgruppen wie Migrantinnen und Migranten, Menschen mit Hörbeeinträchtigungen, ältere Menschen oder funktionale Analphabeten sind ebenfalls von Ausgrenzung betroffen, wenn es um komplizierte Schriftstücke und Sachverhalte geht. Leichte Sprache erreicht nicht nur Menschen mit Leseschwierigkeiten, sondern auch Otto Normalverbraucher. Viele Menschen haben ein Bedürfnis nach kurzen und einfachen Informationen im Alltag und diese können in bestimmten Bereichen große Gefahrenquellen beseitigen.

Der Anspruch von Menschen mit Lernschwierigkeiten auf die Nutzung einer Leichten Sprache hat etwas mit ihrem veränderten Selbstbewusstsein und Engagement zu tun. Unter dem Schlagwort *Independent Living* treten Menschen mit Lernschwierigkeiten an die Öffentlichkeit und fordern Selbstbestimmung und Selbstvertretung für sich ein (Wansing 2005, S. 136). Angebote in Leichter Sprache sollen bisherige Texte und auch literarische Werke nicht ersetzen, sondern sie sind ein zusätzliches Angebot für bestimmte Zielgruppen. Die *Level-One-Studie* der Universität Hamburg (2011) hat aufgezeigt, dass in der deutschsprechenden Bevölkerung über 2,3 Millionen Menschen nur einzelne Wörter lesen oder schreiben können. Hinzu kommen etwa 5,2 Millionen Menschen, die zwar einzelne Sätze lesen können, jedoch keine Texte. Leichte Sprache hilft ebenso Migrantinnen und Migranten, für die Deutsch eine Fremdsprache ist. Auch viele gehörlose Menschen können Leichte Sprache besser verstehen, da die Gebärdensprache meist ihre erste erlernte Sprache ist.

Aufgrund einer Vielzahl von Barrieren beim Zugang zu politischen Informationen kann das grundlegende Recht auf politische Teilhabe oft nicht wahrgenommen werden. Vielen Menschen, denen der Zugang zu politischen Prozessen aufgrund von sprachlichen Barrieren verwehrt bleibt, wird ein politisches Grundrecht abgesprochen. Vereine gründen, wählen gehen, mitentscheiden, mitgestalten, teilhaben, sich beschweren können, all diese Bereiche sind wesentlich für die Demokratie. Denn sie lebt von der Beteiligung an politischen Entscheidungsprozessen. Eine politische Grundbildung ermöglicht Teilhabe. Grundbildung ist ein Querschnittsthema – ein Thema, das über Bildung hinaus an andere Handlungsfelder anschließt, z.B. Gesundheit, Arbeit, Ökonomie, Familie, Partnerschaft, Justiz, Kultur und Bürgerengagement (Grundbildungszentrum Berlin).

Oft fehlt Fachkräften das Wissen darüber, wie man Informationen einfach und verständlich für bestimmte Zielgruppen formuliert. Dies kann an einer geringen Beteiligung und Einbeziehung der Nutzergruppe liegen.

Vorerst ist zu klären, was Einfachheit im Kontext Sprache bedeutet. Wann ein Text leicht lesbar ist und wann eine leichte Sprachgestaltung angemessen ist, definieren Freyhoff und Mitautoren wie folgt: »Ein leicht lesbares Dokument kann somit als ein Text definiert werden, der nur die wichtigste Information enthält und auf die direkteste Weise präsentiert wird, sodass er die größtmögliche Zielgruppe erreicht.« (1998, S. 8) Hierbei ist zu beachten, dass in der Regel die Zielgruppe der erwachsenen Menschen mit Lernbeeinträchtigungen gemeint ist und daher vermieden werden sollte, eine kindliche Ausdrucksweise zu benutzen. Wann ein Text leicht lesbar ist, hängt also in aller Regel von der Leserin bzw. vom Leser ab. Einen Text an die Lesekompetenz aller Menschen anzupassen, ist schlicht unmöglich. Leichte Sprache weist eine subjektive Komponente auf und kann nicht als ein universales Medium bezeichnet werden (Wessels 2005, S. 229).

Warum ist Leichte Sprache wichtig?

Zu bekennen, »das habe ich nicht verstanden«, fällt vielen Menschen mit Lernschwierigkeiten schwer. In Deutschland organisieren sich Menschen mit Lernschwierigkeiten seit ca. Anfang der 1990er Jahre in Gruppen und Vereinen. Ihr Wunsch ist es, wie alle Anderen zu sein, Gemeinschaft zu erleben und ihr Leben selbst zu bestimmen. Dieser Wunsch bedarf keiner Legitimation, deutet aber auf ein Spannungsfeld hin. Geht es im Sinne von Inklusion darum, die Eigenkultur von Menschen mit Lernschwierigkeiten zu stärken und Rahmenbedingungen dafür zu schaffen? Oder fördert Eigenkultur eine neue Form der Segregation? Das Konzept der Eigenkultur entstand Ende der 1980er Jahre in Dänemark. Es war eine Reaktion auf die Bemühungen, Menschen mit geistiger Behinderung zu integrieren. Dabei konnte zwar eine physische Integration in die Gemeinde umgesetzt werden, die Gesellschaft war jedoch für eine Integration auf gleichberechtigter Ebene nicht bereit. (Merz 2004, S. 32) Menschen mit geistiger Behinderung zusammenzubringen und ihnen Treffpunkte für den Austausch zu bieten, wurde als Eigenkultur bezeichnet. Gustavsson spricht in diesem Zusammenhang von einer Gedankengemeinschaft von Menschen mit geistiger Behinderung, die sich von den Einstellungen der Menschen in der Gesellschaft unterscheidet und der eine besondere kollektive Innenperspektive zugeschrieben wird. (Gustavsson 2001, S. 22 nach Merz 2004, S. 327) Diese Gedankengemeinschaft bezieht sich auf das Streben nach Gleichgesinnten und auf eine sprachliche gemeinsame Kultur.

Merz betrachtet Eigenkultur nur so lange als sinnvoll, wie sie selbst gewählt ist (ebd., S. 329). Selbstvertretungsinitiativen, unter anderem Gruppierungen von Menschen mit Lernschwierigkeiten, haben sich zusammengeschlossen, um Eigenkultur einzufordern. Die Forderung nach Leichter Sprache als eine Möglichkeit der Barrierefreiheit ist ebenso aus einer Eigenkultur der Selbstvertretungsinitiativen entstanden.

Die Erfahrungen zeigen, dass es eine große Nachfrage nach Publikationen in Leichter Sprache in der Praxis gibt. Die Bundeszentrale für politische Bildung und die SoVD-Jugend haben zur Europawahl 2014 die Broschüre *Wählen ist einfach: Die Europawahl* veröffentlicht. 53 250 Stück wurden insgesamt vertrieben, davon 52 000 in der Zeit vom 11. März bis 31. Mai 2014. Materialien in Leichter Sprache regen erst einmal Diskussionen zu bestimmten Themen an und schaffen eine Basis, auf der es dann notwendig ist, weiterzuarbeiten und neue Methoden zu entwickeln.

In erster Linie ist das Konzept der Leichten Sprache von Menschen mit Lernschwierigkeiten eingefordert worden. Die Forderung, selbst wählen zu dürfen und frei entscheiden zu können, war für Menschen mit Lernschwierigkeiten lange Zeit nicht möglich. Der Heilpädagoge Paul Moor sah in den 1950er Jahren die Notwendigkeit eines lebenslangen äußeren pädagogischen Halts für Menschen mit Lernschwierigkeiten und gab als Grund ihr fehlendes inneres Gerüst an (Moor 1958 nach Brettschneider 2005, S. 15). Mittlerweile ist klar, dass Selbstbestimmung auch für Menschen mit Lernschwierigkeiten einen hohen Stellenwert für die Lebensqualität und die Persönlichkeitsentwicklung hat. Durch diese Forderung innerhalb des Modellprojekts entstanden in Zusammenarbeit mit dem *Netzwerk Leichte Sprache* verbindliche Standards, mit denen Dokumente leicht lesbar gemacht werden können.

Bei der Gestaltung der Regeln der Leichten Sprache haben Menschen mit Lernschwierigkeiten ihre Nutzermerkmale und ihre Eigenkultur einfließen lassen. In Selbstvertretungsinitiativen finden sich Nutzer einer bestimmten Gruppe zusammen, um ihre Nutzermerkmale zu definieren. In Bezug auf die Entwicklung der Leichten Sprache wurden Lesermerkmale und Interessen definiert, um eine »neue« Sprache zu entwickeln.

Die europäische Vereinigung der ILSMH veröffentlichte im Jahr 1998 europäische Richtlinien für leichte Lesbarkeit. Sie sind für Menschen gedacht, die in Einrichtungen, Organisationen, Institutionen und Regierungen arbeiten, vor allem für diejenigen, die mit Menschen zusammenarbeiten, die Schwierigkeiten beim Lesen, Schreiben und Verstehen von Texten haben (Freyhoff u. a. 1998, S. 5). Viele Menschen haben es nicht gelernt, die Bedeutung von Schrift zu erfassen. Deshalb beziehen sich die Richtlinien nicht nur auf schriftliche Informationen, sondern auch auf bildliche und grafische Darstellungen. In ihnen findet sich ein Leitfaden mit einzelnen Schritten zur Erstellung eines leicht lesbaren Dokuments.

Sie versuchen zu verdeutlichen, wann ein Text leicht lesbar ist und wie es möglich ist, ihn verständlich zu machen.

Um leicht lesbare Dokumente erkennbar zu machen, hat die Organisation *Inclusion Europe* ein Symbol entwickelt, das auf allen Texten in Leichter Sprache zu sehen ist. Das *Netzwerk Leichte Sprache* entwickelt aktuell Standards und verbindliche Qualitätsrichtlinien für die Übersetzung in Leichte Sprache und das Prüfen von Texten in Leichter Sprache, welche dann mit einem eigens entwickelten Logo verbindlich gelten.

Konzept Einfache Sprache – Verständlichkeit und Lesbarkeit von Texten

Lesen erfordert Kompetenzen, die für das Verstehen notwendig sind. Die Lesbarkeit- und Verständlichkeitsforschung ist eine junge Wissenschaft. Das Verstehen einer sprachlichen Äußerung ist nicht nur vom Inhalt abhängig, sondern auch von der sprachlichen Form (Bamberger/Vanecek 1984, S. 53). Albert Einstein beschrieb dies mit den Worten: »Die meisten Menschen haben einen heiligen Respekt vor Worten, die sie nicht begreifen können; und betrachten es als ein Zeichen der Oberflächlichkeit eines Autors, wenn sie ihn begreifen können.« (Langer u. a. 2006, S. 10)

Einfache Sprache unterscheidet sich in Ursprung und Anspruch, den Regeln für die Texterstellung und der Zielgruppe von Leichter Sprache. Das Ziel von Einfacher Sprache ist, Texte verständlich und lesbar zu gestalten. Das ist für alle Leserinnen und Leser von Vorteil. Vor allem Fachtexte, Verträge oder Leistungsbeschreibungen, Informationen zu Wahlen oder Medikamenten erfüllen oftmals den Anspruch der Lesbarkeit und Verständlichkeit nicht. Sie enthalten lange Schachtelsätze, Fach- und Fremdwörter und sind unübersichtlich gegliedert. Bei der Übertragung eines Ausgangstextes in Einfache Sprache ist das Wissen um die Zielgruppe von Bedeutung. Das Vorwissen und die Lesermerkmale der Leserinnen und Leser sollten berücksichtigt werden. Dies deutet auch bei Einfacher Sprache auf ein Spannungsfeld hin, wenn man die Heterogenität der Menschen mit Leseschwierigkeiten betrachtet. Auch die Übersetzung in Einfache Sprache folgt einem Regelwerk, das allerdings weniger streng angewendet wird als bei Leichter Sprache.

Es gibt verschiedene Verständlichkeitsmodelle. Eines der bekanntesten ist das Hamburger Verständlichkeitsmodell. Dieses geht davon aus, dass auch komplizierte Inhalte von mehr Leserinnen und Lesern besser verstanden werden, wenn die Inhalte nach bestimmten Merkmalen geschrieben und gestaltet werden. Das Thema »Kommunikation als Lebenskunst«

haben Pörksen und Schulz von Thun in ihrem neuen Buch erneut aufgegriffen. Die vier Verständlichmacher Einfachheit, Gliederung/Ordnung, Kürze und Prägnanz, anregende Zusätze gelten ihnen als Schlüsselmerkmale der Verständlichkeit. Gelten diese Schlüsselmerkmale auch für die Politik? Die Kunst, über die Köpfe hinweg zu sprechen, ist sehr verbreitet. »Aber muss immer alles für alle verständlich sein?« (Pörksen/von Thun 2014, S. 40) Man muss sich über die Besonderheiten der jeweiligen Situation im Klaren sein und was für welches Publikum verständlich oder unverständlich ist.

Das Thema »Verständlichkeit und Lesbarkeit« rückt im Zusammenhang mit der Leichten Sprache und den aktuellen Entwicklungen zum Thema »Inklusion« wieder in den Blick der Gesellschaft. Inklusion betrifft eine bestimmte Haltung in der Gesellschaft, die Partizipation fördert und für das Erreichen einer größtmöglichen Zielgruppe notwendig ist.

Nutzen von Verständlichkeit für Politik und Gesellschaft

In einem Interview anlässlich des Weltalphabetisierungstags am 8. September 2014 erläuterte die stellvertretende Vorsitzende des Deutschen Gewerkschaftsbunds Elke Hannack, dass es in Deutschland etwa 7,5 Millionen funktionale Analphabeten gebe; über vier Millionen von ihnen seien erwerbstätig. Sie machte deutlich, dass dies kein Randproblem sei, sondern die Mitte der Gesellschaft betreffe: »Diese Menschen können vielleicht einzelne Wörter oder sehr kurze Sätze lesen, aber nicht einmal einfachste Texte. Was viele nicht wissen: Über die Hälfte von diesen funktionalen Analphabeten sind erwerbstätig. Das heißt, wir haben es in Deutschland mit mehr als vier Millionen berufstätigen Analphabeten zu tun. Viele von ihnen arbeiten im Niedriglohnbereich, mit Löhnen am Rande des Existenzminimums, ohne Aussicht auf Besserung.« (DGB 2014) Leichte Sprache hat somit eine größere Zielgruppe und betrifft nicht nur Menschen mit Lernschwierigkeiten.

Ist es das Ziel von Politik, eine barrierefreie politische Grundbildung zu schaffen, oder sollten sich Menschen an politische Bildungsprozesse anpassen? Bora bezeichnet den Begriff »Inklusion« als eine Art des Einbezugs in gesellschaftliche Systeme wie Politik, Recht, Bildung und Gesundheit und auch in Kommunikationssysteme. Doch wer bestimmt, wer dazugehört? (Bora 2002, S. 70 nach Terfloth 2005, S. 20) Menschen wird ein Teilhaberecht eingeräumt, wenn sie über das aktive und passive Wahlrecht verfügen und ein Recht auf Leistungen des Wohlfahrtsstaats haben (Stichweh 1998, S. 543 nach ebd.).

Wahlberechtigten Menschen fehlen jedoch vielfach fundierte barriere-freie Informationen über das politische Geschehen, weil Wahlbroschüren, Internetauftritte, Informationen über Ausschuss- bzw. Ratssitzungen usw. von der Sprache her nicht zugänglich sind. Damit werden Menschen ausgeschlossen, die Schwierigkeiten mit dem Lesen und Schreiben der deutschen Sprache haben. Oft werden diese Menschen auch nicht als relevante Akteure im politischen System angesehen (ebd.). Der Politik kann somit eine sprachliche Eigenkultur zugeschrieben werden und sie weist damit ausschließende Tendenzen auf. Doch politische Bildung sollte einen emanzipatorischen und einbeziehenden Charakter haben, wenn wir in einer demokratischen Gesellschaft leben wollen. Demokratie bedeutet, dass dem Volk die Möglichkeit gegeben wird, sich in allen Bereichen des Lebens zu beteiligen.

Ein Beispiel für verständlichere Informationen zu politischen Themen im Internet ist *nachrichtenleicht.de*. Die Seite ist ein Angebot des Deutschlandfunks. Die dort präsentierten Nachrichten werden von Studierenden der Fachhochschule Köln in Leichte Sprache übersetzt. Zu komplexen politischen Themen bietet diese Seite eine Grundbildung über eine einfache und verständliche Erklärung politischer Inhalte. Im Wörterbuch wird z. B. Politik folgendermaßen definiert: »In der Politik geht es darum, wie Menschen in einem Land ihr Zusammenleben organisieren. In Deutschland wählen wir Politiker, die Politiker machen Gesetze. Die Gesetze sind Regeln, die für alle gelten. In der Politik streiten verschiedene Menschen oder verschiedene Gruppen darüber, wie die Regeln aussehen sollen.« (Nachrichtenleicht.de o. J.)

Methoden der praktischen Umsetzung

Methoden zum Transfer von Materialien in Leichte Sprache können in jedem gesellschaftlichen Zusammenhang eingesetzt werden. Um Materialien in Leichter Sprache in der Praxis zugänglich zu machen, bedarf es aber auch fundierter methodischer Überlegungen. Die reine Bereitstellung reicht häufig nicht aus, um die Zielgruppe auch tatsächlich zu erreichen. Menschen mit Lernschwierigkeiten sind in der Regel im Alltag auf Unterstützung angewiesen. Oft ist es für sie eine neue Erfahrung, Briefe, Broschüren oder Parteiprogramme zu lesen.

Zur Bundestagswahl 2013 hat die *Lebenshilfe Berlin* gemeinsam mit Menschen mit Beeinträchtigungen den Film *Politik geht uns alle etwas an* gedreht (Lebenshilfe Berlin 2013). Darin wird leicht verständlich und in einem langsamen Tempo erklärt, was Politik bedeutet und was die Arbeit der Politikerinnen und Politiker beinhaltet. Der Film bekam im Mai 2013 den bap-Preis für politische Bildung und ist ein gutes Beispiel dafür, wie politische Teilhabe ermöglicht werden kann.

Zukunftswerkstätten sind auf partizipatives und gleichberechtigtes Lernen ausgerichtet. Sie zielen auf die Einbeziehung von möglichst vielen Betroffenen und eine Demokratisierung der Gesellschaft. Auf der Grundlage von Wünschen und Phantasien werden in ihnen eigene Zukunftsentwürfe erstellt. Weitere Ziele sind die politische Aktivierung und die Fähigkeit, eigene Zukunftsvorstellungen offensiv zu vertreten (Dauscher 1996). Zukunftswerkstätten finden in Gruppen statt, denen eine Moderatorin oder ein Moderator zur Seite gestellt wird. Aufgabe der Teilnehmenden ist es, Lösungen für gemeinsam festgelegte Probleme oder Herausforderungen zu finden. Die Methode »Zukunftswerkstatt« wurde entwickelt, um im politischen Bereich über die Partizipation der Bürgerinnen und Bürger Verbesserungen zu erreichen, indem deren Fähigkeiten genutzt und Entscheidungen nicht allein den wenigen gewählten Volksvertreterinnen und Volksvertretern überlassen werden (Jungk/Müllert 1989).

Die Zukunftswerkstatt gliedert sich in eine Vorbereitungsphase, Kritikphase, Phantasie-/Utopiephase, Verwirklichungs-/Realisierungsphase und Nachbereitungsphase. In allen Phasen wird mit Hilfe von visuell anschaulichen Materialien und Vorgehensweisen in Leichter Sprache die Aktivierung und Beteiligung der Teilnehmenden vorangetrieben. Die Einbeziehung verschiedener Gruppen bei dieser Methode ist durch Leichte Sprache möglich.

Eine weitere Methode stellt das *Peer Counseling* dar: Menschen mit Behinderungen beraten andere Menschen mit Behinderungen. Sie stammt aus den USA. Das DGB-Bildungswerk schult in seinem Projekt *MENTO* von Analphabetismus betroffene Mentorinnen und Mentoren, die in ihren Betrieben den anderen Analphabetinnen und Analphabeten als Ansprechpartner dienen, diese »dabei unterstützen, vorhandene Lernerfordernisse und -bedürfnisse zu identifizieren, und sie dazu ermutigen, ihren eigenen Bildungsweg zu finden« (DGB Bildungswerk).

Mit *MENTO* werden vorhandene betriebliche und gewerkschaftliche Strukturen genutzt, um eine Brücke zu den Betroffenen zu bauen. Gewerkschaftliche Arbeit bedeutet auch politische Basisarbeit. Denn nach wie vor gilt: Lesen und Schreiben ist ein Schlüssel zum Arbeitsmarkt. Leichte Sprache kann zu einer nationalen Alphabetisierungsstrategie beitragen.

Angebote in Leichter Sprache im Internet können eine weitere Möglichkeit sein, Zugänge zu politischen Themen zu schaffen. Die BITV 2.0 schreibt vor, dass alle Online-Angebote von deutschen Bundesbehörden in Leichter Sprache und in Gebärdensprache abrufbar sein müssen. »Wer sich im Internet bewegt, wird sehen, dass dieser Anspruch bislang nur zu geringen Teilen eingelöst ist und dass die bestehenden Angebote von sehr heterogener Qualität sind.« (Maaß u. a. 2014, S. 53)

Fazit

»Menschen, die Angst vor den Buchstaben haben, für die einen Fahrplan oder die Packungsbeilage eines Medikaments zu lesen, bereits eine schier unüberwindbare Hürde darstellt, dürften die zweifelnden Äußerungen der Sprachbewahrer [gemeint sind die Kritikerinnen und Kritiker der Leichten Sprache, N. R.] wohl mit einem Achselzucken abtun. Sie wollen keine großen Literaten werden, sie wollen die Sache mit dem Lesen und Schreiben mittels ›Leichter Sprache‹ hinbekommen. Weil einfach einfach einfach ist.« (Ochsenbein 2014)

Geringe Grundbildung kann ökonomische Nachteile mit sich bringen. Leichte Sprache kann ein Schlüssel zur Grundbildung sein (Nickel 2014, S. 28). Wie groß der volkswirtschaftliche Schaden durch fehlende schriftsprachliche Kompetenzen ist, wurde bisher noch nicht untersucht. Für vergleichbare Industrienationen schließt man in Studien auf einen Betrag von mehreren Milliarden Euro pro Jahr (ebd.).

Es scheint daher notwendig, den Bedarf für die Nutzung von Leichter Sprache zu überprüfen und zu ermitteln, wo und in welchem Maße Vereinfachung sinnvoll ist. Vor allem die Umsetzung bzw. der Transfer von Leichter Sprache in der Praxis ist untersuchungswürdig. Teil der wissenschaftlichen Bearbeitung muss es zudem sein, die Bedürfnisse der Adressatinnen und Adressaten von Texten in leichter Sprache systematisch zu erfassen (Maaß u. a. 2014, S. 55).

Beim Übersetzen in Leichte Sprache handelt es sich um die fachlichdidaktische Aufgabe, Zugänge zu komplexen Sachzusammenhängen zu ermöglichen. Die Kunst besteht darin, sich auf das Wesentliche zu konzentrieren, um eine Essenz des Textes zu erstellen. Dabei ist eine inhaltliche Verknappung unumgänglich (Seitz 2014, S. 5).

Zur fachlich-didaktischen Aufgabe, Texte zu vereinfachen, kommt in diesem Prozess die Komponente der Beteiligung der Zielgruppe hinzu. Fragen Sie die Personen, für die Sie schreiben. Die Qualitätssicherung und das Testlesen durch die Zielgruppe am Ende eines Übersetzungsprozesses geben wichtige Hinweise für die Verständlichkeit eines Textes. Menschen mit Lernschwierigkeiten werden beteiligt und setzen sich mit Inhalten auseinander, welche durch Texte in Leichter Sprache zugänglich gemacht werden.

Literatur

Bamberger, R./Vanecek, E. (Hrsg.) (1984): Lesen – Verstehen – Lernen – Schreiben. Die Schwierigkeitsstufen von Texten in deutscher Sprache. Jugend und Volksverlagsgesellschaft. Wien.

Bremer, R. (2014): Schlimmer als Realsatire. In: Neue Zürcher Zeitung. Verfügbar unter: http://www.nzz.ch/wissenschaft/bildung/schlimmer-als-realsatire-1.18378993 (Zugriff: 24.10.2014).

Brettschneider, A. (2005): Wie können Menschen mit Lernschwierigkeiten an der Ausbildung von Sozialprofis mitwirken? Diplomarbeit. Fachhochschule Görlitz.

Dauscher, U. (1996): Moderationsmethode und Zukunftswerkstatt. Neuwied/Kriftel/Berlin.

DGB (2014): Über vier Millionen Erwerbstätige in Deutschland sind Analphabeten. Interview zum Weltalphabetisierungstag. 08.09.2014. Verfügbar unter: http://www.dgb.de/themen/++co++4e46f246-374c-11e4-b6c3-52540023ef1a (Zugriff: 22.08.14).

DGB Bildungswerk (o.J.): Mento. Verfügbar unter: http://www.dgb-mento.de/(Zugriff: 17.5.2015).

Fackelmann, B. (2014): Sprache in Politik und Wissenschaft. In: Aus Politik und Zeitgeschichte. Heft 9–11. S. 33–38.

Freyhoff, G./Heß, G./Kerr, L./Menzel, E./Tronbacke, B./Van Der Veken, K. (1998): Sag es einfach – Europäische Richtlinien für leichte Lesbarkeit. Europäische Vereinigung der ILSMH. Brüssel. Verfügbar unter: http://www.inclusion-europe.org/documents/101.pdf (Zugriff: 24.10.2014).

Grundbildungszentrum Berlin: http://grundbildung-berlin.de/bildung/ (Zugriff: 08.10.2014).

Lebenshilfe Berlin (2013): Politik geht uns alle etwas an – Ein Film in Leichter Sprache. Verfügbar unter http://www.lebenshilfe.de/de/leichte-sprache/mit-bestimmen/wahlen/Politik-geht-uns-alle-etwas-an.php?sn=snb10deaf08893018d8a7b03ff78febc (Zugriff: 21.08.2014).

Lebenshilfe Bremen (2013): Leichte Sprache. Die Bilder. Marburg.

Jungk, R./Müllert, N. (1989): Zukunftswerkstätten. Mit Phantasie gegen Routine und Resignation. München.

Kellermann, G. (2014): Leichte und Einfache Sprache – Versuch einer Definition. In: Aus Politik und Zeitgeschichte. Heft 9–11. S. 7–10.

Langer, I./Schulz von Thun, F./Tausch, R. (2006): Sich verständlich ausdrücken. 8. Auflage. München.

Level-One Studie (2011): Literalität von Erwachsenen auf den unteren Kompetenzniveaus. Universität Hamburg. Verfügbar unter: http://blogs.epb.uni-hamburg.de/leo/(Zugriff: 17.05.2015).

Maaß, Christiane/Rink, Isabel/Zehrer, Christiane (2014): Leichte Sprache in der Sprach- und Übersetzungswissenschaft. In: Jekat, Susanne J./Jüngst, Heike E./Schubert, Klaus/Villiger, Claudia (Hrsg.): Sprache barrierefrei gestalten. Perspektiven aus der Angewandten Linguistik. Berlin.

Merz, K. (2004): Im Spannungsfeld von Integration und Eigenkultur. Erwachsenenpädagogische Angebote für Menschen mit geistiger Behinderung im deutsch-dänischen Vergleich. In: Geistige Behinderung. Heft 4. S. 322–338.

Nachrichtenleicht.de. (o. J.): Wörterbuch. Stichwort Politik. Verfügbar unter: http://www.nachrichtenleicht.de/woerterbuch.1945.de.html?dmp:char=p (Zugriff: 16.05.2014).

Nickel, S. (2014): Funktionaler Analphabetismus. In: Aus Politik und Zeitgeschichte. Heft 9–11. S. 26–30.

Ochsenbein, T. (2014): Weil einfach einfach einfach ist. In: Neue Zürcher Zeitung. Verfügbar unter: http://www.nzz.ch/wissenschaft/bildung/weil-einfach-einfach-einfach-ist-1.18378994 (Zugriff: 24.10.2014).

Pörksen, B./Schulz von Thun, F. (2014): Kommunikation als Lebenskunst. Philosophie und Praxis des Miteinander-Redens. Heidelberg.

Seitz, S. (2014): Leichte Sprache? Keine einfache Sache. In: Aus Politik und Zeitgeschichte. Heft 9–11/2014. S. 3–6.

SPD Parteivorstand (2013): Das Wahlprogramm der SPD 2013. Für die Bundestags-Wahl in Leichter Sprache. Berlin

Terfloth, K. (2005): Inklusion und Partizipation – Politische Erwachsenenbildung im kommunalen Raum. In: Erwachsenenbildung und Behinderung. Heft 1. S. 19–26.

Wansing, G. (2005): Teilhabe an der Gesellschaft. Menschen mit Behinderung zwischen Inklusion und Exklusion. Wiesbaden.

Wessels, C. (2005): So kann es jeder verstehen. Das Konzept der Leichten Lesbarkeit. In: Geistige Behinderung. Heft 3. S. 226–239.

Bettina Zurstrassen

Inklusion durch Leichte Sprache?
Eine kritische Einschätzung

Im Rahmen der Kompetenzdebatte hat die OECD den Zusammenhang von Lesekompetenz und gesellschaftlicher Integration herausgestellt und auf ihrer Website Lesekompetenz »[...] als die Fähigkeit, geschriebene Texte zu verstehen und zu nutzen, über sie zu reflektieren, um eigene Ziele zu erreichen, das eigene Wissen und Potential weiterzuentwickeln und am gesellschaftlichen Leben teilzunehmen« definiert (OECD). Dass die Kulturtechnik »Lesen« auch für »Menschen mit Lernschwierigkeiten« (Selbstbeschreibung der Menschen mit einer geistigen Behinderung, die im Artikel verwendet wird) eine wichtige Fähigkeit zur gesellschaftlichen Teilhabe und Inklusion ist, darüber besteht inzwischen in Wissenschaft und Politik ein weitreichender Konsens (Ratz 2012, S. 111). Der Forschungsstand ist jedoch noch rudimentär. Das gilt auch für die politische Bildung, die dem Thema »politische Lesekompetenz« als Teil der *Civic Literacy* bisher wenig Aufmerksamkeit geschenkt hat (Zurstrassen 2014).

Im Zuge der Inklusionsdebatte ist aus der Praxis der heil- und sonderpädagogischen Arbeit in Zusammenarbeit mit Menschen mit Lernschwierigkeiten das Konzept der Leichten Sprache entwickelt worden. Leichte Sprache *(easy to read)* wurde ursprünglich in der US-amerikanischen People *First-Bewegung* entwickelt und wird nun in unterschiedlichen Sprachen adaptiert. Es wird der Anspruch erhoben, dass durch Leichte Sprache Menschen mit Lernschwierigkeiten bessere gesellschaftliche Partizipationschancen hätten und so der gesellschaftliche Prozess der Inklusion forciert werden könnte, weil sozial-sprachliche Differenzen abgebaut würden.

Ist Leichte Sprache auch ein Konzept für die politische Bildung? Im vorliegenden Beitrag soll das Konzept der Leichten Sprache einer kritischen sozialwissenschaftlich-fachdidaktischen Analyse unterzogen werden. Die Darstellung erschöpft sich aber nicht in einer Kritik am Konzept der Leichten Sprache. Es wird am Ende des Beitrags das Konzept der *Civic Literacy* skizziert, das mit dem Ansatz der »reflexiven-ideologiekritischen« Lesekompetenz stärker auf politische Mündigkeit zielt.

Definition und Regelwerk der Leichten Sprache

Leichte Sprache wird gegenwärtig in der Inklusionsdebatte als ein Königsweg zur Erweiterung der Chancen gesellschaftlicher und politischer Teilhabe von Menschen mit (und auch ohne) Lernschwierigkeiten propagiert. Eine einheitliche Definition zum Konzept der Leichten Sprache, ihrem Regelwerk und ihrer Zielgruppe(n) liegt in Deutschland nicht vor. Zunehmend gelingt es aber dem *Netzwerk Leichte Sprache*, seine Definition des Begriffs und sein Regelwerk durchzusetzen. Das Netzwerk präsentiert auf seiner Website in den Informationen für die Presse folgende Definition: »Bei Leichter Sprache geht es darum, dass Texte und Sprache einfach zu verstehen sind. Z. B. indem man kurze Sätze schreibt, auf Fremdwörter verzichtet und Inhalte sinnvoll strukturiert.«

Kuhlmann hat unterschiedliche Regelwerke für Leichte Sprache sprachwissenschaftlich vergleichend analysiert und folgende Merkmale der Leichten Sprache herausgearbeitet (2013, S. 45 ff.):

- Lexika: Basierend auf Erkenntnissen der Leseforschung wird empfohlen, Wörter zu verwenden, die in der Gesellschaft häufig angewandt werden, da dies die Verständlichkeit positiv beeinflusst (»Wortbekanntheitseffekt«). In Lexika für Leichte Sprache werden Begriffserläuterungen präsentiert. Die Auswahl der Begriffe ist jedoch vielfach nicht sprachwissenschaftlich abgesichert und scheint beliebig zu sein. Dieser Eindruck entsteht, wenn z. B. Begriffe wie »Deakzession« (Bestandsbereinigung einer Sammlung, z. B. in einer Bibliothek) aufgeführt werden (Huraki – Wörterbuch für Leichte Sprache). Es fehlen zudem Kriterien, wonach der Schwierigkeitsgrad eines Wortes eingestuft wird.
- Morphologie: Wortlänge. Es wird die Empfehlung ausgesprochen, lange Wörter durch Bindestrich zu untergliedern, z. B. Amts-Gericht. Nicht beachtet wird jedoch, dass es zu semantischen Verschiebungen kommen kann, z. B. Bundes-Tag, Tag des Bundes?
- Syntax: Satzlänge und Satzbau haben Einfluss auf die Verständlichkeit. Entsprechend wird empfohlen, kurze Sätze zu bilden und bei der Übersetzung lange Sätze in kurze zu untergliedern. Empirisch gut belegt, ist folgende Reihe aufsteigender Satzschwierigkeiten: aktiv-deklarative Sätze, Fragesätze, Passivsätze, Negativsätze, negative Fragesätze und negativ-passive Fragesätze (Groeben/Christmann 1989, S. 178).
- Text: Die Empfehlungen beziehen sich auf die Organisation des Textes, indem z. B. pro Absatz nur ein Gedanke (Proposition) ausformuliert wird, der Text stringent gegliedert ist, Zwischenüberschriften verwendet werden und bei längeren Texten *advance organizer* (Zusammenfassung) vorangestellt werden.

- Interpunktion: Sonderzeichen, z. B. das Semikolon, sollen vermieden werden.
- Druckbild: Es werden Regel zur Verwendung von Schriftart, Schriftgröße etc. aufgestellt.

Das Bundesministerium für Arbeit und Soziales hat in Zusammenarbeit mit dem *Netzwerk Leichte Sprache* einen Ratgeber herausgegeben, in dem exemplarische Umsetzungsbeispiele präsentiert werden (BMAS 2014).

Leichte Sprache wird in Abgrenzung zur Einfachen Sprache definiert. Kellermann unterscheidet beide Konzepte wie folgt:»Anders als bei der Leichten Sprache gibt es für die Einfache Sprache kein Regelwerk. Sie ist durch einen komplexeren Sprachstil gekennzeichnet. Die Sätze sind länger, Nebensätze sind zulässig und sämtliche im Alltag gebräuchlichen Begriffe werden als bekannt vorausgesetzt. Fremdwörter sollten allerdings auch hier nach Möglichkeit vermieden werden, ansonsten sind sie zu erklären. Nach Satzzeichen und Satzabschnitten muss nicht zwingend ein Absatz folgen, solange der Text überschaubar bleibt. Auch das optische Erscheinungsbild von Schrift und Bild ist weniger streng geregelt.« (2014, S. 9).

Ungeklärt bleibt dennoch, wieso mit Leichter Sprache eine eigene »Sprachwelt« entwickelt wird, obwohl man auch bei Einfacher Sprache unterschiedliche Anspruchsniveaus graduieren könnte. Einschränkend soll bereits hier erwähnt werden, dass die Ergebnisse der Sprachforschung in diesem Beitrag nur knapp referiert werden können. Sie stehen nicht im Mittelpunkt des Beitrags und vielfach können auch nur Vermutungen aufgestellt werden, weil der sprachwissenschaftliche, soziolinguistische und psychologische Forschungsstand zur Leichten Sprache – ähnlich wie der politikdidaktische – derzeit noch rudimentär ist. Ausgewählte Forschungsergebnisse der Sprachforschung werden referiert, um die kritischen Ausführungen abzurunden.

Ausgewählte Kritik am Konzept der Leichten Sprache

Unzureichende sprachwissenschaftliche Fundierung

Das Regelwerk der Leichten Sprache wurde aus der Praxis der heil- und sonderpädagogischen Arbeit entwickelt. Obwohl viele Erkenntnisse der Sprachforschung berücksichtigt wurden, fehlt dem Konzept der Leichten Sprache dennoch eine wissenschaftlich-theoretische Fundierung und empirische Überprüfung. Legitimiert wird Leichte Sprache mit Verweis auf die Einbindung von Menschen mit Lernschwierigkeiten bei der Entwicklung des Regelwerks und der Überprüfung von Übersetzungen in

Leichte Sprache durch einzelne geschulte Expertinnen und Experten aus der Zielgruppe. Es bedarf jedoch der Expertise mehrerer Personen, um im Durchschnitt verlässlichere Aussagewerte über die Verständlichkeit eines Textes zu erhalten (Bamberger/Vanecek 1984, S. 65, Kuhlmann 2013, S. 38, Fußnote 43). Biere betont zudem, dass man keine Aussagen über die Textverständlichkeit machen könne ohne den Bezug auf das rezipierende Individuum (1991, S. 4, ebenso Universität zu Köln).

Als weiteres Abgrenzungskriterium zwischen Leichter und Einfacher Sprache wird ausgeführt, dass Leichte Sprache an den schriftlichen und mündlichen Sprachfähigkeiten der Menschen mit Lernschwierigkeiten ansetze und damit barrierefreie Kommunikation sicherstelle. Der Leichten Sprache liege im Gegensatz zur Einfachen Sprache kein pädagogisch-didaktisches Konzept zugrunde, das auf die Förderung von Lesekompetenz abziele, sondern die Idee der Inklusion. Die kognitiven Voraussetzungen, so Kuhlmann, werden als gegeben betrachtet und stattdessen die behindernden gesellschaftlichen Rahmenbedingungen angepasst (2013, S. 15).

Überzeugend ist diese Argumentation nicht, denn auch Leichte Sprache ist didaktisiert, weil bei der Übersetzung inhaltliche Auswahl- und Deutungsprozesse stattfinden. Biere führt aus, dass Überarbeitungen eines Textes, die der Erhöhung der Verständlichkeit dienen, als Erklärungs- bzw. Lehr-Lern-Situation vorgestellt werden müssen (1991, S. 4). Auch der Anspruch einer barrierefreien Kommunikation, die an den Fähigkeiten der Menschen mit Lernschwierigkeiten ansetzt, kann nicht erfüllt werden. Bei Leichter Sprache wird offenbar von einem relativ homogenen Fähigkeitsniveau ausgegangen. Untersuchungen der Leseforschung weisen aber darauf hin, dass auch innerhalb der Gruppe der Menschen mit Lernschwierigkeiten die schriftsprachlichen Fähigkeiten äußerst heterogen sind (Ratz 2012, S. 127). Lehrkräfte, die im Rahmen einer Studie in Bayern befragt wurden, stuften die Lesekompetenz ihrer Schülerinnen und Schüler mit Förderschwerpunkt geistige Entwicklung wie folgt ein: 29,3 % lesen (noch) überhaupt nicht, 6,8 % lesen auf der logographischen Stufe (z. B. Erraten von Wörtern), 31,9 % auf der alphabetischen Stufe (Benennen von Lautelementen, buchstabenweises Lesen) und 32 % auf der orthographischen Stufe (fortgeschrittenes Lesen, automatisiertes Worterkennen) (Ratz 2013, S. 345). Auch Leichte Sprache kann also überfordern, oft aber auch unterfordern und damit sogar die Lesemotivation beeinträchtigen, wenn z. B. in Lernsituationen keine alternativen Texte zur Verfügung gestellt werden.[1]

Ein derart hoher Grad an Individualisierung der übersetzten Texte in Leichte Sprache, um sie den heterogenen schriftsprachlichen Fähigkeiten der Zielgruppe anzupassen und barrierefreie Kommunikation sicherzustellen, kann aber auch nicht geleistet werden.

Gesellschaftliche Exklusion durch Leichte Sprache?

Leichte Sprache wird, wie einleitend schon ausgeführt wurde, mit dem Anspruch propagiert, Menschen mit Lernschwierigkeiten eine gesellschaftliche Teilhabe zu ermöglichen und den Prozess der Inklusion zu fördern. Durch die Bereitstellung verständlicher Texte kann in der Tat der Zugang zu gesellschaftlichen und politischen Informationen niederschwelliger ermöglicht werden. Dennoch sind auch Zweifel angebracht:

1. Sprachwissenschaftlich und soziolinguistisch muss untersucht werden, ob Leichte Sprache mit ihrem eigenen Regelwerk nicht sogar die Ausgrenzung von Menschen mit Lernschwierigkeiten fördern kann, wenn diese auf den zunehmend normierten Schreib- und Sprachstil der »Leichten Sprache« hin sozialisiert werden.

2. Des Weiteren muss die Forschung prüfen, ob Leichte Sprache im Vergleich zu Einfacher Sprache aufgrund ihres begrenzenden Regelwerks (z. B. die Regel, Fremdwörter zu vermeiden) die Zielgruppe in ihren sprachlichen und kognitiven Entwicklungschancen nicht sogar einschränkt. Aus politikdidaktischer Perspektive ist Einfache Sprache zu bevorzugen, weil Fremdwörter zwar verwendet, aber erläutert werden und sie daher einen stärkeren aufklärenden Anspruch hat (Zurstrassen 2014, S. 112).

3. Sprache gehört nach Bourdieu (1982) zum »kulturellen Kapital«. Sie ist ein Mittel sozialer Distinktion (Abgrenzung). Leichte Sprache kann zwar den Zugang zu Informationen eröffnen. Sie kann aber die gesellschaftliche Praxis der sozialen Distinktion durch Sprache nicht aufheben. Sie kann sogar die Exklusion verfestigen, weil sich andere sozial benachteiligte Bevölkerungsgruppen von Menschen mit Lernschwierigkeiten abgrenzen, indem sie die Nutzung der Leichten Sprache ablehnen (Kuhlmann 2013, S. 19).

4. Die Einbindung von »Expertinnen und Experten aus der Zielgruppe« bei der Übersetzung in Leichte Sprache wird vom *Netzwerk Leichte Sprache* zum Gütekriterium erklärt und bei der Zertifizierung eines übersetzten Textes mit einem Gütesiegel vorausgesetzt. Die Problematik des »positiven Rassismus«, die hinter dieser gutgemeinten Praxis steht, wird nicht reflektiert. Die Zielgruppe wird als einzig legitimer Experte ihrer Lebenswelt definiert und ihr exkludierender Sonderstatus damit verfestigt.

Es entbehrt nicht einer gewissen Ironie, dass im Zuge der Inklusionsdebatte eine eigene Sprache für Menschen mit Lernschwierigkeiten entwickelt wird.

Ungeachtet der bis hierhin ausgeführten Kritik am Konzept der Leichten Sprache, die im öffentlichen Raum bislang sehr verhalten geäußert wird, hat die Leichte Sprache in den letzten zehn Jahren eine beachtliche politische Karriere gemacht.

Die Ökonomisierung der Leichten Sprache

Die Forderung nach Leichter Sprache durch Behindertenverbände und vor allem aus den Reihen des Verlags- und Bibliothekswesens lässt sich aus dem Grundgesetz ableiten, hat aber durch die Verabschiedung der UN-Behindertenrechtskonvention (UN-BRK) erst ihre politische Dynamik entwickelt. In der deutschen Übersetzung wird nicht der Begriff »Leichte Sprache«, sondern der Begriff »Einfache Sprache« (Artikel 2) oder die Formulierung »leicht lesbar und verständlich« (Artikel 9) verwendet. In der englischen Version finden sich je einmal die Formulierungen *easy to read* (Artikel 9) und *easy to understand* (Artikel 29). Das Konzept der Leichten Sprache lässt sich aus der UN-BRK also nicht zwingend ableiten.

In Deutschland hat sich das *Netzwerk Leichte Sprache* formiert, das bezugnehmend auf die UN-Behindertenrechtskonvention Leichte Sprache politisch propagiert. Hinter dem Netzwerk stehen zentrale Organisationen der Sozialwirtschaft, z. B. die Arbeiterwohlfahrt (AWO) und die Lebenshilfe, die zu den lobbystarken Akteuren im Feld der Wohlfahrtspflege gehören. Der Begriff »Sozialwirtschaft« beschreibt den Teil des Wirtschaftssystems, der im Wesentlichen soziale Dienstleitungen für und mit Menschen anbietet, um das Ziel individueller und gesellschaftlicher Wohlfahrt herzustellen. Die Sozialwirtschaft ist gekennzeichnet durch das Dreiecksverhältnis von Politik (Staat, öffentliche Einrichtungen), Organisationen der freien Wohlfahrtspflege und privaten Unternehmen (Sozialwirtschaft: Anbieter) sowie den Nutzern der Angebote. Die Organisationen der Wohlfahrtspflege und private Unternehmen werden beauftragt, Dienstleitungen, die mit »öffentlichen« Mitteln oder Mitteln der Sozialversicherungen finanziert werden, für die Anspruchsberechtigten (Nutzer) zu erbringen.

In diesem Dreiecksverhältnis wird Leichte Sprache zunehmend ökonomisiert. Es entwickelt sich um Leichte Sprache ein Anbietermarkt von Übersetzungsbüros und Fortbildungsinstitutionen, die zum Teil für mehrere 1 000 Euro Seminare für Fortbildungen zu Leichter Sprache offerieren. Es handelt sich bei den Anbietern einerseits um neu gegründete private Unternehmen und andererseits um die klassischen Organisationen der freien Wohlfahrtspflege, die ihre Angebote ausgeweitet haben. Die zunehmende Ökonomisierung sozialer Dienstleistungen in Deutschland (Buestrich/Wohlfahrt 2008) lässt sich nahezu exemplarisch am Beispiel der Leichten Sprache aufzeigen.

Es gehört in diesem Zusammenhang zur politischen Dramaturgie von Interessengruppen, die Gruppe der »Betroffenen« möglichst weit zu definieren, um mit dem Verweis auf die gesellschaftliche Relevanz der eigenen Forderung Nachdruck zu verleihen. Bei der Definition der Nutzerinnen und Nutzer der Leichten Sprache werden nicht nur Menschen mit Lernschwierigkeiten aufgelistet, sondern generalisierend auch »alte Menschen« oder »Analphabeten«. Es werden stereotype Vorstellungen aufgegriffen, obwohl diese wissenschaftlich widerlegt sind. Analphabetismus kann durch kognitive Einschränkungen begründet sein, oft aber ist z. B. eine unzureichende familiäre Lesesozialisation oder eine mangelhafte schulische Vermittlungsmethodik und Förderung ursächlich. Viele Analphabeten weisen durchschnittliche oder sogar überdurchschnittliche Intelligenzwerte auf. Auch Alt-Sein ist nicht zwangsläufig mit eingeschränkten kognitiven Fähigkeiten verbunden. Soziologisch und auch sprachwissenschaftlich ist es zweifelhaft, dass Leichte Sprache von der Zielgruppe der »Alten« oder der Analphabeten angenommen wird, weil soziale Distinktionsbestrebungen dem entgegenwirken.

Das *Netzwerk Leichte Sprache* hat in Deutschland mittlerweile weitgehend das Definitionsmonopol über das Regelwerk der Leichten Sprache erlangt. In einer von der SPD-Bundestagsfraktion eingereichten Kleinen Anfrage zu Leichter Sprache und auch in der Antwort der Bundesregierung wird ausschließlich auf das *Netzwerk Leichte Sprache* Bezug genommen. Ein erheblicher Anteil öffentlicher Übersetzungsaufträge oder die Entwicklung von Informationsbroschüren wird an das Netzwerk oder an Mitglieder des Netzwerks vergeben, beispielsweise die Entwicklung des *Ratgebers Leichte Sprache* des Bundesministeriums für Arbeit und Soziales (BMAS 2014).

Leichte Sprache und *Civic Literacy*

In den nachfolgenden Ausführungen soll nun der Fokus stärker auf die politikdidaktische Kritik am Konzept der Leichten Sprache gerichtet werden.

Überwältigung durch interpretative Übersetzung

Im bereits erwähnten Ratgeber des Bundesministeriums für Arbeit und Soziales heißt es, dass bei der Übersetzung Teile von Texten weggelassen und Beispiele eingefügt werden können, wobei die Expertinnen und Experten aus der Gruppe der Menschen mit Lernschwierigkeiten entscheiden, welche Textpassagen gestrichen werden können (BMAS 2014, S. 51). Kriterien, die die Entscheidungsprozesse transparent machen, werden jedoch nicht aufgeführt. Problematisch ist zudem, dass in den in Leichter Sprache verfassten Dokumenten oft nicht deutlich gemacht wird, dass es sich bei ihnen um eine interpretative Übersetzung, in die immer auch normative Deutungen des/der Übersetzenden bzw. der Prüfenden einfließen, handelt. (Im Wahlprogramm von Bündnis 90/Die Grünen 2012 wurde deshalb explizit darauf hingewiesen, dass das Dokument in Leichter Sprache nicht rechtsverbindlich sei.) Damit birgt Leichte Sprache die Gefahr der politischen Überwältigung, zumal dann, wenn die Rezipienten nicht zu einer textkritisch-distanzierten Haltung sozialisiert werden.

Die schriftsprachlichen Ausführungen (enger Lesebegriff) in Publikationen mit Leichter Sprache werden oft mit Instrumenten des erweiterten Lesebegriffs kombiniert, z. B. »Situationenlesen« (Das Deuten von Bildern, Personen, Tieren im situationalen Kontext), mit Bildern oder Symbolen (Ratz 2013, S. 346). Personen, die im engeren Sinne nicht lesen können, soll über zeichenhafte Darstellung der Alltagswelt gesellschaftliche Kommunikation und Teilhabe ermöglicht werden. Auf der Ebene des »engen Lesebegriffs« wird ein Fähigkeitsniveau angesetzt, das vergleichbar ist mit der Kompetenzstufe 1 der PISA-Studie. Es dominiert bei Leichter Sprache ein kognitives Verständnis von Lesekompetenz.

Das Fähigkeitsprofil auf Stufe 1 »Oberflächliches Verständnis einfacher Texte« wird bei PISA wie folgt operationalisiert: »Schülerinnen und Schüler, die über Kompetenzstufe I nicht hinauskommen, verfügen lediglich über elementare Lesefähigkeiten. Sie können mit einfachen Texten umgehen, die ihnen in Inhalt und Form vertraut sind. Die zur Bewältigung der Leseaufgabe notwendige Information im Text muss deutlich erkennbar sein, und der Text darf nur wenige konkurrierende Elemente enthalten, die von der relevanten Information ablenken könnten [...].« (Baumert u. a. 2002, S. 15) Die Fähigkeit zum reflexiven, kritischen Umgang mit Texten kann von diesen Lernenden (noch) nicht geleistet werden. Dennoch ist die kognitivistische Orientierung auf Kompetenzstufe 1 der PISA-Studie im Hinblick auf die Erkenntnisse der Lesesozialisationsforschung und des Konzepts der politischen Lesekompetenz im Sinne der *Civic Literacy* zu eng.

Civic Literacy – unzureichende Fachspezifik der Leichten Sprache

In der Linguistik geht man von unterschiedlichen literalen Praktiken, die Menschen im Alltag anwenden, aus. Die *New-Literacy*-Forschung deutet Lesen als »soziale und situierte Praxis«, das bedeutet, dass Lesen in Wechselwirkung zwischen der Disposition des Individuums und dem situalen

Kontext des Lesens stattfindet. Es wird deshalb auch von *Literacies* oder *Multiliteracies* gesprochen. Hiervon ausgehend muss die politische Bildungs-forschung die konzeptionelle Entwicklung und empirische Überprüfung der *Civic Literacy* intensivieren. Was kennzeichnet diese? Es gibt unter-schiedliche konzeptionelle Vorstellungen und folglich Definitionen von *Civic Literacy*. Kidwell hat eine umfassende Arbeitsdefinition aufgestellt: »Civic literacy is one critical aspect of civic education that addresses the skills needed for citizenship development as well as the connections to existing standards in reading, writing, speaking, listening, and critical thinking skills.« (2006)

Zentral für politisch-gesellschaftliche Mündigkeit ist die Fähigkeit des reflexiven Lesens. In der BMBF-Expertise zur Förderung von Lesekom-petenz wird folgende Definition präsentiert: »Reflexives Lesen beinhaltet [...] die Verbindung von Reflexion im Sinne des Aufwerfens von Proble-men und des Hinterfragens von Inhalten und Argumenten und zum ande-ren die kritische Reflexion im Sinne eines Bewusstwerdens des eigenen Denkens und seiner Prämissen als Grundlage für potentielle Perspektiv-veränderung.« (BMBF 2007, S. 22) Reflexives Lesen geht einher mit Per-sönlichkeitsentwicklung, die über instrumentelle Fähigkeiten hinausgeht. Die *Civic Literacy* lehnt sich stärker an das Fähigkeitskonzept der Lesesozi-alisation an, die mit der Orientierung am reflexiven, gesellschaftlich hand-lungsfähigen Subjekt eine normative Leitidee verfolgt (Hurrelmann 2006).

Reflexives Lesen ist eine Grundhaltung, die jedoch durch fachspezifi-sche Kenntnisse und Fähigkeiten untermauert werden muss. Zur politisch sensiblen Analyse von Texten bedarf es fachlicher Kenntnisse, die ermög-lichen die folgenden Fragen zu beantworten:

- Was ist politische Kommunikation (in Schrift und Sprache)?
- Was sind Merkmale und Instrumente der politischen Kommunikation (z. B. Textsorten, Stilmittel, Instrumente)?
- Was sind die Zielsetzungen politischer Kommunikation?

Die Kenntnis typischer Merkmale einer Textsorte z. B. hat einen positiven Einfluss auf die Textverarbeitung und das Textverständnis (BMBF 2007, S. 23 f.). Exemplarisch soll dies an der Textsorte »Politischer Kommentar« dargestellt werden, die folgende Merkmale aufweist:

- Funktion:
  - Persönliche Stellungnahme eines Autors bzw. einer Autorin;
  - Autor/Autorin bezieht politisch Position;
  - keine darstellende bzw. informierende Funktion;
  - politische Einordnung des kommentierten Sachverhalts;
  - dient der Beeinflussung und Orientierung der Rezipienten und poli-tischen Positionierung der Zeitung etc.

- Stilmittel (z. B.):
  - pointiertes, überspitztes Herausarbeiten der Argumente;
  - Struktur: Antithese, Pro-These, Synthese, Positionierung.

Es hat sich zudem mittlerweile mit der Politiklinguistik eine Forschungs-richtung etabliert, die für die Entwicklung des *Civic Literacy*-Konzepts fruchtbare Ergebnisse hervorbringt (Diekmannshenke/Niehr 2013, Kilian/Niehr 2013, Niehr 2014). Die Ergebnisse können hier nicht dezi-diert dargestellt werden. Stattdessen soll ein Modell skizziert werden, mit dem reflexiv-ideologiekritisches Lesen in der politischen Bildung umge-setzt werden kann (s. Kasten).

▶ **Modell des reflexiv-ideologiekritischen Lesens**

---

1. **Erschließungsphase**
   - Fähigkeit, politische Texte zu identifizieren (z. B. Textsorte: politische Rede, Kommentar, Karikatur)
   - Inhaltliche Erschließung durch Anknüpfen an Vorwissen
   - Erschließung der Fachtermini und Fachkonzepte
2. **Phase der Inhalts- und Sprachanalyse**
   - Analyse des dargestellten Inhalts
   - Analyse der Stilmittel politischer Sprache (z. B. Metaphern, Euphemis-men, rhetorische Fragen)
3. **Phase der reflexiv-ideologiekritischen Interpretation**
   - Hier bietet sich die Anwendung der Lasswell-Formel an, die leicht ergänzt wird: Wer sagt was, wie, mit welcher Absicht zu wem, mit welchen Aus-wirkungen für mich und für die Gesellschaft?

Reflexive Lesekompetenz zielt auf die Entwicklung der Persönlichkeit. Der Erwerb politischer Lesefähigkeit ist eng verbunden mit der Entwicklung des politisch denkenden, kritisch-reflexiven mündigen Bürgers.

Der Einwand, dass Menschen mit Lernschwierigkeiten kognitiv nicht in der Lage sind, diese Analysen durchzuführen, ist nicht von der Hand zu weisen. Dennoch haben auch sie das Recht, im Rahmen ihrer Mög-lichkeiten Analyseverfahren zu lernen und eine kritische Grundhaltung zu erwerben und so befähigt zu werden, politische und sozial-gesellschaft-liche Kommunikation distanziert und differenzierter zu bewerten. Ins-besondere auch deshalb, weil es sich um eine Sozialgruppe handelt, die umfangreiche Erfahrung mit Bevormundung und Entmündigung hat.

Ein kurzes Fazit

In diesem Beitrag konnte die Kritik am Konzept der Leichten Sprache nur schlagwortartig dargestellt werden; partiell ist sie deshalb etwas grobschnittartig. Die Bereitstellung von Texten in verständlicher Sprache ist demokratisch und gesellschaftlich dringend notwendig. Es spricht vieles dafür, einheitliche Standards für Leichte/Einfache Sprache zu entwickeln; dies einerseits, um Nutzer nicht zu stark zu verwirren, andererseits, um Qualitätsstandards zu setzen. Ob es hierfür des Konzepts der Leichten Sprache bedarf, muss öffentlich intensiver diskutiert und sprachwissenschaftlich sowie soziolinguistisch erforscht werden. Die Autorin sieht es kritisch. Problematisch ist, dass mit Leichter Sprache ein Sprachregelwerk als Norm gesetzt wird, das sprachwissenschaftlich nicht erforscht ist, dessen gesellschaftliche Auswirkungen soziologisch kaum analysiert sind und das im Hinblick auf die Befähigung zu politischer Partizipation und Mündigkeit zu wenig reflektiert ist.

Anmerkungen

1 Leichte Sprache wird zunehmend auf orale Kommunikation übertragen, obwohl die Fähigkeiten hier deutlich besser ausgeprägt sind. Trotz Sprach- und Sprechstörung können 61,4% der Kinder und Jugendlichen mit Förderschwerpunkt »geistige Entwicklung« Sätze mit Haupt- und Nebensätzen sprechen (expressive Sprache) und 90,1% werden von den Lehrkräften so eingeschätzt, dass sie Wörter, einfache Sätze oder auch komplexe Sätze verstehen (rezeptive Sprache). Bei 9,9 % der Lernenden konnte das Sprachverständnis in der zitierten Studie nicht eingeschätzt werden (Wagner/Kannewischer 2012, S. 109).

Literatur

Bamberger, R./Vanecek, E. (1984): Lesen – Verstehen – Lernen – Schreiben. Die Schwierigkeitsstufen von Texten in der deutschen Sprache. Wien.

Bauerlein, M. (2012): Civic Literacy. In: Academic Questions. Heft 3. S. 328–333.

Baumert, J./Artelt, C./Klieme, E. u. a. (Hrsg.) (2002): PISA 2000. Die Länder der Bundesrepublik Deutschland im Vergleich. Zentrale Befunde. Verfügbar unter: https://www.mpib-berlin.mpg.de/Pisa/PISA_E_Zusammenfassung2.pdf (Zugriff: 07.04.2015).

Bazil, V. (2010): Politische Sprache: Zeichen und Zungen der Macht. In: Aus Politik und Zeitgeschichte. Heft 8. S. 3–6.

Beard, A. (2000): The Language of Politics. London.

Biere, B. U. (1991): Textverstehen und Textverständlichkeit. Heidelberg.

BMAS [Bundesministerium für Arbeit und Soziales] (2014): Leichte Sprache. Ein Ratgeber. Berlin. Verfügbar unter: http://www.bmas.de/DE/Service/Publikationen/a752-leichte-sprache-ratgeber.html (Zugriff: 30.10.2014).

BMBF [Bundesministerium für Bildung und Forschung] (Hrsg.) (2007): Förderung von Lesekompetenz – Expertise. Bildungsforschung. Band 17. Berlin. Verfügbar unter: http://www.bmbf.de/pub/bildungsreform_band_siebzehn.pdf (Zugriff: 07.11.2014).

Bourdieu, P. (1982): Die feinen Unterschiede. Kritik der gesellschaftlichen Urteilskraft. Frankfurt am Main.

Buestrich, M./Wohlfahrt, N. (2008): Die Ökonomisierung der Sozialen Arbeit. In: Aus Politik und Zeitgeschichte. Heft 12–13. S. 17–24.

Christmann, U./Groeben, N. (2013): Anforderungen und Einflussfaktoren bei Sach- und Informationstexten. In: Groeben, N./Hurrelmann, B. (Hrsg.): Lesekompetenz. Bedingungen, Dimensionen, Funktionen. Weinheim/München. S. 150–173.

Cope, B./Kalantzis, M. (Hrsg.) (2000): Multiliteracies: Literacy Learning and the Design of Social Futures. London.

Deutscher Bundestag (2012): Antwort der Bundesregierung auf die kleine Anfrage der SPD: Sachstand zur Förderung der Einfachen Sprache in Deutschland. Verfügbar unter: http://dipbt.bundestag.de/dip21/btd/17/116/1711644.pdf (Zugriff: 07.11.2014).

Diekmannshenke, H./Niehr, T. (Hrsg.) (2013): Öffentliche Wörter. Analysen zum öffentlich-medialen Sprachgebrauch. Stuttgart.

Groeben, N./U. Christmann, U. (1989): Textoptimierung unter Verständlichkeitsperspektive. In: Antos, G./Krings, H. P. (Hrsg.) (1989): Textproduktion. Ein interdisziplinärer Forschungsüberblick. Tübingen. S.165–196.

Huraki - Wörterbuch für Leichte Sprache: Deakzession. Verfügbar unter: http://hurraki.de/wiki/Deakzession (Zugriff: 07.11.2014).

Hurrelmann, B. (2006): Sozialisatorische Rahmenbedingungen von Lesekompetenz sowie soziale und personale Einflussfaktoren. In: Hurrelmann, B./Groeben, N. (Hrsg.): Lesekompetenz. Bedingungen, Dimensionen, Funktionen. Weinheim/München. S. 123–149.

Kellermann, G. (2014): Leichte und Einfache Sprache – Versuch einer Definition. In: Aus Politik und Zeitgeschichte. Heft 9–11. S. 7–10.

Kidwell, C. F. L. (2006): Civic Literacy and the Civic Mission of Schools. Verfügbar unter: http://pubs.cde.ca.gov/tcsii/documentlibrary/civicliteracy.aspx (Zugriff: 07.11.2014).

Kilian, J./Niehr, T. (Hrsg.) (2013): Politik als sprachlich gebundenes Wissen. Politische Sprache im lebenslangen Lernen und politischen Handeln. Bremen.

Kuhlmann, J. (2013): Ein sprachwissenschaftlicher Blick auf das Konzept der »Leichten Sprache«. Osnabrück. Masterarbeit. Verfügbar unter: http://www.alpha-fundsachen.de/archives/4881 (Zugriff: 22.10.2014).

Niehr, T. (2014): Einführung in die Politiklinguistik. Göttingen.

Pabst, A./Zeuner, C. (2011): Literalität und ihre Bedeutung für Partizipation und gesellschaftliche Teilhabe. In: Journal für politische Bildung. Heft 4. S. 42–52.

OECD: Von Pisa erfasste Kompetenzen. Verfügbar unter: http://www.oecd.org/berlin/themen/pisa-kompetenzen.htm (Zugriff: 7.11.2014).

Ratz, C. (2012): Schriftsprachliche Fähigkeiten von Schülern mit dem Förderschwerpunkt geistige Entwicklung. In: Dworschak, W./Kannewischer, S./Ratz, C./ Wagner, M. (Hrsg.): Schülerschaft mit dem Förderschwerpunkt geistige Entwicklung (SFGE). Eine empirische Studie. Oberhausen. S. 111–132.

Ratz, C. (2013): Zur aktuellen Diskussion und Relevanz des erweiterten Lesebegriffs. In: Empirische Sonderpädagogik. Heft 4. S. 343–360.

Universität zu Köln. Barrierefreiheit. Projekt LS. Verfügbar unter: http://hf.uni-koeln. de/33490 (Zugriff: 5.11.2014).

Vereinte Nationen (2006): UN-Behindertenrechtskonvention. Verfügbar unter: http:// www.un.org/Depts/german/uebereinkommen/ar61106-dbgbl.pdf (Zugriff: 5.11.2014).

Wagner, M./Kannewischer, S. (2012): Einschätzung der Kompetenzen im Bereich Sprache/Kommunikation. In: Dworschak, W./Kannewischer, S./Ratz, C./Wagner, M. (Hrsg.): Schülerschaft mit dem Förderschwerpunkt geistige Entwicklung (SFGE). Eine empirische Studie. Oberhausen. S. 99–110.

Zurstrassen, B. (2014): Ist Lesekompetenz eine Aufgabe der politischen Bildung? In: Demokratie-Stiftung der Universität zu Köln (Hrsg.): Literalität und Partizipation. Über schriftsprachliche Voraussetzungen demokratischer Teilhabe. Frankfurt am Main. S. 99–117.

Tonio Oeftering

Sprache und inklusive politische Bildung
Anstöße zum Weiterdenken – eine Replik

Die Lektüre der Beiträge »Leichte Sprache – eine neue ›Kultur‹ der Beteiligung« von Nadine Rüstow und »Inklusion durch leichte Sprache? Eine kritische Einschätzung« von Bettina Zurstrassen lohnt sich in mehrfacher Hinsicht. Denn nicht nur tritt in diesen Texten eine Kontroverse über die Chancen und Risiken, über das Potential und die Defizite des Konzeptes der Leichten Sprache zutage; sondern gerade durch die kontroverse Darstellung und die unterschiedlichen Schwerpunktsetzungen der Autorinnen wird das Konzept insgesamt erst greifbar.

Leichte Sprache – ein Instrument der Inklusion oder der Exlusion?

Nadine Rüstow macht gleich zu Anfang deutlich, dass sie im Konzept der Leichten Sprache ein Instrument von geradezu revolutionärer Kraft sieht. Leichte Sprache rüttle an der letzten Bastion, welche den Zugang von Menschen mit Lernschwierigkeiten zu Informationen erschweren kann, der Sprache. Dieser emphatischen Einschätzung kann mit Bettina Zurstrassen entgegengehalten werden, dass es nicht ohne Ironie ist, dass ausgerechnet im Zuge der Inklusionsdebatte »eine eigene Sprache für Menschen mit Lernproblemen entwickelt wird«. Das ist deshalb pikant, weil dies dem Grundgedanken der Inklusion, also dem einer gleichberechtigten Teilhabe widerspricht: Einerseits wird Menschen mit Lernschwierigkeiten ein »exklusives« Konzept von Sprache zuteil, andererseits wird anderen Bevölkerungsgruppen genau dadurch die Möglichkeit gegeben, sich durch die Ablehnung dieser exklusiven Sprache weiterhin bewusst von Menschen mit Lernschwierigkeiten ab- und diese damit weiterhin auszugrenzen (»Sprache als Distinktionsmerkmal«).

Dieser Sachverhalt lässt sich aus politikdidaktischer Perspektive weiter ausführen, was insbesondere durch die in beiden Beiträgen erfolgende Gegenüberstellung des Konzepts der Leichten Sprache mit dem der Einfachen Sprache offenkundig wird. Im Kern geht es bei dieser Abgrenzung darum, dass der Anspruch der Einfachen Sprache darin zu sehen ist, bestehende Texte in eine für alle Leserinnen und Leser verständliche Form zu bringen, also Texte zu vereinfachen, etwa indem Fachbegriffe erklärt werden. Der Leichten Sprache liegt im Gegensatz dazu der Anspruch der Inklusion zugrunde, also die Einbeziehung bisher benachteiligter sozialer Gruppen. Da es nicht nur um Vereinfachung geht, ist Leichte Sprache formaler angelegt, es gibt ein festes Regelwerk und mit dem *Netzwerk Leichte Sprache* eine Institution, die für die Definition und die Implementierung des Regelwerks zuständig ist. Aus politikdidaktischer Perspektive ist, so argumentiert Zurstrassen, Einfache Sprache zu bevorzugen. Denn Texte erfüllen gerade dann einen inklusiven Anspruch, wenn sie, beispielsweise durch das Beibehalten, aber Erklären (!) von Fremdwörtern auch Menschen mit Lernschwierigkeiten ermöglichen, am Fachdiskurs teilzunehmen. Wenn die Fremdwörter, wie im Konzept der Leichten Sprache vorgesehen, gar nicht auftauchen, wird die Exklusion der genannten Gruppe eher gefördert als vermindert.

Zurstrassen zufolge erscheint aus politikdidaktischer Perspektive darüber hinaus problematisch, dass im offiziellen Ratgeber für Leichte Sprache des Bundesministeriums für Arbeit und Soziales vorgesehen ist, dass die Übersetzerinnen und Übersetzer Passagen von Texten streichen und Beispiele für bestimmte Sachverhalte einfügen können. Hier kann es zu einer Verletzung des Überwältigungsverbots kommen, wenn durch das Weglassen von Passagen die ursprüngliche Intention der Autorin bzw. des Autors verfälscht und durch das Einfügen von möglicherweise tendenziösen Beispielen die Leserinnen und Lesern an einer eigenständigen Urteilsbildung gehindert werden.

Ökonomisierung der Leichten Sprache?

Ein weiterer Kritikpunkt, den Zurstrassen aufwirft, ist der der Ökonomisierung der Leichten Sprache. An deren Entwicklung lässt sich der Autorin zufolge »nahezu exemplarisch« die Ökonomisierung sozialer Dienstleistungen in Deutschland ablesen. Zum einen, weil hinter dem *Netzwerk Leichte Sprache* wirtschaftlich agierende Akteure aus der Wohlfahrtspflege stehen, zum anderen weil diesem Netzwerk gleichzeitig eine zunehmende Monopolstellung zukommt. Diese führt dazu, dass sich andere Akteure mit ihren alternativen Sichtweisen, die den ökonomischen Interessen des Netzwerks entgegenstehen könnten, nicht einbringen können. Zu diesen ökonomischen Interessen gehört etwa eine möglichst breite Vermarktung der bereitgestellten Dienstleistungen, was eine Ausweitung der Zielgruppe zur Folge hat: Leichte Sprache richtet sich nicht nur an Menschen mit Lernschwierigkeiten, sondern auch an andere Gruppen, welche einen erschwerten Zugang zur deutschen Sprache haben. Die spezifischen Anforderungen der Ersteren drohen auf diese Weise dem ökonomischen Kalkül geopfert zu werden, weil nicht nur deren besondere Bedürfnisse, sondern auch die der anderen Gruppen bei der Entwicklung des »Produkts« berücksichtigt werden müssen.

Mit Rüstow ließe sich dem entgegenhalten, dass die Öffnung für weitere Gruppen bis hin zu »Otto Normalverbraucher« (Rüstow) eine Stärke des Konzepts darstellt, weil so auch die sprachlichen Barrieren dieser Gruppen in den Fokus gerückt werden. Richtig ist: Es gibt auch andere Gruppen, deren Inklusion durch sprachliche Barrieren behindert wird und die durch einen vereinfachten Zugang zu Sprache besser einbezogen werden könnten. Offen ist dabei aber die Frage, ob die unterschiedlichen Gruppen nicht ganz unterschiedliche Bedürfnisse in Bezug auf sprachlichen Zugang haben, ob es also nicht einer »Leichten« bzw. »Einfachen« Sprache für jede dieser Gruppen bedarf oder ob, und wenn ja wo, es Schnittmengen gibt, die eine gemeinsame Leichte Sprache überhaupt sinnvoll erscheinen lassen. Letzteres scheint eher nicht der Fall zu sein, wenn man bedenkt, dass beispielsweise Menschen mit einer Migrationsgeschichte nicht nur ganz andere Voraussetzungen für den Erwerb von Sprache mitbringen als Menschen mit Lernschwierigkeiten, sondern auch ganz andere Bedürfnisse haben, diese einzusetzen.

Gegen den Vorwurf der Ökonomisierung ließe sich mit Rüstow einwenden, dass die Entwicklung einer eigenen, leicht verständlichen Sprache im Anschluss an die UN-Behindertenrechtskonvention (UN-BRK) von den Betroffenen selbst eingefordert wurde (»Eigenkultur«) und diese an der Entwicklung und Umsetzung der entsprechenden Richtlinien beteiligt werden. Zurstrassen weist zwar darauf hin, dass aufgrund uneinheitlicher Übersetzungen des Begriffs *easy* aus der deutschen Fassung der UN-BRK nicht eindeutig hervorgeht, ob Leichte oder Einfache Sprache eingefordert wird, und dass ein Fall von »positivem Rassismus« vorliegen könnte, weil Menschen aufgrund bestimmter Merkmale in besonderer Weise berücksichtigt werden und damit der exkludierende Sonderstatus der Zielgruppe verfestigt wird; daran, dass es begrüßenswert ist, wenn die Betroffenen eine eigene Sprache einfordern (egal ob Leichte oder Einfache) und an der Entwicklung derselben beteiligt werden wollen, ändert dies jedoch erst einmal nichts. Insofern wäre hier, um den mit der Beteiligung verbundenen Problemen zu begegnen, sicher eher über das *wie* der Beteiligung nachzudenken als die Frage nach dem *ob* aufkommen zu lassen.

Methodische Annäherungen

Interessant ist, dass beide Beiträge einige sich ergänzende, wenn auch kursorisch gebliebene Hinweise geben, wie sich Leichte bzw. Einfache Sprache sowohl in der schulischen als auch in der außerschulischen Praxis der politischen Bildung umsetzen ließe. Zurstrassen schlägt ein Modell des reflexiv-ideologiekritischen Lesens vor, welches auch von Menschen mit Lernschwierigkeiten angewendet werden könnte. In diesem Modell folgt in der Textanalyse einer Erschließungs- eine Phase der Inhalts- und Sprachanalyse, bevor die reflexiv-ideologiekritische Reflexion in Form einer erweiterten Kommunikationsformel nach Lasswell zum Tragen kommt. Letztere formuliert Zurstrassen wie folgt: »Wer sagt was, wie, mit welcher Absicht zu wem, mit welchen Auswirkungen für mich und für die Gesellschaft?« Konkrete unterrichtliche Settings, in denen dieses Modell angewendet werden könnte, finden sich bei Rüstow: Sie schlägt die Arbeit mit Filmen in Leichter Sprache vor sowie Zukunftswerkstätten und *Peer Counseling*.

Inklusion durch Sprache!

Noch in einem weiteren Punkt treffen sich die Autorinnen: Beide lassen keinen Zweifel daran aufkommen, dass Inklusion (auch) über den Weg der Sprache erfolgen muss und somit Texte bereitzustellen sind, die von Menschen mit Lernschwierigkeiten verarbeitet werden können. Trotz der Differenzen in den einzelnen Positionen bleibt nach der Lektüre der beiden Beiträge also klar: Auch wenn die Durchsetzung auf viele praktische Schwierigkeiten und Widerstände stößt, kann und darf der demokratietheoretische und durch die UN-BRK menschenrechtlich legitimierte Anspruch auf Inklusion nicht zurückgenommen werden. Vielmehr gilt es, sich der schwierigen Aufgabe zu stellen, sprachliche Formen zu finden, die so verfasst sind, dass sie eine Beteiligung der Betroffenen ohne erneute Ausgrenzung, sprachliche Eigenheit ohne Abkopplung vom Diskurs sowie Verständlichkeit ohne Verkürzung und Indoktrination ermöglichen.

1.5 Pädagogische Arbeit mit Medien als Element der inklusiven politischen Bildung

Jan-René Schluchter

Medienpädagogische Empowermentpraxis als Beitrag zur politischen Bildung

In den letzten Jahren ist mit dem Begriff der Inklusion die Frage nach Chancengleichheit in der und gerechtem Zugang zur Gesellschaft für alle Menschen unabhängig von sozialer und/oder kultureller Herkunft, Geschlecht oder Behinderung in den Fokus der Diskussion über die (Weiter-)Entwicklung von Gesellschaft gerückt. Inklusion stellt in dieser Perspektive eine Entwicklungsaufgabe für und einen Entwicklungsanspruch an die Gesellschaft dar. Über die Analyse, Reflexion und Bearbeitung von Mechanismen des sozialen Ausschlusses soll Inklusion ermöglicht werden. Untersucht wird z. B., wie Prozesse sozialer Ungleichheit im Bildungssystem entstehen oder wie Chancengleichheit für alle Menschen in Bezug auf Möglichkeiten zur sozialen und politischen Mitgestaltung der Gesellschaft eröffnet werden kann (Schluchter 2015, S. 11 ff.).

In dieser Perspektive zielt politische Teilhabe auf die Einflussnahme auf und die Mitgestaltung von politische(n) Entscheidungen, z. B. repräsentativ (Wahlen, Parteimitgliedschaft etc.) oder extrarepräsentativ (Demonstrationen, Protest etc.). Medien(angebote und -inhalte) stellen in diesem Zusammenhang ein Instrument zur politischen Teilhabe dar, indem beispielsweise politische Blogeinträge oder Kommentare verfasst werden, an Online-Petitionen oder -Spendenkampagnen teilgenommen wird, politische Video-/Filmeigenproduktionen erstellt und via Internet gestreut werden (Jensen u. a. 2012, S. 3). Ein Blick auf diese Phänomene ist so bedeutsam, weil Politik und politisches Handeln sich zunehmend in das Internet verlagern (Gebel u. a. 2013, S. 33 ff.).

Soziale und politische Teilhabe ist in einer mediatisierten Gesellschaft, in der Medien beinahe in alle Alltags- und Lebensbereiche hineinwirken, deren Strukturen mitgestalten sowie das Denken und Handeln der Menschen beeinflussen, eng an die Auseinandersetzung mit diesen gebunden (Theunert 2010, S. 8 ff.). Vor diesem Hintergrund stellt sich die Frage nach der Bedeutung von Medien für die Aufrechterhaltung, Verstärkung oder Auflösung von Mechanismen des Ausschlusses von der (Mit-)Gestaltung der Gesellschaft oder gesellschaftlicher Teilbereiche.

Medien, Medienumgang und sozialer Ausschluss

Formen des sozialen Ausschlusses bzw. der sozialen Benachteiligung von Menschen in Bezug auf relevante gesellschaftliche Teilbereiche, wie Bildung, Berufs- und Erwerbsleben oder Politik, werden über ihren Zugang zu, aber auch über ihren Umgang mit Medien weitgehend reproduziert (Niesyto 2010, S. 149 f.). Während die Frage des Zugangs zu Medien für einen Großteil der Gesellschaft zunehmend von geringerem Gewicht ist, wird die Frage nach den Formen des Umgangs mit und der Nutzung von Medien(angeboten und -inhalten) und deren Bedeutung für soziale und politische Mitgestaltung bedeutsamer (z. B. Kutscher 2012). In diesem Zusammenhang zeigt sich, dass die verschiedenen Medienumgangsformen mehr oder weniger hilfreich für den Erwerb von Kompetenzen sind, die für Strategien sozialer und politischer Teilhabe notwendig sind. Sie führen zu ungleicher Beteiligung an Informationen, Bildung und Meinungsäußerung (Mossberger u. a. 2003).

Insbesondere die Medienumgangsformen von Menschen, die in Bezug auf soziale, kulturelle und/oder ökonomische Ressourcen benachteiligt sind, orientieren sich weniger an bildungs- und wissensorientierten Inhalten und/oder teilhabeorientierten (Medien-)Praxen. Diese sind aber Voraussetzung für soziale und politische Teilhabe. In diesem Zusammenhang zeigt sich, dass z. B. Formen der Mitgestaltung im Internet bei Menschen mit höherer formaler Bildung eher an Themen, bei Menschen mit niederer formaler Bildung eher an Beziehungen orientiert sind (DJI 2015). Dies ist damit zu erklären, dass Medienumgangsformen Bestandteil von alltags- und lebensweltlichen Anerkennungs- und Sinnstrukturen sind. Formen sozialer und politischer Mitgestaltung werden im Horizont sozialer Sinnhaftigkeit individuell rekonstruiert (z. B. Welling 2008, S. 270).

Für Menschen mit Behinderung ist die Frage des Zugangs zu Medien hinsichtlich der sozialen und politischen Teilhabe weiterhin bedeutsam (z. B. Schluchter 2010, S. 120 f.). Medienangebote und -inhalte müssen barrierefrei zugänglich und nutzbar sein. Gefordert wird daher, Möglichkeiten der Aufbereitung und Darstellung von Medieninhalten in Leichter Sprache, in Gebärdensprache, in Text, in Bild, in Ton, in Form der Unterstützung durch Texterkennung und Sprachausgabe, der Eingabe und Bedienung via Sprach- oder Augensteuerung etc. weiter auszubauen.

Neben Fragen des Zugangs zu sowie des Umgangs mit Medien(angeboten und -inhalten) werden die Strukturen dieser Angebote und Inhalte selbst zu Einflussgrößen mit Blick auf den Ausschluss bestimmter Menschen (Klein 2008). So zeigt sich auf das Internet bezogen, dass eine Passung von medialen (Art des Onlineangebots, Form der Kommunikation, Aufwand der Anmeldung und Bedienung etc.), inhaltlichen (Präferenz für angebotene Themen/Aktivitäten etc.) und personalen (Akzeptanz der vorhandenen Nutzerstruktur) Aspekten entscheidend dafür ist, ob mediale Angebote und Inhalte genutzt werden. Diese Passungsverhältnisse zwischen Medienangebot/-inhalt und Nutzerin bzw. Nutzer führen vor dem Hintergrund jeweils individueller alltags- und lebensweltlicher Sinnstrukturen in der Tendenz zu einer sozialen Vereinheitlichung von und Schichtenbildung in medialen Räumen im Internet (ebd.). Beispielsweise lassen sich Zusammenhänge von sozialer Herkunft, Bildung und Nutzung bestimmter Informationsquellen im Internet, wie unter anderem Twitter, nachzeichnen (z. B. Theunert u. a. 2013, S. 11 f). Hier reproduzieren sich soziale Prozesse des Ausschlusses von sozialer und politischer Teilhabe.

Vor diesem Hintergrund stellt sich sowohl für die politische als auch für die Medienbildung die Frage, welchen Beitrag sie leisten kann, um politische und soziale Teilhabe für alle Menschen, unabhängig beispielsweise von ihrer sozialen und/oder kulturellen Herkunft, ihrem Geschlecht oder ihrer Behinderung, zu ermöglichen. In der politischen Bildung und in der Medienbildung findet sich mit dem Ansatz des Empowerments eine Perspektive für die Analyse, Reflexion und Bearbeitung von Mechanismen des sozialen Ausschlusses.

Empowerment

Empowerment bezieht sich im Rahmen der pädagogischen Praxis auf verschiedene Unterstützungssysteme und -möglichkeiten, in deren Fokus die (Wieder-)Aneignung von sozialer Handlungsfähigkeit (Herriger 1997, S. 73) steht. Empowerment setzt in dieser Perspektive an Formen sozialer Benachteiligung(en), Diskriminierung und/oder Ausgrenzung(en) und deren Niederschlag in den Lebensbedingungen und -zusammenhängen von Menschen/Gesellschaftsgruppen an. Prozesse der Ungleichverteilung von politischer Macht und der Möglichkeiten zur Gestaltung der Gesellschaft sind hierbei genauso berücksichtigt wie Prozesse der Individualisierung von Gesellschaft und deren Folgen (ebd., S. 16 ff.). Der Ansatz des Empowerments entfaltet sich somit auf verschiedenen miteinander verwobenen Ebenen (ebd.), und zwar auf

- einer individuellen Ebene, welche sich auf die Entdeckung, Entfaltung und Nutzung der eigenen Stärken und vorhandenen Wissensbestände, Fähigkeiten und Fertigkeiten bezieht, um die (Wieder-)Aneignung von Gestaltungs- bzw. Handlungsfähigkeit in Bezug auf die eigenen Alltags- und Lebensbedingungen zu ermöglichen;
- einer gruppenbezogenen Ebene, die sich auf die (Wieder-)Aneignung und -etablierung von sozialen Netzwerken sowie auf den Aufbau von Organisationen, Gruppen und Gemeinschaften bezieht, um Formen sozialer Benachteiligung gemeinsam zu bearbeiten;
- einer institutionellen Ebene, die sich auf eine Veränderung von relevanten Institutionen bzw. institutionalisierten Bereichen in den Alltags- und Lebenswelten der Menschen bezieht;
- einer politischen Ebene, die sich auf die soziale und vor allem politische Teilhabe der Menschen bezieht.

In diesem Zusammenhang ist Empowerment in zweierlei Perspektiven zu denken; einerseits als pädagogische Intervention und anderseits als selbstinitiierte und -gesteuerte Praxis der Menschen (ebd., S. 16).

Medienbildung, politische Bildung und Empowerment

Aktive Medienarbeit, in Form der Eigenproduktion von Medien mit Foto, Video, Audio etc., stellt eine Methode (medien)pädagogischer Empowermentpraxis dar (Schluchter 2010). Im Fokus aktiver Medienarbeit stehen der Erwerb und die Umsetzung von sozialer und politischer Handlungsfähigkeit im Sinne sozialer und politischer Teilhabe (Demmler/Rösch 2012, S. 19 f.). In dieser Perspektive ist die Eigenproduktion von Medien als Möglichkeit des kulturellen Selbstausdrucks, der sozialen Kommunikation, der Erweiterung individueller Erfahrungs-, Handlungs- und Kommunikationsräume, der Teilnahme an öffentlichen Kommunikationsprozessen sowie der Mitgestaltung von Gesellschaft zu denken (in Bezug auf inklusive Settings Schluchter 2015, S. 13 ff.). Das übergeordnete Ziel ist, Menschen zu einem selbstbestimmten, kritisch-(selbst)reflexiven sowie (selbst)verantwortlichen Umgang mit Medien(angeboten und -inhalten) zu befähigen, um ihnen die soziale und politische Teilhabe in einer mediatisierten Gesellschaft zu ermöglichen.

Vor diesem Hintergrund eröffnet die Eigenproduktion mit Medien die Möglichkeit, alltags- und lebensweltliche Themen, Bedürfnisse und Anliegen zu entdecken, zu artikulieren und in eine Öffentlichkeit zu tragen. Zum einen können auf diese Weise neue Blickwinkel auf die eigene Alltags- und Lebenswelt gewonnen werden, zum anderen lässt sich so eine Öffentlichkeit für die jeweiligen Anliegen von Menschen/Gesellschaftsgruppen sensibilisieren (Schluchter 2010, S. 119 ff., 2015, S. 17 ff.), z. B. durch die Erstellung eines politischen Blogs oder einer filmischen Dokumentation über erfahrene Benachteiligungen. Dies wäre ein Akt politischer Teilhabe.

Gleichermaßen können über Medieneigenproduktionen neue oder bislang verschlossene (Teil-)Bereiche von Gesellschaft sowie neue Erfahrungs-, Handlungs- und Kommunikationsräume entdeckt werden. Dies gilt im Besonderen für Menschen, deren Lebensbedingungen und -zusammenhänge durch Ausgrenzungs- und/oder Diskriminierungsprozesse gezeichnet sind. Geschehen kann dies:

- durch Medien(angebote) selbst, insbesondere durch das Internet, indem beispielsweise bestehende soziale Netzwerke erweitert, neue Impulse für vorhandene(s) Wissen, Fähigkeiten und Fertigkeiten gewonnen und Sichtweisen auf die Welt erweitert und verändert werden können;
- durch Medieneigenproduktionen, die in eine Öffentlichkeit getragen werden, um die darin enthaltenen Anliegen der Medienmacherinnen und -macher zu artikulieren, verbunden mit der Intention Einfluss auf soziale und politische Gegebenheiten zu nehmen;
- durch Projekte der aktiven Medienarbeit, in denen Menschen unabhängig etwa von ihrer sozialen und/oder kulturellen Herkunft, ihrem Geschlecht oder ihrer Behinderung gemeinsam an einer Medienproduktion arbeiten. Jede Teilnehmerin, jeder Teilnehmer ist wichtig für den Abschluss des Projekts, es findet eine Annäherung von Menschen, ein Austausch zwischen diesen statt. Das Projekt ermöglicht es, eine gemeinsame Erfahrungs- und Handlungspraxis für und mit verschiedenen Menschen zu schaffen (ebd.).

Damit werden zwei Brennpunkte eines Empowerments über aktive Medienarbeit deutlich (Schluchter 2015, S. 15):

- auf der Ebene sozialer Kommunikation und Interaktion: die Artikulation eigener Themen, Bedürfnisse und Anliegen über Medien(angebote und -inhalte), verbunden mit dem Ziel, andere Menschen für die eigenen Belange zu sensibilisieren und Einfluss auf politische Entscheidungen zu nehmen;
- auf der Ebene sozialer Beziehungsgeflechte und -verstrickungen: die Ausgestaltung einer gemeinsamen Handlungspraxis, um eine Annähe-

rung zwischen allen Menschen unabhängig etwa von ihrer sozialen und/oder kulturellen Herkunft, ihrem Geschlecht oder ihrer Behinderung zu ermöglichen, verbunden mit dem Ziel Erfahrungen zu teilen sowie gemeinsame (Sozial-)Räume und soziale Netzwerke aufzubauen. Die medien(pädagogische) Empowermentpraxis zielt zudem auf eine Analyse der Lebensbedingungen und -zusammenhänge eines Menschen vor dem Hintergrund der sozialen, politischen, ökonomischen und kulturellen Strukturen von Gesellschaft, um Momente von Benachteiligung, Diskriminierung und Ausgrenzung aufzuspüren. Davon ausgehend wird nach Interventionsbedarfen und -möglichkeiten gesucht, um die soziale und politische Handlungsfähigkeit von Menschen im Sinne sozialer und politischer Teilhabe anzubahnen, auszubauen und umzusetzen (Schluchter 2010, 2015).

Aus Sicht der politischen Bildung stellt die soziale und politische Teilhabe aller Menschen unabhängig von ihrer sozialen und/oder kulturellen Herkunft, ihrem Geschlecht oder ihrer Behinderung gleichsam ein zentrales Ziel dar. Politische Bildung und Medienpädagogik zielen in dieser Perspektive in dieselbe Richtung: Alle Menschen sollen in die Lage versetzt werden, in einer mediatisierten Gesellschaft an sozialen und politischen Strukturen und Prozessen teilzuhaben und diese mitzugestalten (z. B. Moser u. a. 2008, Becker/Krüger 2010). Der Empowermentansatz eignet sich als Kitt zwischen Medienpädagogik und politischer Bildung. Im Fokus steht hierbei die (Weiter-)Entwicklung inklusiver Strukturen in der Gesellschaft.

Die Orientierung an den jeweiligen Lebensbedingungen und -zusammenhängen von Menschen/Gesellschaftsgruppen macht die politische Bildung anschlussfähig für den Ansatz des Empowerments. Von diesen ausgehend werden Menschen bei ihren Bemühungen, ihre soziale und politische Handlungsfähigkeit zu erlangen oder wiederzuerlangen, begleitet und unterstützt. Dementsprechend hat politische Bildung ressourcenorientiert zu sein, in der Form, dass sie an den Stärken, Wissensbeständen, Fähigkeiten, Fertigkeiten, aber auch an Themen, Bedürfnissen und Anliegen der Menschen als Ausgangspunkt und Grundlage politischer Bildung ansetzt und diese einbezieht. Vor diesem Hintergrund sind Aspekte einer subjektiven Bewertung von politikrelevanten und öffentlich regelungsbedürftigen Bereichen verstärkt in den Blick zu nehmen, um Möglichkeiten sozialer und politischer Teilhabe in den jeweiligen Sinnstrukturen der Alltags- und Lebenswelt zu verankern (Becker/Krüger 2010, S. 645).

(Praxis)Modell inklusiver politischer Bildung

In Anlehnung an die Themenblätter *Minderheiten und Toleranz* der Bundes-zentrale für politische Bildung (Geyer 2014) wird im Folgenden ein Sze-nario aktiver Medienarbeit beschrieben, das exemplarische Einblicke in Formen aktiver Medienarbeit in inklusiven Settings gibt. Das vorgelegte (Praxis-)Modell inklusiver politischer Bildung orientiert sich in Grundzü-gen an einem inklusiven Filmbildungsmodell von Schluchter (2014). Es soll die zuvor angestellten Überlegungen zur Verbindung von Medienbildung, politischer Bildung und Empowerment als Möglichkeit, einen Beitrag zur (Weiter-)Entwicklung inklusiver Strukturen in der Gesellschaft leisten, in die Praxis übertragen.

Ausgangsüberlegungen

Die Teilnehmerinnen und Teilnehmer erstellen mit dem Tablet einen Kurz-film/Videoclip zum Thema »Vielfalt in unserer Gesellschaft und Toleranz«. Tablets eignen sich im Besonderen für den Einsatz in inklusiven Settings, da sie Multifunktionsgeräte sind, d. h., dass sie z. B. über Video- und Foto-funktion verfügen, Audiodateien aufnehmen können und gleichermaßen die Aufnahme als auch die Nachbearbeitung des Video- und Audiomate-rials ermöglichen. Ebenso bieten sie eine Vielzahl an Möglichkeiten, For-men Unterstützter Kommunikation/Assistiver Technologien einzubinden.

Es sind experimentelle, dokumentarische sowie szenische Umsetzungs-formen des Films möglich. Das Motiv des Zappens wird als verbindendes Moment aller erstellten Filme grundgelegt; es stellt somit ein Montage-konzept dar.

Im Rahmen der Videoproduktion sind verschiedene Unterstützungsan-gebote bereitzustellen, auf welche die Teilnehmerinnen und Teilnehmer bei Bedarf zurückgreifen können. Bereitgestellt werden können Unterstüt-zungssysteme in Form von Materialien sowie Betreuerinnen und Betreuer (die situationsbezogene Inputs geben) und vor allem über Peer-to-Peer-Education-Modelle.

Alle Materialien sollten zum einen verschiedene Rezeptionsmodi, audi-tive/sprachliche, schriftliche und/oder (audio)visuelle, ermöglichen. Zum anderen sollten sie auf verschiedenen Anforderungsniveaus angesiedelt sein, sodass alle Teilnehmerinnen und Teilnehmer die Möglichkeit haben, gemäß ihrem Wissen, ihren Fähigkeiten und Fertigkeiten Zugänge zu ihnen zu finden. Ebenso sollten die Materialien verschiedene Grade an Struktur aufweisen, etwa bei vorgegebenen Links für die Onlinerecher-che (u. a. durch Linksammlungen).

Grundsätzlich bietet eine Video-/Filmproduktion eine Vielzahl von Ankerpunkten für die Fähigkeiten und Fertigkeiten, das Wissen, die Interessen und Bedürfnisse der Teilnehmerinnen und Teilnehmer. Diese vorhandenen Ressourcen können beispielsweise als Kameramann bzw. Kamerafrau, Regisseur bzw. Regisseurin, Beleuchter bzw. Beleuchterin, Tontechniker bzw. Tontechnikerin, Schauspieler bzw. Schauspielerin, Kostüm- oder Kulissenbildner bzw. Kostüm- oder Kulissenbildnerin eingebracht werden. Auch würdigt das Medium Film Vielfalt in der Weise, dass Vielfalt bzw. verschiedene Sichtweisen auf die Welt eine Chance für das filmische Erzählen von Geschichten bedeutet/bedeuten.

Die einzelnen Bausteine stellen Differenzierungsmaßnahmen in der Projektdurchführung sowohl auf der Ebene des Zugangs zum Thema als auch auf der Ebene des Anforderungsniveaus dar.

Erstreckt sich die Produktion über mehrere Tage, bietet es sich an, den Teilnehmerinnen und Teilnehmern immer wieder kurze Einblicke in den Stand der Produktion in Form der Sichtung des Filmmaterials zu geben, um ihnen Geleistetes zurückzuspiegeln, Reflexionen anzuregen, Impulse für die eigenen Video-/Filmproduktion zu geben sowie die Motivation zur (Weiter-)Arbeit aufrechtzuerhalten.

Ablauf

Das Projekt umfasst vier Phasen:
1. Einstieg,
2. Annäherung an die Filmgestaltung,
3. Entwicklung und Produktion des Films/Videos,
4. Postproduktion und Präsentation.

Einstieg

Zu Beginn erstellen alle Teilnehmerinnen und Teilnehmer eine Fotoserie zum Thema »Vielfalt«. Dafür machen sie via Fotofunktion des Tablets Fotos von Motiven, welche für sie für Vielfalt stehen. Die Offenheit dieser Aufgabe gibt Raum für ein großes Spektrum an subjektiven Sichtweisen. Die Fotos werden im Anschluss präsentiert. Dabei wird die Auswahl des jeweiligen Motivs mit Bezug auf die Themenstellung begründet. Über die Fotoserien erfolgt ein Austausch über die verschiedenen subjektiven Sichtweisen auf Vielfalt.

Über die Erstellung der Fotoserie erhalten die Teilnehmerinnen und Teilnehmer eine erste Visualisierung ihrer subjektiven Sichtweisen auf Vielfalt, die als ästhetischer Ausgangspunkt der Video-/Filmproduktion dienen können. Sie sammeln zugleich erste Erfahrungen in der Bedienung der Tablets.

In Vorbereitung der weiteren Video-/Filmproduktion werden Materialien zum Thema »Vielfalt und Toleranz« zur Verfügung gestellt – z. B. Themenblätter der Bundeszentrale für politische Bildung, Linksammlungen, Film-/Videobeiträge. Sie sind ein ständig verfügbarer Informationspool für die Teilnehmerinnen und Teilnehmer.

Annäherung an die Filmgestaltung

Diese Phase besteht aus zwei Bausteinen, die sowohl für sich stehen als auch aufeinander aufbauen können:
- Baustein 1: Die Teilnehmerinnen und Teilnehmer erarbeiten Grundlagen der Filmgestaltung, wie Einstellungsgröße, Perspektive, Bildkomposition etc. Ihre Fotoserien dienen hierbei als Anschauungsmaterial.
- Baustein 2: Die Analyse von filmischen Darstellungen und Inszenierungen von Vielfalt in verschiedenen Spielfilmen wird zum Ausgangpunkt für die Aufarbeitung der subjektiven Sichtweisen der Teilnehmerinnen und Teilnehmer. Es sind sowohl Filme aus den Alltags- und Lebenswelten der Teilnehmerinnen und Teilnehmer als auch Filme, die nicht Bestandteil dieser sind, einzubeziehen.

Entwicklung und Produktion des Films/Videos

Diese Phase besteht aus drei Bausteinen, die sowohl für sich stehen als auch aufeinander aufbauen können:
- Baustein 1: Im Anschluss an den Austausch über ihre Fotoserien entwickeln die Teilnehmerinnen und Teilnehmer erste Ideen für (Kurz-) Geschichten zum Thema »Vielfalt und Toleranz«. Diese verschiedenen Ideen, Geschichten, Geschichtsfragmente etc. werden gesammelt und grob in mögliche Erzählungen bzw. Erzählstränge sortiert. Die Teilnehmerinnen und Teilnehmer wählen nach Interesse eine Erzählung als Ausgangspunkt und Grundlage ihrer Film-/Videoproduktion aus. Die Filmproduktion selbst folgt innerhalb der orientierenden Eckpfeiler der Geschichte eher einer experimentell-improvisierenden Vorgehensweise. Dialoge und Regieanweisungen werden nicht verschriftlicht, sondern im Spiel entwickelt. Die filmische Auflösung der einzelnen (Spiel-) Szenen entwickelt sich gleichermaßen im Prozess ohne vorherige Planung. Auf diese Weise bestimmen die Teilnehmerinnen und Teilnehmer das Anforderungsniveau der Videoproduktion selbst.
- Baustein 2: Auf der Basis des Austauschs über die Fotoserien entwickeln die Teilnehmerinnen und Teilnehmer erste Ideen zu einem videojournalistischen Beitrag zum Thema »Vielfalt und Toleranz«. Es werden Fragen formuliert, die das Rahmenthema beleuchten; es wird überlegt, wem diese Fragen gestellt werden sollen und wie die Interviews/

Umfragen filmisch aufbereitet werden können. So entstehen eine Fragensammlung und eine Aufstellung möglicher Interviewpartnerinnen und -partner; auch Umfragen sind denkbar. Die Teilnehmerinnen und Teilnehmer entscheiden sich für bestimmte Personen, kontaktieren diese und führen ein Interview mit ihnen durch. Parallel können z.B. »Straßenumfragen« durchgeführt werden. Da in Umfragen meist nur eine immer gleiche Frage gestellt wird, weisen sie ein geringeres Maß an Struktur und Komplexität auf als Interviews.

- Baustein 3: Das Thema »Vielfalt und Toleranz« wird in Form experimenteller filmischer Inszenierungen umgesetzt. Beispielsweise indem ein Rhythm-Clip erstellt wird, der verschiedene kurze Bild-Ton-Aufnahmen zum Klang von Orten, Gefühlen etc. beinhaltet und diese in einem rhythmischen VideoClip vereint.

Die Produktionsphase findet in (Klein-)Gruppen statt. Hierbei wird in allen drei Bausteinen auf die Erstellung eines Filmkonzepts oder Storyboards verzichtet. Es wird nur eine grobe Orientierung für den Ablauf festgehalten, z.B. in Form von Standbildern oder Stichwortzetteln mit den zentralen Eckpfeilern des Films. Es entstehen über alle Bausteine hinweg mehrere (Kurz-)Filme.

Die filmischen Inszenierungen – szenischer (Baustein 1), dokumentarischer (Baustein 2) und experimenteller (Baustein 3) Film – können jederzeit abgebrochen werden. Dies bedeutet, dass die Teilnehmerinnen und Teilnehmer in den Gruppen ihren individuellen Arbeitstempi, Lerndispositionen sowie individuellen Bedürfnissen (z.B. Pausen) besser folgen können.

Postproduktion und Präsentation

Die Postproduktion der (Kurz-)Filme/Videos erfolgt zunächst innerhalb der Gruppen. Hierfür sollten Video-Tutorials zur Filmschnittsoftware/Apps (mit den wichtigsten Funktionen) u.Ä. bereitgestellt werden. Des Weiteren sollte auch in dieser Phase ein Zugriff auf die bereits erwähnten Unterstützungsangebote möglich sein.

Nach der Fertigstellung der einzelnen Videos werden alle, je nach Grad der Fertigstellung, zu einem alleinstehenden (bei abgeschlossenem Film) oder gemeinsamen Film (dem Motiv des Zappens folgend, bei unabgeschlossenem Film) montiert. Es entstehen verschiedene Zusammenstellungen, die im Plenum präsentiert werden und wiederum Ausgangspunkt für eine inhaltliche Diskussion zum Thema »Vielfalt und Toleranz«, nun auf Basis der im Projekt gemachten Erfahrungen, darstellen. Der Film kann bzw. die Filme können schließlich in verschiedenen Kontexten einer Öffentlichkeit vorgeführt werden, beispielsweise auf YouTube, einer eigenen Website oder auf einem Filmfestival.

Literatur

Becker, H./Krüger, T. (2010): Weiterbildung und Politik. In: Tippelt, R./von Hippel, A. (Hrsg.): Handbuch Erwachsenenbildung und Weiterbildung. Wiesbaden. S. 635–652.

Demmler, K./Rösch, E. (2012): Aktive Medienarbeit in Zeiten der Digitalisierung. Kontinuitäten und Entwicklungen. In: Rösch, E./Demmler, K./Jäcklein-Kreis, E./Albers-Heinemann, T. (Hrsg.): Medienpädagogik Praxis Handbuch. Grundlagen, Anregungen und Konzepte für aktive Medienarbeit. München.

DJI/TU Dortmund (2015): Politische Partizipation Jugendlicher im Web 2.0. Chancen, Grenzen, Herausforderungen. Verfügbar unter: http://www.forschungsverbund.tu-dortmund.de/fileadmin/Files/Freiwilliges_Engagement/2015-01_Expertisen_Polit_Partizipation_WEB_2-0.pdf (Zugriff: 10.3.2015).

Gebel, C./Jünger, N./Wagner, U. (2013): Online-Mediengebrauch Jugendlicher. Umgang mit gesellschaftlich relevanter Information. In: Merz – Medien und Erziehung. Heft 3. S. 33–41.

Geyer, Robby (2014): Minderheiten und Toleranz. Themenblätter im Unterricht. Heft 105. Bonn: Bundeszentrale für politische Bildung.

Herriger, N. (1997): Empowerment in der Sozialen Arbeit. Eine Einführung. Stuttgart.

Jensen, M.J./Jorba, L./Anduiza, E. (2012): Introduction. In: Anduiza, E./Jensen, M.J./Jorba L. (Hrsg.): Digital Media and Political Engagement Worldwide. A Comparative Study. Cambridge. S. 1–16.

Klein, A. (2008): Soziales Kapital Online. Soziale Unterstützung im Internet. Eine Rekonstruktion virtualisierter Formen sozialer Ungleichheit. Verfügbar unter: http://pub.uni-bielefeld.de/luur/download?func=downloadFile&recordOId=2301811&fileOId=2301814 (Zugriff: 10.3.2015).

Kutscher, N. (2012): Medienbildung und Soziale Ungleichheit. In: Bosse, I. (Hrsg.): Medienbildung im Zeitalter der Inklusion. Düsseldorf.

Moser, H./Sesink, W./Meister, D.M./Hipfl, B./Hug, T. (2008) (Hrsg.): Jahrbuch Medienpädagogik 7. Medien – Pädagogik – Politik. Wiesbaden.

Mossberger, K./Tolbert, C./Stansbury, M. (2003): Virtual Inequality. Beyond the Digital Divide. Georgetown.

Niesyto, H. (2010): Medienpädagogik. Milieusensible Förderung von Medienkompetenz. In: Theunert, H. (Hrsg.): Medien. Bildung. Soziale Ungleichheit. Differenzen und Ressourcen im Mediengebrauch Jugendlicher. München. S. 147–162.

Schluchter, J.-R. (2010): Medienbildung mit Menschen mit Behinderung. München.

Schluchter, J.-R. (2012): Medienbildung als Perspektive für Inklusion. In: merz – Medien und Erziehung. Heft 1. S. 16–21.

Schluchter, J.-R. (2014): Das Eigene und das Fremde im Film. Ein Praxismodell für die inklusive Filmbildung. In: Computer + Unterricht. Heft 94. S. 34–35.

Schluchter, J.-R. (2015) (Hrsg.): Medienbildung als Perspektive für Inklusion. Modelle und Reflexionen für die pädagogische Praxis. München.

Theunert, H. (2010): Medien. Bildung. Soziale Ungleichheit. Vorwort. In: Theunert, H. (Hrsg.): Medien. Bildung. Soziale Ungleichheit. Differenzen und Ressourcen im Mediengebrauch Jugendlicher. München. S. 7–14.

Theunert, H./Wagner, U./Schorb, B. (2013): Jugend und Information in der mediati-
sierten Gesellschaft. In: Merz – Medien und Erziehung. Heft 3. S. 8–14.
Welling, S. (2008): Computerpraxis Jugendlicher und medienpädagogisches Handeln.
München.

Benjamin Freese / Tobias Marczinzik

Digitale Teilhabe und universelles Design

Potenziale von inklusiven (Medien-)Bildungsansätzen und kollaborativen Arbeitsweisen für politische Bildungsprozesse am Beispiel des PIKSL-Labors

Digitale Teilhabe: Internetnutzung und Zugangsmöglichkeiten für Menschen mit Lernschwierigkeiten

Digitale Informations- und Kommunikationstechnologien (IKT, international ICT) haben sich in den vergangenen Jahren rasant verbreitet und prägen in hohem Maße die Alltags- und Arbeitswelt. Durch die Verbreitung von Smartphones und Tablet-PCs und die verstärkte Nutzung des Internets durch Menschen in einem Alter von über 60 Jahren ist die Nutzungsquote in Deutschland auf fast 80 Prozent angestiegen (van Eimeren/ Frees 2014). Auch in vielen Wohnungen wird die umfassende Integration des Internets in den Alltag sichtbar: die Vorstellung von einem Computer-Arbeitszimmer wird zunehmend aufgegeben und die Internetnutzung mit unterschiedlichen Endgeräten auf den gesamten Wohnraum erweitert (Röser/Peil 2014) – jedem Onliner stehen im Schnitt fast drei Endgeräte zur Verfügung (van Eimeren/Frees 2014). Softwarelösungen für mobile Endgeräte, sogenannte Apps, welche den Zugang zum Internet und seinen Inhalten stark vereinfachen, haben zum Anstieg der (mobilen) Nutzung wesentlich beigetragen (van Eimeren 2013, S. 386 ff.)

Vor diesem Hintergrund kann von einer Mediatisierung sämtlicher Lebensbereiche (Krotz 2001) gesprochen werden. Das Internet ist zu »einem komplexen und bedeutsamen Wirtschafts-, Sozial- und Kulturraum« geworden (BMBF 2010, S. 5). Die Enquete-Kommission *Internet und digitale Gesellschaft* »sieht als zentrales Ziel die reale, selbstbestimmte Teilhabe aller an der Informationsgesellschaft an (›digitale Selbstständigkei‹).« (Deutscher Bundestag 2011, S. 31) In Artikel 4 der 2006 von den Vereinten Nationen verabschiedeten UN-Behindertenrechtskonvention (UN-BRK) heißt es, dass der kompetente Umgang mit Neuen Technologien unerlässlich ist, um Menschen- und Bürgerrechte voll ausschöpfen zu können, entsprechend muss deren Zugänglichkeit und Nutzung für Menschen mit Behinderung sichergestellt werden. Das Potenzial der digitalen Teilhabe, etwa hinsichtlich einer möglichst selbstbestimmten Lebensführung, ist für Menschen mit Behinderung immens: »Technologien bieten spezielle Möglichkeiten, Hindernisse zu überwinden und Schwierigkeiten beim Wissenserwerb, im Alltag und im sozialen Umgang besser zu bewältigen. Ein Leben mit möglichst weitgehender Aktivität und Selbständigkeit, mit möglichst großem Handlungsspielraum und Partizipationsmöglichkeiten ist in unserer durch den raschen Wandel geprägten Informationsgesellschaft künftig nicht mehr ohne Nutzung von ICT denkbar.« (SFIB 2009, S. 4)

Im Alltag von Menschen mit Lernschwierigkeiten ist der selbstverständliche Umgang mit Neuen Medien und Technologien noch nicht durchgängig festzustellen (Freese/Mayerle 2013, S. 4 ff.) »Die wenigen vorliegenden Studien zur Mediennutzung von Menschen mit geistiger Behinderung deuten an, dass es für sie dabei weiterhin spezifische Hindernisse zu überwinden gilt.« (Bosse 2013, S. 26) Spezifische Bildungsniveaus, soziale Lebenslagen sowie sozialräumliche Kontexte beeinflussen wohl nachhaltig die jeweilige Mediennutzungsform: Soziale Ungleichheit und Benachteiligung bilden sich im Internet ab (Kutscher 2011, S. 1305). Im Kontext von Behinderung bzw. von Behindertenhilfe kann dies nicht allein mit den (häufig fehlenden) materiell-technischen Zugangsvoraussetzungen erklärt werden, vielmehr können auch personale Kompetenzen (z. B. Informationskompetenz) und Bildungsressourcen (z. B. Lesefähigkeit, Textverständnis) sowie ein »übermäßig bewahrendes« Betreuungsverhältnis, das Risiken in der Computernutzung hervorhebt, wichtige Gründe für einen tendenziellen Ausschluss liefern (Freese 2013, S. 50).

Gleichzeitig ist die Unterstützung der digitalen Teilhabe noch nicht Teil des professionellen Selbstverständnisses. Die Ergebnisse der Begleitforschung des PIKSL-Projekts zeigen, »[...] dass es sich bei der Förderung von digitaler Teilhabe um eine neue Perspektive handelt, die noch nicht im Bewusstsein bzw. im professionellen Selbstverständnis von pädagogischen Fachkräften in wohnbezogenen Diensten angekommen ist: Mediennutzung und Medienbildung werden aus der Perspektive von Mitarbeiterinnen und Mitarbeitern eher im Freizeitbereich der Klientinnen und Klienten verortet und weniger hinsichtlich ihrer Potenziale für selbstbestimmte Teilhabe beurteilt.« (Mayerle 2015, S. 54)

Die aus der UN-BRK ableitbare Forderung nach besserer Zugänglichkeit und Nutzbarbeit von IKT für Menschen mit Behinderung (Kempf 2013) hat bislang noch nicht zu konkreten Sozialleistungsansprüchen zur Förderung von digitaler Teilhabe geführt. Die durch die Neuen Technologien zur Verfügung stehenden Möglichkeiten sollten auch von Menschen mit Behinderungen bzw. Lernschwierigkeiten uneingeschränkt genutzt werden können: Träger und Kostenträger der Behindertenhilfe sind vor dem Hintergrund der Ambulantisierung aufgefordert, Unterstützungsangebote und Leistungen konsequent weiterzuentwickeln und Assistenz im Sinne von »digitaler Teilhabe« zu ermöglichen. Dabei sollte die Aufgabe von professioneller Assistenz die Unterstützung einer möglichst selbstbestimmten Nutzung von IKT sein; ein zentrales Ziel der Begleitung und Unterstützung von Menschen mit Behinderung bzw. Lernschwierigkeiten ist die Ermöglichung von »digitaler Teilhabe« (Freese/Mayerle 2013, S. 8).

Es zeigt sich, dass digitale Zugangs- und Teilhabeansprüche in den vergangenen Jahren verstärkt zum Gegenstand politischer Auseinandersetzungen geworden sind (ebd., S. 4). Dabei geht es zumeist um bessere Beteiligungschancen für möglichst alle Menschen angesichts sowohl der enormen Potenziale des Internets und als auch der Gefahren, die in einer digitalen Spaltung der Gesellschaft *(digital divide)* liegen. Die Möglichkeit des Zugangs zum Internet, Barrierefreiheit (z. B. von Geräten und Anwendungen) sowie eine inklusive Medienbildung sind zentrale Elemente von »digitaler Teilhabe« (Freese/Mayerle 2015). Der laufende Beteiligungsprozess zur Entwicklung eines Bundesteilhabegesetzes (BMAS 2015) kann die Chance bieten, deren Förderung gesetzlich zu verankern.

Zugänge zur politischen Teilhabe durch Informations- und Kommunikationstechnik

Demokratische Willensbildungsprozesse sind längst nicht mehr an physikalische Räume gebunden – häufig kann nicht mehr eindeutig zwischen online/virtuell und offline/real unterschieden werden (Wagner u. a. 2011, S. 4). Deshalb muss auch der virtuelle Raum – der von Menschen aktiv gestaltet und verändert wird – hinsichtlich seiner politischen Dimension in den Blick genommen werden. Die Teilhabe von Bürgerinnen und Bürgern an politisch-administrativen Entscheidungsfindungen mit Hilfe von IKT kann als E-Partizipation bezeichnet werden. Auch wenn die Digitalisierung von vorhandenen Beteiligungsverfahren voranschreitet, liegt die Besonderheit von E-Partizipation darin, dass ganz neue und unkonventionelle Formen und Möglichkeiten der politischen Beteiligung entstehen (können): Bürgerinnen und Bürger können sich zeitlich und räumlich unbeschränkt informieren, austauschen und beteiligen. Die Chance liegt darin, dass Informationen aufbereitet und strukturiert (z. B. Leichte Sprache, Visualisierung) und Beteiligungsformen etabliert werden können, die durch Komplexitätsreduzierung in Form von neuartigen Formaten neue Zugänge für alle Bevölkerungsschichten bieten (Freese/Mayerle 2015).

Lebenslagen spiegeln sich im Partizipationsverhalten von Menschen deutlich wider: Munsch (2003) hat in ihrer ethnografischen Arbeit über die »Effektivitätsfalle« gezeigt, dass politisches Engagement und soziale Beteiligung häufig von einer arbeitsgesellschaftlich integrierten Schicht getragen wird. So verfügen Menschen in einem sogenannten Normalarbeitsverhältnis über entsprechendes ökonomisches, soziales und kulturelles Kapital und möchten mit »geringem zeitlichen Aufwand« viel erreichen (ebd., S. 249). Menschen in prekären Lebenslagen entwickeln dagegen einen signifikant anderen Kommunikationsmodus: Dadurch dass die Arbeitenden auf den vertrauten »Kommunikationsmodus der effektiven Planung« innerhalb von Beteiligungs- und Partizipationsprozessen zurückgreifen, werden marginalisierte Gruppen eher ausgeschlossen: »Beiträge werden daraufhin eingeteilt, ob sie zur effektiven Planung beitragen oder nicht« (ebd., S. 268). Die beschriebene »Effektivitätsfalle« lässt sich auf Menschen mit Lernschwierigkeiten übertragen, denn auch sie erlangen in der Regel nur schwer einen Zugang zur politischen Öffentlichkeit.

Damit »bildungsfernere« Schichten mehr Artikulationsmöglichkeiten erlangen, sollten (politische) Bildungsangebote lebenslagenspezifischer gestaltet sein: Essenziell ist die konkrete Erfahrung, »durch eigene Initiative etwas erreichen zu können oder nicht« (ebd., S. 165). Selbstwirksamkeitserfahrungen sind für Partizipation und Beteiligung entscheidend: Menschen werden dann aktiv, wenn sie selbst betroffen sind. Die gemeinsame Bearbeitung von konflikthaften Situationen und Alltagsproblemen kann zum Ausgangspunkt von Partizipationsprozessen werden (Arbeitsbedingungen, Wohnungsmarktsituation, Infrastruktur im Stadtteil u. a.). Die Vernetzung mit anderen Akteuren ermöglicht, Projekte zu entwickeln und neue Handlungsformen zu erproben, die individuelle Lernprozesse und Aneignungsweisen zulassen: In solchen Netzwerken kommen Menschen zusammen, die wiederum Kontakte zu weiteren Gruppen und Organisationen haben und »Brücken bauen können«. Durch solche Brückenpersonen werden Zugänge zu entfernten Ressourcen, zu neuen Informationen und anderen Denkweisen eröffnet (Granovetter 1973).

Weiterhin ist Barrierefreiheit eine Grundvoraussetzung für politische Teilhabe: (Politische) Lehrende müssen durch Komplexitätsreduzierung und die Verwendung von Bildsprache und Leichter Sprache einen besseren Zugang für Menschen mit Behinderungen zu ihren Bildungsangeboten herzustellen. Barrierefreiheit wird nach Ingo Bosse in einem umfassenden Sinne verstanden und bezieht sich in Anlehnung an das Gesetz zur Gleichstellung behinderter Menschen (BGG, § 4) auf den Abbau von Hindernissen in:
• baulichen und sonstigen Anlagen,
• Systemen der Informationsverarbeitung,

- akustischen und visuellen Informationsquellen,
- Kommunikationseinrichtungen (2012, S. 179 ff.).

Neben der Förderung einer kritisch-reflexiven Medienkompetenz (Baacke 1996) aller Menschen gewinnt für bestimmte Personengruppen (beispielsweise Menschen mit Behinderung oder ältere Menschen) die Förderung ihrer digitalen Teilhabe an Relevanz (Freese/Mayerle 2013). Die Nutzung von Informations- und Kommunikationstechnologien kann ein wichtiger Promotor von Prozessen der Selbstbestimmung, Partizipation und Inklusion sein. Die Förderung von digitaler Teilhabe durch Bildung wird als notwendige Voraussetzung für politische Beteiligung angesehen (Freese/Mayerle 2015).

Ein Beispiel für ein neuartiges Bildungs- und Unterstützungsangebot im Stadtteil ist das PIKSL-Labor.[1] Dort können Menschen mit Lernschwierigkeiten den Umgang mit dem Computer erlernen und sich als Co-Designer einbringen, um die Entwicklung von Technologien und Angeboten partizipativ mitzugestalten.

PIKSL-Labor

Im PIKSL-Labor im Düsseldorfer Stadtteil Flingern kommen Menschen mit und ohne Behinderung zusammen, um voneinander zu lernen und Lösungen im Umgang mit alltäglichen (digitalen) Problemstellungen zu entwickeln. Das von der *In der Gemeinde Leben GmbH* (IGL) aus Düsseldorf[2] initiierte und maßgeblich von der *Stiftung Wohlfahrtspflege NRW* geförderte Modellprojekt PIKSL verfolgt das Ziel, Möglichkeiten der Partizipation an digitalen Informations- und Kommunikationstechnologien zu schaffen und gleichzeitig Barrieren interdisziplinär abzubauen, um Teilhabechancen zu verbessern, für die betroffenen Menschen neue Handlungsmöglichkeiten zu eröffnen und Inklusion vor Ort anzustoßen (Freese 2012, S. 24).

Im Projekt PIKSL wird »Behinderung« als »Ressource« verstanden: Die PIKSL-Laborantinnen und -Laboranten sind Experten im Abbau von Komplexität. Sie verfügen über alltägliches Erfahrungswissen im »kreativen Umgang mit Barrieren« und bringen dieses Wissen in die gemeinsame Arbeit mit Fachleuten und Studierenden aus verschiedenen Disziplinen ein, um soziale und technische Innovationen anzustoßen (Freese 2015). Menschen mit Behinderung werden im Projekt PIKSL als »Fachexperten« für klare und einfache Strukturen gesehen, die aufzeigen, wie weit die Komplexität technischer Gegenwart auf einen simpleren Nenner gebracht werden kann.

Inklusive (Medien-)Bildungsangebote im PIKSL-Labor

Im Rahmen der PIKSL-Begleitforschung wurde deutlich, »dass Menschen mit Lernschwierigkeiten prinzipiell in der Lage sind, sich den Umgang mit Neuen Medien anzueignen« (Mayerle 2015, S. 54). Auch für jene, »für die hohe Barrieren bestehen, konnte durch Unterstützung die Entwicklung von Anwendungskompetenz beobachtet werden« (ebd.). Der Aufbau von handlungsorientierter Medienkompetenz (Baacke 1996), die sich an alltags- und lebensweltlichen Situationen orientiert (Niesyto 2003), und die Erweiterung der personellen Fähigkeiten (»Offline-Ressourcen«) finden sich im konkreten (Medien-)Bildungsangebot des PIKSL-Labors wieder. Insbesondere das Internet lässt sich als stigmatisierungsarmer Ort der informellen Bildung betrachten, der viel Potenzial für selbstgesteuerte Aneignungs- und Bildungsprozesse bietet. Medienbildung ist ein Schlüssel zur digitalen Teilhabe und kann positive Auswirkungen auf die Persönlichkeitsentwicklung und den Alltag haben: Im Zwischenbericht der PIKSL-Begleitforschung wird deutlich, dass viele Besucherinnen und Besucher durch das Bildungsangebot des PIKSL-Labors erstmalig Erfahrungen am Computer sammeln können und »allem Anschein nach Wissen und Kompetenzen erwerben, die über das Erwartbare hinausgehen [...] [sowie] [...] Impulse für ihre persönliche Entwicklung erhalten. [...] Die bisherigen Erfahrungen weisen außerdem darauf hin, dass durch die Inanspruchnahme der Möglichkeiten des PIKSL-Labors eine autonomere und selbstbestimmtere Lebensweise bei einzelnen Nutzer/innen gefördert wurde.« (Mayerle 2012, S. 22).

Die Erfahrungen des PIKSL-Labors zeigen, dass ein ausschließlich als Kurssystem gedachtes Bildungsangebot – wie wir es von den Volkshochschulen kennen – weniger gut geeignet ist, um Bildungserfolge zu erzielen. Erfolgversprechender erscheint eine methodisch-didaktische Herangehensweise, in welcher die typische Lehrer-Schüler-Situation aufgebrochen wird und partizipative Ansätze wie die *Peer Education*, also das gegenseitige Voneinanderlernen, aufgegriffen werden. Dies würde auch ermöglichen, dass Menschen mit Behinderungen sich in unterschiedlichen Rollen erleben können, als Lernende und – mit zunehmendem Wissen und mit zunehmender Kompetenz – auch als Personen, die ihr Know-how anderen vermitteln können (Haas 2013). So geben erfahrene PIKSL-Laborantinnen und -Laboranten ihr Wissen im Umgang mit Computern und Tablets nicht nur an neue Besucherinnen und Besucher, sondern auch an Seniorinnen und Senioren aus dem Stadtteil weiter (Hermanns u. a. 2013, S. 83). Für ihre ehrenamtliche Tätigkeit im Rahmen dieses inklusiv-sozialräumlichen Medienbildungsangebots für Letztere erhalten die PIKSL-Dozentinnen und -Dozenten eine Aufwandsentschädigung.

Eine handlungsorientierte, lebensweltliche und interessenorientierte Ausrichtung ist neben einem sensiblen Umgang mit individuellen Lernvoraussetzungen und unterschiedlichen Bedürfnissen im Hinblick auf die Strukturierung von Lerninhalten eine entscheidende Voraussetzung für die inklusive Medienbildung im PIKSL-Labor (Freese 2014). Weiterbildungsangebote zum Thema digitale Teilhabe sollten von Menschen mit Behinderung inhaltlich mitgestaltet werden, unabhängig davon, ob sie sich an andere Menschen mit Behinderung oder Mitarbeitende der Behindertenhilfe richten (ebd.).

Das Bildungsangebot des PIKSL-Labors zeigt deutlich, dass Inklusion konkrete »Begegnungssituationen« voraussetzt, die Kommunikation und gemeinsames sinnhaftes Handeln ermöglichen: Eine inklusive Gesellschaft im Sinne der UN-BRK ist nur durch Begegnung und eine positive Wahrnehmung von Menschen mit Behinderungen möglich (Freese 2015).

Partizipative Designprozesse als »Beteiligungsermöglichung« für Menschen mit Lernschwierigkeiten

Die Grundlage für die Arbeit im PIKSL-Labor bildet das Verständnis für die Lebenswelt von Menschen mit Behinderungen. Auf diese Weise können konkrete Bedarfe identifiziert und Anforderungen abgeleitet werden. Gemeinsam mit Sozialpädagoginnen und -pädagogen, Designerinnen und Designern und Menschen mit Lernschwierigkeiten wurden kollaborative Arbeitsweisen zur Evaluation und Entwicklung von Produkten im PIKSL-Labor erarbeitet. Die PIKSL-Arbeitsweise beruht auf den Prinzipien des *Design Thinkings*, eines iterativen[3] Prozesses zur Lösung komplexer Probleme. Hierbei stehen die Zusammenarbeit von Vertreterinnen und Vertretern unterschiedlicher Fachdisziplinen, die Entwicklung einer expliziten Fragestellung sowie die Bedürfnisse und Motivationen der Menschen bei der Problemlösung im Mittelpunkt (Plattner u. a. 2009). Dieser Arbeitsweise folgend, wurde das Gestaltungskonzept des PIKSL-Labors von Menschen mit Lernschwierigkeiten und Designerinnen und Designern gemeinsam erarbeitet. Durch die Mitarbeit der PIKSL-Laborantinnen und -Laboranten, in ihrer Rolle als Experten für passgenaue Lösungen, konnten die Konzepte unmittelbar auf ihre Tauglichkeit hin überprüft und optimiert werden.

Auf diese Weise entstehen alltagstaugliche Lösungen. Dies wird am Beispiel der Entstehung des Ausstattungskonzepts des PIKSL-Labors deutlich: Gefolgt von einer Phase des Hospitierens, in der die Designerinnen und Designer Gelegenheit fanden, die Lebenswelt der PIKSL-Laborantinnen und -Laboranten kennenzulernen, wurden gemeinsam Anforderungen gesammelt und schließlich mehrere Prototypen eines Schreibtischs entwickelt. Diese Entwürfe wurden auf Ergonomie, Flexibilität, Sicherheit und Ästhetik überprüft und in mehreren iterativen Arbeitsschritten optimiert und schließlich realisiert. In solchen Formen der Zusammenarbeit wird die Lösungskompetenz von Menschen mit Behinderung deutlich.

Beim Entwurf des Ausstattungskonzepts des PIKSL-Labors wurde in Anlehnung an die UN-BRK (Artikel 2) nach Kriterien eines »universellen Designs« gearbeitet. Das *Internationale Design Zentrum* (IDZ) in Berlin beschreibt universelles Design als Ansatz, der die Anforderungen des Menschen an seine Umwelt in den Fokus rückt und daran den Gestaltungprozess ausrichtet, um gesellschaftliche Teilhabe zu ermöglichen: »Universal Design meint weder Standardisierung noch kulturelle Uniformität. Vielmehr liegt dem Konzept des Universal Design ein sozialer, d.h. ein am Menschen orientierter Gestaltungsansatz zugrunde, der zum Ziel hat, die gesamte von Menschen für Menschen gestaltete Umwelt für möglichst viele zugänglich und nutzbar zu machen. Ungeachtet ihrer individuellen Fähigkeiten, ihres Alters und Geschlechts oder ihres kulturellen Hintergrunds soll allen Menschen eine gleichberechtigte Teilhabe an der Gesellschaft ermöglicht werden. Stigmatisierung durch eine Gestaltung, die Menschen von der Inanspruchnahme und Nutzung bestimmter Dienstleistungen, Räume und Produkte ausschließt, soll von vornherein vermieden werden.« (IDZ 2013)

Gesellschaftliche Teilhabe von Menschen mit Behinderung und eine Abkehr von Stigmatisierung sollen durch partizipative Designprozesse im Rahmen von PIKSL erreicht werden. Durch die Einbeziehung der PIKSL-Laborantinnen und -Laboranten werden die Designprozesse an den Anforderungen der Nutzerinnen und Nutzer ausgerichtet. Universelles Design wird im Projekt PIKSL integriert betrachtet und hebt sich von einer Betrachtungsweise ab, die Design als Mittel zur Gestaltung von Oberflächen sieht. Die PIKSL-Arbeitsweise, die die Kriterien eines universellen Designs berücksichtigt, konkretisiert sich auf folgenden Ebenen:

- Produkte und Dienstleistungen:
  Im Rahmen von Kooperationsprojekten mit externen Projektpartnern, beispielsweise Hochschulen, bei denen die barrierefreie Entwicklung von IKT im Mittelpunkt steht, dient die Arbeit nach Kriterien eines universellen Designs dem Ziel der barrierearmen Formgebung. Produkte und Dienstleistungen, die im PIKSL-Labor entwickelt werden, sollen durch ein hohes Maß an Zugänglichkeit einen breiten Nutzerkreis erreichen.
- Kommunikation und Wirkung:

Auch bei der Präsentation und Kommunikation von PIKSL wird nach den Maßstäben eines universellen Designs gearbeitet. Als Beispiel sei die Gestaltung des PIKSL-Labors genannt, die das Resultat eines partizipativen Designprozesses ist. Zum einen war es das Ziel, das inklusive Selbstverständnis des Projekts in Form eines stigmatisierungsarmen Arbeitsumfelds zu vermitteln, um nach außen nicht als Sondereinrichtung wahrgenommen zu werden. Zum anderen sollte erreicht werden, dass die Gestaltung des PIKSL-Labors dazu beiträgt, dass sich die Laborantinnen und Laboranten untereinander sowie über Fachdisziplinen hinaus mit externen Projektteilnehmenden austauschen und kollaborativ agieren können.

- Inklusiv-kollaborative Arbeitsweise:
  Auf der Ebene des gemeinsamen Arbeitens dienen die offenen Designprozesse im PIKSL-Labor dazu, die Laborantinnen und Laboranten zu befähigen, ihre Fachexpertise in die Projektarbeit einzubringen. Die iterativen Arbeitsprozesse machen es möglich, dass sie während einer Produkt- oder Dienstleistungsentwicklung im PIKSL-Labor direkt Einfluss auf das Ergebnis nehmen. Eine Voraussetzung dafür ist, dass alle Beteiligten gleichberechtigt mitreden können und auf die Verwendung von verständlicher Sprache und ein hohes Maß an Anschaulichkeit geachtet wird (Freese 2015). Menschen mit Behinderungen werden als Experten in eigener Sache unmittelbar integriert. Die Mitglieder von Arbeitsgruppen im PIKSL-Labor stammen aus unterschiedlichen Disziplinen und bearbeiten Fragestellungen in einem inklusiv-kollaborativen Setting (Transdisziplinarität).

Digitale Teilhabe und Beteiligung durch inklusive Mediengestaltung

Zwei konkrete Beispiele aus der Praxis des PIKSL-Projekts sollen verdeutlichen, wie partizipative Designprozesse zu Komplexitätsreduzierung und damit zu digitaler Teilhabe und Beteiligung führen.

Das Magazin *IGeL im Bild*

IGeL im Bild erscheint vierteljährlich und wird von Klientinnen und Klienten der IGL herausgegeben. Es wendet sich an Mitarbeiterinnen und Mitarbeiter, Klientinnen und Klienten sowie Angehörige, Freunde und Förderer. Die Ausgaben sind themenbezogen, das jeweilige Thema wird im Vorfeld von der Redaktionsgruppe festgelegt. Textarbeiten können die Redaktionsmitglieder eigenständig durchführen, mit dem Layout des Magazins mussten früher aber professionelle Grafikerinnen und Grafiker betraut werden, die mit der komplizierten Grafiksoftware umgehen konnten. Im Rahmen eines Designprozesses im PIKSL-Labor wurde eine Möglichkeit erarbeitet, wie das Layout ebenfalls eigenständig umgesetzt werden kann: nachdem die Texte redigiert sind, werden sie gemeinsam mit dem Bildmaterial ausgedruckt und mit einer Collagetechnik bearbeitet. Die Bearbeitung des Layouts wird also von einem digitalen in einen analogen Prozess überführt, bei dem Schere und Kleber zum Einsatz kommen. Die fertigen Collagen werden wieder digitalisiert und als druckfähige Daten an eine Druckerei weitergeleitet. Die handwerkliche Arbeit an Texten und Bildern macht den Gestaltungsprozess für die Redaktionsmitglieder zugänglich; sie können die Inhalte nun selbstbestimmt gestalten.

Blogsystem

Ziel des barrierearmen PIKSL-Blogsystems ist die Schaffung einer Kommunikationsplattform, die es Menschen mit Lernschwierigkeiten ermöglicht, auf intuitive Art und Weise selbst erarbeitete Inhalte als Autorinnen bzw. Autoren online zu veröffentlichen. Initiiert wurde das Projekt von PIKSL-Laborantinnen und -Laboranten, die in der Nutzung vorhandener Content-Management-Systeme[4] (CMS-Systeme) eine Überforderung sahen. Im Rahmen eines Forschungssemesters im PIKSL-Labor wurde gemeinsam mit Designstudentinnen und -studenten der Fachhochschule Düsseldorf an Alternativen gearbeitet. Dabei haben sich die Studierenden und die PIKSL-Laborantinnen und -Laboranten von Tablet-PCs inspirieren lassen, die durch ihre anpassungsfähigen grafischen Benutzeroberflächen auch experimentelle Möglichkeiten der Bedienung eröffnen. Das Resultat folgt der Analogie eines Schreibtischs, ein bewährtes und somit vertrautes Prinzip. Hier können Textzettel und Fotos per Drag-and-Drop-Prinzip zueinander in Beziehung gesetzt und ihr Status verändert werden. Die ersten Lösungsansätze wurden in einem analogen Designprozess erarbeitet, in dessen Verlauf die Laborantinnen und Laboranten eigene Entwürfe von Bedienoberflächen auf Papier zeichneten und mit den Studierenden diskutierten. Daraus entstanden erste Prototypen, deren Funktionen direkt im Labor überprüft werden konnten. Auf diese Weise wurde ein bedienerfreundliches System geschaffen, von dem alle Menschen profitieren können. Das System wird zurzeit im PIKSL-Labor weiterentwickelt und soll in Kürze im Rahmen eines Pilotprojekts validiert werden (Mycielski 2013).

Zusammenfassung

Im vorliegenden Beitrag wurden Potenziale von inklusiver (Medien-)Bildung und kollaborativen Arbeitsweisen für politische Bildungsprozesse exemplarisch vorgestellt. Grundsätzlich sollte der Blick nach Ansicht der Autoren nicht differenzierend auf diejenigen, die sozial, institutionell oder räumlich behindert werden, gerichtet sein: vielmehr stellt sich die Frage, wie – gemeinsam mit den Betroffenen – Bedingungen geschaffen werden können, die eine gleichberechtigte Teilhabe am gesellschaftlichen Leben ermöglichen. Durch die gemeinsame Gestaltung von Teilhabemöglichkeiten kann das Ziel »aktiv ein Umfeld zu fördern, in dem Menschen mit Behinderungen ohne Diskriminierung [...] gleichberechtigt mit anderen wirksam und umfassend an der Gestaltung der öffentlichen Angelegenheiten mitwirken können« (UN-BRK, Artikel 29 Absatz 1a), erreicht werden.

Anmerkungen

1 Weiterführende Informationen zum Projekt PIKSL sind unter www.piksl.net und www.facebook.com/PIKSLTEAM zu finden.

2 Die »In der Gemeinde Leben gGmbH« (IGL) ist ein Träger der Behindertenhilfe und unterstützt Menschen mit Behinderung und erworbener Hirnschädigung in Düsseldorf ambulant und stationär.

3 Mit »iterativ« soll zum Ausdruck gebracht werden, dass die Ideen auf dem Weg zur Finalisierung mehrere Prüfungsschleifen drehen und fortwährend optimiert werden, bis aus der Idee, über einen Prototypen, die finale Lösung entsteht. Zu dem Prozess gehören die Schritte: Verstehen, Beobachten, Sichtweise definieren, Ideen finden, Prototypen entwickeln und Testen. Sie wiederholen sich im Laufe des Prozesses und so wird daraus der iterative Prozess.

4 Ein Content-Management-System (CMS) ist ein Inhalts-Verwaltungssystem zur Bearbeitung von Inhalten (Content) auf Internetseiten.

Literatur

Baacke, D. (1996): Medienkompetenz als Netzwerk. In: Medien praktisch: medienpädagogische Zeitschrift für die Praxis. Heft 2. S. 4–10.

BMAS [Bundesministeriums für Arbeit und Soziales] (Hrsg.) (2015): einfachmachen. Gemeinsam die UN-Behindertenrechtskonvention umsetzen. Verfügbar unter http://www.gemeinsam-einfach-machen.de/BRK/DE/StdS/Home/stds_node.html (Zugriff: 03.02.2015).

BMBF [Bundesministerium für Bildung und Forschung] (Hrsg.) (2010): Kompetenzen in einer digital geprägten Kultur. Medienbildung für die Persönlichkeitsentwicklung, für die gesellschaftliche Teilhabe und für die Entwicklung von Ausbildungs- und Erwerbsfähigkeit. Bonn.

BMWI [Bundesministerium für Wirtschaft und Energie] u.a. (Hrsg.) (2014): Digitale Agenda 2014–2017. Verfügbar unter: http://www.bmwi.de/BMWi/Redaktion/PDF/Publikationen/digitale-agenda-2014–2017,property=pdf,bereich=bmwi2012, sprache=de,rwb=true.pdf (Zugriff: 02.02.2015).

Bosse, I. (2012): Partizipation von Menschen mit Behinderungen. In: Lutz, K./Rösch, E./Seitz, D. (Hrsg.): Partizipation und Engagement im Netz. Neue Chancen für Demokratie und Medienpädagogik. München. S. 177–186.

Bosse, I. (2013): Keine Bildung ohne Medien! Perspektiven der Geistigbehindertenpädagogik. In: Teilhabe. Heft 1. S. 26–32.

Bundesagentur für Arbeit (2014): Der Arbeitsmarkt in Deutschland – Die Arbeitsmarktsituation von schwerbehinderten Menschen. Nürnberg. Verfügbar unter: http://statistik.arbeitsagentur.de/Navigation/Statistik/Arbeitsmarktberichte/Personengruppen/Personengruppen-Nav.html (Zugriff: 09.02.2015)

Dederich, M. (2010): Behinderung, Norm, Differenz in der Sozialen Arbeit. Zur professionellen Konstruktion des Anderen. In: Kessl, F./Plößer, M. (Hrsg.), S. 170–186.

Deutscher Bundestag, 17 Wahlperiode (2011): Zweiter Zwischenbericht der Enquete-Kommission »Internet und digitale Gesellschaft« (Drucksache 17/7286). Verfügbar unter http://dipbt.bundestag.de/dip21/btd/17/072/1707286.pdf (Zugriff: 02.02.2015).

Freese, B. (2012): Abbau digitaler Barrieren. In: Sozial Extra. Heft 3–4. S. 24.

Freese, B. (2013): Abbau von digitalen Barrieren und inklusive Medienbildung im PIKSL-Labor. In: SI:SO. Heft 1. S. 50–55. Verfügbar unter: dokumentix.ub.uni-siegen.de/opus/volltexte/2014/785/index.html (Zugriff: 06.06.2014).

Freese, B. (2014): Inklusive Computerkurse im PIKSL-Labor. In: Dokumentation zur LVR-Initiative »FREIZEIT INKLUSIV GESTALTEN!«. Verfügbar unter http://www.medien-und- bildung.lvr.de/media/medienbildung/themen_1/freizeit_inklusiv_gestalten/Inklusion-und-Freizeit_Dokumentation_ohneStoerer_korrigiertesVorwort_Einzelseiten.pdf (Zugriff: 06.06.2014).

Freese, B. (2015): Soziale Innovation durch digitale Teilhabe. Alltagsintegration des Internets durch die Möglichkeiten mobiler Endgeräte. In: Friedrich, K./Siller, F./Treber, A. (Hrsg.): Smart und mobil – Digitale Kommunikation als Herausforderung für Bildung, Pädagogik und Politik. Schriften zur Medienpädagogik. Band 49. S. 185–202, München.

Freese, B./Mayerle, M. (2013): Digitale Teilhabe – zum Potenzial der neuen Technologien im Alltag von Menschen mit Lernschwierigkeiten. In: SI:SO. Heft 1. S. 4–15. Verfügbar unter: dokumentix.ub.uni-siegen.de/opus/volltexte/2014/785/index.html (Zugriff: 02.02.2015).

Freese, B./Mayerle, M. (2015): Digitale Teilhabe als Teil einer barrierefreien (E-) Partizipationskultur am Beispiel des PIKSL- Labors. In: Düber, Miriam/Rohrmann, Albrecht/Windisch, Marcus: Barrierefreie Partizipation. Entwicklungen, Herausforderungen und Lösungsansätze auf dem Weg zu einer neuen Kultur der Beteiligung. Weinheim.

Granovetter, M. (1973): The Strength of Weak Ties. In: American Journal of Sociology Heft 6. S. 13–60.

Haas, R. (2013): Alter ist kein Handicap. WDR-Reportage »hier und heute« vom 17.12.2013.

Hermanns, E./Dübbelde, S./Wiche, C. (2013): Einfach lernen: Seniorenkurse im PIKSL Labor. In: SI:SO. Heft 1. S. 82–83. Verfügbar unter: dokumentix.ub.uni-siegen.de/opus/volltexte/2014/785/index.html (Zugriff: 02.02.2015).

Kempf, M. (2013): Digitale Teilhabe und UN-Behindertenrechtskonvention. In: SI:SO. Heft 1. S. 16–23. Verfügbar unter: dokumentix.ub.uni-siegen.de/opus/volltexte/2014/785/index.html (Zugriff: 02.02.2015).

Kessl, F./Plößer, M. (Hrsg.) (2010): Differenzierung, Normalisierung, Andersheit. Soziale Arbeit als Arbeit mit den Anderen. Wiesbaden.

Krotz, F. (2001): Die Mediatisierung kommunikativen Handelns. Der Wandel von Alltag und sozialen Beziehungen. Kultur und Gesellschaft durch Medien. Wiesbaden.

Kutscher, N. (2011): Soziale Arbeit im virtuellen Raum. In: Otto, H.-U./Thiersch, H.: Handbuch Soziale Arbeit. 4. Auflage. München. S. 1302–1309.

IDZ [Internationales Design Zentrum Berlin e. V.] (2013): Universal Design. Verfügbar unter: http://www.idz.de/de/sites/1368.html (Zugriff: 06.02.2015).

Mayerle, M. (2012): Zwischenbericht: Begleitforschung im PIKSL-Labor. Zentrum für Planung und Evaluation Sozialer Dienste (ZPE). Verfügbar unter: www.uni-siegen. de/zpe/projekte/aktuelle/piksl/dokumente/zwischenbericht_piksl_final_19.08.12. pdf (Zugriff: 10.07.2014).

Mayerle, M. (2015): Woher hat er die Idee? Selbstbestimmte Teilhabe von Menschen mit Lernschwierigkeiten durch Mediennutzung. Abschlussbericht der Begleitforschung im PIKSL-Labor. Siegen.

Munsch, C. (2003): »Die haben alles schon geplant«. Ein ethnografisches Beispiel des Engagements unterschiedlicher Bevölkerungsgruppen. In: Munsch, C. (Hrsg.): Sozial Benachteiligte engagieren sich doch. Über lokales Engagement und soziale Ausgrenzung und die Schwierigkeiten der Gemeinwesenarbeit. Weinheim/München. S. 239–269.

Mycielski, D. (2013): Web-Tools als Chance für digitale Teilhabe. In: SIE:SO. Heft 1. S. 70–77.

Niesyto, H. (2003) (Hrsg.): VideoCulture. Video und interkulturelle Kommunikation. Grundlagen, Methoden und Ergebnisse eines internationalen Forschungsprojekts. München.

Plattner, H./Meinel, C./Weinberg, U. (2009): design Thinking. Innovation lernen – Ideenwelten öffnen. München.

Röser, J./Peil, C. (2014): Internetnutzung im häuslichen Alltag. Wiesbaden.

Schulze, S. (2012): Ort des Fortschritts: PIKSL-Labor ist Beispiel für soziale Innovation. Verfügbar unter: http://www.wissenschaft.nrw.de/?id=414 (Zugriff: 25.11.2014).

SFIB [Schweizerische Fachstelle für Informationstechnologien im Bildungswesen] (Hrsg.) (2009): ICT in der Sonderpädagogik. Zur Bedeutung der Informations- und Kommunikationstechnologien (ICT) in der Ausbildung der Lehrpersonen 2009. Verfügbar unter: http://sfib.educa.ch/sites/default/files/20121003/ict_und_ sonderpaedagogik_.pdf (Zugriff: 26.05.2014).

Theunissen, G. (2013): Empowerment und Inklusion behinderter Menschen. Eine Einführung in Heilpädagogik und Soziale Arbeit. 3. Auflage. Freiburg.

Van Eimeren, B. (2013): »Always on« – Smartphone, Tablet & Co. als neue Taktgeber im Netz. In: Ergebnisse der ARD/ZDF-Onlinestudie 2013, Media Perspektiven. Heft 7–8. S. 386–390.

Van Eimeren, B./Frees, B. (2014): 79 Prozent der Deutschen online – Zuwachs bei mobiler Internetnutzung und Bewegtbild. Ergebnisse der ARD/ZDF-Onlinestudie 2014. Verfügbar unter: www.ard-zdf- onlinestudie.de/index.php?id=506 (Zugriff: 25.11.2014).

Wagner, U./Gerlicher, P./Brüggen, N. (2011): Partizipation im und mit dem Social Web – Herausforderungen für die politische Bildung. Expertise für die Bundeszentrale für politische Bildung. Verfügbar unter: pb21.de/files/2012/01/bpb-Expertise_Partizipation_im_Social_Web.pdf (Zugriff: 08.09.2014).

Teil 2

Inklusive politische Bildung in der Schule

2.1 Lehr- und Lernprozesse in der inklusiven Schule

Dagmar Richter

Inklusion: politische Bildung in der Grundschule als »Muster« für alle Schulformen?

Heterogenität ist in Grundschulklassen normal

In der Grundschuldidaktik werden die Herausforderungen durch Inklusion schon seit Längerem diskutiert (Giest u. a. 2011, Seitz 2004, 2005), oftmals bezogen auf die Schulpädagogik (Hinz u. a. 2008, 2010). Die Diskussionen können an Prinzipien der Didaktik in Grundschulen anknüpfen, da diese sich seit jeher durch eine hohe Heterogenität ihrer Schülerinnen und Schüler auszeichnen. Eine normativ-pädagogisch verstandene Inklusion meint hier meist den uneingeschränkten Zugang und die unbedingte Zugehörigkeit aller Schülerinnen und Schüler zur Klassen- und Lerngemeinschaft, nicht aber ein Negieren von Differenz (vgl. die Diskussion verschiedener Begriffe von Inklusion bei Cramer/Harant 2014). Schon früh wurden in der Grundschuldidaktik Normalitätsvorstellungen aufgebrochen und *Diversity*-Ansätze bzw. der Begriff der egalitären Differenz (Prengel 2010, S. 2) genutzt. Daher erscheint es lohnend, zu überlegen, ob sich aus den Traditionen der Grundschuldidaktik, insbesondere aus dem Konzept der Binnendifferenzierung, Hinweise für die Inklusion im politischen Unterricht auch in anderen Schulformen finden lassen.

In der Grundschule sind Schülerinnen und Schüler zusammen, die hoch- oder »normal«-begabt sind, und Lernende, die nicht die basalen Kompetenzen im Lesen und Rechnen oder in der politischen Bildung erwerben.

Die nötige Binnendifferenzierung von Unterricht führt zur Individualisierung. Das einzelne Kind und nicht die gesamte Klasse oder der zu vermittelnde Stoff stehen im Vordergrund aller Überlegungen zum Unterricht. Die Diagnostik von Lernproblemen jedweder Art zählt mit zu den wichtigsten Tätigkeiten der Lehrenden. Aus der Diagnose heraus ergeben sich gestufte Ziele des Unterrichts für die unterschiedlichen Schülerinnen und Schüler und individualisierte Förderpläne. Seit der Entwicklung von Kompetenzmodellen erfolgt dies besser begründet und strukturierter als zuvor. Hierauf wird im Folgenden der Schwerpunkt gelegt. Nicht diskutiert werden die Begriffe »Inklusion« und »Integration« sowie ihr Verhältnis zueinander, also beispielsweise die Frage, ob eine starke Binnendifferenzierung des Unterrichts eher als Integration denn als Inklusion zu verstehen ist (dazu Cramer/Harant 2014, S. 17).

Binnendifferenzierung im Grundschulunterricht

Auch wenn in der Politikdidaktik bislang nur ein Kompetenzmodell existiert (Weißeno u. a. 2010, Detjen u. a. 2012), über dessen Struktur in der Fachdidaktik gestritten wird, sind die Vorteile der Kompetenzorientierung im Hinblick auf die Binnendifferenzierung und den inklusiven Unterricht deutlich: *Ein* Kompetenzmodell für alle Schülerinnen und Schüler sollte die Grundlage bieten. Die Schülerinnen und Schüler erreichen jeweils verschiedene Entwicklungsstufen bei den verschiedenen Kompetenzen, aber alle sollen die Kompetenzen und damit (politische) Bildung erwerben, nur das Niveau unterscheidet sich. Es ist deshalb nötig, die Basisfähigkeiten für politische Bildung zu klären, die als Minimum von allen zu erwerben sind. Ein Kompetenzmodell für alle verhindert Exklusion, d. h., es verhindert, dass politische Bildung für Schülerinnen und Schüler mit besonderem Förderbedarf nicht stattfindet. Dieses Verständnis von Inklusion ist in der Grundschulpädagogik verankert. »Wenn wir mit guten Gründen grundlegende Kompetenzen benennen können, die für ein Leben in der heutigen Welt von existenzieller Bedeutung sind [...], sollten die Anstrengungen darauf gerichtet werden, allen Kindern so intensiv wie möglich Zugänge zu diesen Kompetenzen und damit Befähigungen für Partizipation im Sinne des Capability-Ansatzes zu ermöglichen.« (Liebers u. a. 2013, S. 49).

Darüber hinaus eignen sich allgemeindidaktische und methodische Erkenntnisse über Lehr-Lern-Prozesse in der Grundschule für die Inklusion in weiterführenden Schulen: Eine klare Strukturierung des Unterrichts, graduierte Hinweise für die Bearbeitung von Lernaufgaben (ihre Konkretheit und Anzahl betreffend), transparente Leistungserwartungen oder die Wahl von Arbeitsformen helfen bei der Binnendifferenzierung.

Die Gründe für die Binnendifferenzierung und ihre Möglichkeiten seien kurz erläutert:

- Kinder haben eine selektive Aufmerksamkeit, auch bei Lernaufgaben. Sie können in der Regel nicht zwischen relevanten und unwichtigen Informationen zur Lösung einer Aufgabe unterscheiden (Hasselhorn/ Gold 2006, S. 155 f.). Differenzierungen sind möglich, indem für ausgewählte Schülerinnen und Schüler mehr unterstützende Hinweise in Lernaufgaben gegeben und irrelevante Informationen weggelassen werden. Beispielsweise kann in Fallanalysen auf »Rand-Akteure« verzichtet und der Konfliktcharakter des Falls pointiert werden.
- Kinder haben ein »kleines« Arbeitsgedächtnis, also eine geringere Gedächtnisspanne als Ältere (ebd., S. 161). Für schwächere Lernende sind kurze Arbeitszeiten, die Aufteilung einer Fragestellung in mehrere Teilaufgaben oder der Wechsel zwischen visuell-räumlichen und phonologischen Anforderungen (Texte, Bilder, Concept-Maps etc.) hilfreich, während leistungsstärkere Schülerinnen und Schüler mit längeren Arbeitszeiten und größeren Arbeitseinheiten gefordert werden können.
- Kindern fehlen oftmals noch geeignete Lernstrategien und sie erkennen auch nicht immer, welche der schon erlernten Strategien für eine Aufgabenstellung geeignet ist. Zudem erfordert die Auswahl und Anwendung einer Lernstrategie von ihnen viel Aufmerksamkeit, die für die weitere Bearbeitung der Aufgabe fehlt (ebd., S. 163, Hellmich/Wernke 2009). Differenzierungen sind möglich, indem je nach Leistungsstärke der Schülerin/des Schülers in den Aufgaben direkt auf vergleichbare frühere Aufgaben verwiesen wird, mehr Zeit für das Ausbilden von Routinen durch die Anzahl von Wiederholungen gegeben wird oder indem Anfänge vorgegeben werden, die den weiteren Verlauf der Bearbeitung anzeigen.
- Kinder besitzen noch nicht die Fertigkeit zur metakognitiven Regulation[1] ihrer Lerntätigkeiten (Hasselhorn/Gold 2006, S. 150). Diese Fertigkeit ist zu fördern, d.h. dass die Reflexionsprozesse, die sich auf den eigenen Lernprozess beziehen, konsequent zu üben sind. Möglich ist dies nur in einem individuellen Betreuungsverhältnis.

Im inklusiven Unterricht ist jeweils zu prüfen, welche Differenzierungen nötig sind. Sie sind jedoch nicht fachspezifisch, sondern treffen für alle Lehr-Lern-Prozesse zu.

Frühe Förderung politischer Kompetenzen

Eine frühe Förderung politischer Kompetenzen, ein frühes »Kompetenzerleben« ist wichtig für die Bildung eines politisch relevanten Selbstkonzepts. Die Grundschulzeit bietet dafür eine große Chance, da Schulanfängerinnen und -anfänger ihre eigenen Fähigkeiten in der Regel sehr optimistisch einschätzen. Erst mit ca. acht Jahren wird die Selbsteinschätzung realistischer. Sie speist sich von nun an verstärkt aus den Erfahrungen mit eigenen Handlungserlebnissen (Hasselhorn/Gold 2006). An die frühe positive Erfolgszuversicht gilt es anzuknüpfen, sie ist durch die Vermittlung positiver Rückmeldungen zu erhalten, die Lernfreude ist also im Hinblick auf ein politisch relevantes Selbstkonzept zu stärken. Wichtig sind »Erfolge« bei den Lernergebnissen, die nicht großartig sein müssen, aber für die Lernenden sichtbar. Beispielsweise können eine gelungene Präsentation von Lernergebnissen oder das Schreiben und Abschicken einer Protest-E-Mail als Erfolg gewertet und entsprechend wertgeschätzt werden. Kompetenzerleben wird durch die Aneignung von Erfahrungswissen (unmittelbarer Lebensbezug) gefördert, wobei der Lebensbezug auch in nichtauthentischen »Anforderungssituationen« vorhanden sein kann.

Die politischen Kompetenzen lassen sich für den inklusiven Unterricht konkreter differenzieren nach den Kompetenzdimensionen des Modells von Detjen u. a. (2012, Weißeno u. a. 2010; vgl. auch den Beitrag von Georg Weißeno in Teil 1.2 dieses Bandes), das u. a. im Kompetenzmodell des Sachunterrichts, dem Perspektivrahmen Sachunterricht (GDSU 2013), aufgegriffen wurde. Der Perspektivrahmen unterscheidet eine inhaltliche Dimension, also Begriffe und Konzepte, sowie eine prozedurale Dimension mit den fachspezifischen Denk-, Arbeits- und Handlungsweisen. Zu Letzteren gehören die Kompetenzdimensionen Einstellung und Motivation, Urteilen und Handlungsfähigkeiten.

Zur Förderung von Kompetenzen insbesondere im inklusiven Unterricht ist eine gute Diagnostik bzw. sind gute diagnostische Fähigkeiten der Lehrkräfte wichtig. Eine Diagnostik setzt in sich gestufte didaktische Modelle voraus (Prengel 2012), welche die gerade erst beginnenden »Lernbedürfnisse über darauf folgende Stufen bis hin zu komplex ausdifferenzierten Kompetenzen [...] beschreiben« (Liebers u. a. 2013, S. 50). Zu Kompetenzrastern ausdifferenziert, bieten sie »die Basis für eine pädagogische Diagnostik«, da die Lehrpersonen diese Ordnungsmuster für ihre Analyse des kindlichen Lernens nutzen können, ohne sie jedoch eins zu eins zu übertragen (ebd.). Solche Kompetenzentwicklungsmodelle sind bislang für die politische Bildung noch nicht vorhanden. Allerdings finden sich für die politische Bildung in der Grundschule, d. h. insbesondere im Sachunterricht, Hinweise auf die Anfänge des Lernens und auf kindliche Lernweisen, die sich für einen inklusiven Unterricht nutzen lassen – so die grundlegende These dieses Beitrags. Im Folgenden sollen daher drei Kompetenzdimensionen mit Blick auf die derzeit diskutierten Fördermöglichkeiten im Sachunterricht, und damit für die Anfänge schulischer Bildung, genauer betrachtet werden.

Drei Kompetenzdimensionen

Zur Kompetenzdimension »Einstellungen und Motivation«

Die Kompetenzdimension »Einstellungen und Motivation« lässt sich bei allen Schülerinnen und Schülern durch einen Unterricht beeinflussen, der die bereits angesprochene Erfolgszuversicht stärkt, einen Bezug zur Alltagswelt der Lernenden herstellt und damit Interesse an der Politik fördert. Kinder interessieren sich für die Politik, die direkte Auswirkungen auf ihr Alltagsleben hat oder die eine besonders große mediale Aufmerksamkeit erfährt. Sie stellen Fragen, die im Unterricht aufzugreifen sind. Die Förderung dieser Kompetenzdimension ist eine Voraussetzung für Partizipation im Kindes- und später im Jugend- und Erwachsenenalter.

Zu dieser Dimension gehört zudem das konsequente und sofortige Fördern von Disäquilibrationsprozessen (das Initiieren von Diskrepanzen in den Vorstellungen) gegen Vorurteilsbildung, unterstützt durch Kooperationslernen. Schon junge Kinder übernehmen diskriminierende Kategorisierungen, die zu Vorläufern von politischen Vorurteilen werden können (Wagner 2007). Hierzu zählen auch Vorurteile gegenüber Kindern mit Beeinträchtigungen. Kinder haben normative Einstellungen zur Politik und den Umgang der Menschen miteinander (Deth u. a. 2007, Hepburn/Niemi 1995, Ohlmeier 2007). Sie akzeptieren demokratische Werte (Helwig 1998, Watermann 2005), nehmen aber auch ein negatives Image von Politik an, das z. B. in den Medien oder der Kinderliteratur zu finden ist (Strohmeier 2005, S. 14 f.).

Des Weiteren gehören die Verarbeitung affektiver Spannungen und das konstruktive Umgehen mit politischen Ängsten zu dieser Dimension. Viele Menschen, vor allem auch Kinder, haben politische Ängste (Kriegsängste, Umweltängste, Angst vor Arbeitslosigkeit etc.), auch ohne dass es dafür einen politischen Anlass gibt. Sie können reale und fiktive Gefahren nicht trennen (Berti/Vanni 2000). Es ist anzunehmen, dass die zunehmende Virtualisierung durch elektronische Medien die Unterscheidungsfähigkeit zwischen Fiktivem und Realem nicht befördert. Neben spannungslösen-

den Aktivitäten (z. B. zeichnen und malen), ist daher auch die Wissensvermittlung als Aufklärung wichtig.

Zur inhaltlichen Kompetenzdimension (Fachwissen)

Kinder haben oftmals ein geringes politisches Vorwissen, aber sie werden
noch öfter unterschätzt. Sie nehmen politische Phänomene wahr und erinnern erstaunliche Details. Sie können diese Details jedoch nicht in einen
sinnvollen Zusammenhang bringen (Deth u. a. 2007) und das Wahrge-
nommene daher nicht zur Beantwortung ihrer eigenen Fragen nutzen.
Die wahrgenommenen Phänomene bleiben fragmentarisch, d. h., sie werden nicht miteinander verknüpft und manchmal mit falschen Vorstellungen vermengt (Berti 2002). Insbesondere abstrakte politische Phänomene
können Kinder nur selten erfassen. Sie erklären sich deren »sichtbare« Seiten mit »eigenen Theorien«.

Die Kompetenzdimension »Fachwissen« lässt sich in Lehrgängen fördern,
die einen kumulativen Wissensaufbau anstreben. Der Wissenserwerb ist also
über alle Schuljahre hinweg als ein zusammenhängender Lernweg zu planen. Die Lehrgänge beinhalten den Aufbau einer Wissensbasis: Politische
Fachkonzepte des Kompetenzmodells werden nach den »klassischen« Aspekten der Zugänglichkeit, Verständlichkeit und Relevanz für die Lernenden
ausgewählt. Die Fachkonzepte werden geklärt, indem sie mit Hilfe der sie
konstituierenden Begriffe gelernt werden. So wird beispielsweise das Fachkonzept »Wahlen« bei der Klassensprecherwahl über folgende Begriffe und
ihre konkrete »Anwendung« gelernt: allgemein, frei, geheim, gleich, unmittelbar. An diese konkreten Erfahrungen anknüpfend, können die Begriffe
später auf andere Wahlen übertragen werden, z. B. die Wahl in einem Verein
oder die Bürgermeister- und Bundestagswahl (kumulatives Lernen).

Ein weiteres Beispiel: Das Fachkonzept »Partei« bildet sich bei Lernenden nicht dadurch, dass Parteinamen bekannt sind (Faktenwissen), sondern
indem sie Begriffe wie Interessen, Wählerinnen und Wähler und Wahlkampf damit verbinden. Die Bedeutung von Begriffen erschließt sich nach
Sodian (1998, S. 633) in der Regel erst aus ihrem Stellenwert innerhalb eines
begrifflichen Apparats. Die Begriffe und die abstrakteren Konzepte sind
daher zu vernetzen. Im weiteren Lernprozess kann beispielsweise das Fachkonzept »Partei« mit Repräsentation oder Demokratie verknüpft werden.

Nur vernetztes Wissen kann in Anforderungssituationen selbstständig
genutzt werden; Faktenwissen meistens nicht. Je mehr Begriffe mit den
Konzepten verknüpft sind, desto differenzierter ist das Wissen. Wichtig für
den Wissensaufbau ist die strukturierte Vermittlung von Fachkonzepten.
Die konstituierenden Begriffe sind zu klären (auch scheinbar bekannte)

und die Komplexität der Konzepte ist zu reduzieren. Die Reduktion sollte dem »Beutelsbacher Konsens«, entsprechen, bedeutet jedoch stets eine »Herausforderung«. Eine Reduktion ist zunächst zeitlich beschränkt. In einem kumulativ angelegten Curriculum werden die Konzepte und Begriffe immer wieder aufgegriffen und mit weiteren Begriffen angereichert. Für den Anfang der politischen Bildung in der Grundschule und auch für den inklusiven Unterricht aber gilt, dass das zu erwerbende Wissen je nach Lernvoraussetzungen unterschiedlich komplex und differenziert sein sollte.

Auch im Bereich des Wissens ist die jeweilige Lernausgangslage der Schülerinnen und Schüler zu erheben. Ausgangspunkt für eine qualitative Differenzierung ist also ihr Vorwissen, das in Gesprächen, Portfolios, Lerntagebüchern u. Ä. erhoben werden kann. Zu achten ist auf Stärken, aber auch auf Schwächen im Vorwissen. »Das Analysieren von ›Fehlern‹ oder von *misconceptions* kann aufzeigen, wo Kinder anders denken, ungünstige Lernwege nutzen, einer fachwissenschaftlichen Erkenntnissen widersprechende Auffassung von Vorgängen haben oder vorhandene Präkonzepte nicht ausbaufähig und/oder anschlussfähig sind.« (Liebers u. a. 2013, S. 59) Das Analysieren von Fehlern dient nicht primär einer bewertenden Rückmeldung, sondern soll die Grundlage für eine gezieltere Unterstützung von Lernprozessen bilden. Diese Trennung ist insbesondere für die Schülerinnen und Schüler sichtbar zu machen, indem beispielsweise Lern- und Leistungsaufgaben deutlich unterschieden werden. Eine gewisse Skepsis, dass die Trennung gelingt, mag bleiben; der Unterricht in der Grundschule hat hier den Vorteil, dass zumindest in den ersten Klassenstufen keine Zeugnisse mit Noten, sondern Lernstandsberichte erstellt werden.

Ein weiterer Aspekt ist zu beachten. Viele Themen sind in der Grundschule gut interdisziplinär zu unterrichten, wenn beispielsweise politische und soziale Fragen miteinander verknüpft werden. Aber zur Begriffsbildung ist oftmals zunächst eine deutliche Trennung der Bereiche in Soziales und Politisches vorzunehmen, zumal soziales Lernen nicht in politisches Lernen »überführt« werden kann (Biedermann 2006, Reinhardt 2009). Wie die Trennung im Unterricht so vorgenommen werden kann, dass der Unterschied auch für die Schülerinnen und Schüler deutlich wird, sei am Konzept »Macht« illustriert. Macht gilt in einem bestimmten Gebiet bzw. Kontext. Sie geht von einem Machthaber aus und ist auf ein oder mehrere Subjekte gerichtet. Der oder die Trägerin von Macht kann sie auf unterschiedlichem Wege erlangen: Durch

- die Position oder Stärke, etwas durchsetzen zu können,
- Sachkompetenz, also etwas gut zu wissen und zu können (epistemische Autorität),
- Charakter (als Mensch anerkannt gut sein) (Martens 2005, S. 77).

Politisch ist nur der erste Weg, nämlich Macht durch die Position zu erlangen. Zur Klärung des Konzepts sind aber auch die anderen Wege zu reflektieren, mit denen Macht erlangt werden kann. Erst wenn der Unterschied zwischen Macht in der Politik und in der Alltagswelt deutlich ist, kann das Politische in der Lebenswelt entdeckt und die Bedeutung des Politischen für die Lebenswelt verstanden werden. Erst dann kann im Unterricht über politische Macht in Fallbeispielen angemessen diskutiert werden.

Macht ist zudem von Gewalt oder Autorität abzugrenzen. Dabei bleibt es der Lehrkraft überlassen, ob sie von einigen oder allen Schülerinnen und Schülern verlangt, Macht selbst definieren zu können oder »nur« mit Beispielen zu beschreiben. Oder ob sie erwartet, dass der Begriff »Autorität« im passiven oder aktiven Wortschatz der Schülerinnen und Schüler vorhanden ist. Ähnliches ließe sich für andere Fachkonzepte ausführen, beispielsweise für die Wahl (zwischen Kandidaten oder zwischen Obstsorten).

Die Lehrkraft selbst sollte jedoch eine (oder mehrere) Definitionen der jeweiligen Fachkonzepte kennen und sie zum Ausgang ihrer Überlegungen zum Unterricht machen. Es stellt sich für sie die Frage, an welche (konstituierenden) Begriffe aus der Alltagswelt der Schülerinnen und Schüler sie im Unterricht anknüpfen kann, sodass diese die Fachkonzepte verstehen können. Dafür sind die Konzepte in Begriffe zu zerlegen; ggf. sind zunächst einige Begriffe explizit einzuführen. Zum Beispiel lässt sich »Krieg« zerlegen in

- Konflikt (Ursache),
- feindliche/bewaffnete Auseinandersetzung (Form),
- involvierte staatliche Ebene (Akteure) wie Regierungschef (z. B. Kanzler, König, Stammesfürst), Staatsvolk (oder analoge gesellschaftliche Gruppen),
- Rechtssystem (Gesetze) usw. (Richter, 2009, S. 223).

Auch eine andere Differenzierung von »Krieg« ist möglich. Es kommt nicht darauf an, eine rundum abgesicherte Definition und Differenzierung der Konzepte zu leisten. Es geht vielmehr darum, eine für die Lernenden verständliche Begriffsbasis zu schaffen. Im Rahmen des kumulativen Lernens sind in späteren Unterrichtseinheiten weitere Differenzierungen, eventuell eine Kontrastierung mit anderen Definitionen usw. denkbar.

Zur Kompetenzdimension »Handlungsfähigkeit«

Zur Kompetenzdimension »Handlungsfähigkeit« gehören das Artikulieren, Argumentieren, Verhandeln und Entscheiden (Detjen u. a. 2012). Auch diese Fähigkeiten lassen sich abstufen, insbesondere durch jeweils entsprechende Aufgabenstellungen (s. o.). Im Kompetenzmodell des Sachunterrichts, in der sozialwissenschaftlichen Perspektive des Perspektivrahmens (GDSU 2013), werden diese Fähigkeiten wie folgt beschrieben: Die Schülerinnen und Schüler können »[a]rgumentieren sowie zwischen Einzelnen oder zwischen Gruppen mit unterschiedlichen Interessen und Bedürfnissen verhandeln«. Hierzu gehören Kompetenzansprüche wie

- »eigene Interessen und Bedürfnisse artikulieren sowie die von anderen benennen,
- sich (z. B. durch Befragungen oder Recherchen) über einen Interessen- oder Verteilungskonflikt informieren und eine Situationsbeschreibung leisten (z. B. verschiedene Positionen darstellen),
- einen Perspektivenwechsel (z. B. bei Diskussionen) zu anderen Betroffenen vornehmen und deren Perspektive beschreiben,
- verschiedene Möglichkeiten für Konfliktlösungen suchen und eine begründete eigene Sichtweise zum Konflikt entwickeln,
- argumentierend für die eigene Position werben und Bündnispartner suchen,
- verhandeln, um einen möglichen Konsens zu finden bzw. um Kompromisse zu schließen, um Mehrheiten zu bilden oder um Vereinbarungen zu treffen,
- Mehrheitsentscheidungen akzeptieren und tolerieren« (ebd., S. 31).

Inklusiver Unterricht erfordert hier auf der methodischen Ebene oftmals Gruppenarbeit mit einer entsprechenden Aufgabenteilung. Bei Grundschülerinnen und -schülern besteht die Gefahr, dass sie leistungsstärkeren oder auch älteren Schülerinnen und Schülern (im jahrgangsübergreifenden Unterricht) argumentativ unterlegen sein können. Obwohl sie gute Argumente kennen, können sie sie rhetorisch nicht so gut nutzen. Zudem besteht die Gefahr, dass sie beim Argumentieren und Verhandeln von den Leistungsstärkeren für andere Interessen instrumentalisiert werden könnten. Daher ist es auch in Integrationsklassen sinnvoll, dass die Lernenden sich ihren Kompetenzen entsprechend Bündnispartnerinnen und -partner in der Klasse suchen (und im Offenen Unterricht auch außerhalb der Klasse), mit denen sie sich gemeinsam und solidarisch für die eigenen Interessen einsetzen können.

Konsequenzen für den inklusiven Unterricht

Kompetenzmodelle betonen die Lernvoraussetzungen der Schülerinnen und Schüler. Mit einem Kompetenzentwicklungsmodell, das differenziert verschiedene Stufen des Erwerbs von Kompetenzen ausweist, ist die Diagnose des Lernstands der Schülerinnen und Schüler einfacher als ohne, da sich für jeden Lernenden der nächste Lernschritt zeigen würde. Darauf bezogene »diagnostisch aussagekräftige Lernaufgaben« könnten zusätzlich die diagnostischen Tätigkeiten der Lehrenden unterstützen. Dies bedeutet jedoch nicht, dass die beobachteten Fähigkeiten schon als endgültig gesehen werden. Gemäß der »reflektierten Beobachtung« nach Martin Wawrinowski gehört »zur Beurteilung des anderen [...] notwendigerweise das Verständnis der Absicht, des subjektiven Sinns und der sozialen Bedeutung seines Handelns« (zit. nach Liebers u. a. 2013, S. 58). Die Autorinnen um Prengel folgern daher: »Deshalb soll die Fremdeinschätzung durch die Lehrkräfte mit einer Selbsteinschätzung der Schülerinnen und Schüler (z. B. über Fragebögen, Einträge im Lerntagebuch) zusammengeführt werden, um anschließend in individuellen Fördergesprächen Wahrnehmungsgemeinsamkeiten und -unterschiede zu thematisieren.« (ebd.) Diese anspruchsvollen diagnostischen Fähigkeiten der Lehrenden sind ohne eine entsprechende Ausbildung in der Erst- oder Fortbildung wohl kaum zu erlangen, denn sie orientiert sich an der Maxime: »Jedes Kind ist auf seiner Stufe kompetent.« (ebd., S. 60)

Von einer konzeptionellen Seite aus gedacht, lassen sich die hier angesprochenen politischen Kompetenzen im inklusiven Unterricht bei allen Schülerinnen und Schülern auf verschiedenen Niveaus fördern. Wichtig wäre jetzt Forschung, beispielsweise in Form von Interventionsstudien, die mit belastbaren empirischen Daten diese konzeptionellen Vorschläge unterstützen. Wichtig wäre zudem, die oftmals stattfindenden Mechanismen von Exklusion im inklusiven Unterricht genauer zu untersuchen (Slee 2011). Heterogenität wird auch im inklusiven Unterricht hervorgebracht (Budde 2012, S. 523), aber sie sollte hier zu einem Anerkennen von Differenz und nicht zur Exklusion führen.

Anmerkungen

1 Metakognitionen umfassen nach Hasselhorn und Gold »Phänomene, Aktivitäten und Erfahrungen, die mit dem *Wissen* und der *Kontrolle* über eigene kognitive Funktionen (z. B. Wahrnehmen, Lernen, Verstehen, Denken) zu tun haben« (2006, S. 95). Die eigenen Kognitionen werden damit selbst zu den »Objekten der Reflexion« (ebd.).

Literatur

Berti, A. E. (2002): Children's understanding of society: psychological studies and their educational implications. In: Näsman, E./Ross, A. (Hrsg.): Children's Understanding in the new Europe. Stoke on Trent, UK. S. 89–107.

Berti, A. E./Vanni, E. (2000): Italian Children's Understanding of War: A Domain-specific Approach. In: Developmental Science. Heft 9. S. 478–496.

Biedermann, H. (2006): Junge Menschen an der Schwelle politischer Mündigkeit. Partizipation: Patentrezept politischer Identitätsfindung? Münster.

Budde, J. (2012). Problematisierende Perspektiven auf Heterogenität als ambivalentes Thema der Schul- und Unterrichtsforschung. Zeitschrift für Pädagogik. Heft 4. 522–540.

Cramer, C./Harant, M. (2014): Inklusion – Interdisziplinäre Kritik und Perspektiven von Begriff und Gegenstand. In: Zeitschrift für Erziehungswissenschaft. Heft 4. S. 639–659.

Deth, J. W./Abendschön, S./Rathke, J./Vollmar, M. (2007): Kinder und Politik. Politische Einstellungen von jungen Kindern im ersten Grundschuljahr. Wiesbaden. S. 83–118.

Detjen, J./Massing, P./Richter, D./Weißeno, G. (2012): Politikkompetenz – ein Modell. Wiesbaden.

GDSU [Gesellschaft für Didaktik des Sachunterrichts] (Hrsg.) (2013): Perspektivrahmen Sachunterricht. Vollständig überarbeitete und erweiterte Ausgabe. Bad Heilbrunn.

Giest, H./Kaiser, A./Schomaker, C. (Hrsg.) (2011): Sachunterricht auf dem Weg zur Inklusion. Bad Heilbrunn.

Hasselhorn, M./Gold, A. (2006): Pädagogische Psychologie. Erfolgreiches Lernen und Lehren. Stuttgart.

Hellmich, F./Wernke, S. (Hrsg.) (2009): Lernstrategien im Grundschulalter. Konzepte, Befunde und praktische Implikationen. Stuttgart.

Helwig, C. C. (1998): Children's Conceptions of Fair Government and Freedom of Speech. In: Child Development. Heft 2. S. 518–531.

Hepburn, M. A./Niemi, R. G. (1995): The Rebirth of Political Socialization. In: Perspectives on political science. Heft 1. S. 7–16.

Hinz, A./Körner, I./Niehoff, U. (Hrsg.) (2008): Von der Integration zur Inklusion. Grundlagen – Perspektiven – Praxis. Marburg.

Hinz, A./Körner, I./Niehoff, U. (Hrsg.) (2010): Auf dem Weg zur Schule für alle. Barrieren überwinden – inklusive Pädagogik entwickeln. Marburg.

Liebers, K./Maier, P./Prengel, A./Schönknecht, G. (2013): Pädagogische Diagnostik und Lernwege von Kindern im inklusiven Sachunterricht. In: Wittkowske, S./ Maltzahn, K. v. (Hrsg.): Lebenswirklichkeit und Sachunterricht. Erfahrungen – Ergebnisse – Entwicklungen. Bad Heilbrunn. S. 48–62.

Martens, E. (2005): »Der kleine Prinz« oder: Was ist Autorität? – Sokratisches Philosophieren mit Kindern. In: Hoßle, C./Michalik, K. (Hrsg.): Philosophieren mit Kindern und Jugendlichen. Baltmannsweiler. S. 68–80.

Ohlmeier, B. (2007): Politische Sozialisation von Kindern im Grundschulalter. In: Richter (Hrsg.), S. 54–72.

Prengel, A. (2010): Inklusion in der Frühpädagogik – Bildungstheoretische, empirische und pädagogische Grundlagen. München.

Prengel, A. (2012): Lern- und Förderplanung in inklusiven Schulen. Grundlagen, praktikable Instrumente, Ausblick. Vortragsdokumentation Bremen.

Reinhardt, S. (2009): Ist soziales Lernen auch politisches Lernen? Eine alte Kontroverse scheint entschieden. In: Gesellschaft – Wirtschaft – Politik. Heft 1. S. 119–125.

Richter, D. (Hrsg.) (2007): Politische Bildung von Anfang an. Demokratie-Lernen in der Grundschule. Schwalbach am Taunus.

Richter, D. (2009): Kumulativer Wissensaufbau von Anfang an. In: Oberreuter, H. (Hrsg.): Standortbestimmung Politische Bildung. Schwalb am Taunus. S. 217–230.

Seitz, S. (2004): Zu einer inklusiven Didaktik des Sachunterrichts. In: Kaiser, A./ Pech, D. (Hrsg.): Integrative Dimensionen des Sachunterrichts. Baltmannsweiler. S. 169–180.

Seitz, S. (2005): Zeit für inklusiven Sachunterricht. Baltmannsweiler.

Slee, R. (2011). The irregular school: Exclusion, schooling, and inclusive education. Oxon, UK.

Sodian, B. (1998): Entwicklung bereichsspezifischen Wissens. In: Oerter, R./Montada, L. (Hrsg.): Entwicklungspsychologie. Ein Lehrbuch. 4.Auflage. Weinheim. S. 622–654.

Strohmeier, G. (2005): Politik bei Benjamin Blümchen und Bibi Blocksberg. In: Aus Politik und Zeitgeschichte. Heft 41. S. 7–15.

Wagner, P. (2007): Vielfalt respektieren, Ausgrenzung widerstehen – Politisches Lernen in der Einwanderungsgesellschaft. In: Richter (Hrsg.), S. 260–274.

Watermann, R. (2005): Politische Sozialisation von Kindern und Jugendlichen. In: Aus Politik und Zeitgeschichte. Heft 41. S. 16–24.

Weißeno, G./Detjen, J./Juchler, I./Massing, P./Richter, D. (2010): Konzepte der Politik. Ein Kompetenzmodell. Schwalbach am Taunus.

Joachim Kahlert

Inklusionsdidaktische Netze in der politischen Bildung
Konzeptioneller Hintergrund und Anwendungsmöglichkeiten

>»Die praktische Anwendung unserer Entdeckungen und nicht irgendein Versuch, das ›Wissen‹ vom ›Wollen‹ zu trennen, ist daher das Mittel, mit dessen Hilfe wir den Irrationalismus aus den Sozialwissenschaften entfernen können.« Karl Popper (1958/1980, S. 273)*

Neue Aufgaben – bekannte Rhetorik

Die Auseinandersetzung über die Weiterentwicklung eines Bildungssystems, das inklusiven Ansprüchen gerecht wird, ist reich an Variationen pädagogischer Evergreens. Unterricht sei zu individualisieren, Schule und Unterricht hätten sich stärker auf die Kinder und Jugendlichen einzustellen. Damit das Bildungssystem gerechter werde, müssten Leistungsorientierung und das Benotungssystem in Frage gestellt werden. Endlich sei die eine Schule für alle zu realisieren. Bernd Ahrbeck (2012, 2014) hat in seinen kritischen Anmerkungen zur Inklusionsdebatte zahlreiche weitere Beispiele angeführt. Die Langlebigkeit solcher Floskeln ist auch darauf zurückzuführen, dass sie Anschlussmöglichkeiten für vernünftig begründbare Erwartungen bieten. Jede pädagogische Handlung kann prinzipiell besser werden. Jede Gewohnheit ist vor dem Hintergrund sich wandelnder Voraussetzungen zu überdenken. Zudem sollte es in einer demokratischen und sozial orientierten Gesellschaft selbstverständlich sein, Systeme von Zeit zu Zeit oder, wenn entsprechende Aufmerksamkeitsressourcen mobilisiert werden können, kontinuierlich daraufhin zu überprüfen, ob Strukturen und faktische Funktionen (noch) den Zweck erfüllen, für den sie geschaffen wurden.

Doch die Erwartungen erstarren zur Anspruchsrhetorik, wenn sie nicht mit Blick auf Möglichkeiten und Grenzen praktischer Umsetzbarkeit konkretisiert werden. »Abstraktes Denken wird unwahres Denken, wenn ein endlich Bestimmtes [...] verabsolutiert wird.« (Jaspers 1961, S. 184) In pädagogischen Diskursen finden sich solche Verabsolutierungen in der Kommunikation von Erwartungen mit großer Reichweite, denen konkrete Anschlussmöglichkeiten für die weitaus komplexere Praxis fehlen, in der nicht alle wohlklingenden Anforderungen gleichsinnig optimiert werden können, sondern nur durch mehr oder weniger gut begründbare Kompromisse zu bewältigen sind.

Ein besonders krasses Beispiel liefert das viel zitierte *Profil für inklusive Lehrerinnen und Lehrer*, vorgelegt von der *European Agency for Development in Special Needs Education*. Dort werden auf gut acht Druckseiten etwa 100 einzelne »Faktoren« aufgelistet (EA 2012, S. 13 ff.), um wichtige inklusionsorientierte Kompetenzbereiche für zukünftige Lehrkräfte zu konkretisieren – »ohne Anspruch auf Vollständigkeit« (ebd., S. 13). Wer kann solchen pädagogischen Tugendkatalogen in konkreten Handlungssituationen jemals gerecht werden?

Heterogenität im Unterricht – Facetten einer komplexen Praxis

Mit dem gesellschaftlichen Leitbild »Inklusion« wird ein Anspruch an das schulische Bildungssystem unterstrichen, der in Demokratien mit sozialer Orientierung nicht neu und im Grunde selbstverständlich ist: allen Kindern und Jugendlichen nach bestem pädagogischen Wissen und Gewissen und mit professioneller Ausdauer die Chance zu geben, ihre Persönlichkeit nach Maßgabe von Anlagen, Fähigkeiten und Interessen so zu entfalten, dass sie am sozial-kulturellen Leben so selbstbestimmt und verantwortungsvoll wie möglich teilhaben können, in Gegenwart und in Zukunft. Dazu gehören »wirksame individuell angepasste Unterstützungsmaßnahmen in einem Umfeld, das die bestmögliche schulische und soziale Entwicklung gestattet« (UN-BRK, Artikel 24 Absatz 2e). So ist die von der UN-Behindertenrechtskonvention (UN-BRK) in Artikel 24 geforderte Befähigung zur »wirklichen Teilhabe an einer freien Gesellschaft« eng mit der Kernaufgabe politischer Bildung verbunden: »Entwicklung politischer Mündigkeit« (GPJE 2004, S. 9).

Die dazugehörenden Kompetenzen, wie wissens- und wertebasierte politische Urteilsfähigkeit, interessenbewusstes und kompromissfähiges Handeln sowie methodische Fähigkeiten (ebd, S. 13 ff., Detjen 2013, Massing 2013, Sander 2013), markieren den didaktischen Zielhorizont für einen politisch bildenden Umgang mit Heterogenität, die in einem inklusionsorientierten Unterricht nicht nur sehr vielfältig ausgeprägt ist, sondern auch großer Dynamik unterliegen kann. Um die damit verbundenen Herausforderungen realitätsbezogener zu erfassen, als es die verbreitete, im Abstrakten verharrende bloße Benennung von Heterogenität ermöglicht, soll versucht werden, Heterogenität im inklusionsorientierten Unterricht in Anlehnung an Max Webers Idee der »idealtypischen Konstrukte« zu konkretisieren. Dieser Weg ist in der derzeitigen Unterrichtswissenschaft eher ungewöhnlich. Er wird hier beschritten, um die heuristische Kraft von Idealtypologien zu nutzen, die nicht die »Darstellung des Wirklichen« anstreben, sondern der Darstellung »eindeutige Ausdrucksmittel verleihen« (Weber 1904/1985, S. 190).

Nehmen wir an, die Lehrerin einer 2. Grundschulklasse ist eine engagierte Anhängerin von »[p]olitischer Bildung von Anfang an« (Richter 2007).[1] Da sie fachdidaktisch aufgeklärt ist, widersteht sie der Versuchung, lebensweltlich bedeutsames soziales Lernen bereits für politische Bildung zu halten. Vielmehr bemüht sie sich darum, altersgerecht politisches Wissen aufzubereiten (Massing 2007, S. 29 f.). Im Laufe des Schuljahrs bekommt die Klasse einen neuen Schüler, Markus. Mit bis dahin 22 Kindern ist Vielfalt, erfasst anhand verbreitet genutzter Merkmale, durchschnittlich ausgeprägt: zehn Jungen, zwölf Mädchen; acht Kinder haben Deutsch nicht als Muttersprache gelernt; sechs Kinder haben eine soziale Herkunft, die mitunter als bildungsfern bezeichnet wird.

Das Leistungsspektrum zeigt die für eine Grundschulklasse gewöhnliche Bandbreite: elf Schülerinnen und Schüler sind recht leistungsstark, sieben Kinder benötigen besondere Förderung, fünf von ihnen sind noch auffällig schwach im Rechnen, drei auch in Deutsch. Im Sachunterricht geht die Leistungsschere weniger weit auseinander. Aber längst macht sich dort ein Informationsgefälle bemerkbar, wenn wichtige öffentliche Ereignisse zur Sprache kommen. Die Lehrerin führt das auf unterschiedliche Nutzungsweisen von Medien im häuslichen Umfeld und auf verschiedene Kommunikationsgewohnheiten in den Familien der Kinder zurück. Während der Gruppenarbeit müssen einige Kinder regelmäßig ermutigt werden, sich nicht zu sehr in den Hintergrund drängen zu lassen. Zwei Kinder wirken ein wenig vorlaut, vier andere haben einen überdurchschnittlich ausgeprägten Bewegungsdrang. Insgesamt herrscht in der Klasse ein konzentriertes Arbeitsklima, das von gegenseitigem Wohlwollen getragen wird und in dem vereinzelte Störungen leicht zu regeln sind.

Der Lehrerin fällt bald auf, dass Markus leichte Artikulationsschwierigkeiten hat. Nach einigen Tagen hat sie den Eindruck, dass seine Bereitschaft, dem Verlauf des Unterrichts zu folgen, noch sehr entwicklungsbedürftig ist. Arbeitsaufträge nimmt er erst nach mehrfacher Wiederholung und direkter individueller Ansprache an. Die Konzentration auf die jeweilige Aufgabe ist nur von kurzer Dauer, immer wieder sind Zuspruch und

Ermahnungen notwendig. In Einzelgesprächen mit der Lehrerin wirkt der Junge zurückhaltend.

Nach einigen Wochen scheint Markus sozial integriert zu sein, aber seine Arbeitshaltung bleibt nach wie vor hinter den Erwartungen zurück. Seine Leistungen liegen in den meisten Fächern deutlich unterhalb des Klassendurchschnitts, außerdem stört er zunehmend den Unterricht. Auch nach einem Gespräch, das die Lehrerin zwischenzeitlich mit Markus' Eltern geführt hat, zeigen sich keine Anzeichen für eine Verbesserung der Situation.

In einem kinderpsychiatrischen Gutachten wird Markus eine Sprachverständnisstörung mit expressiven und rezeptiven Anteilen zugeschrieben. Die Schule hat davon bisher nichts erfahren. Die Lehrerin weiß deshalb auch (noch?) nicht, dass Markus zu jenen Kindern gehört, denen es bei Nebengeräuschen im Unterricht besonders schwer fällt, Informationen zu verarbeiten.

Auch so ein idealtypisches Konstrukt wie das gerade beschriebene kann die vielfältigen diagnostischen, didaktischen und methodischen Herausforderungen eines für alle Kinder förderlichen Umgangs mit Heterogenität nur andeutungsweise konkretisieren. Das Beispiel konzentriert sich nahezu ausschließlich auf die besonderen Entwicklungsbedürfnisse des einen Schülers im Bereich Sprache und beschränkt sich dabei zudem auf einige wenige Aspekte. Die Berücksichtigung von Kindern mit anderen besonderen Entwicklungsbedürfnissen (z. B. Braun 2003, Füssenich 2003) würde die unterrichtspraktischen Anforderungen an Diagnose, Methodik und Didaktik um ein Vielfaches steigern. Dies zeigt bereits ein flüchtiger Blick in die Fachliteratur zu besonderen Förderbedürfnissen in den Bereichen auditive (z. B. Engert 2014, Leonhardt 2003) und visuelle (z. B. Degenhardt 2003, Lang 2014) Verarbeitungs- und Wahrnehmungsstörungen, sozial-emotionale Entwicklung (z. B. Hillenbrand 2003, Opp 2003), Sensomotorik (z. B. Leyendecker/Thiele 2003, Stadler 2003), kognitive Entwicklung (z. B. Straßmeier 2003) und Lernen (z. B. Benkmann 2003, Heimlich 2009).

Vielfalt vernetzt erschließen – inklusionsdidaktische Netze knüpfen

Pragmatik ohne Rezepte

Die vielfältigen Herausforderungen inklusionsorientierten Unterrichtens werfen die Frage nach der Resonanzfähigkeit wohlklingender Ansprüche auf, die direkt oder implizit an Lehrkräfte gestellt werden. Ohne Resonanzfähigkeit zu erwägen, besteht die Gefahr, dass auch die Inklusionsdebatte die in pädagogischen Reformdiskussionen üblich gewordene Entwicklung nimmt. Konkrete Unterstützung für Lehrkräfte ist im Sprachnebel gesinnungsorientiert zugespitzter Floskeln nur undeutlich zu erkennen oder wird mit dem Hinweis auf Forschungsbedarf auf die lange Bank geschoben. In der Zwischenzeit dominieren Überforderungsslogans die Beschäftigung mit Unterricht. Das hat in der theoretischen Auseinandersetzung mit Schule eine lange Tradition. »Die Arbeit tun die anderen.« (Schelsky 1975).

Ein Beispiel dafür ist die Unbekümmertheit, mit der für Individualisierung des Unterrichts geworben wird. Kaum eine Abhandlung über Inklusion in der Schule kommt heute ohne sie aus. Wie sollte man auch dagegen sein, dass Lernimpulse und unterstützende Angebote möglichst so auf den einzelnen zugeschnitten werden, dass sie motivierend, verständlich und damit lernförderlich sind?

Doch das, was in der Abstraktion von konkreten Handlungssituationen offenbar so überzeugend wirkt, dass die Forderung nach Individualisierung heute fast schon standardmäßig Reformansinnen unterschiedlicher Couleur begleitet, erweist sich als Leerformel, solange nicht auch die Grenzen von Individualisierung mitgedacht werden. Pädagogische Ressourcen der einzelnen Lehrkraft, wie Zeit, didaktische und methodische Kreativität, Aufmerksamkeit für einzelne Kinder und für das soziale Geschehen, sind mitunter sicherlich noch stärker mobilisierbar, z. B. durch Kooperationen, aber eben nicht beliebig steigerungsfähig. Die Hinwendung zu einzelnen Schülerinnen bzw. Schülern, etwa um sie beim Verstehen einer Aufgabenstellung zu unterstützen, um diagnostisch relevante Informationen zu erhalten oder um emotional-soziale Unterstützung zu geben, schränkt die Möglichkeit ein, auf die Anliegen anderer Schülerinnen und Schüler einzugehen.

Darum muss auch für Individualisierung gelten, dass das Recht jedes Einzelnen auf Inanspruchnahme der dafür nötigen pädagogischen und materiellen Ressourcen gegen das gleiche Recht aller anderen abgewogen werden muss. Individualisierung lässt sich zwar als beliebig steigerbar denken, aber nicht beliebig differenziert gestalten. In jedem Unterricht muss das Spannungsfeld zwischen Individualisierung und Gemeinsamkeit immer neu ausgelotet und müssen Kompromisse gemacht werden. Die dabei nötigen Abwägungen sehen in inklusiven Settings sicherlich anders aus als in vergleichsweise homogeneren Lerngruppen. Aber Individualisierung an sich ist noch keine Lösung im Umgang mit Heterogenität, sie löst nicht nur Probleme, sondern schafft auch neue.

Angesichts vieler anderer Abstraktionen, mit denen die Inklusionsdebatte beladen wird, ist die Forderung verständlich, normative Vorgaben zu hinterfragen und theoretisch zu fundieren (Weißeno 2014, S. 102). Aber dies gilt auch für die Erwartung, dass der Ausbau quantitativer empirischer Forschung zu Fortschritten in der Unterrichtspraxis führen würde (ebd., S. 103). Bisher ist die empirische Schul- und Unterrichtsforschung jedenfalls den Nachweis schuldig geblieben, dass ihre immer differenzierten Fragestellungen und raffinierteren methodischen und statistischen Verfahren zu Ergebnissen führen, die Unterricht über die jeweilige Versuchs- bzw. Experimentalgruppe hinaus tatsächlich verbessern. An anderer Stelle wurden prinzipielle Gründe für dieses Versäumnis dargelegt (Kahlert/Zierer 2011, Kiel 2007).

In Anbetracht der minimalen praktischen Unterrichtsfortschritte, die auf die empirische Bildungsforschung, keineswegs mehr jung an Jahren, zurückzuführen sind, ist der Eindruck nachvollziehbar, dass »die beste wissenschaftliche Evidenz nicht richtig weiterhilft« (Terhart 2011, S. 291). »Auf noch mehr Wissenschaft zu setzen, wird dann zunehmend unplausibel, weil in den jeweils beklagten Zustand ja die jeweils *vor*-letzten aktuellsten wissenschaftlichen Forschungsergebnisse eingeflossen sind.« (ebd., S. 292)

Selbstverständlich hat auch die empirische Bildungsforschung im Bemühen um Verbesserungen der Bildungspraxis ihren Stellenwert. Man weiß nie, ob nicht doch etwas dabei herauskommt. Aber zwischen praktizistischer Rezeptologie und dem Modellpurismus einer quantifizierenden »Bildungs«forschung sollte ein dritter Weg genutzt werden, der sich an Karl Poppers Vorstellungen über den Charakter sozialwissenschaftlichen Wissens anschließen kann. Dieses müsse der »Situationslogik« (Popper 1958/1980, S. 123) der jeweils handelnden Menschen gerecht werden. Damit wird nicht die epistemologische Sonderstellung wissenschaftlichen Wissens angezweifelt. Doch wenn es darum geht, dieses für Anwendungskontexte nutzbar zu machen, dann verkleinert sich der von wissenschaftlicher Seite gerne bemühte prinzipielle Unterschied zwischen wissenschaftlich abgesichertem Wissen und Meinungsäußerung in eine »graduelle Abstufung der Reichweite, Verlässlichkeit und Praxistauglichkeit« (Böschen/Wehling 2004, S. 17).

An diese Überlegung lässt sich ein zentraler Leitgedanke des Pragmatismus anknüpfen, nach dem erst die Verhaltensweise bzw. die Verhaltensmöglichkeit, die ein Gedanke erzeugt, dem Gedanken Bedeutung verleiht (Peirce 1903/1934, S. 400 ff.). Bereits James (1908/2006) hatte sich ausführlich mit der Kritik, dass der Pragmatismus theorielos, positivistisch, nicht an Wahrheit interessiert sei, auseinandergesetzt. Wie Hans Joas in einer umfassenden Analyse der Ideengeschichte des Pragmatismus zeigen konnte, lässt sich dieser als Handlungstheorie im Sinne einer »Theorie situierter Kreativität« (1996, S. 197) verstehen.

»Situierte Kreativität« von Lehrerinnen und Lehrern ist gerade im inklusionsorientierten Unterricht wünschenswert, in dem es darauf ankommt, für Kinder mit verschiedenem besonderem Förderbedarf »[ge]meinsames

Lernen am gemeinsamen Gegenstand« (Feuser 1998) zu ermöglichen. Ob dies bildsam gelingt, hängt u. a. davon ab, wie gut die Lehrkraft das didaktische Potenzial des Unterrichtsthemas sowohl im Hinblick auf die inhaltlichen Lernmöglichkeiten als auch auf kognitive, kommunikative, soziale, emotionale und senso-motorische Fördermöglichkeiten erkennt und nutzt. Das Planungsmodell der inklusionsdidaktischen Netze, entwickelt vom Autor in Kooperation mit Ulrich Heimlich (Kahlert/Heimlich 2012), stellt einen Versuch dar, dies zu unterstützen.

Fördern mit Fachlichkeit – mehrperspektivische Zugangsweisen zum Unterrichtsgegenstand

Inklusionsdidaktische Netze sind als »Arbeitsmodell« gedacht (Flechsig 1979). Sie konzentrieren sich auf drei Reflexionsebenen:
1. Erschließung des jeweiligen Unterrichtsinhalts zunächst unter fachdidaktisch relevanten Perspektiven,
2. Identifizierung von inhaltsbezogenen Lernmöglichkeiten für Schülerinnen und Schüler mit besonderem Förderbedarf,
3. Auswahl der für die jeweilige Klasse geeigneten fachlichen und entwicklungsorientierten Lernangebote.

Die für die politische Bildung ausgewählten fachdidaktischen Perspektiven beziehen sich auf das Kompetenzmodell von Detjen u. a. (2012, S. 12 ff.), das gegenüber den von der GPJE unterschiedenen Kompetenzbereichen (GPJE 2004, S. 13 ff.) unter anderem den Vorzug hat, Fachwissen als eine zentrale Komponente politischer Mündigkeit besonders hervorzuheben.

Ideen für entwicklungsorientierte Fördermöglichkeiten am jeweiligen Unterrichtsgegenstand sollen durch eine *Entwicklungsorientierte Matrix für inklusionsorientierte Unterrichtssettings* (vgl. Abb. 1) unterstützt werden.

Selbstverständlich kann diese Matrix nicht die Expertise sonderpädagogischer Fachleute ersetzen. Doch diese steht in der allgemeinen Schule weder ständig noch für alle Förderbereiche zur Verfügung. Darum wurde die Matrix – unter Einbeziehung von Literatur einschlägiger Expertinnen und Experten für sonderpädagogische Förderbereiche – von einem Nicht-Sonderpädagogen (J.K.) erarbeitet. Sie ist keine integrierende Konzeption, die das hoch spezialisierte Expertenwissen für den inklusiven Alltag an Schulen in der notwendigen Breite für die unterschiedlichen Entwicklungsbereiche fachlich vertretbar und unterrichtspraktisch handhabbar aufbereitet hätte. Es wäre aber wünschenswert, wenn die Vertreterinnen und Vertreter der differenzierten Fachrichtungen der Sonderpädagogik sich in einem disziplinübergreifenden Kooperationsvorhaben auf eine solche Matrix verständigen könnten. Für die Lehrkräfte der allgemeinen Schule wäre dies eine große Hilfe. Solange dies nicht geschieht, sind Anregungen sonderpädagogischer Expertinnen und Experten zur weiteren Entwicklung einer handhabbaren Matrix als Planungshilfe für den Unterricht in der allgemeinen Schule willkommen.

Beispiel und Ausblick

Das Beispiel in Abbildung 2 zeigt eine Konkretisierung zum Unterrichtsgegenstand »Familie« in der Grundschule, dessen Eignung für die frühe politische Bildung u. a. von Richter mit besonderem Bezug auf die Unterscheidung von privaten und öffentlichen Kontexten dargelegt wurde (2007a, S. 161 ff.).

Mit diesen kategorial generierten Ideen ist eine Entscheidungsbasis für die konkrete Planung von Unterrichtseinheiten gegeben, die an die spezifischen Ausprägungen von Lernvoraussetzungen und Förderbedarfen in der Lerngruppe angepasst sind. So könnten z. B. im Unterricht für eine dritte oder vierte Klasse bei der Verständigung über Regeln (1) Unterschiede in der Organisation sozialer Beziehungen zwischen Familie und Schule und die Bedeutung von Rollenerwartungen angesprochen werden (2). Für Kinder mit besonderem Entwicklungsanforderungen im Bereich »Lernen« ließe sich die Unterschiedlichkeit von Interessen und Sichtweisen von Menschen anhand selbst berichteter Beispiele verdeutlichen (3), auch unterstützt durch Rollenspiele (4) und/oder in Verbindung mit Übungen zur Weiterentwicklung der kommunikativen Fähigkeiten (5). In anderen Klassen wäre ein anderer Unterrichtseinstieg mit anderen Verknüpfungen sinnvoll. »Objektiv« richtigen Unterricht gibt es nicht. Was sinnvoll und ergiebig ist, hängt von den konkreten Lernvoraussetzungen in der Klasse und von den besonderen Entwicklungsmöglichkeiten der Kinder ab.

Auch »inklusionsdidaktische Netze« garantieren keinen Erfolg. Aber sie bieten einen Referenzrahmen, der breit genug ist, um verschiedene Förderbedarfe einzubeziehen, und hinreichend fokussiert, um fachliche und entwicklungsorientierte Fördermöglichkeiten strukturiert zu erschließen. Das Arbeitsmodell lässt sich sowohl für die individuelle Unterrichtsplanung als auch kooperativ nutzen, sei es im Schulalltag von Lehrkräften der allgemeinen Schule und Lehrkräften mit sonderpädagogischer Expertise oder in der Lehreraus- und -weiterbildung. Und vielleicht regt es ja auch Fachdidaktikerinnen und Fachdidaktiker sowie Spezialistinnen und Spezialisten für sonderpädagogische Fachrichtungen an, ihre besonderen Kenntnisse in gemeinsamen Projekten für die Weiterentwicklung inklusionsorientierten Unterrichts zu nutzen.

Abb. 1: *Entwicklungsmatrix für inklusionsorientierte Unterrichtssettings*

Senso-motorische Entwicklung

- Sinneswahrnehmung
  - Auditiv: Richtungshören; Lautunterscheidung; Aufmerksamkeit; Hinhören; Heraushören; Zuhören; auditives Gedächtnis ...
  - Visuell: Anschauen; Hinschauen; Erkennen von Objekten, Mimik, Gestik, Form, Farbe; visuelles Gedächtnis, Raumwahrnehmung ...
  - Taktil: Tasten; Ertasten; Spüren; Erspüren; Empfinden ....

- Bewegung
  - Bewegungserfahrung erweitern: Fein-, Grob-, Großmotorik; Koordination, Geschicklichkeit, Mut und Zutrauen ...
  - Orientierung im Raum, Lateralität ...
  - Ausdruck und Kommunikation: Mimik, Gestik; Pantomime, Spiel; Theater; Rhythmik; Musik ...

Kognitive Entwicklung

- Selbstwahrnehmung
  - Körperspannung, Gleichgewicht; Bewegung, Schwere, Leichtigkeit ...
  - Selbstbewusstsein, Könnenserfahrung, Interessen, Gefühle, Eigenarten ...

- Beziehungen zu anderen Personen
  - Erfahrungen von Angenommensein, Sicherheit, Zuverlässigkeit, Stabilität; Vertrauen ...
  - Kommunikationsmöglichkeiten erweitern: Atemrhythmus, Zeigegesten, Blickbewegungen, *siehe auch Bewegung* ...

- Selbstbestimmung, Selbstwirksamkeit
  - Entscheidungsmöglichkeiten erfahren, Handlungsziele finden, mit anderen kooperieren, *siehe auch Sinneswahrnehmung* ...

Sozial-emotionale Entwicklung

- Stimmungen und Gefühlen von sich und anderen erfassen und zum Ausdruck bringen, *siehe auch Bewegung; Selbstwahrnehmung* ...
- Auf Gefühle anderer reagieren ...
- Erfahren und Zeigen von Wertschätzung, Anerkennung, Respekt; Achtsamkeit, Zuhören; *siehe auch Selbstbestimmung, Selbstwirksamkeit* ...
- Selbstkontrolle, Gemeinschaftssinn, Regeln, Werte, Verständigungsbereitschaft, Kompromissfähigkeit, Toleranz, Umgang mit Konflikten ...
- Eigene Belange vertreten, Belange anderer verstehen ...
- Kritik annehmen und angemessen üben ...

Kommunikative Entwicklung

- Auditive und visuelle Informationsverarbeitung ...
- Sprachliche Ausdrucksfähigkeit: Lautsprache, Körpersprache, Mimik, Gestik, Gebärdensprache ...
- Grammatik, Wortschatz, Sinnverstehen ...
- Lesefähigkeit und Lesemotivation, Symbolverständnis ...
- Individuell bedeutsame Handlungszusammenhänge, Sinnverstehen und Ausdrucksmotivation ....
- Artikulation, an Gesprächen teilnehmen, Gespräche führen ...
- Zu anderen sprechen, darstellen und präsentieren ...

Entwicklung übergreifender Lernstrategien

Beeinträchtigungen beim Lernen hängen eng mit anderen Entwicklungsbereichen zusammen und sind zum Teil auch domänenspezifisch. Deshalb werden hier eher Elemente von Lernstrategien genannt, die zwar nicht inhaltsfrei aufgebaut und entwickelt, aber an unterschiedlichen Inhalten geübt werden können.

- Informationen beschaffen, einordnen, beurteilen ...
- Fragen, planen, durchführen, reflektieren ...
- Wichtige und unwichtige Aspekte unterscheiden
- Verschiedene Perspektiven erkennen ...
- Aufmerksamkeit, Konzentration ...

- Gezielt Wissen, Können, Vorstellungen aktivieren, auch in anderen Kontexten ...
- Sich mit anderen austauschen ...
- Eigenes Können und Erfolge bewusst machen ...
- Fehler erkennen, Fehlertoleranz entwickeln ...

Lesehinweis: Die Zusammenstellung ist weder trennscharf noch vollständig. Dass es Verbindungen zwischen den Entwicklungsbereichen gibt, ist selbstverständlich. Die Impulse sollen ideengenerierende Leitfragen anstoßen. Beispiel: »Richtungshören« meint: Welche Möglichkeiten bietet der Unterrichtsinhalt zur Förderung des Richtungshörens? »Gefühle« meint: Welche Möglichkeiten bietet der Unterrichtsinhalt zur Förderung von Wahrnehmung und/oder Ausdruck von Gefühlen?

Quelle: eigene Darstellung.

Abb. 2: Inklusionsdidaktisches Netz – am Beispiel »Familie«

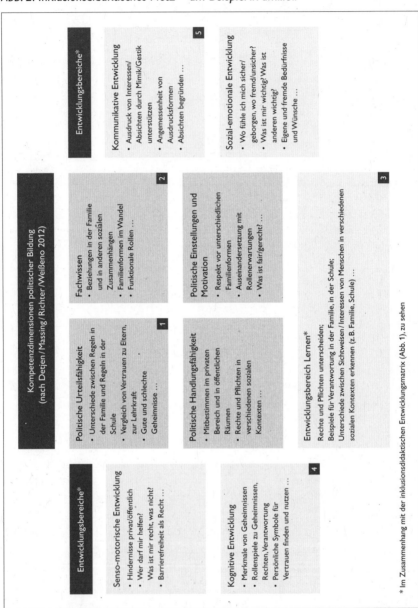

Quelle: eigene Darstellung.

Zum Erfolg von Inklusion werden weder theorieferne, praktizistische Rezepte noch gesinnungsorientiert zugespitzte Erwartungen noch szientistisch angeheizte Steuerungsmythen führen. Entscheidend ist die didaktisch reflektierte »situierte Kreativität« von Lehrkräften. Ohne sie wird man auf den praktischen Fortschritt in der Inklusion warten wie einst Waldimir und Estragon auf Godot.

Anmerkungen

1 Die Darstellung orientiert sich in der Schilderung der allgemeinen Lernvoraussetzungen an einem Beispiel aus Kahlert 2014, S. 127 ff. Sie wurde auf der Basis erster Auswertungen von Interviews mit Lehrkräften im Teilprojekt *Unterrichtsentwicklung* des Begleitforschungsprojekts *Inklusive Schulentwicklung – B!S* konstruiert. B!S ist ein dreijähriges Kooperationsprojekt, an dem jeweils zwei Lehrstühle der Universitäten München und Würzburg beteiligt sind und das vom Bayerischen Staatsministerium für Bildung und Kultus, Wissenschaft und Kunst gefördert wird. Frau Kazianka-Schübel, Lehrerin, Sprachheilpädagogin (M. A.) und Mitarbeiterin in dem Projekt, danke ich für kritische und ergänzende Anmerkungen.

Literatur

Ahrbeck, B. (2011): Der Umgang mit Behinderung. Stuttgart.

Ahrbeck, B. (2014): Inklusion. Eine Kritik. Stuttgart.

Benkmann, R. (2003): Bedingungen und Prozesse bei Beeinträchtigungen des Lernens – Die Perspektive des sozialen Konstruktivismus. In: Leonhardt, A./Wember, F. B. (Hrsg.), S. 441–464.

Böschen, S./Wehling, P. (2004): Einleitung: Wissenschaft am Beginn des 21. Jahrhunderts. Neue Herausforderungen für Wissenschaftsforschung und -politik. In: Böschen, S./Wehling, P.: Wissenschaft zwischen Folgenverantwortung und Nichtwissen. Wiesbaden. S. 9–33.

Braun, O. (2003): Symptomatik, Ätiologie und Diagnostik bei Beeinträchtigungen der sprachlichen Kommunikation. In: Leonhardt, A./Wember, F. B. (Hrsg.), S. 399–420.

Degenhardt, S. (2003): Pädagogische Interventionen bei Beeinträchtigungen der visuellen Wahrnehmung. In: Leonhardt, A./Wember, F. B. (Hrsg.), S. 376–398.

Detjen, J. (2013): Was heißt politische Urteilskompetenz und wie kann sie gefördert werden? In: Frech, S./Richter, D. (Hrsg.), S. 78–98.

Detjen, J./Massing, P./Richter, D./Weißeno, G. (Hrsg.) (2012): Politikkompetenz – ein Modell. Wiesbaden.

EA [Europäische Agentur für Entwicklungen in der sonderpädagogischen Förderung] (2012): Inklusionsorientierte Lehrerbildung. Ein Profil für inklusive Lehrerinnen und Lehrer. Odense.

Engert, F. (2014): Bildung und Unterstützung von Gehörlosen und Schwerhörigen Menschen. In: Fischer, E. (Hrsg.): Heilpädagogische Handlungsfelder. Grundwissen für die Praxis. Stuttgart. S. 144–166.

Feuser, G. (1998): Gemeinsames Lernen am gemeinsamen Gegenstand. Didaktisches Fundamentum einer Allgemeinen (integrativen) Pädagogik. In: Hildeschmidt, A./Schnell, I. (Hrsg.): Integrationspädagogik. Auf dem Weg zu einer Schule für alle. Weinheim/München. S. 19–35.

Flechsig, K. H. (1979): Leitfaden zur praxisentwickelnden Unterrichtsforschung. Göttinger Monographien zur Unterrichtsforschung 1. Göttingen.

Frech, S./Richter, D. (Hrsg.) (2013): Politische Kompetenzen fördern. Schwalbach am Taunus.

Füssenich, I. (2003): Pädagogische Förderung bei Beeinträchtigungen der sprachlichen Kommunikation. In: Leonhardt, A./Wember, F. B. (Hrsg.), S. 421–440.

GPJE [Gesellschaft für Politikdidaktik und politische Jugend- und Erwachsenenbildung] (Hrsg.) (2004): Anforderungen an Nationale Bildungsstandards für den Fachunterricht in der Politischen Bildung an Schulen. Schwalbach am Taunus.

Heimlich, U. (2009): Lernschwierigkeiten. Bad Heilbrunn.

Hillenbrand, C. (2003): Pädagogische Interventionen bei Gefühls- und Verhaltensstörungen. In: Leonhardt, A./Wember, F. B. (Hrsg.), S. 518–544.

James, W. (1908/2006): Die pragmatische Darstellung der Wahrheit und ihre Fehldeutungen. In: Pragmatismus und radikaler Empirismus. Frankfurt am Main. S. 117–138.

Jaspers, K.(1961): Die Atombombe und die Zukunft des Menschen. München.

Joas, H. (1996): Die Kreativität des Handelns. Frankfurt am Main.

Kahlert, J. (2014): Inklusionsdidaktische Netze – zur Theorie und Pragmatik eines Planungsmodells für inklusionsorientierten Unterricht. In: Pemsel-Maier, S./Schambeck, M. (Hrsg.): Inklusion!? Religionspädagogische Einwürfe. Freiburg u. a. S. 123–141.

Kahlert, J./Heimlich, U. (2012): Inklusionsdidaktische Netze – Konturen eines Unterrichts für alle (dargestellt am Beispiel des Sachunterrichts). In: Heimlich, U./Kahlert, J. (Hrsg.): Inklusion in Schule und Unterricht. Wege zur Bildung für alle. Stuttgart. S. 153–190.

Kahlert, J./Zierer, K. (2011): Didaktische Entwicklungsforschung aus der Sicht der pragmatischen Entwicklungsarbeit. In: Einsiedler, W. (Hrsg.): Unterrichtsentwicklung und didaktische Entwicklungsforschung. Bad Heilbrunn. S. 71–87.

Kiel, E. (2007): Epistemologie pädagogischen Handelns. In: Reinmann, G./Kahlert, J. (Hrsg.): Der Nutzen wird vertagt…Bildungswissenschaften im Spannungsfeld zwischen wissenschaftlicher Profilbildung und praktischem Mehrwert. Lengerich u. a. S. 46–63.

Lang, M. (2014): Bildung und Unterstützung von Blinden und sehbehinderten Menschen. In: Fischer, E.(Hrsg.): Heilpädagogische Handlungsfelder. Grundwissen für die Praxis. Stuttgart. S. 123–143.

Leonhardt, A. (2003): Symptomatik, Ätiologie und Diagnostik bei Beeinträchtigungen der auditiven Wahrnehmung. In: Leonhardt, A./Wember, F. B. (Hrsg.), S. 304–323.

Leonhardt, A./Wember, F. B. (Hrsg.) (2003): Grundfragen der Sonderpädagogik. Bildung, Erziehung, Behinderung, Weinheim/Basel/Berlin.

Leyendecker, C./Thiele, A. (2003): Symptomatik, Ätiologie und Diagnostik bei Beeinträchtigungen der Motorik und der körperlichen Entwicklung. In: Leonhardt, A./ Wember, F. B. (Hrsg.), S. 596–631.

Massing, P. (2007): Politische Bildung in der Grundschule. Überblick, Kriterien, Perspektiven. In: Richter, D. (Hrsg.), S. 18–35.

Massing, P. (2013): Wie kann die politische Handlungsfähigkeit der Lernenden gefördert werden? In Frech, S./Richter, D. (Hrsg.), S. 60–77.

Opp, G. (2003): Symptomatik, Ätiologie und Diagnostik bei Gefühls- und Verhaltensstörungen. In: Leonhardt, A./Wember, F. B. (Hrsg.), S. 504–517.

Peirce, Ch. S. (1903/1934): Collected Papers. Vol. 5. 1931–1935: Pragmatism and pragmaticism. Herausgegeben von Hartshorne, C./Weiss, P. Cambridge, MA.

Popper, K. R. (1958/1980): Die offene Gesellschaft und ihre Feinde II. Falsche Propheten. 6. Auflage. Tübingen.

Richter, D. (Hrsg.) (2007): Politische Bildung von Anfang an. Demokratie-Lernen in der Grundschule. Schwalbach am Taunus.

Richter, D. (2007a): »Familie« als politisches Unterrichtsthema. In: Richter, D. (Hrsg.), S. 156–170.

Sander, W. (2013): Wie kann Wissen in der kompetenzorientierten politischen Bildung gefördert werden? In: Frech, S./Richter, D. (Hrsg.), S. 40–59.

Sander, W. (Hrsg.) (2014): Handbuch Politische Bildung. 4. völlig überarbeitete Auflage. Schwalbach am Taunus.

Schelsky, H. (1975): Die Arbeit tun die anderen. 2. erweiterte Auflage. Opladen.

Stadler, H.(2003): Pädagogische Interventionen bei Beeinträchtigungen der Motorik und der körperlichen Entwicklung. In: Leonhardt, A./Wember, F. B. (Hrsg.): S. 632–660.

Straßmeier, W. (2003): Pädagogische Interventionen bei Beeinträchtigungen der kognitiven Entwicklung. In: Leonhardt, A./Wember, F. B. (Hrsg.), S. 577–595.

Terhart, E. (2011): Hat John Hattie tatsächlich den Heiligen Gral der Schul- und Unterrichtsforschung gefunden? Eine Auseinandersetzung mit Visible Learning. In: E. Keiner u. a. (Hrsg.): Metamorphosen der Bildung. Historie – Empirie – Theorie. Bad Heilbrunn. S. 277–292.

UN-BRK [UN-Behindertenrechtskonvention]. Abgedruckt in: Beauftragte der Bundesregierung für die Belange behinderter Menschen (Hrsg.) (2011): Die UN-Behindertenrechtskonvention. Übereinkommen über die Rechte von Menschen mit Behinderungen. Berlin. Verfügbar unter: http://www.behindertenbeauftragter.de/SharedDocs/Publikationen/DE/Broschuere_UNKonvention_KK.pdf?__ blob=publicationFile (Zugriff: 31.10.2014).

Weber, M. (1904/1985): Die »Objektivität« sozialwissenschaftlicher und sozialpolitischer Erkenntnis. In: Weber, M.: Gesammelter Aufsätze zur Wissenschaftslehre. Herausgegeben von Winckelmann, J. Tübingen. S. 146–21.

Weißeno, G. (2014): Quantitative empirische Forschung in der Politikdidaktik. In: Sander, W. (Hrsg.), S. 102–112.

Walter Heilmann / Viktoria Fiedler / Karin Eckenroth

Auf dem Weg zu einer inklusiven politischen Bildung

Erfahrungen aus der Alltagspraxis einer inklusiven Grundschule

Die Rosenmaarschule in Köln hat bereits 1981 als eine der ersten Schulen in NRW begonnen, behinderte Kinder aufzunehmen bzw. nicht mehr an Sonderschulen zu überweisen. Vorangegangen war eine jahrelange Erfahrung mit heterogenen Lerngruppen in jahrgangsübergreifenden Klassen (Kinder des 1., 2., 3. und 4. Schuljahrs lernen in einer Klasse). Heute haben 80 der insgesamt 420 Kinder der Schule einen diagnostisch festgestellten sonderpädagogischen Förderbedarf, darunter auch schwerstmehrfach behinderte Kinder. Es gibt also keine Aufnahmegrenze, die etwa abhängig wäre von der Art oder dem Schweregrad der Behinderung – damit darf die Schule sich mit gutem Recht als inklusive Schule, als eine *Schule für alle Kinder* bezeichnen.

Welche Rahmenbedingungen sind Voraussetzung für inklusives Lernen?

Die Voraussetzungen für inklusives Lernen hängen sehr von den unterschiedlichen Förderbedarfen und von den örtlichen Gegebenheiten ab. Um den notwendigen Nachteilsausgleich zu gewährleisten, müssen Schritt für Schritt Schulgebäude umgebaut und alle Mitarbeiterinnen und Mitarbeiter geschult werden. Das Verdienst der Sonderschulen in den vergangenen Jahrzehnten war es, entsprechende Hilfsmittel und Methoden entwickelt zu haben. Dieses Know-how benötigen nun die allgemeinen Schulen und es sollte dorthin transferiert werden. Die Lehrerinnen und Lehrer dort brauchen Unterstützung in Form von Fortbildung und Beratung bis hin zur stundenweisen oder durchgängigen Teamarbeit (Doppelbesetzung) mit Sonderschullehrkräften oder geschulten Integrationshelferinnen und -helfern. Je nach Förderschwerpunkt müssen technische Hilfsmittel beschafft und installiert werden.

Brauchen wir eine neue »Inklusionspädagogik«?

Auch in herkömmlich strukturierten Schulen mit Jahrgangsklassen wird seit Langem der Tatsache Rechnung getragen, dass es keine homogenen Lerngruppen gibt. In jedem 1. Schuljahr kann es Kinder im Alter zwischen 5 und 7 Jahren geben, Kinder, die schon lesen können, und solche, die die deutsche Sprache nicht beherrschen, Kinder, die motorisch geschickt sind, und solche, die kaum einen Stift halten können. Die Grundschulpädagogik reagiert darauf mit verschiedensten Formen der Binnendifferenzierung, sowohl was Arbeitsformen als auch die Gestaltung von Aufgaben und Lernprogrammen angeht. Individuelle Wochenarbeitspläne z. B. ermöglichen eigene zeitliche Einteilung, lassen auch Raum für selbstgestellte Aufgaben. Selbstkontrollverfahren wie Lernlandkarten und Selbsteinschätzungsbögen nach Abschluss von Lerneinheiten oder Projekten werden ergänzt durch individuelle Lehrerrückmeldungen, in der Regel verbal formuliert, umfassend dann noch einmal schriftlich zum Schuljahresende. Dies geschieht in Form von ausführlichen Lernentwicklungsberichten (je nach Bundesland anstelle oder mindestens in Ergänzung zu Notenzeugnissen).

Grundschulen haben also durchaus gelernt, mit Heterogenität umzugehen und sie nicht als durch organisatorische Maßnahmen zu umgehendes Problem zu betrachten (wie unser dreigliedriges Schulsystem das seit Jahrzehnten erfolglos versucht). Vielmehr wird darin die Chance gesehen, die unterschiedlichen Fähigkeiten, Kenntnisse und (Lebens-)Erfahrungen von Kindern für ein erfolgreiches Lernen miteinander und voneinander pädagogisch zu nutzen.

Die Aufnahme von Kindern unterschiedlichster Förderbedarfe (dazu zählen wir auch die sogenannten Hochbegabten) ist demnach nur eine Erweiterung des Spektrums, erfordert also auch keine neue »Inklusionspädagogik« – allerdings durchaus intensivere und weitreichendere methodische Kompetenzen. Dass »Begreifen« von »Greifen« kommt, dass konkrete, sinnliche Erfahrungen die Voraussetzung für abstrahierendes Denken sind, ist nicht erst durch die Erkenntnisse der Neurobiologie belegt worden. Ein handlungsorientiertes Lernen in möglichst konkreten (Schul-)Lebenssituationen ist deshalb dem Wissenserwerb durch Einsatz von Lehrwerken vorzuziehen, wann immer es möglich ist.

In einem inklusiven Unterricht muss besonders darauf geachtet werden, individuelle Lernwege zu ermöglichen, verschiedene Lerneingangskanäle zu bedienen und unterschiedliche Abstraktionsebenen zu erreichen. Projektarbeit in Gruppen ist dafür z. B. besonders geeignet, förderlich ist aber auch die Gestaltung einer anregenden Lernumgebung inner- und außerhalb des Klassenraums, mit hohem Aufforderungscharakter für selbstbestimmtes Forschen und Lernen. Dazu gehört in den Klassenräumen ein reichhaltiges Angebot an frei zugänglichem Material, Lernmittel mit Selbstkontrollmöglichkeiten, eine Medienecke mit Internetzugang, darüber hinaus eine Schulbücherei, ein Kreativraum, ein Forscherraum, ein Schulgarten und anderes mehr.

Welche Konsequenzen hat das für eine »politische Bildung in der Grundschule«?

In der ersten Zeit nach der Einschulung steht für die Kinder das affektive Lernen, das Finden von Orientierung im neuen Lebensraum Schule mit all seinen Abläufen und Ritualen im Vordergrund. Dazu kommen erste Erfahrungen mit dem schulischen Lernen, das geprägt ist durch Fremdbestimmung und Ansprüche an Aufmerksamkeit, Leistungsanforderungen und Einhalten von Regeln. Dazu gehört auch u. U. das Erleben des eigenen (Noch-)Nicht-Könnens. Kinder brauchen dabei die Sicherheit, in ihrer Eigenart und mit ihren besonderen Lebensumständen gleichberechtigt angenommen und anerkannt zu sein. Diese Wertschätzung wird zunächst von der Lehrerin oder dem Lehrer vorgelebt und dann in dem Maße von den Kindern übernommen, wie sie sich in der neuen Umwelt sicher und zuhause fühlen.

Grundvoraussetzung für (politische) Handlungsfähigkeit ist es, artikulieren, argumentieren, verhandeln und mitentscheiden zu können. Damit verbunden ist die Erfahrung, dass die Beanspruchung von Rechten immer mit der Übernahme von Pflichten und Verantwortung einhergeht. Das kann in Planspielen geübt, aber besser in authentischen (schulischen) Lebenssituationen erfahren und erlernt werden. Was das für den Unterricht bedeutet, soll im Folgenden mit einigen Beispielen erläutert werden.

In den ersten Schulwochen steht die Aufgabe im Vordergrund, aus der Ansammlung individueller kleiner Persönlichkeiten eine arbeitsfähige Lerngruppe, eine Klassengemeinschaft zu formen. Beim Projekt »Vom Ich zum Wir« erstellen die Kinder eigene Steckbriefe. Dazu gehören neben statistischen Fakten wie Geburtsdatum, Adresse usw. auch Aussagen über besondere Vorlieben und Hobbys, Haustiere usw. Beim gegenseitigen Vorstellen der familiären Lebensumstände werden rasch große Unterschiede deutlich, die benannt werden, ohne sie zu bewerten. Das Ganze mündet schließlich in ein großes Kunstprojekt: in der mit Packpapier ausgelegten Aula malt jedes Kind für sich eine Insel, auf der es sitzen kann. Dort liegt danach der Steckbrief aus, während die Kinder herumgehen und schauen, wo es Kinder mit ähnlichen Interessen oder anderen Anknüpfungspunkten gibt. Danach werden Brücken zwischen den Inseln aufgemalt, Schiffs- und Flugverbindungen eingezeichnet usw. Am Ende entsteht ein Bild zahlreicher Vernetzungen, das die Lehrerin bzw. der Lehrer fotografieren und damit zur weiteren Verwendung festhalten kann.

Erste (vorpolitische) Formen einer aktiven Beteiligung sind der Montagskreis und die Wochenrückschau. Voraussetzung ist das Einüben und Beachten von (Gesprächs-)Regeln. Hilfreiche Zeichen wie Gongs, Piktogramme oder Lärmampeln können diesen Lernprozess unterstützen. Nach den Berichten über Erlebnisse am Wochenende trifft die Lehrerin bzw. der Lehrer mit den Kindern Vereinbarungen über die vorgesehenen Vorhaben und Projekte. Freitags werden die Ergebnisse gemeinsam gewürdigt und Schlüsse für die Weiterarbeit in der Folgewoche gezogen. Dabei können Kinder zunehmend Einfluss gewinnen bis hin zum Vorschlag von Projektthemen. Diese Runden sind aber auch der Platz für Absprachen zur Klassenordnung und die damit verbundenen Rituale. Hier wird überlegt, auf welche Weise Kinder mit Einschränkungen Unterstützung erfahren können. Daraus entstand z. B. die Idee, für ein kleinwüchsiges Kind kurze Stricke an den Türklinken anzubringen, die ihm ermöglichten, die Türen selbstständig zu öffnen. Aber auch die Notwendigkeit von Ausnahmeregeln für einzelne Kinder wird hier besprochen – und diese betreffen durchaus nicht nur Förderkinder.

Einmal in der Woche bespricht die Schülerrunde (in der die Klassensprecher/innen organisiert sind) Fragen und Probleme, die die gesamte Schule betreffen. Sie ist auch dafür verantwortlich mit Unterstützung einer Lehrerin/eines Lehrers und einer Erzieherin/eines Erziehers eine Schulordnung aufzustellen. Diese muss immer mal wieder modifiziert werden, wenn z. B. die Anschaffung eines neuen Spielgeräts (Wakeboard, Inliner etc.) Absprachen über Sicherheitsvorgaben notwendig macht. Auch die gemeinsame Nutzung von Außenspielflächen (ein einziges Fußballfeld für 16 Klassen) erfordert Abstimmungen, über deren Ergebnisse die Klassensprecher/innen per Protokoll und mündlich in den Klassen berichten.

Damit die Schülerrunde (als vordemokratische Beteiligungsform) von den Kindern nicht nur als Mecker- und Problemlösungsorgan wahrgenommen wird, gibt es regelmäßig Projekte, bei denen die Kinder mitplanen und mitentscheiden können. Dazu zählt z. B. der Aufbau einer Schulbücherei. Über Wochen werden in allen Klassen Büchervorschläge gesammelt und diskutiert. Die von den Klassen vorgeschlagenen Bücher werden in der Schülerrunde zusammengestellt und dann von einigen Kindern in den örtlichen Buchhandlungen bestellt. Das Spektrum reicht von Bilder- und Sachbüchern bis zu Großschrift- und Hörbüchern, sodass jedes Kind ein an seine Lesefähigkeit angepasstes Buch findet.

Vor der Neugestaltung des Außenspielgeländes entstehen Pläne und Modelle für eine Ausstellung, die die Schülerrunde den zuständigen Ämtern (Schulverwaltungsamt, Bauabteilung, Grünflächenamt etc.) vorstellt und erläutert. Eine Vogelnestschaukel, die auch von rollstuhlfahrenden Kindern genutzt werden kann, sowie ein unterfahrbarer Matschtisch am Wasserspielplatz gehören selbstverständlich dazu.

Finanziert werden solche Vorhaben häufig durch Sponsorenläufe. Dabei werden für Kinder mit Einschränkungen besondere Regeln aufgestellt, die bestimmen, welche Hilfsmittel sie benutzen dürfen und wie ihre Runden gezählt werden. Regelmäßig wird eine Hälfte des Erlöses für eine außerschulische Organisation oder Initiative gespendet. Das kann UNICEF oder der Kinderschutzbund sein, ein Naturprojekt oder eine Hilfsorganisation, die Unterstützung in einem aktuellen Katastrophengebiet leistet. Dabei wird auf einen Bezug zur Lebenswelt der Kinder geachtet (zu der auch die Fernsehnachrichten gehören). Eingebettet sind diese Vorhaben nach Möglichkeit in längerfristige Projekte. Beim Thema »Kinderrechte« z. B. geht es um geschichtliche Aspekte (Kinderarbeit bei uns früher und heute), aber vor allem um die Lebenssituationen von Kindern in verschiedenen Weltregionen. Daraus soll Verständnis erwachsen für asylsuchende Familien in der Nachbarschaft. Nicht zuletzt soll auch irrationalen Ängsten vor Fremdheit vorgebeugt oder diese abgebaut werden.

»Kinderrechte« – Beispiel eines inklusiven Schulprojekts

Alle Klassen der Rosenmaarschule haben sich drei Wochen lang im Rahmen eines fächerübergreifenden Projekts mit dem Thema »Kinderrechte« beschäftigt. Im Rahmen dieses Projekts sollten die Kinder ihre Rechte kennenlernen. Darüber hinaus sollten sie erkunden, ob diese im eigenen Umfeld, aber auch in anderen Ländern geachtet werden. Schließlich sollten sie Handlungsstrategien entwickeln und erproben: Wo kann ich selbst Dinge verändern, helfen, verantwortlich sein? Den Abschluss bildete eine Präsentation der Ergebnisse in der Aula, an der neben den Schülerinnen und Schülern auch Eltern/Erziehungsberechtigte und andere interessierte Menschen aus dem Umfeld der Schule teilnahmen.

Das methodische Vorgehen in einer inklusiven jahrgangsübergreifenden Klasse (Schülerinnen und Schüler vom 1. bis 4. Schuljahr, davon jeweils fünf bis sechs Kinder mit sonderpädagogischem Förderbedarf) kann hier nur ansatzweise skizziert werden. Der Heterogenität der Klassen wird durch vielfältige Lernangebote, die unterschiedliche Lernkanäle ansprechen, Rechnung getragen. Um eine große Differenzierung zu erreichen, wird weniger mit Arbeitsblättern als mit unlinierten Heften gearbeitet, egal welche Themen behandelt werden. In ihnen können Ergebnisse ganz unterschiedlich festgehalten werden (Texte, Bilder, Zeitungsausschnitte etc.). Oft arbeiten die Kinder in Partner- oder Gruppenarbeit, in ihren Tischgruppen, die nach dem Prinzip größtmöglicher Heterogenität zusammengesetzt sind. So können alle Kinder – auch die mit sonderpädagogischem Förderbedarf – sich ihren Möglichkeiten entsprechend einbringen, voneinander lernen und sich gegenseitig unterstützen.

Die älteren Kinder übernehmen die Organisation der Gruppenarbeit, verteilen die Aufträge, lesen die Informationstexte oder Arbeitsanweisungen vor. Sie helfen den Jüngeren, sich in der Gruppe zu organisieren und fungieren als Vorbild. Verständnisfragen werden zunächst in der Gruppe geklärt. Arbeitsformen, Vorgehensweisen und Methoden werden so ganz automatisch durch Nachahmung an die jüngeren Kinder in der Klasse weitergegeben. Kinder, die (noch) nicht schreiben können, malen oder diktieren einem Kind oder Erwachsenen ihre Ideen. Bei mündlichen Erarbeitungen (Diskussionen, Präsentationen) können sich alle Kinder beteiligen. Dabei sind sich die Kinder ihrer Unterschiedlichkeit bewusst und wissen, was jedes Kind im Rahmen seiner Möglichkeiten tatsächlich einbringen kann.

Die einzelnen Phasen des Projekts können hier nur skizzenhaft dargestellt werden:

1. *Abschnitt: »Das brauche ich unbedingt für ein menschenwürdiges Leben.«*
2. *Abschnitt: »Darauf habe ich ein Recht.«*
   - Aus den individuellen Bedürfnissen werden Rechte abgeleitet, die für alle Kinder dieser Welt gelten sollten.
3. *Abschnitt: »Haben alle Kinder gleichen Rechte?«*
   - Die Kinder lernen die unterschiedlichen Lebenswelten von Kindern in aller Welt kennen.
   Sie vergleichen ihre eigene Lebenswelt damit und überprüfen, wie in anderen Ländern Kinderrechte geachtet werden.
4. *Abschnitt: Einzelne Kinderrechte werden genauer betrachtet.*
   - Kinder haben das Recht, bei allen Fragen, die sie betreffen, sich zu informieren, mitzubestimmen und zu sagen, was sie denken. Die Kinder suchen Beispiele aus dem Schulleben (Wochenrückschau und Schülerrunde als Beteiligungsformen wurden schon weiter oben vorgestellt). Auf der Basis von Interviews mit Erwachsenen aus dem schulischen Umfeld werden die aktuellen Lebensbedingungen und Bedürfnisse der Kinder heute mit denen der Kinder in früheren Zeiten verglichen.
   - Kinder haben das Recht auf Schutz vor Gewalt, Missbrauch und Ausbeutung. Die Kinder überprüfen gemeinsam das Klassenklima.

- Behinderte Kinder haben das Recht auf besondere Fürsorge und Förderung, damit sie aktiv am Leben teilnehmen können. Was braucht beispielsweise ein Kind, das nicht laufen kann, damit es hier in der Schule uneingeschränkt teilhaben kann? Die Kinder können offen über die Problematik sprechen, es gibt wegen des selbstverständlichen Zusammenlebens im Schulalltag keine Ängste oder Tabus. In einer Rollstuhl-AG können die Kinder am eigenen Leib erfahren, wie es ist, mit einer Behinderung zu leben.

5. *Abschnitt: »Wir haben Rechte, aber auch Pflichten.«*
   - Kinderarbeit früher oder in Ländern der sogenannten Dritten Welt wird der Übernahme von Pflichten in der eigenen Familie gegenübergestellt: Helfen im Haushalt: Ist das Kinderarbeit?

6. *Abschnitt: Präsentation*

In einer Schulversammlung in der Aula können die Kindergruppen ihre Ergebnisse präsentieren: Lieder, Gedichte und ein selbstgedrehter Kurzfilm ergänzen die Berichte. Plakate und weitere gestalterische Arbeiten werden in der Schule ausgestellt und Eltern und Besucherinnen und Besuchern beim darauffolgenden Weihnachtsbasar gezeigt und erläutert.

Eine Spendensammelaktion der Kinder zugunsten des Kölner Flüchtlingsbeirats erbringt einen ansehnlichen Betrag. Vertreter der Organisation berichten in einer späteren Schulversammlung den Kindern, wofür die Gelder verwendet wurden: Beratung neu eingetroffener Flüchtlingsfamilien über ihre Rechte und Begleitung zu öffentlichen Ämtern, Hilfe bei der Schulplatzsuche für die betroffenen Kinder u.a.m.

Fachwissen und Kompetenzerleben ergänzen sich

In der Grundschule stehen sicher die Förderung der Selbstkompetenz und ein soziales (politisches) Kompetenzerleben im Vordergrund. Fachwissen im engeren Sinne wird eher situativ und projektbezogen erworben. Wenn die Kinder ein Anliegen an die Stadtverwaltung haben, z.B. die dringend erforderliche Reparatur eines Spielgeräts, müssen sie erst einmal politische Strukturen kennenlernen. Wer darf in der Stadt »bestimmen«, wer darf entscheiden, von wem wird er gewählt? Plan- und Rollenspiele können das unterstützen und anschaulicher machen und bereiten konkrete Aktionen (Briefe, Einladungen an Entscheidungsträgerinnen und -träger) vor.

Im Rahmen einer Schulpartnerschaft mit einer niederländischen Schule gibt es regelmäßig gegenseitige Besuche der Kinder. Dann wird im Sachunterricht neben geografischen Aspekten auch über die Europäische Gemeinschaft und ihre Bedeutung für unser Leben gesprochen. Im notwendigen Umfang wird dabei auch Fachwissen erworben.

Aber so zentrale (politische) Begriffe der Inklusion wie »Beteiligung« und »Nachteilsausgleich« werden im Grundschulunterricht nicht »definiert«. Prägend sind hier die konkreten Erfahrungen, die allmählich zu Einstellungen und Haltungen führen. Es ist zu hoffen, dass die Sekundarstufenschulen diesen Schatz nutzen können.

Volker Schwier

Auf der Suche nach inklusionssensiblen Lehr-/Lernarrangements

Anstöße zum Weiterdenken – eine Replik

»Nichts am Lernen lässt sich serienmäßig vorfabrizieren, um dann unter bestimmten Bedingungen leicht anwendbar zu sein.« Oskar Negt (1994)

Die Beiträge »Inklusion: Politische Bildung in der Grundschule als ›Muster‹ für alle Schulformen« von Dagmar Richter und »Inklusionsdidaktische Netzwerke in der politischen Bildung« von Joachim Kahlert fügen sich in Diskussionen ein, die von ihren Protagonisten in der Hoffnung geführt werden, aufzuklären, worum es gehen soll, wenn von Inklusion im Rahmen politischer Bildung gesprochen wird. Im Fokus stehen Überlegungen und Anregungen für die Planung und Ausgestaltung von Lehr-/Lernprozessen inklusiver politischer Bildung.

Grundschuldidaktik

Für Dagmar Richter ist besonders die Grundschuldidaktik beispielgebend, weil sie Unterschiedlichkeit und Vielfalt nicht nur akzeptiert, sondern sich in ihrer Entwicklung durchgängig die Erwartung zu eigen macht, eine Schule *für alle* zu fundieren. So einsichtig der Verweis auf eine Parallelität der normativen Grundlagen von Grundschuldidaktik und Inklusionsdiskurs ist, folgen daraus noch keinerlei Maßnahmenkataloge oder doch zumindest handlungsleitende Orientierungen für eine inklusive Didaktik der politischen Bildung. Im Zwischenresümee stellt Richter so auch lediglich Notwendigkeiten zur Differenzierung und insbesondere zur Individualisierung von Unterrichtsprozessen heraus. Form und Ausmaß aller Differenzierung bleiben aber einem Unterricht verpflichtet, dessen Voraussetzung und Zielperspektive an *ein* Kompetenzmodell gebunden sein soll. Im Vertrauen darauf, Inklusion über ein gemeinsam gültiges Kompetenzmodell zu ermöglichen, mit dem zuallererst Exklusion verhindert wird, ergänzt sie die Empfehlungen um eine Auswahl allgemeindidaktischer Prinzipien, Einsichten und Lehr-/Lernmethoden.

Kompetenzmodell

Richter selbst weist auf die in der Fachdidaktik geführte Diskussion um das von ihr vorgeschlagene Kompetenzmodell hin. Die generelle Kontroverse kann und soll hier nicht nachgezeichnet werden (zur Kritik z. B. Autorengruppe Fachdidaktik 2011, Sander 2013). Doch unabhängig davon, wie das konkret in Rede stehende Modell aus fachdidaktischer Perspektive zu beurteilen ist, bildet es den Maßstab, an dem sich die Kompetenz politischer Bildung erweisen soll. So nährt es die Fiktion, tatsächlich eine inklusive Unterrichtspraxis zu grundieren, die sich nicht anders als in »Niveauunterschieden« darstellt. Besondere Beachtung erfahren hierbei fachlich-inhaltliche Kompetenzdimensionen, denen mit einem »kumulativen Wissensaufbau« beizukommen sei. Die Lernenden mit ihren Bedürfnissen, Interessen und mit den Vorstellungen und Deutungen ihrer (Lebens-)Welt geraten dabei eher in den Hintergrund. In die Pflicht genommen werden stattdessen besonders die Lehrenden als diejenigen, die über Ausmaß und Intensität mutmaßlich geeigneter und erfolgreicher Lehr-/Lernarrangements entscheiden – nicht zuletzt durch die Kreativität ihres professionellen Handelns.

Die Perspektive richtet sich somit vornehmlich auf Lehrende als *aktive* (Aus-)Gestaltende der Lernprozesse. Die Lernenden werden in Richters Argumentation demgegenüber als eher passiv Teilnehmende gefasst. »Kinder« erscheinen so zumeist als teilkompetent-unfertige Wesen und als bedürftige Objekte, deren mutmaßlichen Defiziten in geeigneten Lehr-/ Lernarrangements begegnet wird. Dabei sind sie es doch, die – komplementär zu den Lehrenden – das komplexe Interaktionsgeschehen, also die besondere soziale Situation, erst zu dem machen, was als »Unterricht« bezeichnet wird (so schon Heinze 1976 und z. B. auch Naujok u. a. 2008, Richert 2009, Wiesemann 2009). In diesem Zusammenhang erscheint es folglich mehr als zweifelhaft, dass sich die mannigfachen Erfahrungen der Lernenden, ihre realen und potenziellen Entwicklungsmöglichkeiten sowie die sie umgebenden situativen wie fortwährenden Lebensumstände, Bedürfnisse und Interessen ausgerechnet durch das Nadelöhr eines vorab bestimmten Kompetenzmodells hindurch bündeln lassen.

Kompetenzen auszuweisen macht ohnehin nur dann Sinn, wenn ebenso ihr Fehlen, der ausbleibende Erwerb oder ein Scheitern in deren Darstellung vor anderen, mithin die jeweiligen Nicht-Kompetenzen mitgedacht werden. Das gilt auf den Ebenen der Lernvoraussetzungen und ihrer Diagnostik, wie im Bereich lebensweltbezogener Einstellungen und Haltungen, aber ausdrücklich ebenfalls im kontrovers diskutierten Feld fachlicher Konzepte und politischer Wahrnehmungs-, Beurteilungs- und Handlungsmöglichkeiten. Vornehmlich auf ein Kompetenzmodell zu vertrauen ist deshalb wenig überzeugend und riskant, weil auf diese Weise womöglich exkludierende Prozesse in den genannten Bereichen erst recht gefördert und eben nicht verhindert werden. Undurchsichtig bleibt, was geschieht, wenn trotz früher Förderung »Kompetenzerleben«, »Erfolgszuversicht« und »Lernfreude« in dem gewünschten Maße ausbleiben oder womöglich gar Vorurteilsbildung, Konkurrenzerleben oder unvereinbare Vorstellungen an deren Stelle treten.

Zudem fallen die Vorschläge von Richter hinter den erreichten Stand der grundschuldidaktischen Diskussion (ein Überblick dazu z. B. bei Einsiedler 2011) zurück, weil etwa (sozial-)konstruktivistische Lernkonzepte oder Positionen zur Situiertheit des Lernens, also dem fortdauernden Ausdeuten und -handeln von Bedeutungen und Beziehungen durch Lehrende *und* Lernende, keine hinreichende Berücksichtigung finden. Die Ausrichtung auf ein Kompetenzmodell bleibt letztlich die Antwort darauf schuldig, *wie* gegebene oder hergestellte Differenzen nicht nur (vorläufig) anerkannt, sondern konstitutiv sein können für eine wie auch immer konturierte inklusive Didaktik politischer Bildung.

Wenn nicht verkannt, so doch immerhin ausgespart, bleiben bei alledem wesentliche Rahmungen von Unterricht und Schule, die ebenso wirkmächtig wie widersprüchlich sein können: Leistungs- und Bewertungsprinzipien, Lernstanderhebungen, Übergangs- und Schulwechselempfehlungen – um nur eine unvollständige, aber exkludierende Auswahl anzuführen. In der konkreten Situation der Schule, der Lerngruppe oder des Unterrichts können sie im Grad der Verbindlichkeit und Durchsetzbarkeit wohl variieren – ihre Abschaffung steht derzeit aber nicht auf der Agenda. So wirken die gesellschaftlichen Funktionen des Bildungssystems – z. B. auch in der Widersprüchlichkeit von Qualifikation und Selektion wie von Teilhabe und Legitimation – weiter fort und eben auch hinein in die Ausgestaltung inklusionssensibler Lehr-/Lernarrangements.

Inklusionsorientierter Unterricht

Das mag beklagt werden oder aber der Anlass sein für die Suche nach pragmatischen Lösungen, der sich wiederum Joachim Kahlert verpflichtet fühlt. Er fokussiert in seinem Beitrag »Möglichkeiten und Grenzen praktischer Umsetzbarkeit« von inklusiven Lehr-/Lernprozessen und entwirft dafür ein »idealtypisches Konstrukt« inklusionsdidaktischer Netze, um ausdrücklich auch die Individualität und Heterogenität der Lernenden in die Unterrichtsprozesse einzubeziehen. Bemerkenswert daran ist, dass er seine Vorschläge zwar exemplarisch mit Blick auf einzelne Lernsubjekte im Spektrum vielfältiger Voraussetzungen und Ansprüche illustriert, dabei aber auch die Anbindung an den *Referenzrahmen Unterricht* nachdrücklich herausstellt. Unterricht bleibe abhängig von den Ressourcen Zeit, Aufmerksamkeit und didaktisch-methodische Kreativität der Lehrenden und sei deshalb nur begrenzt anschlussfähig für ausgeprägte Individualisierungserwartungen.

Kahlert beansprucht folglich einen »dritten Weg« – jenseits von theoriefernen Praxisratgebern einerseits und praxisfernen Modellen andererseits. Er wählt dazu die Form einer »entwicklungsorientierten Matrix für inklusionsorientierte Unterrichtssettings«, die Lehrenden als Hilfe zur umsichtigen Planung dienen kann. Als solche ist sie ebenso vorläufig wie erweiterbar und beansprucht selbst keine Erfolgsversprechen in ihren Anwendungen – was angesichts fehlender Objektivierbarkeit »richtigen Unterrichts« ohnehin vermessen wäre. Ein wahrnehmungs- und handlungsleitender Nutzen für die Lehrenden leitet sich im besten Fall daraus ab, dass ein Referenzrahmen angeboten wird, um die Lernenden in ihrer vielfältigen Subjektivität einzubeziehen und dabei zugleich »fachliche und entwicklungsorientierte Fördermöglichkeiten strukturiert zu erschließen«.

Doch auch wenn einzuräumen ist, dass den Lehrenden im unterrichtlichen Planungs-, Entscheidungs- und Reflexionshandeln ein prominenter Stellenwert zukommt, so riskiert Kahlert mit seinen Empfehlungen – trotz kritischer Kommentierung des Kompetenzkatalogs für künftige Lehrkräfte –, dass inklusionsbezogene Problemlagen von Lehrenden als Professionalitätserwartungen mit explizit sonderpädagogischer Sensibilität gedeutet werden. Aber »die verbreitete Forderung, einen kompetenten Umgang mit ›Unterschieden‹ zwischen Menschen zu erlernen, [erhöht] das Risiko, aus sozialen Ungleichheiten resultierende Konfliktlagen zu kulturalisieren und individualisieren« (Häcker/Walm 2015, S. 12).

Es leuchtet nicht ein, warum die Verschiedenheit und Einzigartigkeit von Menschen (bezogen z. B. auf körperliche, leistungsbezogene oder soziale Voraussetzungen) in einem Fall als gegeben akzeptiert wird und in einem anderen Fall zum Anlass besonderer Aufmerksamkeit gerät: Wer oder was entscheidet auf Basis welcher Annahmen darüber, welchen Menschen aufgrund welcher zugeschriebenen Merkmale als inklusionsbedürftig begegnet wird und welche Menschen einer derartigen Aufmerksamkeit nicht bedürfen? Deutlich wird, dass es nötig ist, zum einen die jeweiligen Differenzannahmen und Normalitätsvorstellungen selbst und zum anderen ihre Wechselwirkungen in den Blick zu nehmen. Die aufklärerischen Anforderungen an politische Bildung würden sonst schlimmstenfalls konterkariert.

Bei aller Sympathie für die Vorschläge bleibt festzuhalten, dass Pragmatismus kein Selbstzweck ist. Ideen und Empfehlungen bedürfen der Erprobung und einer Bewertung im didaktischen Diskurs: Was soll, kann, will und muss politische Bildung mit dem Etikett »inklusiv« anfangen?

Um es konkreter zu machen, sei daran erinnert, dass etwa Sprachlosigkeit im Allgemeinen, wie politische Sprachlosigkeit im Besonderen vielfältige Ursachen haben kann. Es kommt zu ihrer Überwindung weniger darauf an, den Typologien, Klassifizierungen und Zuschreibungen sonderpädagogischer Fachtradition und -expertise zu vertrauen, um darauf mit individualisierten Lehr-/Lernarrangements zu reagieren. Vielmehr sollte sich das allgemein- wie politikdidaktische Interesse darauf richten, zu erforschen, was politische Mündigkeit und soziale Teilhabe in jedem Einzelfall ausmachen, wie sie zu fördern und auszuweiten sind. Als für den fachdidaktischen Diskurs anschlussfähig kann sich dafür die von Budde und Hummrich vorgeschlagene Perspektive einer »reflexiven Inklusion« erweisen. Sie ist ausgerichtet »sowohl auf das Wahrnehmen und Ernstnehmen von Differenzen und [...] Sichtbarmachen von darin eingeschriebener Benachteiligung als auch auf den Verzicht auf Festschreibung und Verlängerung impliziter Normen durch deren Dekonstruktion« (Budde/Hummrich 2013, S. 4).

Es geht also darum, Unterschiede als Unterschiede anzuerkennen, ohne der Versuchung zu erliegen, sie im Denken wie im Handeln auf einen als »normal« gedachten Zustand hin anzupassen, auszugleichen oder aufzuheben. »Reflexive Inklusion« zielt entsprechend auf einen »Wandel in den professionellen Orientierungen von Lehrpersonen« (ebd.) ab und lässt sich demnach als Anforderung an die Professionalität von Lehrenden in ihren verschiedenen Handlungsfeldern begreifen.

Lernende im Unterricht

Welchen Stellenwert Unterrichtshandeln dabei einnimmt, entscheidet sich maßgeblich daran, inwieweit es gelingt, Lernende als Subjekte ernst zu nehmen, ihnen eingedenk vorhandener Restriktionen eigene Fähigkeiten und Verantwortlichkeiten für die jeweiligen Lernprozesse zuzutrauen. Nicht so sehr geht es dann um die auf spezielle Förderbedarfe hin ausgerichteten Lehr-/Lernprozesse. Ziel könnte es vielmehr sein, allen Lernenden hinsichtlich ihres Stellenwerts als Ko-Konstrukteuren von Lehr-/Lernprozessen eine größere forschungstheoretische Beachtung als bislang zu schenken. Entsprechende (fach-)didaktische Forschungsinteressen sind nicht zu verwechseln mit einer empirischen Unterrichtsforschung, deren

Begrenzungen auch angesichts der damit verbundenen überzogenen Aufklärungsversprechen ja von Kahlert zu Recht beklagt werden.

Eher ginge es um eine den (fach-)didaktischen Diskurs inspirierende Aufmerksamkeit z. B. für kooperative, aber geschützte Lernformen, das Lernen von- und miteinander mit dem Ziel, die Selbstverfügbarkeit der Lernenden auszuweiten und Selbstwirksamkeit erfahrbar zu machen.

Ressourcenmangel und Forschungsbedarfe

Inklusionsorientierte politische Lehr-/Lernprozesse – so die Vermutung – unterscheiden sich womöglich nicht grundsätzlich von anderen. Die Argumentation von Richter ist deshalb anregend, wenn es darum geht, die längst verfügbare inklusive Ausrichtung der Grundschuldidaktik in Erinnerung zu rufen: Vielleicht bedarf es so keiner noch zu formulierenden neuen, inklusionssensiblen politischen Didaktik, die ihrerseits Auskunft darüber geben müsste, was denn das qualitativ Andere überhaupt sei.

Dennoch bedarf es bereits kurz- bis mittelfristig – im Bereich der politischen Bildung und nicht nur dort – der Ausarbeitung, Bereitstellung und Evaluation veränderter Unterrichtsmaterialien wie einer Umorganisation der Aus-, Fort- und Weiterbildung für Lehrkräfte, um auf die inklusionsbezogenen Anforderungen zu reagieren.

Wie auch immer inklusiv gedachte Lehr-/Lernprozesse in der Folge dann konzipiert sein mögen, werden sie sich auch weiterhin allenfalls begrenzt planen lassen und den Beteiligten in weiten Anteilen unverfügbar bleiben. Meiner Überzeugung nach sollte sich der Blick darum noch dezidierter als in den Beiträgen vorgeschlagen auf die unhintergehbaren Prozesse der Relationierung von fachlichem Wissen und angemessenem Handeln durch professionell agierende Lehrende in der Interaktionssituation »Unterricht« richten: Wie können lernwirksame Vermittlungen zwischen einer mutmaßlich relevanten Sachthematik (z. B. »Konflikt«) und den dazu oftmals sehr disparaten Erwartungen und lebensweltlichen Erfahrungen der Lernenden (Interessen, Konsenssuche, Harmoniestreben, Entscheidungsoffenheit, Gleichgültigkeit, Stärke, Ohnmacht, (Un-)Sichtbarkeit usw.) auch in Lehr-/Lernarrangements mit unvergleichbaren Lerngruppen gelingen?

Die Komplexität der Forschungsaufgabe spricht nicht dagegen, sie anzugehen. Es gilt aber auch hier, überzogenen Erwartungen zu widerstehen und so den Blick dafür zu schärfen, was mit dem Programm einer inklusiven politischen Bildung nachdrücklich in Erinnerung gerufen wird: Die gesellschaftliche Mündigkeit und Teilhabe einzigartiger Menschen zu fördern, ohne dabei ausgeprägt individualitätsbezogenen, steuerungsoptimistischen Illusionen anheimzufallen und dabei womöglich wesentliche Aspekte der sozialen Einbettung im Kontext von Lehr-/Lernarrangements fahrlässig zu übersehen.

Literatur

Autorengruppe Fachdidaktik (2011): Konzepte der politischen Bildung. Eine Streitschrift. Schwalbach am Taunus.

Budde, J./Hummrich, M. (2013): Reflexive Inklusion. In: Zeitschrift für Inklusion. Heft 4. Verfügbar unter: http://inklusion-online.net/index.php/inklusion-online/article/view/193.(Zugriff: 21.01.2015).

Detjen, J./Massing, P./Richter, D./Weißeno, G. (2012): Politikkompetenz – ein Modell. Wiesbaden.

Einsiedler, W. (2011): Lehr-Lern-Konzepte für die Grundschule. In: Einsiedler, W./ Götz, M. u. a. (Hrsg.): Handbuch Grundschulpädagogik und Grundschuldidaktik. 3. Auflage. Bad Heilbrunn. S. 341–350.

Häcker, T./Walm, M. (2015): Inklusion als Entwicklung – Einleitung. In: Häcker, T./ Walm, M. (Hrsg.): Inklusion als Entwicklung. Bad Heilbrunn. S. 11–26.

Heinze, T. (1976): Unterricht als soziale Situation. Zur Interaktion von Schülern und Lehrern. München.

Naujok, N./Brandt, B./Krummheuer, G. (2008): Interaktion im Unterricht. In: Helsper, W./Böhme, J. (Hrsg.): Handbuch der Schulforschung. 2. Auflage. Wiesbaden. S. 779–799.

Negt, O. (1994): Adolf Brock. Von der Leidenschaft des Lernens. In: Negt, O.: Unbotmäßige Zeitgenossen. Annäherungen und Erinnerungen. Frankfurt am Main.

Richert, P. (2009): Unterricht als Lehrer-Schüler-Interaktion. In: Arnold, K.-H./Sandfuchs, U./Wiechmann, J. (Hrsg): Handbuch Unterricht. 2. Auflage. Bad Heilbrunn. S. 168–171.

Sander, W. (2013): Die Kompetenzblase – Transformationen und Grenzen der Kompetenzorientierung. In: Zeitschrift für Didaktik der Gesellschaftswissenschaften. Heft 1. S. 100–124.

Weißeno, G./Detjen, J./Juchler, I./Massing, P./Richter, D. (2010): Konzepte der Politik. Ein Kompetenzmodell. Schwalbach am Taunus.

Wiesemann, J. (2009): »Kinder als Akteure von Unterricht« – Konsequenzen für eine pädagogische Lernforschung. In: de Boer, H./Deckert-Peaceman, H. (Hrsg.): Kinder in der Schule. Zwischen Gleichaltrigenkultur und schulischer Ordnung. Wiesbaden. S. 177–192.

2.2 Wege zur Politik- und Demokratiekompetenz für Schülerinnen und Schüler mit Lernschwierigkeiten

Frank Schiefer / Ute Schütte / Werner Schlummer

Förderung der Politik- und Demokratiekompetenz bei Schülerinnen und Schülern mit kognitiven Beeinträchtigungen

Problemaufriss

Auf den ersten Blick scheint das Ziel, Sachverstand bei Politik- und Demokratiethemen (im Weiteren sprechen wir von Politik- und Demokratiekompetenz) zu vermitteln, die Schülerinnen und Schüler mit kognitiven Beeinträchtigungen bzw. geistiger Behinderung auszuschließen. (Diese beiden Begriffe verstehen wir als Synonyme; im Weiteren verwenden wir überwiegend die Bezeichnung »kognitive Beeinträchtigung«.) Diese oberflächliche Annahme wird dadurch gestützt, dass Schlagwörter und Leitziele in der politischen Bildung, wie Mündigkeit und politische Urteilsbildung, vermeintlich einen wachen Verstand und ein sehr genaues Urteilsvermögen voraussetzen.

In Anlehnung an Klafki und dessen Bildungstheorie verweist Moegling auf die Befähigung zur Mündigkeit und damit auf die Politikkompetenz als *ein* Ziel von Bildungsprozessen (vgl. Abb. 1). Mündigkeit wird als kritische Urteilsfähigkeit und Handlungskompetenz definiert; Sachkompetenz, Selbstkompetenz, Mitbestimmungsfähigkeit, Verantwortungsfähigkeit und Fähigkeit zur Solidarität lassen sich darin unterscheiden bzw. beeinflussen sich gegenseitig (Moegling 2007, S. 76).

Bei der Demokratiebildung und der Förderung der Politikkompetenz geht es um einen gesteuerten und/oder zufällig ablaufenden Lern- und

Erfahrungsprozess, der stark auf kommunikative Prozesse, also auf das Ausdrucksvermögen ausgerichtet ist (Detjen 2013, S. 228). Neben der Thematik »Mündigkeit« lässt sich eine weitere Schwierigkeit für die Schülergruppe mit kognitiver Beeinträchtigung benennen: So unterstreicht z. B. der Politikdidaktiker Detjen die Bedeutung von Wissensbeständen für den politischen Unterricht (2005, S. 286) und Massing stellt fest, dass die Verwobenheit und damit der Schwierigkeitsgrad politischer Inhalte und Entscheidungsprozesse ständig zu- und deren Nachvollziehbarkeit umgekehrt dazu abnehme. Dies erschwere eine erfolgreiche Politikvermittlung und fördere eine zunehmende Politikverdrossenheit bei den Bürgerinnen und Bürgern (2011, S. 5). Diese Entwicklung erhöht somit den Anspruch an die Vermittlung von Politik- und Demokratieverständnis.

Abb. 1: Mündigkeit als Meta-Ziel der Bildungsprozesse

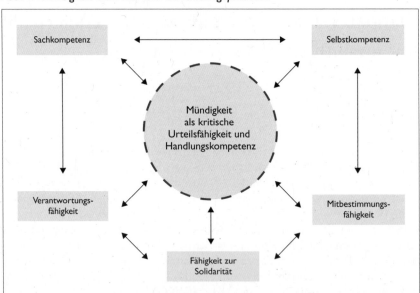

Quelle: modifiziert nach Moegling 2007, S. 77.

Aus unserer Sicht geht es bei der politischen Bildung in besonderer Weise um die fachwissenschaftliche Zentrierung sowie die systematische und staatliche Ebene, während der Fokus beim Demokratielernen stärker auf Kompetenz-Anbahnung und politische Handlungsfähigkeit gelegt wird. Vor dem Hintergrund, dass politische Bildung primär eine Verstandesangelegenheit ist und somit hauptsächlich einen kognitiven Lernprozess voraussetzt, scheint damit die Schülergruppe mit kognitiver Beeinträchtigung erst recht vom Fach »Politische Bildung« ausgeschlossen zu sein.

Dennoch ist an dieser Stelle festzustellen, dass es sich bei der Vermittlung von Politik nicht um ein ausschließlich kognitiv geleitetes Unterweisungs-vorhaben handelt. Nach Himmelmann (vgl. Abb. 2) greift »Demokratie als Lebensform« in das Alltagshandeln ein und erhält mit der Anbahnung von Politik- und Demokratiekompetenz damit besondere Bedeutung für die Schülerinnen und Schüler an Grundschulen und den Sekundarstufen, aber auch – so unsere Einschätzung – für die Schülergruppe mit kogniti-ver Beeinträchtigung.

Abb. 2: Strukturbild – Erziehung/Bildung zur »demokratie-kompetenten Bürger-schaftlichkeit«

Demokratie	Lebensform	Gesellschaftform	Herrschaftsform
	(personale, soziale und moralische Vorraus-setzungen)	(Pluralismus, Konflikt, Konkurrenz, Öffent-lichkeit, Zivilgesell-schaft)	(Demokratie/Politik, Macht, Menschenrechte, Volkssouvernität, Recht, Entscheidungsverfahren)
Ziele/Stufen	»Selbst«-Lernen Ich-Kompetenz	Soziales Lernen Soziale Kompetenz	Politik-Lernen Demokratie-Kompetenz
Grundschule	XXX	XX	X
Sek. I	XX	XXX	X
Sek. II	X	XX	XXX

Quelle: modifiziert nach Himmelmann 2001, S. 269.

Die Vermittlung von Politikkompetenz hat mit erlebnisorientierten Lern- und Aneignungschancen zu tun (Ohlmeier 2013, S. 17). Somit sollten poli-tische Sachverhalte und Probleme mit der Lebenswelt und den Interessen der Schülerinnen und Schüler verbunden werden. Dies verstärkt den Motiva-tionscharakter des politischen Lernens und macht die alltagsweltliche Bedeu-tung sichtbar.

Im weiteren Verlauf dieses Beitrags soll es um folgende Fragen gehen: Wie kann eine Vermittlung von Politik und Demokratie in einer inklusiven Schule, in der die Zielgruppe aus Schülerinnen und Schülern mit und ohne Behinderung besteht, erfolgen? Können beide Gruppen zu ihrem Recht kommen? Bevor versucht werden kann, diese Fragen zu beantworten, gilt es allerdings, einen genaueren Blick auf die Schülergruppe mit kognitiver Beeinträchtigung zu werfen.

Zum Personenkreis Schülerinnen und Schüler mit kognitiver Beeinträchtigung

Ausgehend von der für das Schuljahr 2011/2012 ermittelten Gesamtzahl von 487718 Schülerinnen und Schülern mit einem sonderpädagogischen Förderbedarf in Deutschland, entfallen auf den Förderschwerpunkt geistige Entwicklung, dem die Schülergruppe mit kognitiver Beeinträchtigung zugewiesen wird, 16,2 Prozent – also rund 79000 Schülerinnen und Schüler (Klemm 2013, S. 12).

Allerdings: »den« Schüler oder »die« Schülerin mit kognitiver Beeinträchtigung gibt es nicht. Keine geistige Behinderung gleicht der anderen. Diese Schülergruppe ist sehr heterogen und weist ein sehr unterschiedliches Leistungsvermögen auf. Zu ihr zählen Kinder und Jugendliche mit schwersten und mehrfachen Behinderungen, deren Unterricht vorrangig auf basalen und körperorientierten Methoden aufbaut (Fröhlich 2008), genauso wie solche, die durchaus in der Lage sind, an einem differenzierteren Politikunterricht teilzunehmen.

Empirische Untersuchungen verdeutlichen deshalb auch, dass gerade bei dieser Schülergruppe hinsichtlich des Sprachvermögens und der Lesefähigkeit in erheblichem Maße differenziert werden muss. Da Politik bzw. politische Partizipation sehr stark auf kommunikativen Austausch aufbaut, ist es von besonderem Interesse, zu welchen Ergebnissen Studien zum mündlichen und schriftlichen Sprachgebrauch dieser Schülerinnen und Schüler kommen. So zeigen Wagner/Kannewischer (2012) für das mündliche Ausdrucksvermögen, dass fast zwei Drittel des untersuchten Personenkreises (n=1614) Mehrwortsätze und komplexere Sätze mit Haupt- und Nebensätzen bilden können. Es kann deswegen davon ausgegangen werden, dass es einigen Schülerinnen und Schülern mit kognitiver Beeinträchtigung möglich ist, sich auf diese Weise in politischen Lern- und Erfahrungskontexten auszutauschen.

Verstehensprozesse und Fähigkeiten im Sprachverstehen (rezeptive Sprachanwendung) sind ebenfalls ausgeprägter als vermutet. Wagner/Kannewischer weisen in ihrer bereits angesprochenen Untersuchung auch darauf hin, dass über 90% des untersuchten Personenkreises einfache oder sogar schwierige Sätze verstehen. Das Sprachverständnis ist erwartungsgemäß höher als das Ausdrucksvermögen, aber zumindest besteht damit eine gute Voraussetzung, politische Sachverhalte wenigstens im einfacheren Umfang aufzunehmen und zu verstehen.

Eine andere empirische Studie (Ratz 2012) zeigt, dass der schriftliche Sprachgebrauch in der Regel wenig ausgeprägt ist. Deutlich wird hier auch, dass nicht so sehr abstrakte orthografische alphabetische Zeichen verwendet werden, sondern dass eher bildliche Elemente, Lautelemente und Buchstabenreihen eine große Rolle spielen. Beim Lesevermögen ergibt sich ein anderes Bild. Dabei ist von Bedeutung, dass nach Ratz (2013, S. 343) mit Blick auf die Schülergruppe mit Förderschwerpunkt geistige Entwicklung seit den 1970er Jahren ein »erweiterter Lesebegriff« (Günthner 1999) in der Fachwelt diskutiert und verwendet wird. Daraus hat sich das »revidierte Modell des erweiterten Lesens« (Koch 2008) ergeben.

Auffallend ist beim erweiterten Lesebegriff – dies ergibt eine Studie (Ratz 2013) –, dass rund 60 % des untersuchten Personenkreises im Förderschwerpunkt geistige Entwicklung (n = 1 564) alphabetisches und rechtschriftliches Lesen praktizieren (können), was für den mündlichen Austausch in der politischen Bildung einen großen Gewinn darstellt. Dadurch eröffnen sich Chancen für eine inklusive politische Bildung für Schülerinnen und Schülern mit und ohne Förderbedarf im gemeinsamen Unterricht.

In der Schülergruppe mit Förderschwerpunkt geistige Entwicklung gibt es Menschen mit unterschiedlichsten Möglichkeiten, sich mündlich und schriftlich auszudrücken, was für politische Bildungsmaßnahmen und ihre Praxisbezüge sehr hilfreich sein könnte. Nach Auffassung verschiedener Autoren ist ein gemeinsamer Austausch ein wesentlicher Beitrag zur Eingliederung in die und Teilhabe an der Gesellschaft und bietet eine Stütze zur Festigung bzw. Entwicklung eines Wir-Gefühls. Er dient somit direkt der Schaffung einer gemeinschaftlichen Verbundenheit als Identität (Giddens 1991, Habermas 1981, S. 15 ff., Mead 1973, S. 181 f., 289 f.).

Die Eröffnung von Sprechmöglichkeiten für alle Beteiligten, die Ermöglichung von identitätsgeleitetem Handeln sowie die Gewährleistung von Mitentscheidungssituationen in politischen Erfahrungsbereichen im Rahmen der Didaktik des selbstständigen Lernens (Moegling 2007, S. 75) vermögen gerade bei den Schülerinnen und Schülern mit Förderschwerpunkt geistige Entwicklung (Selbst-)Wertschätzung, Erfolg am Teilhabeerleben, Anerkennung in der Gruppe, Stärkung der Ich-Identität, Selbstwirksamkeitserfahrung bzw. Mündigkeit sowie politisches Urteilsvermögen zu fördern.

Aus dem zuvor Dargestellten lassen sich verschiedene Schlussfolgerungen hinsichtlich des gemeinsamen Lernens ableiten. Wir konzentrieren uns im Folgenden auf *einen* Leitgedanken, den wir für politische Bildung in einer inklusiven Schulform für besonders bedeutsam halten: Konkrete Mitbestimmung bei politischen und demokratischen Entscheidungen benötigt gemeinsame Lern- und Entwicklungszeit.

Bedeutung gemeinsamer Lern- und Entwicklungszeit

»Es ist nicht zu wenig Zeit, die wir haben, aber zu viel, die wir verschwenden.«
Seneca (2008, 1.3)

Der »Imperativ der Zeitverdichtung« (Geißler 2012, S. 25) und die Beschleunigung sind speziell bei (politischen) Lernprozessen in der Regelschule häufig gegeben. Systemzeitliche Vorgaben und Rahmenprinzipien – wie Lehrpläne, Leistungsdruck, der 45-Minuten-Takt der Stundentafel, Stofffülle – bewirken Zeithetze, die die Realisierung der Inklusion von Schülerinnen und Schülern mit Förderschwerpunkt geistige Entwicklung in Regelklassen schwierig machen dürfte.

In der Schule führt das Fach Sozialkunde bzw. politische Bildung (zwei Begriffe, die wir stellvertretend für weitere länderspezifische Fächer-Bezeichnungen verwenden) in der schulischen Fächerfülle nicht selten eine Nebenrolle. Nachhaltiges inklusives (politisches) Lernen dürfte im Unterrichtsalltag vor diesem Hintergrund problematisch sein. Trotzdem müsste ein erfolgreicher inklusiver Unterricht von folgender Voraussetzung ausgehen: »In enger Verbindung zur Ganzheitlichkeit des Lernens und zu den Eigenzeiten der Lernenden steht die Zeitsouveränität der Lernenden.« (Görtler 2012, S. 195) Die Schülerorientierung über Zeit zu definieren, bedeutet die Betonung des eigenzeitlichen Bedürfnisses der Schülerschaft. Ein solcher Unterricht wäre jedoch nicht nur für die Schülergruppe mit Förderbedarf wünschenswert, sondern auch für Regelschülerinnen und -schüler. Dagegen stehen die zeitgebundenen Vorgaben der Bildungspläne.

Gerade aber der Schonraum Schule bietet viele Kreativitätspotenziale. Politisches Lernen könnte wirklichkeitsnah ohne negative Auswirkungen und Sanktionen beispielsweise in Rollenspielen erprobt werden. Insbesondere kreative Ausdrucksformen im politischen Unterricht können nach Janssen wie folgt gefördert werden: »Kreativ wird der methodenorientierte Politikunterricht, wenn es gelingt, in die methodische Ausgestaltung von Unterrichtssituationen die erfahrungsorientierten Möglichkeiten des spielerischen und erkundenden Lernens oder andere Formen der Handlungsorientierung zu integrieren.« (2008, S. 8)

Die Rolle der Lehrperson im eigenzeit- und projektorientierten inklusiven Unterricht wandelt sich vom reinen Wissens- und Lernstoffvermittler zum Lernbegleiter und Moderator von Lern- und Erlebnischancen. Das weiter oben schon erläuterte und in Abb. 2 veranschaulichte Verständnis von »Demokratie als Lebensform« (Himmelmann 2001, S. 40 ff., Schiefer u. a. 2011, S. 246 ff.) stellt somit einen wichtigen Zugang zu politischen Lern- und Erlebnischancen dar. Damit kann Demokratie-Kompetenz im Sinne Himmelmanns (2001, S. 122 ff.) auf der Basis von Ich-Kompetenz und zunehmender Sozial-Kompetenz durch eine sich erweiternde Auseinandersetzung mit gesellschaftlichen Phänomenen und Bedingungen nach und nach in Richtung eines Verständnisses von Demokratie als Gesellschafts- und Herrschaftsform bei den Schülerinnen und Schülern (mit Förderschwerpunkt geistige Entwicklung) angebahnt werden. In den folgenden Gedanken und Beispielen zur Unterrichtsgestaltung sind diese Zielsetzungen aufgenommen.

Unterrichtliche Lern- und Erlebnischancen in inklusiven Klassen

Trotz verwaltungstechnischer und systemzeitlicher Vorgaben in Gestalt von ministeriellen Rahmenrichtlinien, Lehrplänen und Weisungen von Schulbehörden können Lehrpersonen in Regelschulen unterrichtliche Zeithetze und Zeitvorgaben minimieren, indem sie eigenzeitorientierte Lernprozesse durch fächerübergreifenden Unterricht, fachintegratives Lernen, Ganztagsunterricht, eigenzeitorientierte Rhythmisierungs- und Zeitstrukturierungsmodelle für den Gruppenunterricht, Arbeitsgemeinschaften, Projektwochen und Schwerpunktsetzungen in der inneren Schulentwicklung usw. unterstützen und gewährleisten (Schiefer 2012, S. 215). In diesen gewonnenen Kreativzeiträumen steckt darüber hinaus die Möglichkeit, die Gestaltungskompetenz der Schülerinnen und Schüler in politischen Lern- und Erlebnisprozessen zu fördern.

Es gibt verschiedene Methoden, aktives politisches Handeln einzuüben, mit dem sich die eigenen lebensweltlichen Belange beeinflussen lassen. Einige sollen hier beispielhaft angeführt werden.
- **Schülervertretung**
  Die Schülervertretung ist ein wichtiges Element in allen Schulen. Bereits bei der Wahl des Klassensprechers oder der Klassensprecherin lassen sich demokratische Verfahren einüben. In welcher Form die Durchführung der Wahl zur Schülervertretung in Schulen mit inklusiven Klassen erfolgt, darüber kann diskutiert werden. Möglich sind u. a. eine reguläre Wahl und eine Quotenregelung (Schütte 2015, S. 169 ff):
  - *Wahl der Schülervertretung nach allgemeinen Wahlgrundsätzen*
    Diese Vorgehensweise bedeutet, dass Klassensprecherinnen oder -sprecher in allgemeiner, unmittelbarer, freier, gleicher und geheimer Wahl gewählt werden. Wahlberechtigte haben das aktive Recht, zu wählen, und das passives Recht, gewählt zu werden. Nach diesem Wahlgrundsatz haben alle die gleiche Chance. Die Schülerschaft wählt den Klassensprecher oder die Klassensprecherin so aus, wie es üblich ist: Men-

schen mit besonderen Eigenschaften, Menschen, die besonders sozial sind, Menschen mit Führungsqualitäten oder Menschen, die beliebt sind. Die Durchführung einer solchen Wahl kann durchaus bedeuten, dass in der Klasse niemand mit dem Förderschwerpunkt geistige Entwicklung gewählt wird.

- *Wahl der Schülervertretung durch Quotenregelung*
  Bei der Quotenregelung können zusätzliche Kandidatinnen oder Kandidaten in die Schülervertretung gewählt werden, die dem Merkmal »Förderschwerpunkt geistige Entwicklung« entsprechen. Es besteht jedoch die Gefahr, dass sie nicht aufgrund ihrer Qualifikation in das Amt gewählt werden, sondern weil sie einer durch die Quotenregelung begünstigten Gruppe angehören. Möglicherweise überhöht eine solche Quotenregelung die Besonderung und Exklusion des Personenkreises durch eine Exklusionsdrift (Dederich 2008, S. 38). Weiterhin stellt sich die Frage, wer diesem marginalisierten Personenkreis entspricht? Welche Indikatoren gelten: das Mädchen mit muslimischem Hintergrund, der Schüler aus Kasachstan, der Schüler mit deutscher Abstammung in der Brennpunktschule, die Schülerin mit dem Förderschwerpunkt körperlich und motorische Entwicklung, die Schüler mit guten oder schlechten Noten, der Schüler mit kognitiver Beeinträchtigung? Im Sinne eines solchen Inklusionsverständnisses hätte dann vermutlich die Mehrzahl der Schülerschaft Anspruch auf die Quotenregelung.

In der Schülervertretung können die Schülerinnen und Schüler darüber hinaus lernen, basisdemokratisch zu arbeiten. Eine Schülervertretung muss für die Anliegen der gesamten Schülerschaft sensibilisiert sein und diese in ihrem Aufgabenbereich berücksichtigen. Ihre Mitglieder erhalten hierzu Fortbildungen und werden von den Lehrpersonen auf Unterrichtsebene ermutigt und gefördert. Insbesondere die Anliegen und Belange der Schülergruppe mit schwerer Behinderung werden von der Schülervertretung wahrgenommen und aufgegriffen. Der noch zu beschreibende Klassenrat bietet sich hierbei als Methode an, im Unterrichtsgeschehen die Belange einzelner Schülergruppen zu berücksichtigen.

• **Klassenrat**
Durch die Einführung und beständige Durchführung des Klassenrats kann der Schülergruppe mit Förderschwerpunkt geistige Entwicklung – ganz im Sinne der UN-Behindertenrechtskonvention – die Möglichkeit eröffnet werden, über ihre eigenen Belange mitzuentscheiden. Der Klassenrat kann zudem Selbstwirksamkeit, Selbstwertkonzept und Teilhabemöglichkeiten im Schulleben fördern helfen (Brilling 2012, S. 22 ff,

Auburger-Schmid 2005, S. 45 ff). Natürlich sind thematisch und organisatorisch im Unterrichtsalltag dieser Methode Grenzen gesetzt, worauf die Autoren Brilling und Auburger-Schmid ausführlich hinweisen.

- **Service Learning**
Beim »Service Learning« bringen sich die Schülerinnen und Schüler in ihrer Heimatgemeinde als »Gemeindedetektive« ein, indem sie Gefahrenpotenziale ihres täglichen Schulwegs entdecken und erforschen und diese den Verantwortlichen in der Kommune mitteilen bzw. Verantwortliche durch einen Bürgerantrag zum Handeln bewegen. Auch die Neugestaltung des eigenen Pausenhofs, die Mitwirkung in sozialcaritativen Einrichtungen sowie die Übernahme von Verantwortung in der Gemeinde vermögen es, aktive Teilhabe, persönliche Einflussnahme und soziales Engagement in der Gesellschaft zu fördern (Brunold/ Ohlmeier 2013, Sliwka/Frank 2004, Sliwka 2008). Ein kommunales Service-Learning-Projekt dieser Art stellen beispielsweise die *Bremer Stadtforscher* (Borski/Klee 2012, S. 10 ff.) oder Die *KasselAssel-KinderreporterInnen* (Emde/Grüning 2012, S. 13 ff.) dar.

- **Planspiele als Methode**
Simulative (also die Wirklichkeit nachahmende) Methoden, wie das Planspiel, vermögen ebenfalls Engagement und politische Teilhabe im Schonraum Schule zu fördern. Petrik (2010) hat mit dem Lehrstück *Dorfgründung* gezeigt, wie motiviert Schülerinnen und Schüler sowie Erwachsene ein erfundenes verlassenes Bergdorf in den Pyrenäen namens »Marignac« wieder besiedelt haben. Zur Bewältigung der zahlreichen vorgesehenen Herausforderungen (wie Güterverteilung, wirtschaftliche Organisationsprozesse und Naturereignisse etc.) haben sich die Beteiligten eine eigene »Kommunalverfassung« (Gemeindeverfassung/-ordnung) gegeben, die im Idealfall ein geordnetes und gerechtes Zusammenleben in Frieden und Eintracht ermöglichen soll und auf aktiver Teilhabe am kommunalpolitischen Geschehen basiert (Petrik 2007, 2010). Grundsätzlich könnte die gesamte Schülerschaft dabei lernen, alltägliche Lebenssituationen zu bewältigen (Petrik 2009, S. 12). Ein weiteres Beispiel (Dorfgründungsplanspiel *Hüttstadt* in Hettstadt) zeigt, wie im Rahmen von kommunalen und sozialkaritativen Kinderfreizeitangeboten mehr Identifikation und Alltagsweltbezug in den inklusiven politischen Lernzusammenhang gebracht werden können (o. A. 2008).

Mitwirkung und Engagement der Bürgerschaft für eine gelingende Demokratie

In der aktuellen Schullandschaft ist folgendes Phänomen zu beobachten: Es gibt Schulen, die vordergründig Inklusion praktizieren. Allerdings wird dort nach wie vor zwischen »Regelschülerinnen und -schülern« und »Inklusionsschülerinnen und -schülern« unterschieden. Somit steht auch innerhalb einer Klassengemeinschaft eine Trennung und begriffliche Differenzierung auf der Tagesordnung. Nicht selten entstehen und verbleiben Schranken in den Köpfen der Beteiligten und Verantwortlichen in Schulen und pädagogischen Fördereinrichtungen, die eine »Enthinderung« oder Inklusion (Aichele 2014, S. 19ff) erschweren oder »behindern«. Deutlich ist aber auch für das Fach Sozialkunde bzw. die politische Bildung festzustellen, dass es nicht jedem Schüler oder jeder Schülerin mit kognitiver Beeinträchtigung möglich sein wird, Politik- und Demokratiekompetenz zu erwerben und diese – in einem nächsten Schritt – umzusetzen. Für sie steht das Dabeisein oder die Teilhabe im Mittelpunkt. Es geht dann darum, Lerninhalte zu operationalisieren, damit unterschiedliche Lernniveaus berücksichtigt werden können. Damit können die Sichtweisen aller am Unterricht Beteiligten verändert werden. Und diese Erfahrungen gehören ebenso zum Auftrag »Demokratie lernen« – denn: Demokratie lebt von und legitimiert sich durch die Mitwirkung und das Engagement der gesamten Bürgerschaft. Dies ist das Grundprinzip der Volkssouveränität.

Literatur

Aichele, V. (2014): Leichte Sprache – Ein Schlüssel zu »Enthinderung« und Inklusion. In: Aus Politik und Zeitgeschichte. Heft 9–11. S. 19–25.

Auburger-Schmid, E. (2005): Klassenrat – eine Möglichkeit um Kinder für Demokratie zu begeistern und stark zu machen. In: Glaab, S./Hellinger, C./Herdegen, P. (Hrsg.): Emotionale, soziale und politische Kompetenz – Festschrift zum 65. Geburtstag von Prof. Dr. Klaus Köhle. Hamburg. S. 45–54.

Borski, S./Klee, A. u. a. (2012): Die »Bremer Stadtforscher«. In: polis. Heft 2. S. 10–12.

Brilling, O. (2012): Partizipation durch Klassenrat. In: polis. Heft 3. S. 22–27.

Brunold, A./Ohlmeier, B. (Hrsg.) (2013): School and Community Interactions – Interface for Political and Civic Education. Wiesbaden.

Dederich, M. (2008): Der Mensch als Ausgeschlossener. In: Fornefeld, B. (Hrsg.), S. 31–49.

Detjen, J. (2005): Von der Notwendigkeit kognitiver Anstrengungen beim Demokratielernen. In: Himmelmann, G./Lange, D. (Hrsg.): Demokratiekompetenz – Beiträge aus Politikwissenschaft, Pädagogik und politische Bildung. Wiesbaden. S. 286–298.

Detjen, J. (2013): Politische Bildung – Geschichte und Gegenwart in Deutschland. 2. Auflage. München.

Emde, O./Grüning, M. (2012): Die KasselAssel-KinderreporterInnen. In: polis. Heft 2. S. 13–15.

Fornefeld, B. (Hrsg.) (2008): Menschen mit Komplexer Behinderung. Selbstverständnis und Aufgaben der Behindertenpädagogik. München.

Fröhlich, A. (2008): Basale Stimulation: Das Konzept. 2. Auflage. Düsseldorf.

Geißler, K. A. (2012): Der Simultant – Kulturgeschichtliche Betrachtungen zu einer Sozialfigur der Gegenwart. In: Görtler, M./Reheis, F. (Hrsg.): Reifezeiten – Zur Bedeutung der Zeit in Bildung, Politik und politischer Bildung. Schwalbach am Taunus. S. 23–34.

Giddens, A. (1991): Modernity and Self-Identity – Self and Society in the Late Modern Age. Stanford.

Görtler, M. (2012): Politikdidaktik und Zeit. In: Görtler, M./Reheis, F. (Hrsg.): Reifezeiten – Zur Bedeutung der Zeit in Bildung, Politik und politischer Bildung. Schwalbach am Taunus. S. 193–207.

Görtler, M. (2013): Die Beschleunigung von Lebenswelt und Politik – Gegenstand kritischer politischer Bildung und Thema des Politikunterrichts. In: polis. Heft 2. S. 22–26.

Günthner, W. (1999): Lesen und Schreiben an der Schule für Geistigbehinderte – Grundlagen und Übungsvorschläge zum erweiterten Lese- und Schreibbegriff. Dortmund.

Habermas, J. (1981): Theorie des kommunikativen Handelns. Band 2. Frankfurt am Main.

Himmelmann, G. (2001): Demokratie Lernen – als Lebens-, Gesellschafts- und Herrschaftsform. Schwalbach am Taunus.

Janssen, B. (2008): Methodenorientierte Politikdidaktik. Schwalbach am Taunus.

Klafki, W. (2007): Neue Studien zur Bildungstheorie und Didaktik: Zeitgemäße Allgemeinbildung und kritisch-konstruktive Didaktik. 6. Auflage. Weinheim/Basel.

Klemm, K. (2013): Inklusion in Deutschland – eine bildungsstatistische Analyse. Im Auftrag der Bertelsmann Stiftung. Gütersloh.

Koch, A. (2008): Die Kulturtechnik Lesen im Unterricht für Schüler mit geistiger Behinderung – Lesen lernen ohne Phonologische Bewusstheit? Gießen. Verfügbar unter: http://geb.uni-giessen.de/geb/volltexte/2008/6247/pdf/KochArno-2008-28-05.pdf (Zugriff: 19.10.2014).

Massing, P. (2011): Einleitung. In: Massing, P. (Hrsg.): Politikvermittlung in der Demokratie. Schwalbach am Taunus. S. 5–8.

Mead, G. H. (1973): Geist, Identität und Gesellschaft. Frankfurt am Main.

Moegling, K. (2007): Erziehung zur Mündigkeit. In: Lange, D./Reinhard, V. (Hrsg.): Basiswissen politische Bildung. Handbuch für den sozialwissenschaftlichen Unterricht. Band 1: Konzeptionen. Baltmannsweiler. S. 72–82.

Ohlmeier, B. (2013): Demokratielernen in der Schule durch Partizipation. In: Forum Politikunterricht. Heft 1. S. 17–22.

o. A. [ohne Autor] (2008): Landrat in »Hüttstadt« – Pressemitteilung des Landkreises Würzburg vom 13.08.2008. Verfügbar unter: http://www.landkreiswuerzburg.de/

index.phtml?object=tx|1617.20.1&ModID=7&FID=1755.113.1&sNavID=1617.96 &La=1 (Zugriff: 03.10.2014).

Petrik, A. (2007): Von den Schwierigkeiten, ein politischer Mensch zu werden – Konzept und Praxis einer genetischen Politikdidaktik. Studien zur Bildungsforschung. Band 13. Opladen u. a.

Petrik, A. (2009): Die genetische Politikdidaktik als Lernprozessdidaktik. In: polis. Heft 4. S. 11–12.

Petrik, A. (2010): Regiebuch zum Lehrstück Dorfgründung – Eine praxiserprobte Simulation zur Einführung in das demokratische System, politische Theorien, Debattieren und Urteilsbildung sowie in handlungsorientierte Methoden. Für Sek. I u. Sek. II. Schwalbach am Taunus.

Ratz, C. (2012): Schriftsprachliche Fähigkeiten von Schülern mit dem Förderschwerpunkt geistige Entwicklung. In: Dworschak, W./Kannewischer, S. u. a. (Hrsg.): Schülerschaft mit dem Förderschwerpunkt geistige Entwicklung (SFGE) – Eine empirische Studie. 2. Auflage. Oberhausen. S. 111–132.

Ratz, C. (2013): Zur aktuellen Diskussion und Relevanz des Lesebegriffs. In: Empirische Sonderpädagogik. Heft 4. S. 343–360.

Schiefer, F. (2012): »Es ist nicht zu wenig Zeit, die wir haben, aber zu viel, die wir verschwenden« (Seneca). In: Görtler, M./Reheis, F. (Hrsg.): Reifezeiten – Zur Bedeutung der Zeit in Bildung, Politik und politischer Bildung. Schwalbach am Taunus. S. 209–223.

Schiefer, F./Schlummer, W./Schütte, U. (2011): Politische Bildung für alle?! – Anbahnung von Politik- und Demokratiekompetenz bei Schülern mit Förderschwerpunkt geistige Entwicklung. In: Ratz, C. (Hrsg.): Unterricht im Förderschwerpunkt geistige Entwicklung. Oberhausen. S. 241–261.

Schütte, U. (2015):Schülermitverantwortung. Aspekte zur Umsetzung in der Schule für Geistigbehinderte. Berlin. Verfügbar unter: http://edoc.hu-berlin.de/docviews/ abstract.php?id=41624 (Zugriff: 25.03.2015).

Seneca, L. A. (2008): De brevitate vitae. Stuttgart.

Sliwka, A./Frank, S. (2004): Service Learning – Verantwortung lernen in Schule und Gemeinde. Weinheim/Basel.

Sliwka, A. (2008): Bürgerbildung – Demokratie beginnt in der Schule. Weinheim/Basel.

Wagner, M./Kannewischer, S. (2012): Einschätzung der Kompetenzen im Bereich Sprache/Kommunikation. In: Dworschak, W./Kannewischer, S. u. a. (Hrsg.): Schülerschaft mit dem Förderschwerpunkt geistige Entwicklung (SFGE) – Eine empirische Studie. 2. Auflage. Oberhausen. S. 99–110.

Joachim Detjen

Grenzen einer inklusiven Förderung der Politik- und Demokratiekompetenz
Anstöße zum Weiterdenken – eine Replik

In diesem Beitrag wird in einem ersten Schritt geprüft, ob die im Beitrag »Inklusive politische Bildung in der Schule – Förderung der Politik- und Demokratiekompetenz bei Schülerinnen und Schülern mit kognitiven Beeinträchtigungen« von Frank Schiefer, Ute Schütte und Werner Schlummer formulierten Vorschläge die Politik- und Demokratiekompetenz inklusiver Lerngemeinschaften hinreichend fördern. In einem zweiten Schritt werden die mit der Inklusion grundsätzlich verbundenen Schwierigkeiten der Kompetenzförderung thematisiert. Schließlich werden einige Anregungen für die zukünftige Problembearbeitung gegeben.

Kann ein inklusiver Politikunterricht allen Schülerinnen und Schülern gerecht werden?

Obwohl es um das gemeinsame Lernen von Schülerinnen und Schülern ohne und mit kognitiver Beeinträchtigung gehen soll, fokussieren Schiefer/Schütte/Schlummer ihre Betrachtungen auf die Belange der Letzteren. Dies ist insofern nachvollziehbar und akzeptabel, als ja deren Inklusion das angestrebte Ziel ist. Gleichwohl dürfen die Ansprüche der Regelschülerinnen und -schüler auf einen anspruchsvollen und inhaltlich gehaltvollen Fachunterricht nicht ausgeblendet werden. In der vermutlich sehr erheblichen Differenz der Kompetenzniveaus, die Schülerinnen und Schüler ohne und mit kognitiver Beeinträchtigung erreichen können, liegt nämlich die Krux inklusiver Bildung an Schulen. Die entscheidende Frage lautet deshalb: Kann es angesichts der extremen Heterogenität im Leistungsvermögen einer inklusiven Lerngemeinschaft im unterrichtlichen Alltag zu einer Win-win-Situation für beide Seiten kommen?

Zwar weisen Schiefer/Schütte/Schlummer darauf hin, dass ein nicht unerheblicher Teil der kognitiv beeinträchtigten Personen in der Lage ist, Mehrwortsätze und einfache Satzgefüge zu bilden, die Differenz zum

Ausdrucks- und Argumentationsvermögen von Regelschülerinnen und -schülern ist gleichwohl immens. Zwar betonen sie, dass Schülerinnen und Schüler mit kognitiver Beeinträchtigung angesichts ihres begrenzten Leistungsvermögens einen zeitlich entschleunigten handlungsorientierten und auf die Lebenswelt bezogenen Unterricht auf der Basis der Leichten Sprache benötigen, sie lassen dabei aber die Regelschülerinnen und -schüler, insbesondere die leistungsstarken, außer Acht, für die das nicht gilt. Zwar unterbreiten die Autoren gut brauchbare methodische Arrangements für die ihnen am Herzen liegende Klientel, wie etwa die Klassensprecherwahl, Sitzungen des Klassenrats, das Service Learning in der Gemeinde sowie (nicht ganz plausibel, da die Schwierigkeiten unterschätzt werden) Planspiele, dies kann aber nicht darüber hinwegtäuschen, dass sich darin die Förderung der Politik- und Demokratiekompetenz nicht erschöpfen kann. Ebenso wenig lässt sich das Programm einer mehrjährigen politischen Bildung darauf begrenzen. Vor allem aber wird die Erwartung an die Schule, junge Menschen in das politische Weltwissen (Staat, Gesellschaft) einzuführen, dann nicht erfüllt, wenn sich politische Bildung auf das von Schiefer/Schütte/Schumann Ausgeführte beschränken sollte.

Schiefer/Schütte/Schlummer zeigen auf, was Lernenden mit kognitiver Beeinträchtigung helfen kann, etwas über Politik und Demokratie zu lernen. Das ist ein erhebliches Verdienst. Ihre Ausführungen bilden jedoch keine Basis für einen Unterricht, der dem kognitiven Potenzial der Mehrheit einer Lerngemeinschaft gerecht wird. So begrenzen sie das Demokratielernen faktisch auf die »Demokratie als Lebensform«, also auf die Anstiftung zu Kooperation, Partnerschaftlichkeit und Toleranz. Ihr Hinweis, dass sich auf dieser Grundlage die Demokratiekompetenz nach und nach in Richtung der Demokratie als Gesellschafts- und Herrschaftsform mit ihren jeweils anspruchsvollen kognitiven Gehalten entwickeln werde, drückt vor dem Hintergrund der von ihnen präferierten Methoden aber nicht mehr als eine fromme Hoffnung aus.

Die Schwierigkeiten einer inklusiven Förderung von Politik- und Demokratiekompetenz

Es hat etwas Künstliches an sich, die Demokratiekompetenz von der Politikkompetenz zu unterscheiden. Denn auch Letztere hat in der Demokratie ihren normativen Bezugspunkt. Gleichwohl kann man konzedieren, dass die Unterscheidung insofern sinnvoll ist, als die Demokratiekompetenz auf die Besonderheiten der Demokratie aufmerksam macht. Sie beginnt in der

Lebenswelt, setzt sich in der Gesellschaft fort und findet schließlich ihre Krönung im Verfassungsstaat (Himmelmann 2005, S. 128 ff., S. 262 ff.).

Die Demokratie als Gesellschaftsform zu vermitteln, verlangt, makrosoziologische Gegebenheiten wie die pluralistische und die Zivilgesellschaft sowie abstrakte Steuerungs- und Integrationsmechanismen wie Konkurrenz, Konflikt und Markttausch in den Horizont von Lernenden zu bringen (Detjen 2002, S. 74 ff.). Die Demokratie als Herrschaftsform besteht unter anderem aus so abstrakten und lebensweltfernen kognitiven Gehalten wie Identität, Repräsentation, Gewaltenteilung und Souveränität (Detjen 2005, S. 295 f.). Nur mit Mühe vermag man sich daher einen Unterricht auszumalen, der Regelschülerinnen und -schülern und Schülerinnen und Schülern mit kognitiver Beeinträchtigung gleichermaßen gerecht wird. Denn die Vermittlung der beschriebenen kognitiven Gehalte ist nicht mit Hilfe einer lebensweltbezogenen Projektarbeit zu bewerkstelligen. Geeignet sind stattdessen am ehesten der systematische Lehrgang sowie die exemplarische Politikanalyse. Beides bedeutet intensive Auseinandersetzungen mit Texten, die kaum einen Bezug zur Lebenswelt aufweisen (Detjen 2013b, S. 349 ff., S. 355 ff.).

Die Förderung der Politikkompetenz steht vor ähnlichen Herausforderungen. Sie setzt sich gemäß dem vorliegenden Modell der Politikkompetenz aus vier Dimensionen zusammen, nämlich dem Fachwissen, der politischen Urteilsfähigkeit, der politischen Handlungsfähigkeit und der politischen Einstellung und Motivation (Detjen u. a. 2012). Der Politikunterricht muss die Förderung aller vier Dimensionen im Auge haben.

Das Fachwissen setzt sich aus einer Anzahl politisch einschlägiger begrifflicher Vorstellungen, die Fachkonzepte genannt werden, zusammen. Diese bestehen wiederum aus Teilbegriffen, konstituierende Begriffe genannt. Ein Fachkonzept ist etwa »Rechtsstaat«. Seine konstituierenden Begriffe in der Primar- und der Sekundarstufe I sind Staatsanwalt, Verteidiger, Richter, Gesetz, Strafprozess, Zivilprozess, Verhältnismäßigkeit und Bundesverfassungsgericht. Immer wieder müssen im Laufe des Bildungsgangs die Fachkonzepte und die sie konstituierenden Begriffe angewendet werden, und dies nach Möglichkeit vernetzt mit anderen Konzepten wie »Grundrechte«, »Gewaltenteilung«, »Menschenwürde« und »Gerechtigkeit« (Weißeno u. a. 2010, S. 83 ff.). Auf diese Weise bildet sich ein gesichertes begriffliches Wissen, das auch nach der Schulzeit das kompetente Verstehen der Politik erlaubt. Politische Bildung ist ohne eine solche Begriffsarbeit nicht vorstellbar. Das Problem ist, wie Schülerinnen und Schüler mit kognitiver Beeinträchtigung solchen begrifflichen Klärungsprozessen folgen sollen, wenn sie mit Schülerinnen und Schülern zusammen sind, denen das Begreifen viel leichter fällt.

Die politische Urteilsfähigkeit ist fraglos die anspruchsvollste Kompetenzdimension, da sie besonders stark kognitiv geprägt ist. Beim Urteilen ist es ja nicht damit getan, dass man etwas gut oder schlecht findet bzw. etwas will oder nicht will. Das Urteilen verlangt analytische Aktivitäten, etwa das Ermitteln der Voraussetzungen oder Entstehungsgründe eines Sachverhalts, das Unterscheiden wichtiger und unwichtiger Aspekte einer Sache und das Beleuchten einer Sache aus verschiedenen Perspektiven. Es verlangt weiterhin eine kategorial geleitete Begründung. Es verlangt schließlich bei der Artikulation grammatikalische Korrektheit und logische Stimmigkeit (Detjen 2013a, S. 40 ff.).

Vergleichbare Anforderungen verbinden sich mit der politischen Handlungsfähigkeit. Sie setzt sich aus vier Facetten zusammen. Es handelt sich um das Artikulieren einer Position, um das Argumentieren, d. h. das begründete Sprechen und begründete Verteidigen einer Position gegen Einwände, um das Verhandeln, also das argumentative Durchsetzen der eigenen Position gegen konkurrierende andere Positionen, und schließlich um das Entscheiden, das im Abwägen verschiedener Handlungsalternativen und im Auswählen der geeignetsten Option besteht (Massing 2013, S. 70 f.).

Sowohl bei der politischen Urteilsfähigkeit als auch bei der politischen Handlungsfähigkeit spielt der Faktor Sprache die schlechthin entscheidende Rolle. Das hängt damit zusammen, dass Politik im Wesentlichen Sprachhandeln ist. Angesichts dieses Umstands kann wohl kaum vernünftig bezweifelt werden, dass die unterschiedlichen Denk- und Sprachniveaus einer inklusiven Lerngruppe ein gemeinsames Lernen sehr erschweren. Verwendet man in der Unterrichtskommunikation die Leichte Sprache, fühlen sich die Regelschülerinnen und -schüler unterfordert. Verwendet man die übliche Sprache, sind Schülerinnen und Schüler mit kognitiver Beeinträchtigung überfordert.

Was kann getan werden?

Die übliche Lösung bei heterogenen Lerngruppen lautet, den Unterricht binnendifferenziert anzulegen, damit auf verschiedenem Wege dasselbe Ziel erreicht wird. Im Falle der Inklusion wird unter dem Stichwort »Zieldifferenz« zusätzlich eingeräumt, dass nicht alle Lernenden den gleichen Leistungsstand erreichen (können). Zieldifferenz impliziert ferner individuelle Förderung und damit eine Differenzierung von Lernmaterialien und Aufgaben (Prengel 2014, S. 2 f.) sowie (uneingestanden) das Aufgeben einer kommunikativen Lerngemeinschaft.

Wenn dies so ist, dann liegt es nahe, die Unterrichtsgegenstände für Schülerinnen und Schüler mit kognitiver Beeinträchtigung zu vereinfachen. Hierfür kommt zum einen das didaktische Prinzip der Elementarisierung, zum anderen das linguistische Konzept der Leichten Sprache in Betracht. Bei beiden Vorgehensweisen besteht allerdings die Gefahr, dass sie der Komplexität der Wirklichkeit nicht gerecht werden (Detjen 2011, S. 234 f., Stefanowitsch 2014, S. 17 f.).

Soll es nicht zu Diskriminierungen kommen, müsste eigentlich ausnahmslos für alle Lernmaterialien eine zweite Ausgabe mit elementarisierten Inhalten und verfasst in Leichter Sprache vorliegen. Die Schulbuchverlage wie auch die Bundeszentrale für politische Bildung müssten folglich aktiv werden. Dass die ökonomisch kalkulierenden Verlage sich hierauf einlassen, kann erhofft, aber nicht erzwungen werden. Letztlich stehen die Lehrkräfte in der Pflicht, für jedes Thema gesonderte Lernmaterialien für Schülerinnen und Schüler mit kognitiver Beeinträchtigung zu entwickeln. Ihre Begeisterung dürfte sich angesichts der zusätzlichen Arbeit wohl in Grenzen halten. Vielleicht aber stellt sich die Zukunft gar nicht so dunkel dar: Neue Medien könnten mehr differenzierte Materialien enthalten und so einen inklusiven Unterricht erleichtern.

Literatur

Detjen, J. (2002): Die gesellschaftliche Infrastruktur der Demokratie kennen und sich gesellschaftlich beteiligen – Gesellschaftslernen im Rahmen des Demokratie-Lernens. In: Breit, G./Schiele, S. (Hrsg.): Demokratie-Lernen als Aufgabe der politischen Bildung. Schwalbach am Taunus. S. 72–94.

Detjen, J. (2005): Von der Notwendigkeit kognitiver Anstrengungen beim Demokratielernen. In: Himmelmann, G./Lange, D. (Hrsg.): Demokratiekompetenz. Beiträge aus Politikwissenschaft, Pädagogik und politischer Bildung. Wiesbaden. S. 286–298.

Detjen, J. (2011): Elementarisierung. Grundsätzliche Überlegungen zur Brauchbarkeit eines didaktischen Schlüsselbegriffs für die politische Bildung. In: Frech, S./Juchler, I. (Hrsg.): Bürger auf Abwegen? Politikdistanz und politische Bildung. Schwalbach am Taunus. S. 207–240.

Detjen, J. (2013a): Politikkompetenz Urteilsfähigkeit. Schwalbach am Taunus.

Detjen, J. (2013b): Politische Bildung. Geschichte und Gegenwart in Deutschland. 2. Auflage. München.

Detjen, J./Massing, P./Richter, D./Weißeno, G. (2012): Politikkompetenz – ein Modell. Wiesbaden.

Himmelmann, G. (2005): Demokratie Lernen als Lebens-, Gesellschafts- und Herrschaftsform. 2. Auflage. Schwalbach am Taunus.

Massing, P. (2013): Wie kann die politische Handlungsfähigkeit der Lernenden gefördert werden? In: Frech, S./Richter D. (Hrsg.): Politische Kompetenzen fördern.
Schwalbach am Taunus. S. 60–77.

Prengel, A. (2013): Heterogenität als Herausforderung für Pädagogik und Bildungspolitik.
Verfügbar unter: http://www.bpb.de/gesellschaft/kultur/zukunft-bildung/145242/
heterogenitaet?p=all (Zugriff: 08.01.2014).

Stefanowitsch, A. (2014): Leichte Sprache, komplexe Wirklichkeit. In: Aus Politik und
Zeitgeschichte. Heft 9–11. S. 11–18.

Weißeno, G./Detjen, J./Juchler, I./Massing, P./Richter, D. (2010): Konzepte der Politik. Ein Kompetenzmodell. Schwalbach am Taunus.

Teil 3

Inklusive politische Jugend- und
Erwachsenenbildung

3.1   Erfordernisse und Perspektiven

Karl-Ernst Ackermann / Eduard Jan Ditschek

Voraussetzungen, Ziele und Orte inklusiver politischer Erwachsenenbildung

Einleitung

Erwachsenenbildung basiert auf Freiwilligkeit. Die Motivation zur Teilnahme an einem Kurs oder einer Veranstaltung resultiert in erster Linie aus der Relevanz, die der einzelne dem Bildungsangebot zumisst. Der Bezug zur Lebenspraxis und zu den Bedürfnissen, die sich daraus ergeben, spielt dabei eine wesentliche Rolle. In Arnim Kaisers *Prinzipien einer Didaktik der Erwachsenenbildung* heißt es dazu: »Wie Untersuchungen und Versuche mit erwachsenen Lernenden ergaben, steigt bei ihnen die Lernmotivation, sofern das Gelernte als praxisrelevant angesehen werden kann, steigt weiter der Lernerfolg, sofern auf Praxis (Erfahrung) rekurriert werden kann, und steigt das Lernergebnis, sofern praktisch-tätige Lernformen berücksichtigt werden.« (Kaiser 1991, S. 79)

Die »Praxisrelevanz«, auf die Kaiser hier rekurriert, darf nicht allzu eng verstanden werden. Es geht weniger um direkte Verwertbarkeit, schon gar nicht um die Verwertbarkeit im Arbeitsprozess allein, sondern vielmehr um Wertsetzung. Auch das gemeinsame Lesen, Analysieren und Diskutieren eines altgriechischen Textes über den Staat kann in diesem Sinne für einen Menschen in einer spezifischen Lebenssituation durchaus relevant sein. Wie aber lässt sich das Bedürfnis nach einer wie auch immer gearteten politischen Bildung wecken? Oder anders gefragt: Was lässt einen Menschen erkennen, dass politische Bildung für ihn relevant sein könnte?

Für die meisten Themenbereiche der Erwachsenenbildung lassen sich leicht Gründe benennen, die die Teilnahme an Kursen und Veranstaltungen motivieren können. Eine Fremdsprache erweitert die Kommunikationsmöglichkeiten, Entspannung und Gymnastik fördern die Gesundheit, Schreibwerkstätten und Kreativkurse vervielfältigen und verbessern die persönlichen Ausdrucksmöglichkeiten und verhelfen so zu mehr Selbstverwirklichung. Bei der politischen Erwachsenenbildung dagegen sind Lebensweltbezug, Kompetenzzuwachs und Erweiterung der Handlungsoptionen nicht ganz so offensichtlich.

Dabei fehlt es nicht an Relevanz heischenden Zuschreibungen. Politische Bildung soll über Politik und Gesellschaft informieren, zur »Anwendung demokratischer Verhaltens- und Verfahrensweisen« befähigen und »zur Akzeptanz der demokratischen Grundwerte« hinführen, heißt es in einem »Positionspapier« aus dem Jahr 2000 (Arbeitsgruppe politische Bildung NRW). Formulierungen dieser Art erinnern auch viele Jahre nach dem Ende des Zweiten Weltkriegs an die Etablierung politischer Bildung in Deutschland als Erziehungsprojekt. Aus diesem Ursprungsimpuls resultiert eine Überfrachtung und Überforderung der Pädagogik, wenn sie den Anschein erweckt, dass Demokratie wie eine mathematische Formel erlernbar ist.

Das Wort vom notwendigen »Demokratielernen« mag im Rahmen des Bildungsauftrags der Schule eine gewisse Berechtigung haben, für die Erwachsenenbildung aber scheint uns die Formulierung zu formal, zu abgehoben von realen Lebenszusammenhängen. Demokratie ist nicht nur eine Regierungs-, sondern vor allem eine Lebensform und deshalb muss politische Erwachsenenbildung im Sinne gelebter Demokratie gesellschaftliche Probleme aufdecken und demokratische Haltungen und demokratisches Handeln aktiv fördern. Das gilt vor allem dann, wenn sich auch Außenseiter und Ausgegrenzte, dazu oft genug Menschen mit Bildungsdefiziten und Lernschwierigkeiten für die Angebote politischer Bildung interessieren sollen.

Menschen mit Behinderung leben nicht zwangsläufig am Rand der Gesellschaft, sie sind nicht immer von Exklusion bedroht. Aber Menschen mit Behinderung machen in der Regel besondere soziale Erfahrungen und sie haben wegen physischer oder mentaler Einschränkungen besondere Bedürfnisse, die bei der Konzeption der Angebote politischer Bildung stärker als bisher Berücksichtigung finden sollten. Im Folgenden wollen wir auf die Voraussetzungen einer inkludierenden politischen Bildung näher eingehen und ihre Ziele und Formen diskutieren, um schließlich darüber zu befinden, wo politische Bildung mit Menschen mit Behinderung organisatorisch zu verorten ist. Menschen mit geistiger bzw. mehrfacher Behinderung stehen dabei exemplarisch für eine Gruppe, die sich im Erwachsenenalter von politischer Bildung kaum angesprochen fühlt und die deshalb nicht selten völlig unberücksichtigt bleibt.

Betroffenheit und Lebensweltbezug als Lernvoraussetzung

In erfrischender Offenheit äußert sich ein Dozent der politischen Bildung, der Kurse mit Menschen mit Behinderung durchführt, zur weitverbreiteten Geringschätzung seines Faches: »Angesichts knapper Ressourcen ist es verständlich, dass ›praxisnähere‹ Bildungsangebote, die das Leben in der Gesellschaft und der Arbeitswelt erleichtern, bevorzugt werden.« (Lutz 2002, S. 33) Doch die Schwierigkeit, ein Publikum zu finden, kann auch Ansporn sein. Zwei Wege zum Erfolg scheinen denkbar:

- Veranstaltungen der politischen Bildung müssen entweder methodisch besonders attraktiv sein (mit Spielelementen, Filmausschnitten, Musikdarbietungen, Quizeinlagen und Lernen von Peer to Peer); sie können auch in andere Veranstaltungsformen eingebettet sein (Beispiel: Reise mit Besuch des Deutschen Bundestags)
- oder aber die Veranstaltungen der politischen Bildung müssen selbst praxisnah sein, indem sie mit der Lebenswelt der Teilnehmenden, d. h. mit Aktivitäten zur Veränderung dieser Lebenswelt, verknüpft werden.

Selbstverständlich geht es nicht so sehr um ein Entweder-Oder, sondern weit eher um ein Sowohl-als-auch. Hier wollen wir uns aber darauf beschränken, darüber nachzudenken, was Praxis- bzw. Handlungsbezug in der politischen Bildung, vor allem in der politischen Bildung mit Menschen mit Behinderung, bedeuten könnte.

Werfen wir dazu zunächst einen Blick in die Geschichte der Behindertenbewegung: Ernst Klee und Gusti Steiner, beide selbst körperlich behindert, leiteten 1973 den ersten Volkshochschulkurs für Menschen mit und ohne Behinderung, der sich der »Krüppelbewegung« verpflichtet wusste. Im Rekurs auf die radikale Richtung der US-amerikanischen schwarzen Bürgerrechtsbewegung und deren Kampfruf »Black is beautiful« prägte Steiner den Slogan »Behindert-sein ist schön« und wandte sich damit gegen die karitative Fürsorge, die in seinen Augen dazu tendierte, die Menschen mit Behinderungen zu entmündigen (Steiner 1974). Ihre Form der Erwachsenenbildung nannten Klee und Steiner »Bewältigung der Umwelt« (Lister/Schmidt 1983). Letztlich ging es darum, durch gemeinsame Demonstrationen von Menschen mit und ohne Behinderung die Öffentlichkeit auf die vielfältigen Diskriminierungen von Menschen mit Behinderungen aufmerksam zu machen. Dabei schreckte die »Krüppelbewegung« auch vor spektakulären Aktionen (Straßenbahnblockade, Bühnenbesetzung) nicht zurück (Spörke 2002, S. 84).

Sicherlich ist diese Art des konfrontativen politischen Aktivismus zeitgebunden und nicht eins zu eins auf die heutige Situation übertragbar. Dennoch halten wir die Seminare der »Krüppelbewegung« für exemplarische politische Erwachsenenbildung sowohl wegen ihres inklusiven Charakters (Menschen mit körperlicher Behinderung und ihr – politischer – Freundeskreis) als auch wegen der Verbindung von politischer Theorie und Praxis. Die Kursteilnehmerinnen und Kursteilnehmer entwickelten politisches Bewusstsein im Kampf gegen exkludierende Umweltbedingungen. Ihre Aktionen waren Appelle an die Menschen ohne Behinderungen, an Verwaltung und Politik. Ausgangspunkt für politische Bildung in diesem Sinn ist die persönliche Betroffenheit der Akteure – und zwar der Lehrenden wie der Lernenden.

Betroffenheit hat bekanntlich verschiedene Aspekte: Etwas kann einen betreffen, ohne dass man sich dessen bewusst ist, man kann sich seiner Betroffenheit bewusst sein und sie geradezu am eigenen Leib verspüren, man kann sich aber auch betroffen fühlen, ohne selbst direkt betroffen zu sein. In den drei Fällen ist das Bedürfnis nach politischer Bildung durchaus unterschiedlich. Menschen mit Behinderung, auch Menschen mit geistiger Behinderung, sind Weltbürger und Staatsbürger. Als solche sind sie von allen denkbaren Themen der politischen Bildung im selben Maße betroffen oder nicht an ihnen interessiert wie alle anderen Menschen auch. Dabei können wir feststellen, dass abstrakte Betroffenheit in der Regel weder bei Menschen ohne noch bei Menschen mit Behinderung die Motivation zu politischem Handeln und damit zur politischen Bildung hervorruft. Viele Menschen sehen deshalb keine Notwendigkeit, sich für politische Bildung zu interessieren, obwohl politische Entscheidungen ihr Leben bestimmen. Das ändert sich schlagartig, wenn sie sich selbst als Betroffene erkennen« oder empathisch mit Betroffenen solidarisieren, wenn gar politisches Engagement die Hoffnung auf die Verbesserung der eigenen Lage bzw. der Lebensbedingungen einer ganzen sozialen Gruppe nährt.

Politische Erwachsenenbildung ist folglich von spezifischen politischen Interessen und der Einsicht in die Sinnhaftigkeit politischen Handelns überhaupt nicht zu trennen. Auf die damit verbundene Frage, ob Menschen mit Behinderung spezielle Gruppeninteressen haben, auf die politische Erwachsenenbildung Bezug nehmen könnte und sollte, werden wir später noch zu sprechen kommen.

Teilnehmerorientierung in der allgemeinen Erwachsenenbildung

Der Begriff »Behinderung« suggeriert ein einheitliches »Gegenstandsverständnis«. Doch Menschen mit Behinderungen« stellen keine homogene Gruppe dar. Bedingungen und Auswirkungen von Behinderungen sind vielfältig. In der behindertenpädagogischen Diskussion manifestiert sich dies darin, dass der Begriff »Behinderung« äußerst vorsichtig gebraucht wird. Zur Vermeidung von defekt- oder defizitorientierten diskriminierenden »Klassifikationen« werden zunehmend am Individuum orientierte Deskriptionen der aus den Beeinträchtigungen resultierenden pädagogischen Aufgabenstellung verwendet. So spricht man von Menschen mit »sonderpädagogischem Förderbedarf« und differenziert hieran anschließend entsprechende »Förderbereiche«, z. B. »Lernen«, »Emotionales und soziales Verhalten«, »Sehen«, »Hören« usw. Mit diesen Differenzierungen geht ein jeweils anderes Verständnis von Behinderung einher und von den Hilfestellungen, die notwendig sind, um Nachteile auszugleichen.

Lange Zeit wurde Barrierefreiheit mit räumlicher Zugänglichkeit für in ihrer Mobilität eingeschränkte Bürgerinnen und Bürger gleichgesetzt. Die ab Beginn der 1970er Jahre auf diesem Feld politisch aktive »Krüppelbewegung« hat in dieser Hinsicht einiges erreicht, was nicht zuletzt auch in den Weiterbildungseinrichtungen selbst zu Verbesserungen geführt hat. Eine Umfrage des *wbmonitors* im Jahr 2012 ergab, dass mehr als zwei Drittel aller Weiterbildungsanbieter über barrierefreie Unterrichtsräume und sanitäre Anlagen verfügen (Ditschek/Weiland 2013, S. 322f.). Dennoch bleibt Barrierefreiheit sowohl im eingeschränkten als auch in einem umfassenderen Sinn, wie von der UN-BRK definiert (Artikel 9: Zugänglichkeit), auf der Tagesordnung der politischen Agenda. Diese Tatsache findet jedoch in den Programmen der Anbieter von politischer Erwachsenenbildung wenig Beachtung, vielleicht auch deshalb, weil die Einrichtungen selbst nicht bereit sind, weitere zur Sicherung umfassender Barrierefreiheit (baulich, medial und personell) erforderliche Maßnahmen zu ergreifen.

Wie aus der Umfrage des *wbmonitors* ebenfalls hervorgeht, haben mehr als zwei Drittel aller Weiterbildungsanbieter keine Veranstaltungen zum Thema »Behinderung« im Programm (ebd., S. 326f.). Dass dieses Thema derart unterrepräsentiert ist und die Verwirklichung einer Kultur des Willkommens gegenüber Menschen mit Behinderung noch weitgehend aussteht, lässt sich schwerlich damit begründen, dass geeignete Veranstaltungsräume fehlen. Vielmehr müssen wir davon ausgehen, dass auf Seiten der Planenden in den Weiterbildungseinrichtungen Betroffenheit fehlt, die Sensibilität dafür, dass Menschen mit Behinderung spezifische politische Interessen haben und dass diese Menschen gezielt angesprochen werden müssen. Die in der Didaktik der Erwachsenenbildung allenthalben geforderte Teilnehmerorientierung beginnt aber – und das wiederum steht außer Zweifel – nicht erst im Unterricht, sondern bereits im Planungsprozess.

»Menschen mit Beeinträchtigungen [sind] tendenziell größeren und qualitativ anderen Arten von sozialer Exklusion, Benachteiligung und Separation ausgesetzt [...] als andere Menschen«, schreibt Felder in ihrem Band

Inklusion und Gerechtigkeit (2012, S. 21). Es gehört u. E. zu den vornehmsten Aufgaben politischer Erwachsenenbildung, die besondere Betroffenheit von Menschen mit Behinderung in all ihren Facetten zur Sprache zu bringen und zur Diskussion zu stellen sowie auf problematische rechtliche Regelungen, defizitäre Umweltbedingungen und verletzende Haltungen aufmerksam zu machen, dies selbstverständlich mit der Aufforderung, Verhältnisse und Verhaltensweisen so zu ändern, dass sich die Lage der betroffenen Menschen verbessert. Hier könnte mit relativ wenig Aufwand noch viel getan werden.

»Inklusion [...] erfordert, dass gesellschaftliche Verhältnisse, die exkludieren, überwunden werden müssen«, schreibt Kronauer in dem Band *Inklusion und Weiterbildung* (2010, S. 56). In diesem Sinn richtet sich inklusive politische Bildung an alle Menschen und nicht vordringlich an Menschen mit Behinderung. Man könnte sogar so weit gehen zu sagen, dass politische Bildung immer auf soziale Inklusion ausgerichtet ist, indem sie fragt, was den Zusammenhalt der Menschen in einer Gesellschaft bedingt bzw. was diesen gefährdet. Menschen mit Behinderung können ebenso wie Menschen mit Migrationshintergrund ihre spezifischen Erfahrungen in politische Bildungsprozesse einbringen und damit zu Katalysatoren emanzipatorischer Veränderungen werden. Doch gerade bei Menschen mit geistiger Behinderung kollidiert eine solche Rollenzuweisung allzu oft mit dem eigenen, durch vielfältige Exklusionserfahrungen unterfütterten Selbstverständnis und Selbstwertgefühl.

Empowerment

Menschen mit geistiger Behinderung als besondere Herausforderung

»Teilnehmerorientierte Programmplanung bedeutet, Lebenswelt und Bildungsinteressen der Adressatinnen und Adressaten und die Bedürfnisse besonderer Zielgruppen zu erkunden«, heißt es in einem vom Landesverband der Volkshochschulen in NRW herausgegebenen *Reader Politische Bildung an Volkshochschulen* (2012, S. 45). Dem ist hinzuzufügen, dass man auch Wege finden muss, bestimmte Zielgruppen zu erreichen. Drei Verfahrensweisen scheinen dafür im Hinblick auf Menschen mit geistiger Behinderung besonders geeignet:
1. Sozialraumorientierung als »Bottom-up-Prinzip« einer Programmplanung, die »die spezifischen materiellen, institutionellen und sozialen Gegebenheiten und Ressourcen eines Gebiets« berücksichtigt (Hoffmann/ Mania 2013, S. 82);

2. Einbeziehung von Multiplikatoren (Betreuerinnen und Betreuer) als Lernberater/-innen und möglichst direkte persönliche Ansprache der Zielgruppe mit Programminformationen in Leichter Sprache als Geste in Richtung der Menschen mit Lern- und Leseschwierigkeiten, die deutlich macht, dass auch sie besonders angesprochen sind;
3. individuelle Einladungen zur Teilnahme an Veranstaltungen der politischen Bildung für Einzelpersonen, die sich bereits als politisch interessiert gezeigt und evtl. schon Funktionen in Vertretungsorganen oder in Selbsthilfegruppen übernommen haben.

Alle drei Verfahrensweisen verstehen wir als Möglichkeiten der gezielten Ansprache einer Zielgruppe zur Werbung für Angebote der politischen Bildung, die keineswegs allein für Menschen mit Behinderung konzipiert sein müssen.

In den Bereichen Kreativität, Gesundheit, Fremdsprachen und Grundbildung zeigt sich, dass Menschen mit sogenannter geistiger Behinderung durchaus in der Lage sind, an Kursen teilzunehmen, die nicht speziell für sie konzipiert sind. Warum also sollte die Teilnahme gerade im Bereich politische Bildung nicht möglich sein? Aber selbstverständlich scheint es sinnvoll, erst zielgruppenspezifische Einstiegsgelegenheiten (z. B. politische Gesprächskreise, Lesezirkel) zu schaffen, um die Teilnehmenden solcher Veranstaltungen dann gezielt als »Experten in eigener Sache« in offen konzipierte Kurse und Veranstaltungen einladen zu können. Das verhilft diesen Menschen nicht nur zu mehr Teilhabe an politischen Bildungsprozessen, sondern fördert in der Regel auch die Intensität und Authentizität solcher Prozesse.

Menschen mit geistiger Behinderung sind jedoch für die Planenden von Veranstaltungen nicht nur schwer zu erreichen; sie stellen auch den geforderten Praxisbezug politischer Erwachsenenbildung auf eine harte Probe, weil sie gelernt und oftmals auch verinnerlicht haben, dass sie ihre Lebenswirklichkeit nur selten beeinflussen können. Umso wichtiger sind partizipative Rahmenbedingungen in den Werkstätten für behinderte Menschen und in den Wohneinrichtungen. Dort müssen demokratische Lebensformen entwickelt und praktiziert werden, sodass Menschen mit Behinderung sich als aktiv und wirkungsvoll erleben können und lernen, was es heißt, für andere Verantwortung zu übernehmen. Darüber hinaus ist in allen gesellschaftlichen Bereichen, in denen über die Rechte und Ressourcen von Menschen mit Behinderungen entschieden wird, die Mitwirkung der Betroffenen zu gewährleisten (Heiden 2014).

Nur wenn wir davon ausgehen können, dass Partizipation auch von Menschen mit geistiger Behinderung gewünscht und rechtlich gesichert ist, hat es Sinn, diese Menschen zur Teilnahme an Veranstaltungen der politischen Erwachsenenbildung zu motivieren. Denn was Kaiser für die Erwachsenenbildung postuliert, gilt erst recht für die politische Erwachsenenbildung: »Erwachsenenbildung sollte [...] ihr Ziel darin sehen, dem in vollem Umfang des Wortes akzeptierten Erwachsenen seine Wirklichkeit deutbar, beeinflussbar, veränderbar und deutend bewältigbar erscheinen zu lassen.« (1991, S. 88)

»Eigenkultur« als Ausdruck gemeinsamer Betroffenheit

Dass gerade Menschen mit geistiger Behinderung bei der Entwicklung der eigenen Persönlichkeit und dem Formulieren von Forderungen an die Umwelt erst mal unter sich sein wollen, macht das Konzept der »Eigenkultur« deutlich, das vor allem in der dänischen Erwachsenenbildung weitgehend akzeptiert und praktiziert wird.

In Dänemark wurde schon Ende der 1950er Jahre das sogenannte Normalisierungsprinzip entwickelt und sozialpolitisch umgesetzt, welches für Menschen mit Behinderungen »ein Leben so normal wie möglich« vorsieht. D. h. nicht die Menschen mit Behinderungen sollten »normalisiert« werden, sondern deren Lebensbedingungen! Erwachsenenbildung hat sich für Menschen mit geistiger Behinderung bereits mit dem dänischen Freizeitgesetz von 1968 durchgesetzt und kontinuierlich ausgebildet. Doch konstatiert Merz im Blick auf diese Erwachsenenbildung folgendes Paradox: »Seit dem Normalisierungsprinzip war die Integration dieser Menschen [mit geistiger Behinderung, A./D.] in allen Lebensbereichen Programm. Darum wären auch auf dem Gebiet der Erwachsenenbildung für diese Gruppe integrative Angebote zu erwarten. Die in Dänemark anzutreffenden Bildungsmöglichkeiten sind demgegenüber aber fast ausschließlich segregative Programme.« (Merz 2004, S. 325)

Wie kam es zu dieser in sich gegenläufigen Entwicklung? Hierzu wird folgende Erfahrung aus den 1980er Jahren berichtet (Jessen 1991, S. 19 zit. und übersetzt nach Wolf 2008, S. 78):

»Die Integration war für viele ein Riesenplus, aber es lagen wohl doch einige Werte in der Segregation, die wir – die Professionellen – in der Eile vergessen haben, u. a. der Wert, mit Seinesgleichen zusammen zu sein.«

Wolf weist darauf hin, dass in Dänemark Integration realisiert worden war, bevor die Gesellschaft bereit war, Menschen mit Behinderung als Partner anzuerkennen. »Vergessen worden war die Bedeutung gewachsener Netzwerke: Menschen mit geistiger Behinderung hatten die zentralen Institutionen mit einem großen Einzugsgebiet verlassen und waren in eigene

Wohnungen jeweils in ihrer Heimatgemeinde angesiedelt worden.« (Wolf 2008, S. 78) Sie waren plötzlich in weiter Distanz voneinander entfernt, ohne Treffpunkte, ohne Möglichkeit, miteinander Wünsche und Forderungen zu formulieren.

Hier setzte das dänische Konzept der »Eigenkultur« an: In der Praxis entstanden Treffpunkte und Projekte, in denen gemeinsame Aktivitäten entwickelt und ausgeführt wurden mit dem Ziel, sich auszutauschen und Solidarität zu erfahren (ebd. 80). In diesem Zusammenhang wurde bezogen auf die erste Integrationsgeneration eine besondere »Gedankengemeinschaft« (ebd.) konstatiert, die letztlich identitätsstiftend wirkte. In diesem Kontext bildeten sich Initiativen, in denen Menschen mit geistiger Behinderung unter sich sind und sich gemeinsam mit selbst gewählten Themen und ihrer Identität auseinandersetzen. »Eigenkultur meint also, unter sich sein zu dürfen und gleichzeitig am Leben der Gesellschaft teilzunehmen.« (ebd., S. 82) Auch solche Veranstaltungen zur Stärkung der »Eigenkultur« müssen als inklusive politische Erwachsenenbildung angesehen werden, weil sich in ihnen gegebenenfalls das Bewusstsein und das Gefühl für die eigene politische Betroffenheit herausbilden.

Der Ort inklusiver politischer Erwachsenenbildung

Angebote der Erwachsenenbildung für Menschen mit geistiger Behinderung finden quantitativ betrachtet vorwiegend im Rahmen von Einrichtungen der Behindertenhilfe statt (in Werkstätten für Menschen mit Behinderungen und in Wohneinrichtungen). Aber dort, wo diese spezifische Erwachsenenbildung in der Regel realisiert wird – nämlich intern im System der Behindertenhilfe –, gehört sie eigentlich gar nicht hin. Und dort, wo sie hingehört – nämlich in den Bereich der öffentlich verantworteten Bildung – wurde und wird sie bislang kaum wahrgenommen und findet allenfalls in Ausnahmefällen und marginalisiert statt. Das ist gerade für die inklusive politische Erwachsenenbildung, die auf die Formulierung und Durchsetzung emanzipatorischer Interessen ausgerichtet ist, von erheblicher Konsequenz. Hier haben die großen Veranstalter politischer Erwachsenenbildung, allen voran die Gewerkschaften, die parteinahen Stiftungen, die Volkshochschulen und nicht zuletzt die Bundeszentrale und die Landeszentralen für politische Bildung erheblichen Nachholbedarf.

Bei der Erwachsenenbildung im Rahmen der Einrichtungen der Behindertenhilfe, zu der auch Kurse der politischen Bildung gehören (Weiterbildung für Werkstatträte, Selbstbewusstseinstraining usw.), handelt es sich in der Regel um ein internes Angebot in Werkstätten für behinderte

Menschen (WfbM), welches allein den behinderten Mitarbeiterinnen und Mitarbeitern der jeweiligen Einrichtung zur Verfügung steht. Die Kurse werden meist von Angestellten der Sondereinrichtungen geleitet. Ein besonderer Vorteil dieses Bildungsangebots ist, dass neben dem teilweise sonderpädagogisch ausgebildeten Personal auch die Infrastruktur der jeweiligen Einrichtung der Behindertenhilfe zur Verfügung steht und genutzt werden kann (z. B. Fahrdienst zum Kursort und zurück, Begleitdienst, Assistenz etc.). Der Nachteil solcher Bildungsangebote besteht allerdings darin, dass in diesem Rahmen die besondere Betroffenheit der Kursteilnehmenden, die durch die Verfasstheit der Einrichtung selbst verursacht ist, nur selten zur Sprache kommt.

Es handelt sich bei dieser Erwachsenenbildung innerhalb des Systems Behindertenhilfe um Angebote, die meist nicht öffentlich, sondern intern ausgeschrieben und beworben werden. Das Programm ist inhaltlich umfangreich, die Veranstaltungen sind jedoch nicht öffentlich zugänglich und finden in räumlicher, zeitlicher und personeller Einbindung in Sondereinrichtungen statt. Die Leistung dieser spezifischen und internen Erwachsenenbildung kann vor allem darin gesehen werden, dass sie frühzeitig den Beleg für die Bildungsfähigkeit bzw. Bildsamkeit von Erwachsenen mit geistiger Behinderung erbracht hat, die diesen bis in die 1980er und 1990er Jahre hinein noch abgesprochen wurde. Und bei den für diese Kurse verantwortlichen Mitarbeiterinnen und Mitarbeitern hat sich eine spezifische Fachlichkeit ausgebildet, die folgendermaßen skizziert werden kann:

- Kenntnis über Behinderungsformen und Techniken der Unterstützung und Förderung,
- teilweise Kenntnisse über die Kursteilnehmerinnen und -teilnehmer aus dem Arbeits- oder Wohnkontext,
- Kompetenzen im Umgang mit (geistiger) Behinderung,
- teilweise sonderpädagogische Ausbildung.

Zur Entwicklung einer inkludierenden Professionalität auch auf dem Gebiet der politischen Bildung müsste die Expertise aus den Systemen Erwachsenenbildung und Behindertenhilfe zusammengeführt werden. Um diese Aufgabe bewältigen zu können, wäre eine Beschreibung der bislang parallel nebeneinander entwickelten allgemeinen Erwachsenenbildung und der Bildung für Erwachsene mit geistiger Behinderung innerhalb des »Systems Behindertenhilfe« hilfreich, um Möglichkeiten für Anknüpfungen, Synergien und Kooperationen, aber auch Widersprüche und Differenzen herauszuarbeiten. Bei der anstehenden Vernetzung kann erwartet werden, dass von Seiten der allgemeinen Erwachsenenbildung vor allem Elemente der makrodidaktischen Expertise von Bedeutung sein werden, während die

Erwachsenenbildung aus dem System Behindertenhilfe möglicherweise relevante Impulse für mikrodidaktische Elemente bei der Vorbereitung und Realisierung der Kurse einbringen kann, z. B. die grundlegende Einstellung und Haltung gegenüber Menschen mit Behinderungen (im Kontext von »Anerkennung«), Umgangserfahrung mit Behinderung, aber auch Kenntnisse der Infrastruktur sowie des Systems Behindertenhilfe als pädagogische Kompetenz.

Fazit

Menschen mit Behinderung sind selbstverständlich Adressatinnen und Adressaten des öffentlich verantworteten Bildungssystems. Als Erwachsene müssen sie mit ihren spezifischen Themen, Bedürfnissen und Organisationsformen wahrgenommen und umworben werden. Inklusive politische Erwachsenenbildung beinhaltet einerseits separate Kurse für Menschen mit Behinderung zu Themenbereichen wie Selbstbestimmung oder persönliche Assistenz, andererseits Kurse, in denen Menschen mit Behinderung und Menschen ohne Behinderung gemeinsam an politischen Themen arbeiten. Schließlich hat politische Erwachsenenbildung nicht nur die Aufgabe, Betroffene zu Wort kommen zu lassen, sondern auch Betroffenheit im Sinne von Empathie herzustellen.

Aus sonderpädagogischer Sicht hat Lindmeier darauf hingewiesen, dass die Auseinandersetzung mit der Heterogenität von Bildungsinteressen und -möglichkeiten ein strukturelles Merkmal und zugleich »Markenzeichen« von Erwachsenenbildung ist (2003, S. 189). Dies habe aber nicht dazu geführt, dass Menschen mit Behinderung in ihr dauerhaft berücksichtigt würden. Auf der Folie der Siebert'schen Phasen sozialer Integration durch Erwachsenenbildung (1. Volksbildung, 2. Neue Richtung, 3. Zielgruppenorientierung, 4. Integrative Erwachsenenbildung) stellt Lindmeier fest, dass Menschen mit Behinderung zwar in der 3. Phase erstmals Berücksichtigung fanden, jedoch in der 4. Phase kaum beachtet wurden (ebd., S. 189 ff.). Er vermutet, »dass Behinderung Differenzerfahrungen auslöst, die nicht zu ›Perspektivenverschränkung‹ führen, die für die eigene Identitätsentwicklung für relevant und interessant angesehen werden, sondern zu Abgrenzung und Ausgrenzung« (ebd., S. 191).

Aufgabe inklusiver Erwachsenenbildung muss deshalb unter anderem sein, dieser Frage nachzugehen und nach Wegen zu suchen, wie dennoch eine Auseinandersetzung mit der Differenzerfahrung angesichts von Menschen mit Behinderung, insbesondere von Menschen mit geistiger Behinderung, eröffnet werden kann. So gesehen kann man sagen, dass inklusive Erwachsenenbildung per se politische Erwachsenenbildung ist, weil sie sich gegen die Diskriminierung und Ausgrenzung bestimmter Gruppen von Menschen richtet.

Literatur

Arbeitsgruppe Politische Bildung NRW (2000): Zum demokratischen und professionellen Standort der Erwachsenenbildung. Fassung vom 10.11.2000. Verfügbar unter: http://www.die-weiterbildung-in-nrw.de/files/ag-pb-positionspapier2000.pdf (Zugriff: 08.05.2015).

Ditschek, E. J./Weiland, M. (2013): Barrierefreie Weiterbildung – Standards und Defizite. In: Bundesinstitut für Berufsbildung (Hrsg.): Datenreport zum Berufsbildungsbericht 2013. Informationen und Analysen zur Entwicklung der beruflichen Bildung. Bonn. S. 322–327.

Feldner, F. (2012): Inklusion und Gerechtigkeit. Das Recht behinderter Menschen auf Teilhabe. Frankfurt am Main.

Heiden, H.-G. (2014): »Nichts über uns ohne uns!« – Von der Alibi-Beteiligung zur Mitentscheidung! Eine Handreichung zur Umsetzung des Gebotes der »Partizipation« der UN-Behindertenrechtskonvention. Berlin.

Hoffmann, Nicole/Mania, Ewelina (2013): »Hallo, Zielgruppe!?« – Impulse einer Sozialraumorientierung für die Inklusion am Beispiel der Erwachsenenbildung. In: Burtscher, Reinhard/Ditschek, Eduard Jan/Ackermann, Karl-Ernst/Kil, Monika/Kronauer, Martin (Hrsg.) Zugänge zu Inklusion. Erwachsenenbildung, Behindertenpädagogik und Soziologie im Dialog. Bielefeld. S. 73–82.

Kaiser, A. (1991): Prinzipien einer Didaktik der Erwachsenenbildung. In: Tietgens, H. (Hrsg.): Didaktische Dimensionen der Erwachsenenbildung. Frankfurt am Main. S. 77–88.

Kronauer, M. (Hrsg.) (2010): Inklusion und Weiterbildung. Reflexionen zur gesellschaftlichen Teilhabe in der Gegenwart. Bielefeld.

Landesverband der Volkshochschulen in NRW (Hrsg.) (2012): Reader politische Bildung an Volkshochschulen. Grundlagen und Praxisbeispiele. Düsseldorf. Verfügbar unter: http://www.vhs-nrw.de/fileadmin/redaktion/dateien-pdf-etc/referatB/Reader_Politische_Bildung_an_Volkshochschulen_V12.pdf (Zugriff: 08.05.2015).

Lindmeier, C. (2003): Integrative Erwachsenenbildung. In: Theunissen, G.: Erwachsenenbildung und Behinderung. Impulse für die Arbeit mit Menschen, die als lern- oder geistig behindert gelten. Bad Heilbrunn. S. 189–204.

Lister, B./Schmidt, H. (1983): Der Frankfurter Kurs »Bewältigung der Umwelt«. In: Maaßen, D./Schmidt, H. (Hrsg.): Weiterbildung mit Behinderten an Volkshochschulen. Bonn. S. 37–41.

Lutz, J. (2002): Politische Bildung für Menschen mit Behinderungen – Herausforderung und Chance. In: Erwachsenenbildung und Behinderung. Heft 2. S. 27–36.

Merz, K. (2004): Im Spannungsfeld von Integration und Eigenkultur. In: Geistige Behinderung. Heft 4. S. 322–338.

Spörke, M. (2002): Die deutsche Selbstbestimmt-Leben-Bewegung von Menschen mit Behinderungen. In: Pithan, A./Adam, G./Kollmann, R. (Hrsg.): Handbuch Integrative Religionspädagogik. Reflexionen und Impulse für Gesellschaft, Schule und Gemeinde. Vom Elementarbereich bis zur Weiterbildung. Gütersloh. S. 82–87.

Steiner, G. (1974): behindert-sein ist schön. entwurf eines neuen selbstbewußtseins. In: Klee, E.: Behindertsein ist schön. Unterlagen zur Arbeit mit Behinderten. Düsseldorf. S. 122–133.

UN-BRK [UN-Behindertenrechtskonvention]. Abgedruckt in: Beauftragte der Bundesregierung für die Belange behinderter Menschen (Hrsg.): Die UN-Behindertenrechtskonvention. Übereinkommen über die Rechte von Menschen mit Behinderung. Verfügbar unter: http://www.behindertenbeauftragte.de/DE/Koordinierungsstelle/Koordinierungsstelle_node.html (Zugriff: 08.05.2015).

Wolf, K. (2008): Erwachsenenbildung im interkulturellen Vergleich am Beispiel Dänemarks. In: Heß, G./Kagemann-Harnack, G./Schlummer, W. (Hrsg.): Wir wollen – wir lernen – wir können! Erwachsenenbildung, Inklusion, Empowerment. Marburg. S. 78–85.

Klaus-Peter Hufer

Politische Jugend- und Erwachsenenbildung – auch für Menschen mit Teilnahmeeinschränkung?

Ein Fachbereichsleiter einer VHS erzählte mir, dass er der Teilnehmerin eines seiner Fremdsprachenkurse Hausverbot erteilt habe. Der Grund: Die übrigen Teilenehmerinnen und Teilnehmer hätten sich derart über das Verhalten einer psychisch auffälligen Frau beschwert, dass sie alle mit Abbruch der Veranstaltung drohten, sollte diese Person noch weiter an der Veranstaltung teilnehmen. Die Kursleiterin bestätigte das und sagte, es sei kaum möglich, die Veranstaltung noch durchzuführen. Da die besagte Frau sich im Gespräch mit dem Fachbereichsleiter uneinsichtig zeigte, griff er zum rigidesten seiner Mittel: Hausverbot. So einfach ist das also nicht mit der Inklusion.

Politikdidaktik und politische Bildung

Wie können für Menschen mit einer »Teilnahmeeinschränkung« Veranstaltungen der politischen Jugend- und Erwachsenenbildung attraktiv gemacht werden? Diese Frage, mit der im März 2014 auf dem Workshop *Inklusive politische Bildung* die Diskussion über eine inklusive politische Jugend- und Erwachsenenbildung einleitet wurde, bedeutet, über Lernwege und -formen nachzudenken, die im doppelten Sinne des Wortes »barrierefrei« sind.

Zunächst aber einmal zur in der Erwachsenenbildung so zentralen Kategorie »Teilnahme«. Darüber gibt es etliche Studien: Wer kommt, wer nicht? Warum besucht jemand eine Bildungsveranstaltung, warum nicht? Welches Geschlecht zeigt eine größere Bereitschaft, sich weiterzubilden? Welche Bedeutung haben Alter oder Beruf für die Entscheidung, eine Veranstaltung der Erwachsenenbildung zu besuchen? Wie sieht das »Weiterbildungsverhalten in Deutschland« im europaweiten Vergleich aus? Die jüngste Bemessung liegt vor, ich werde einige Daten noch nennen (Bilger u. a. 2013).

Die permanente Be- und Vermessung des Feldes hat seinen Grund. Denn im Unterschied zu den allgemeinbildenden Schulen beruht das System der politischen Jugend- und Erwachsenenbildung auf der Freiwilligkeit zur Teilnahme. Das ist eine ihrer wesentlichen Prämissen. Das bedeutet auch, dass eine Teilnahme nicht zu erzwingen ist. Erstens geht das sowieso nicht und zweitens widerspräche ein solcher Versuch aus gleich mehreren Gründen den Prinzipien der außerschulischen Jugend- und Erwachsenenbildung, nämlich ihrer anthropologischen Voraussetzung, d. h. ihrem Menschenbild, dem philosophischen Anspruch der Aufklärung – die ja immer Selbstaufklärung ist – und den Erkenntnissen der Lerntheorie.

Das ist ein zentraler Unterschied zur Politikdidaktik, also der Art und Weise wie an allgemeinbildenden Schulen Politik unterrichtet wird. Somit kann auch kein Schluss von dort zur außerschulischen Jugend- und Erwachsenenbildung gezogen werden. Die Bildungsbereiche haben sich mittlerweile sehr auseinanderdifferenziert (Hufer/Richter 2013). Das gilt auch für unser Thema, auf das ich gleich näher eingehen werde.

In der Diskussion um Richtung und Anspruch der Politikdidaktik wird mittlerweile in mehreren Publikationen und auf zahlreichen Tagungen von einer Richtung in der Politikdidaktik ein »Kompetenzmodell« vertreten, das an ausschließlich funktionellen und eng politikwissenschaftlich definierten Standards orientiert ist. Die Autoren – eine veritable Gruppe von Professoren – werben damit für eine »*Output*-Steuerung« des Unterrichts (Weißeno u. a. 2010, S. 16). Es werden »Bildungsstandards« definiert, die »mit Hilfe von Testaufgaben operationalisiert und ihr Erwerb *(outcome)* überprüft werden [können]« (ebd.). Das Modell soll den Vorteil haben, dass Lernergebnisse gemessen und bewertet werden können.

Das ist schon problematisch genug, immerhin handelt es sich um politische Bildung und Politik ist bekanntermaßen ein höchst umstrittenes, konfliktträchtiges Feld. Die Autorin und die Autoren legen dennoch fest, was bei ihren 30 Basis- und Fachkonzepten richtig und falsch ist. Sie haben dafür in der englischsprachigen Literatur die Begriffe »Fehlvorstellung« oder »Fehlkonzept« gefunden: »Fehlvorstellungen bzw. Fehlkonzepte *(misconceptions)* sind Abweichungen vom Fachkonzept, die sich als falsch kennzeichnen lassen und für die ein Konzeptwechsel nötig ist *(conceptual change)*« (ebd., S. 50), bei Demokratie, Sozialstaat, Macht, Freiheit, Frieden, Gerechtigkeit, um nur einige der detailliert durchdeklinierten Fachkonzepte zu nennen. Mit Recht gibt es in der politikdidaktischen Zunft gegen dieses Modell auch erheblichen Widerspruch (Autorengruppe Fachdidaktik 2011). Doch angesichts des allenthalben, nicht nur in der Politikdidaktik verbreiteten Eifers, abfragbare und vergleichbare Lernergebnisse erzielen zu müssen, wundert es nicht, dass die Suche nach outputorientierten Standards derzeit eine hohe Konjunktur hat.

Aber eine solche Engführung politischer Bildung steht im Gegensatz zum Grundverständnis der außerschulischen politischen Jugend- und der politischen Erwachsenenbildung.

Drei didaktische Prinzipien der Jugend- und Erwachsenenbildung

In der politischen Jugend- und Erwachsenenbildung besteht ein Konsens dar-über, dass das theoretische und bildungspolitische Axiom der Veranstaltungen ein emanzipatorisches ist. Und das bedeutet, dass Menschen frei gesetzt wer-den, genauer: sich selbst befreien aus Verhältnissen, die ihre »Mündigkeit« – ein wichtiges, aus der Emanzipationspädagogik abgeleitetes Ziel – verhin-dern. Zur Erinnerung daran, was Emanzipation bedeutet: Das Wort stammt aus dem lateinischen *emancipare*, was im römischen Recht die Freilassung des rechtlosen Sohnes oder Sklaven aus dem *manicipium*, der Gewalt des Haus-herrn oder -vaters, bedeutete. Der Begriff taucht wieder im 17. und 18. Jahr-hundert auf, allerdings mit einer Bedeutungsverschiebung: Aus dem Akt der Gewährung von Selbstständigkeit wurde zunehmend, bis zum heutigen Tag, die aktive Selbstbefreiung. Im Prozess der Emanzipation befreien sich »menschliche Individuen von bestimmten Fesseln« – oder sie versuchen es –, »die die Entfaltung ihrer Fähigkeiten (Potenzen) verhindern«, und zwar in individueller und/oder kollektiver Tätigkeit (Galcerán Huguet 1990, S. 658).

Daher ist es folgerichtig, dass es in der außerschulischen politischen Bildung/politischen Erwachsenenbildung nur wenige allgemein getra-gene didaktische Prinzipien gibt. Jede Didaktik ist auch eine Form der Fremdbestimmung. Folgerichtig findet man in der außerschulischen poli-tischen Bildung/politischen Erwachsenenbildung nur drei konsensfähige didaktische Prinzipien: Teilnehmerorientierung, Subjektorientierung und Lebensweltorientierung (Hufer u. a. 2004, Hufer u. a. 2013).

Teilnehmerorientierung meint, »dass die Angebote der EB – ihre Kurse und Gesprächskreise – im Normalfall nicht von einer Sachsystematik bestimmt sind, sondern von den Voraussetzungen und Erwartungen derer, die mit den Veranstaltungen angesprochen werden« (Hans Tietgens, in Arnold u. a. 2001, S. 305).

Die Intention von *Subjektorientierung* lässt sich so beschreiben: »Bildung als Subjektentwicklung kommt vor allem im nicht nachlassenden Versuch zustande, lebenslang lernend die Fähigkeit zur Selbststeuerung auf- und auszubauen.« (Meueler 1999, S. 227)

Bei der *Lebensweltorientierung* geht es um »die Frage nach kulturellen und gesellschaftlichen Strukturen, die die konkrete Lebenswelt von Lernenden beeinflussen und prägen, sowie nach dem Bewusstsein, das die Lernenden von Lebenswelt aufgebaut haben, und wie sich dieses entwickelt hat.« (Henze 2007, S. 261).

Alle drei Kategorien meinen – mit unterschiedlicher Akzentuierung – das Gleiche: Ausgangspunkt, Thema und Ziel einer Bildungsveranstaltung sind die Interessen, Erwartungen, Lernvoraussetzungen, Lebensverhältnisse, Handlungsmöglichkeiten und Gestaltungsoptionen der Teilnehmerinnen und Teilnehmer.

Diese Kategorien haben in der außerschulischen politischen Jugendbildung ebenfalls eine große Bedeutung. Veranstaltungen – so heißt es im dortigen Diskurs – müssen gerade für »sozial benachteiligte Jugendliche aus deren Perspektive entwickelt und angeboten« werden (Ballhausen/Wagner 2014, S. 12). Detailliert bedeutet das: »Um Jugendliche zu erreichen, müssen PädagogInnen sich auf einen Dialog- und Suchprozess begeben, der Jugendliche motiviert von ihrem Leben, ihrem Wissen und Können zu erzählen, der ihr Interesse und ihre Neugierde weckt, die eigenen biografisch-politischen Erfahrungen verstehen und deuten zu wollen.« (Hafeneger 2014a, S. 17)

Auf das professionelle Handeln der Pädagoginnen und Pädagogen übertragen, bedeutet dies, dass sie sich nicht als Belehrende verstehen dürfen. Das widerspräche den Prämissen und Zielen der Jugend-/Erwachsenenbildung ebenso wie der Tatsache, dass sich in den Seminaren und Kursen immer Gleichberechtigte gegenübersitzen. Die professionelle Aufgabe ist es, die Sichtweisen der Jugendlichen bzw. Erwachsenen wahr- und aufzunehmen und daraus Konsequenzen für die Bildungspraxis zu ziehen.

Politische Bildung: eine Minderheitenveranstaltung

Es gibt indessen ein gravierendes Manko in der Realität politischer Jugend- und politischer Erwachsenenbildung: Zwar ist die Zahl der an ihren Veranstaltungen teilnehmenden Menschen nicht gering, wenn man sie in absoluten Zahlen misst. Immerhin kann man Grundlage seriöser Statistiken (Weiß/Horn 2012, Allespach u. a. 2009, S. 12) davon ausgehen, dass es pro Jahr eine Gesamtzahl von ca. 2,85 Millionen Teilnehmerinnen und Teilnehmern an Veranstaltungen zur politischen Bildung gibt – nicht eingerechnet die statistisch nicht erfassten Bildungseinrichtungen. Das sind insgesamt so viele Besucherinnen und Besucher von politischen Bildungsveranstaltungen wie in der Bundesligasaison 2013/14 die vier Vereine mit den meisten Fans bei ihren Heimspielen Zuschauer hatten: Bayern München, Borussia Dortmund, Schalke 04 und Borussia Mönchengladbach

(http://www.kicker.de/news/fussball/bundesliga/spieltag/1-bundesliga/
zuschauer-geschichte.html). Eine mögliche Euphorie muss jedoch mit dem
Hinweis gedämpft werden, dass unter den über 2,85 Millionen etliche
sind, die mehrere Veranstaltungen belegen. Relativ gesehen aber bleibt
politische Erwachsenenbildung etwas, das nur für eine Minderheit interessant ist. Insgesamt »beteiligten sich im Jahr 2012 25,1 Mio. Menschen im
Alter von 18 bis 64 Jahren an Weiterbildung« (Bilger u. a. 2013, S. 29). Pau-
schal gesehen sind die an der politischen Erwachsenenbildung teilnehmenden Menschen solche mit einem höheren formalen Bildungsabschluss bzw.
einer mindestens mittleren beruflichen Position. Das gilt für den Besuch
von Weiterbildungsveranstaltungen allgemein (Hufer 2009, S. 134 f., Bilger
u. a. 2013, S. 93) und für politische Bildung besonders (Hufer 2009, S. 85,
Bilger u. a., S. 135). Bei der außerschulischen Jugendbildung von »jährlich
bundesweit 1,4 Millionen Jugendlichen« wird angenommen, dass »davon
etwa 700 000 der politischen Jugendbildung zuzurechnen (sind)« (Hafeneger 2014b, S. 227).

Diese Zahlen sind durchaus beachtlich. Aber dennoch wird schon
immer kritisch gefragt, ob politische Bildung lediglich die Konfirmation
der bereits Konfirmierten betreibt und wie sie ihren Aktionsradius darüber hinaus erweitern kann.

Ende der 1970er Jahre kam die Zielgruppenorientierung auf, mit der
vor allem Gruppen ohne »Bildungsprivilegien« angesprochen werden sollten (Degen-Zelasny 1977, S. 214). Dieses emanzipatorische Konzept ist
aber in seiner demokratisierenden Stringenz mittlerweile aufgegeben worden. Auch in der Erwachsenenbildung ist »Zielgruppe« nur noch ein rei-
ner Marketingbegriff und ein Planungsinstrument. »Die Idee der *politischen
Bildung* als gesellschaftliche Aktivierung von bestimmten gesellschaftlichen
Gruppen ist [...] aufgegeben worden.« (Gieseke 1999, S. 249)

Die Minderheitensituation der politischen Bildung in der Erwachsenenbildung (und vermutlich auch in der Jugendbildung) wird auch durch eine
entsprechende Adressatenorientierung und ein demgemäßes Planungsver-
halten fortgeschrieben. Ein Grund liegt darin, dass Jugend- und Erwachsenenbildung auch auf Grund der Freiwilligkeit der Teilnahme an den
Veranstaltungen ein starkes Rechtfertigungsproblem haben. Der »Erfolg«
der Veranstalter wird gemessen an der Resonanz auf ihre Angebote. Das
führt zu einem zirkulären Wechselspiel zwischen Planung und Teilnahme:
Geplant wird zunächst einmal für die, die zuverlässig kommen. Und diese
signalisieren, was ihre Erwartungen sind. Das ist ein durchaus bequemes,
vor allem aber relativ sicheres Programmplanungsverhalten. Aber es privilegiert auch die, die bereits bildungsmäßig privilegiert sind. Denn diese
Gruppen sind bereits in den Erwachsenenbildungseinrichtungen präsent

und können deutlich artikulieren, welche Themen und Veranstaltungen sie sich wünschen.

Drei Gründe für Teilnahmeeinschränkung

Daraus ergibt sich ein strukturelles Problem, will man den Teilnahmekreis erweitern auf die Menschen, die eine »Teilnahmeeinschränkung« haben. Aber wer sind diese Menschen? Zunächst sei darauf hingewiesen, dass ca. 95% der Erwachsenen aus unterschiedlichen Gründen nicht an den Veranstaltungen zur politischen Bildung teilnehmen.

Der Begriff »Teilnahmeeinschränkung« ist in seiner allgemeinen, diffusen, verschämten und bewusst uneindeutigen Aussage zielgruppen- und anspracharstrategisch nicht tauglich. Auch wenn man – den Intentionen der Inklusion folgend – Menschen mit »Handicaps« meint, dann ist immer noch unklar, ob diese Handicaps körperlicher, geistiger oder sozialer Natur sind. Ich nehme an, dass diese drei Gruppen gemeint sind. Aber was haben sie gemeinsam außer der Tatsache, dass sie bei den Veranstaltungen der politischen Bildung allenfalls in Spurenelementen vertreten sind?

Bei aller humanistisch motivierten Absicht, diese Exklusion aufzulösen, bleibt aber die zweifelnde Frage, ob es nicht auch ein Recht auf Nicht-Teilnahme gibt. Oberstes Prinzip politischer Erwachsenenbildung muss die Freiwilligkeit der Teilnahme sein. Wenn das nicht der Fall ist, dann ist es keine politische Bildung mehr, sondern politische Erziehung. Diese verbietet sich in einer Demokratie. Schiebt man diesen Einwand beiseite, dann wird bei der Erkenntnis, dass es Menschen mit »Teilnahmeeinschränkung« gibt, deren Recht auf Teilnahme an politischer Bildung stellvertretend reklamiert. Das ist nicht frei von patriarchalisch motivierter Fürsorge. Hier stößt man an die Grenze der immanenten Logik der Selbstbestimmung von Menschen. Die philosophisch anmutende Frage ist, wer diese Stellvertreterrolle mit welchem Recht in Anspruch nehmen kann.

Doch nehmen wir die »gute Absichten« an, die hinter inklusiver Bildung stehen und sie in Bewegung setzen, dann muss genauer auf die Lage der drei bereits grob skizzierten Gruppen von Menschen mit Handicaps geschaut werden.

1. Die Gruppe der *körperlich behinderten Menschen*: Bettlägerige, Rollstuhlfahrer, chronisch Kranke u. a. haben zunächst einmal physische Probleme, um an den Veranstaltungen teilzunehmen. Dafür wären räumliche Voraussetzungen zu schaffen, die das so weit wie möglich gestatten. Das ist jedoch leichter gesagt als getan. Denn die finanzielle Ausstattung vieler Träger lässt eventuell notwendige Umbaumaßnahmen nur bedingt

oder überhaupt nicht zu. Aber auch wenn dies geschehen sein sollte, bleibt die Frage, welche Erwartungen eine derart unterschiedlich behinderte Gruppe ausgerechnet an politischer Bildung haben sollte.

Doch Themen und Aktionen gibt es: solche, die für eine Akzeptanz dieser Menschen und für deren weitestgehend möglichen Teilnahme am öffentlichen Leben werben und streiten. Aber Aktionen wie die, als sich in den 1970er Jahren Ernst Klee mit körperlich und geistig Behinderten gegen ihre gesellschaftliche Randständigkeit zur Wehr setzte, sind mit Konflikten verbunden (Klee 1974, 1976). In einem von ihm geleiteten Volkshochschulkurs mit dem Thema »Bewältigung der Umwelt« zeigte Klee beispielsweise mit einer Gruppe von Rollstuhlfahrern die Misere auf, die sie hatten, wenn sie Behörden betreten oder mit der Straßenbahn oder der Deutschen Bundesbahn fahren wollten. Mit öffentlichen Aktionen, darunter auch Blockaden, machten sie auf diese Form der Benachteiligung aufmerksam – übrigens durchaus mit Erfolg. Mitleid und mildes Entgegenkommen sollten nicht bezweckt werden, Ernst Klee hielt vielmehr fest: »Geht man in den Verhandlungsweg, wird man vertröstet, notfalls wird ein Ausschuß gegründet, dem es schon gelingen wird, die Probleme zu vertagen, zu verwässern, bis die Resignierten aufgeben. Im Irrgarten der Kompetenzen läuft man ins Leere. Der Vorteil, den solche Aktionen haben, ist der, daß sich die Verantwortlichen plötzlich zeigen, man zwingt sie, auf die Aktionen zu reagieren. Die Aktionen müssen allerdings frech, fordernd und phantasievoll sein. Sie dürfen den Kontrahenten nicht (in) den Weg ins Unverbindliche, in die Rede: man habe volles Verständnis, aber … entlassen. Bei Behinderten sind Verhaltensänderungen anhand von Lernerfahrungen möglich. Dazu sind aber überschaubare Erfolge notwendig. Behinderte können nicht Jahrzehnte warten, sich vertrösten lassen, auf den Erfolg am Sank-Nimmerleins-Tag. Das hätte nur Resignation zur Folge.« (Klee 1976, S. 53)

Es lohnt sich, auch heute noch – nach 40 Jahren! – in die Bücher von Klee hineinzuschauen. Neben den Darstellungen der konkreten Aktionen gibt es da auch ein immer noch lesenswertes, plausibles und aktuelles Kapitel über die »Grundlagen einer politischen Behindertenarbeit« (ebd., S. 129–149). Es hat die nach wie vor aussagekräftigen Teilkapitel: »Behinderte in der Industriegesellschaft – Aussortieren der Unproduktiven«, »Das entfremdete Bewußtsein«, »Selbstbestimmung und Selbstverwirklichung«, »Kampf der Vertröstungsstrategie«. Wie man den Stichworten entnehmen kann, ging Ernst Klee bei seiner Bildungsarbeit mit »Behinderten« konsequent von der emanzipatorischen Maxime der Subjektorientierung aus.

Durch solche Aktionen werden gesellschaftliche Missstände deutlich, werden Änderungen eingefordert. Wer sich darauf einlässt, der wird nicht nur Entgegenkommen bei denjenigen ernten, die diese Zustände zu verantworten haben. So motivierte Pädagoginnen und Pädagogen müssen prüfen, ob sie das aushalten können.

2. Bei der Gruppe der *Menschen mit Lernproblemen* stellt sich eine Frage, die zentral ins Verständnis politischer Bildung führt. Politische Bildung im klassischen Sinne ist auch immer eine Arbeit, die intellektuelle Ansprüche hat und stellt. Komplexe, oftmals sinnlich nicht erfahrbare Prozesse müssen dargestellt und verstanden, dahinterstehende Theorien rezipiert und bewertet, Alternativen gesucht und gefunden werden. Die offene Frage bleibt, wie weit das ohne Substanzverlust auf ein Niveau heruntergebrochen werden kann und ob auch bei geringeren intellektuellen Voraussetzungen der Teilnehmenden die Themen und Inhalte so angemessen präsentiert werden, dass damit dahinterstehende Gründe und Interessen nachvollzogen, bewertet und handlungsorientiert in die eigene Lebenswelt umgesetzt werden können.

An dieser Stelle ergibt sich die grundlegende Frage, inwieweit politische Bildung von einer eher kopforientierten Veranstaltung zu einer werden kann, bei der Themen und Inhalte sinnlich erschlossen und dennoch kognitiv und vernünftig eingeordnet werden können. Beispiele gibt es auch hier, u. a. aus der Theaterpädagogik (George 2000, Kuhn 2000). Hier können alle Themen aus der eigenen Lebenswelt szenisch umgesetzt werden. Der Vorteil ist die unmittelbare Betroffenheit, aber auch, dass Theaterarbeit »ganzheitliches Lernen« ist: »Lehrende und Lernende bearbeiten eine gemeinsame Geschichte, sie lernen über körperliche Expression zu kommunizieren, den anderen genauer anzuschauen. Sie erfinden selbst Texte und Szenen, experimentieren, erproben und planen die Aufführung. Das Theater verbindet Lernen mit Spaß, Arbeit mit Entspannung, Intellekt mit Phantasie und Kreativität.« (George 2000, S. 193)

Eine von mir betreute Diplomarbeit hat den Titel *Bildungsangebote für erwachsene Menschen mit geistiger Behinderung im Rahmen der Erwachsenenbildung unter besonderer Berücksichtigung der politischen Bildung* (Chojnatzki 2002/2003). Detailliert wird darin untersucht, inwieweit die Rahmenbedingungen, das Selbstverständnis und die Ziele politischer Erwachsenenbildung Veranstaltungen für »Menschen mit Lernproblemen« zulassen. Das Ergebnis, das auch auf einer Reihe von ermittelten Bildungsangeboten beruht, ist eindeutig: »Bildungsangebote für Menschen mit geistiger Behinderung können einerseits dazu beitragen, dass sich die Teilnehmerinnen und Teilnehmer auf individueller Ebene im Bereich ihrer politischen Vorstellungen weiterentwickeln und auf interpersonaler Ebene Abhängigkeiten ab- und Selbstbestimmungsmöglichkeiten aufbauen. Andererseits können die Betroffenen durch politische Bildungsangebote in die Lage versetzt werden, die geschaffenen Partizipationschancen wahrzunehmen und auf gesellschaftlicher Ebene am demokratischen System teilzuhaben. Die Partizipation dieser Menschen trägt zum einen zur Demokratisierung ihrer Lebensbereiche und zum anderen zur weiteren Demokratisierung des Systems bei.« (ebd., S. 109)

3. Schließlich *die sozial benachteiligten Menschen*. Die Gründe für ihre Teilnahmeeinschränkung sind vielfältig: Einmal können die Teilnahmeentgelte mancher Anbieter politischer Bildung zu hoch sein. Darüber hinaus ist auch bei Menschen dieser Gruppe eine plausible Frustration vorhanden, gesellschaftlich abgehängt zu sein. Daraus ergibt sich oft ein Verdruss an »der« Politik, die nahtlos in die Vermeidung übergeht, an politischen Bildungsveranstaltungen teilzunehmen. Man muss sich hier aber vor Pauschalierungen hüten, denn diese Gruppe ist so heterogen, dass sie eigentlich nicht als eine »Gruppe« bezeichnet werden kann. Ich habe selbst erlebt, dass bei Diskussionsveranstaltungen in unserer VHS zum Thema »Hartz IV« brillant und eloquent auftretende Akademikerinnen und Akademiker anwesend waren. Andererseits gibt es sogenannte Geringqualifizierte. Das sind »Personen ohne jeglichen Berufsabschluss, die die Schule mit einem Hauptschulabschluss oder auch ohne Abschluss verlassen haben und sich nicht in einer beruflichen Ausbildung befinden« (Rosenblatt/Bilger 2011, S. 85). Fest steht wohl, dass »Personen mit hoher Schulbildung [...] überdurchschnittlich häufig« an Kursen zur Politik teilnehmen (Bilger u. a. 2013, S. 135).

Welche Teilgruppe innerhalb der sozial Benachteiligten auch angesprochen werden soll, so oder so stellt sich das Problem, dass soziale Benachteiligung in der Bildungsarbeit zwar thematisiert und problematisiert, nicht aber gelöst werden kann. Dennoch bleibt hier eine Kernaufgabe politischer Bildung, wenn sie ihr Etikett »politisch« ernst nimmt. Wer sich mit entsprechenden Bildungsangeboten auf den Weg macht, der/die muss mit Widerständen bei den Adressatinnen und Adressaten rechnen, auch mit politik- und demokratieaversiven Reaktionen. Wie bereits erwähnt, kommt hinzu, dass diese »Gruppe« aufgrund (sehr) unterschiedlicher Bildungshintergründe und Berufsqualifikationen sehr heterogen ist. Wer auch immer wie angesprochen werden soll. Es kann gerade hier nicht auf der Ebene der Inhalte und der »Bildung« stehengeblieben werden, sondern es müssen kollektive, auf politische Veränderungen zielende Handlungen folgen. Das heißt, dass ein Kurs sich aus dem Seminarraum herausbegibt und in der Öffentlichkeit durch Befragungen, Aktionen, szenische Darstellungen oder auch Demonstrationen auf die eigene Lage aufmerksam macht, um so bei Nicht-Betroffenen, Vertreterinnen und Vertretern von Behörden und relevanten Institutionen sowie Politikerinnen und Politikern Verständnis und im Idealfall die Bereitschaft zu Veränderungen zu bewirken. Allerdings sind da die Konsequenzen für die veranstaltenden Pädagoginnen und Pädagogen nicht ohne Risiko.

Pädagogische Herausforderungen

Wenn politische Bildung auf Menschen mit Teilnahmeeinschränkung zielt, dann ist auch zu fragen, wie darauf diejenigen, die keine Teilnahmeeinschränkung haben, reagieren. Praktisch gefragt: Soll die Gruppe »gemischt« sein? Das ergibt sich aus dem Gedanken der Integration und der Inklusion. Doch Beispiele aus der Praxis – auch das eingangs beschriebene – zeigen, dass die Realität nicht so einfach ist und glatt verläuft, wie das theoretisch gewünscht wird. In nahezu jeder Bildungseinrichtung sind Fälle bekannt, in denen es zu Beschwerden von Teilnehmerinnen und Teilnehmern über Verhaltensauffälligkeiten anderer gekommen ist. Hier fehlt es noch an gründlich erarbeiteten professionellen Reaktions-, Moderations- und Meditationsfähigkeiten. Nebenbei bemerkt: Man sollte sich auch von einer sozialromantischen Verklärung der Adressatengruppe »Menschen mit Teilnahmeeinschränkung« frei machen. Denn eines ist klar: Depravierende Lebenserfahrungen schaffen Frustrationen. Frustrierte Menschen sind nicht immer nur nette Zeitgenossen, sondern können auch sehr aggressiv reagieren. Das kann sich dann in den Versuchen, für Veranstaltungen zu werben, ebenso zeigen wie im Binnenleben von Kursen und Seminaren.

Aber dennoch hat außerschulische politische Bildung/politische Erwachsenenbildung realistische Chancen, sich diese Zielgruppe zu erschließen. Denn ihr Repertoire an sehr differenzierten Arbeitsformen und Methoden sowie an unterschiedlichen Veranstaltungsformaten ist groß und variabel einsetzbar. Das ist ihr erheblicher Vorteil gegenüber dem lehrplanfixierten, an Noten orientierten und in wenigen Unterrichtsstunden getakteten Politikunterricht an Schulen. Gerade im außerschulischen Bereich liegen daher die Chancen, wenn man Menschen erreichen will, die – aus welchen Gründen auch immer – »teilnahmeeingeschränkt« sind. Der Fundus an kreativen, Freude vermittelnden Lernwegen und -formen ist groß und kann zielgruppenspezifisch eingesetzt werden. Voraussetzung dafür ist aber, dass die pädagogischen Mitarbeiterinnen und Mitarbeiter Freiräume haben zum Experimentieren. Das schließt die Möglichkeit, vielleicht auch Wahrscheinlichkeit des Scheiterns bei dem einen oder anderen Versuch mit ein. Wenn aber politische Bildung nur unter Effizienzgesichtspunkten bewertet und betriebswirtschaftlich rentabel sein muss, wie das heutzutage in vielen Einrichtungen der Fall ist (Dobischat/Hufer 2013), dann lohnt sich die ganze Mühe von vornherein nicht.

Die Konsequenz muss daher sein, dass aus sozial- und bildungspolitischen Gründen heraus Veranstaltungen der politischen Bildung nicht unter einem wie auch immer gearteten Kostengesichtspunkt bewertet werden dürfen. Im Gegenteil: Sie müssen entgeltfrei angeboten werden, wobei bewusst in Kauf genommen wird, dass sie für die Institutionen Kosten verursachen. Entscheidend für die gesamte Arbeit ist aber das Problem im »Vorfeld«: das der Werbung, des Aufsuchens, der Ansprache und Anstiftung, an Bildungsveranstaltungen teilzunehmen. Das wird nicht gehen, wenn man politische Bildung als eine Arbeit versteht, die in Büros entwickelt und vorausgedacht wird. Stattdessen ist hier an Konzepten wie der »aufsuchenden Bildungsarbeit« und des »Lernens vor Ort« (Rogge 1999) zu erinnern. Das bedeutet, »mit Feldforschung zu beginnen«, in der sozial benachteiligte Jugendliche und Erwachsene »als Fachleute ihrer Lebenssituation befragt werden. Nur so kann man wissen, was sie bewegt und daraus Inhalte ableiten.« (Baer 2014) Beim »Lernen vor Ort« weiß man, dass Bildungsinstitutionen in den Zentren mit ihrem bildungsbürgerlichen Erscheinungsbild und der entsprechenden Atmosphäre für Menschen aus anderen Milieus Zugangshindernisse darstellen können. »Vor Ort« ist man sicherer, direkt ansprechbar und die drängenden und bedrängenden Fragen liegen im wahrsten Sinne des Wortes auf der Hand.

Vor allem ist die Frage zu klären, ob akademisch ausgebildete, theorieorientierte und sozial etablierte Jugend- und Erwachsenenbildnerinnen und -bildner – gemeint sind jetzt nur die hauptamtlich Planenden – in der Lage sind, tatsächlich die Bedürfnisse und Interessen derjenigen zu begreifen und zu antizipieren, die mit der Rubrik »teilnahmeeingeschränkt« bezeichnet werden. Hier öffnet sich noch ein großer Bereich für zukünftige Fort- und Weiterbildungsnotwendigkeiten für politische Bildnerinnen und Bildner.

Literatur

Allespach, M./Meyer, H./Wentzel, L. (2009): Politische Erwachsenenbildung. Ein subjektwissenschaftlicher Zugang am Beispiel der Gewerkschaften. Marburg.

Arnold, R./Nolda, S./Nuissl, E. (Hrsg.) (2001): Wörterbuch Erwachsenenbildung. Bad Heilbrunn.

Autorengruppe Fachdidaktik (2011): Konzepte der politischen Bildung. Eine Streitschrift. Schwalbach am Taunus.

Baer, S. (2014): »Echte Partizipation in Schulen, Bildungsstätten und im Gemeinwesen ermöglichen«. In: Sozial Extra. Heft 5. S. 18.

Ballhausen, U./Wagner, L. (2014): Politische Bildung mit allen Jugendlichen!. In: Sozial Extra. Heft 5. S. 12.

Bilger, F. u. a. (Hrsg.) (2013): Weiterbildungsverhalten in Deutschland. Resultate des Adult Education Survey 2012. Bielefeld.

Chojnatzki, H. (2002/2003): Bildungsangebote für erwachsene Menschen mit geistiger Behinderung im Rahmen der Erwachsenenbildung unter besonderer Berücksichtigung der politischen Bildung. Diplomarbeit, Universität Essen, Studienrichtung Erwachsenenbildung/Weiterbildung WS 2002/2003.

Degen-Zelasny, B. (1977): Zielgruppenarbeit als Mittel der Demokratisierung der Volkshochschule. In: Siebert, H. (Hrsg.): Begründungen gegenwärtiger Erwachsenenbildung, Braunschweig. S. 212–222.

Dobischat, R./Hufer, K.-P. (Hrsg.) (2013): Weiterbildung im Wandel. Programm und Profil auf Profitkurs. Schwalbach am Taunus.

Galcerán Huguet, M. (1990): Emanzipation. In: Sandkühler, H.J. u. a. (Hrsg.): Europäische Enzyklopädie zu Philosophie und Wissenschaften. Band. Hamburg 1990. S. 658–660.

George, S.(2000): Theater. In: Kuhn, H.-W./Massing, P. (Hrsg.): Methoden und Arbeitstechniken. Band 3 des Lexikons der politischen Bildung. Herausgegeben von G. Weißeno. Schwalbach am Taunus. S. 192–193.

Gieseke, W. (1999): Zielgruppenarbeit. In: Hufer, K.-P. (Hrsg.): Außerschulische Jugend- und Erwachsenenbildung. Lexikon der politischen Bildung. Band 2. Schwalbach am Taunus. S. 247–249.

Hafeneger, B. (2014 a): Aufklärung. Kritik und Handlungsfähigkeit. Bausteine des lebenslangen Lernens. In: Sozial Extra. Heft 5. S. 14–17.

Hafeneger, B. (2014 b): Politische Bildung in der außerschulischen Jugendbildung. In: Sander, W. (Hrsg.): Handbuch politische Bildung. 4. völlig überarbeitete Auflage. Schwalbach am Taunus. S. 222–230.

Henze, C. (2007): Orientierungen. In: Weißeno, G. u. a. (Hrsg.): Wörterbuch Politische Bildung, Schwalbach amTaunus. S. 255–263.

Hufer, K.-P. (2009): Erwachsenenbildung. Eine Einführung. Schwalbach am Taunus.

Hufer, K.-P./Pohl, K./Scheurich, I. (2004): Positionen der politischen Bildung 2. Ein Interviewbuch zur außerschulischen Jugend- und Erwachsenenbildung Schwalbach am Taunus.

Hufer, K.-P-/Richter, D. (Hrsg.) (2013): Politische Bildung als Profession. Verständnisse und Forschungen. Perspektiven politischer Bildung. Bonn: Bundeszentrale für politische Bildung.

Hufer, K.-P. u. a. (Hrsg.) (2013): Wissen und Können in der politischen Bildung. Wege zu professionellem Handeln. Schwalbach am Taunus.

Klee, E. (1974): Behinderten-Report. Frankfurt am Main.

Klee, E. (1976): Behinderten-Report II. »Wir lassen uns nicht abschieben«. Frankfurt am Main.

Kuhn, H. (2000): Theater der Unterdrückten. In: Kuhn, H.-W./Massing, P. (Hrsg.): Methoden und Arbeitstechniken. Lexikon der politischen Bildung. Band 3. Schwalbach am Taunus. S. 193–194.

Meueler, E. (1999): Subjektorientierung. In: Hufer, K.-P. (Hrsg.): Außerschulische Jugend- und Erwachsenenbildung. Lexikon der politischen Bildung. Band 2. Schwalbach am Taunus. S. 226– 227.

Rogge, K. (1999): Lernen vor Ort. In: Hufer, K.-P. (Hrsg.): Außerschulische Jugend- und Erwachsenenbildung. Lexikon der politischen Bildung. Band 2. Schwalbach am Taunus. S. 159–160.

Rosenbladt, B. von/Bilger, F. (Hrsg.) (2011): Weiterbildungsbeteiligung 2010, Trends und Analysen auf Basis des deutschen AES. Bielefeld.

Weiß, C./Horn, H. (2012): Weiterbildungsstatistik im Verbund 2010 – Kompakt. Bonn.

Weißeno, G./Detjen, J./Juchler, I./Massing, P./Richter, D. (2010): Konzepte der Politik – ein Kompetenzmodell. Bonn: Bundeszentrale für politische Bildung.

Jens Korfkamp

Erfordernisse und Perspektiven einer inklusiven politischen Jugend- und Erwachsenenbildung

Anstöße zum Weiterdenken – eine Replik

Im täglichen Umgang verbinden wir mit dem Begriff »Barriere« etwas, was sich trennend, hindernd zwischen Dingen oder Personen befindet; eine Schranke, einen Schlagbaum oder andere sichtbare Hindernisse. In ihrer Komplexität schwerer zu erfassen sowie in ihren Wirkungsmechanismen viel subtiler können jedoch unsichtbare Barrieren sein, die z. B. den Zugang zu politischen Prozessen bestimmen. So können für Menschen mit Behinderungen sowohl die Inhalte als auch die Vermittlungswege politischer Bildungsprozesse oftmals schon eine unüberwindbare Barriere zur gleichberechtigten Teilhabe darstellen. Im Folgenden sollen ohne Anspruch auf Vollständigkeit oder Systematisierung Grundsatzfragen zur politischen Befähigung aller Menschen und zum Ideal des »aktiven Bürgers« skizziert werden, um daran anschließend erste Anstöße zur Gestaltung einer inklusiven politischen Bildung zur Diskussion zu stellen.

Politik ist die Sache aller?

Ausgehend von der Prometheus-Sage verdeutlicht Platon im Dialog *Protagoras* (321a-322d) das politische Denken als Bedingung des Menschseins. Politik, so die Aussage des Dialogs, der als mythische Einkleidung einer Demokratietheorie verstanden werden kann, ist keine Spezialistenangelegenheit, keine Sache, die arbeitsteilig organisiert werden kann wie die anderen Fähigkeiten. Politik ist die Sache aller und wo sie dies nicht ist, da gehen Staaten bald zugrunde. Auch heute noch zeichnet sich das politische Denken dadurch aus, dass es »keine politologische Diskussion unter Experten [ist], sondern die Erörterung von politischen Grundsatzfragen, die alle angehen« (Münkler 1999, S. 12 f.). So verstanden ist politisches Denken weder eine Angelegenheit für Spezialistinnen und Spezialisten verschiedener Fachdisziplinen, um exakt definierte Probleme systematisch zu bearbeiten, noch verfügt es über gemeinsame Methoden zur messbaren Mehrung und Präzisierung von Wissen.

Was bleibt, ist eine Fülle von Kontroversen in öffentlichen Debatten, die das eigentliche Wesen des politischen Lebens bilden. Denn die politische Praxis in einem Gemeinwesen von »Freien und Gleichen« ist unzertrennlich mit der *lexis* verbunden: mit der vernünftigen Rede, mit dem kommunikativen Gespräch. Schon Aristoteles definiert den Menschen als ein von Natur aus politisches und zugleich vernunft- und sprachbegabtes Lebewesen. Erst dank ihrer Sprach- und Vernunftbegabung besitzen die Menschen die Voraussetzung zur Staatenbildung (Politik I 2, 1 253a 1 – 39). Aus dieser Definition von politischer Befähigung sind aber auch relationale Barrieren ableitbar, die in ihrer historischen Dimension durchaus gesellschaftlichen Veränderungen unterliegen. Denn im politischen und öffentlichen Raum ist (Schrift-)Sprache über Zeichensystem und Kommunikationsmittel hinaus auch ein Mittel der Herrschaft. Eine inklusive politische Bildung muss sich dieser Barrieren in Theorie und Praxis stets gewahr sein, um nicht in einen pädagogischen Utopismus zu verfallen, der die Erfordernisse der Umwelt ausblendet.

Das Idealbild vom »aktiven Bürger« – eine Überforderung?

Das Verständnis für die Demokratie zu vermitteln, die demokratischen Regelungen und Entscheidungswege einsichtig zu machen und ein Engagement für die Grundwerte der Demokratie zu bewirken, sind zentrale Aufgaben politischer Bildung, denn die Menschen werden nicht als Demokraten geboren, sondern die Demokratie ist, »die einzige politisch verfasste Gesellschaftsordnung, die gelernt werden muss« (Negt 2010, S. 13). Doch die Wirklichkeit der politischen Partizipation sieht anders aus. Mit Blick auf die Daten der politischen Erwachsenenbildung als ein Indikator für Teilhabe fällt nicht nur auf, dass die Teilnahmequoten relativ gering und rückläufig sind, vielmehr belegen empirische Forschungsergebnisse darüber hinaus eine ausgeprägte soziale Selektivität der Teilnahme (Bremer/ Ludwig 2015, S. 28 f.). Auch das Nationale Bildungspanel (NEPS) bestätigt in seiner Erwachsenenbefragung, dass Personen, die von Bildungsarmut betroffen sind, deutlich weniger formale, non-formale oder informelle Bildungsaktivitäten wahrnehmen (Kleinert 2014, S. 39).

Aufschlussreich für das Verständnis dieses Mangels ist ein Blick in die Kontroversen des Bürgerschaftsdiskurses. Hier zeigt sich die Überforderung, die dem aktiven Bürger von Seiten der politischen Theorie zugemutet wird – vor allem in den Kompetenzerwartungen, die an sein Handeln gestellt werden. So stellt die normative Idee einer Bürger- und Zivilgesell-schaft neben der Bereitschaft zur Partizipation nicht unerhebliche Ansprü-che an die Voraussetzungen und Qualifikationen, sprich die Fähigkeiten der Beteiligten. Der Politikwissenschaftler Hubertus Buchstein definiert bürgerschaftliche Kompetenzen und unterscheidet folgende Aspekte: (1) kognitive Kompetenzen bezüglich des Inhalts politischer Entscheidun-gen, (2) prozedurale Kompetenzen bezüglich des Verfahrens politischer Entscheidungsfindung und (3) gemeinsinnorientierte und affektiv veran-kerte habituelle Dispositionen. In demokratischen Systemen von politi-scher Tugend zu sprechen, hat für Buchstein nur Sinn, wenn die Akteure alle drei Eigenschaften besitzen (2002, S. 17 f.).

Diese Bürgerkompetenzen werden in der politischen Bildung hauptsäch-lich durch schriftsprachliche Medien und Materialien vermittelt. Durch diese Form der überwiegend literalen Wissensvermittlung sind Menschen mit kognitiven Beeinträchtigungen von dieser Art der Bürgerbildung weit-gehend ausgeschlossen. Diese Gruppe kann dem idealtypischen Bild eines Bürgers bzw. einer Bürgerin nicht nur aufgrund literaler Barrieren, son-dern häufig auch aufgrund fehlender ökonomischer und kultureller Res-sourcen nicht genügen. Wenn die o. g. Qualifikationsprofile den Maß-stab politischer Bildung beschreiben, ist es nicht weiter überraschend, dass die politische Bildung Schwierigkeiten mit Menschen mit Behinderungen hat und in erster Linie die klassische Mittelschicht oder gehobenere sozi-ale Milieus erreicht. Aber gerade die aktive Teilhabe bzw. die Beteiligung ihrer Mitglieder an Entscheidungs- und Willensbildungsprozessen gilt in demokratischen Gesellschaften als ein wesentliches Element sowohl zur Aufrechterhaltung als auch zur Weiterentwicklung des Gemeinwesens und seiner jeweiligen sozialen Ordnung. So steht und fällt für Jürgen Habermas die bürgerliche Öffentlichkeit mit dem Prinzip des allgemeinen Zugangs. »Eine Öffentlichkeit, von der angebbare Gruppen eo ipso ausgeschlossen wären, ist nicht etwa nur unvollständig, sie ist vielmehr gar keine Öffent-lichkeit.« (1990, S. 156).

Das Demokratie und der damit verbundene Bürgerstatus durch Ausgren-zung und Zugangsregelungen bestimmt sind, ist übrigens kein Novum der modernen Gesellschaft, sondern lässt sich bis in die Geschichte der anti-ken griechischen Stadtstaaten zurückverfolgen. So waren bis zum Ende des 19. Jahrhunderts Besitz- und Vermögensqualifikationen die unerlässliche Bedingung für die Zulassung zum politischen Raum und für den Genuss der vollen Bürgerrechte. Immerhin sei daran erinnert, dass es im Politi-schen neben der gemeinwohlbezogenen Einstellung zentral um die Vertre-tung und Durchsetzung von Interessen und um das Streben nach Macht-anteilen geht. Dementsprechend müssen in politischen Bildungsprozessen, welche den Abbau von Zugangsbarrieren für Menschen mit Behinderungen aktiv fördern sollen, die Qualifikationsprofile und Leitbilder des Aktivbürgers bzw. der Aktivbürgerin einer kritischen Prüfung unterzogen werden.

Anstöße zum Weiterdenken

Für die Zukunft ist es deshalb wichtig einen Dialog zwischen den Akteuren der politischen Bildung und den Mitarbeitenden aus der Behindertenhilfe anzustoßen. Ein Ziel dieser Annäherung kann die Entwicklung gemeinsamer Projekte im Sinne einer »aufsuchenden Bildungsarbeit« sein. Diese bietet die Möglichkeit politische Bildungs- und Lernprozesse da zu verorten, wo Politik Nähe zum Alltag der Menschen hat und praktisch wird. Die Erfahrung von Selbstwirksamkeit im politischen Nahraum kann durchaus ohne eine zwingende Sozialpädagogisierung von politischer Bildung dazu führen, dass auf beiden Seiten vorhandene Ängste abgebaut werden. Der Abbau von (irrationalen) Ängsten ermöglicht es den Subjekten, die Fähigkeiten zu erlangen und auszuüben, die für eine gemeinsame Willensbildung unverzichtbar sind: das Vermögen, sich in die Lebenssituation der anderen Bürgerinnen und Bürger hineinzuversetzen, sowie die Fähigkeit, die eigenen Interessen zu überprüfen und gegebenenfalls hintanzustellen.

Ob das Konzept der Leichten Sprache einen hinreichenden Schlüssel zu *Enthinderung* und gesellschaftlicher Inklusion bietet, ist m. E. fraglich bzw. noch nicht genügend untersucht. Die Forschung über das komplexe Zusammenspiel von Sprache, Bewusstsein und Teilhabe steht noch am Anfang. Auf jeden Fall stellt es einen wesentlichen Baustein zum Abbau von Sprachbarrieren bei Informationen zu politischen Parteien, Gesetzen, politischen Programmen oder Debatten dar. Informiertheit ist eine unerlässliche Grundlage für die politische Urteilsbildung der Bürgerinnen und Bürger. In diesem Kontext ist die Sensibilisierung und Fortbildung von Dozentinnen und Dozenten von wesentlicher Bedeutung. Aber der (Fach-)Diskurs über die Ausgestaltung einer inklusiven politischen Bildung darf nicht bei den reinen Vermittlungsformen verbleiben, sondern evoziert darüber hinaus die Frage nach dem Nukleus von politischer Grundbildung neu. Denn dem Begriff der Inklusion ist nicht nur inhärent, dass alle dazu gehören, sondern auch, dass sich das System und nicht der Einzelne anpassen muss. Nur so ist die pragmatische Utopie einer gleichberechtigten Teilhabe von Menschen mit und ohne Behinderungen in einem Gemeinwesen zu sichern.

Literatur

Bremer, H./Ludwig, F. (2015): Inklusion und Exklusion im politischen Feld. In: Journal für politische Bildung. Heft 1. S. 28–37.

Buchstein, H. (2002): Bürgergesellschaft und Bürgerkompetenzen. In: Breit, G./Massing, P. (Hrsg.): Die Rückkehr des Bürgers in die politische Bildung. Schwalbach am Taunus. S. 11–27.

Habermas, J. (1990): Strukturwandel der Öffentlichkeit. Frankfurt am Main.

Kleinert, C. (2014): Bildungsarmut und Weiterbildungsbeteiligung. In: Alfa-Forum. Zeitschrift für Alphabetisierung und Grundbildung. Heft 86. S. 37–41.

Münkler, H. (Hrsg.) (1999): Politisches Denken im 20. Jahrhundert, München.

Negt, O. (2010): Der politische Mensch. Demokratie als Lebensform, Göttingen.

Oliver Musenberg / Judith Riegert

Wege zur Öffnung des politischen Raums für Menschen mit kognitiven Beeinträchtigungen

Politische Partizipation zwischen Selbstvertretung und Stellvertretung

Im Unterschied zu Menschen mit Sinnesbeeinträchtigungen oder körperlichen Behinderungen, die nach einem langen Kampf der emanzipatorischen Behindertenbewegungen (Mürner/Sierck 2012, S. 94 ff.) heute in ihrer politischen Partizipation – überspitzt formuliert – »nur« noch dadurch behindert werden, dass es in vielen Bereichen keine ausreichende Barrierefreiheit gibt (FRA 2014, S. 7), ist der Partizipationsfortschritt für Menschen mit geistiger Behinderung gering ausgefallen. So wird im Bericht der *European Union Agency for Fundamental Rights* über die politische Partizipation von Menschen mit Behinderung einleitend betont, dass Menschen mit kognitiven Beeinträchtigungen von politischer Partizipation häufig ausgeschlossen sind (ebd.). Eine der zentralen Hürden besteht darin, dass es in der Behindertenhilfe und Sozialpolitik eine lange Tradition paternalistischer Bevormundung dieses Personenkreises gibt – mit der Folge einer oft pauschalen Verneinung der Möglichkeit selbstständiger Lebensführung. Somit sind in zahlreichen Ländern nach wie vor »viele Menschen mit Behinderung durch Entmündigungen, Anordnungen von Vormundschaften und/oder Pflegschaften, Einwilligungsvorbehalten und durch die Verwendung rechtlicher Kategorien wie ›Geschäftsunfähigkeit‹ oder ›eingeschränkte Geschäftsfähigkeit‹ in der Ausübung ihrer Rechte beschränkt« (Lachwitz 2008 zit. nach Graumann 2011, S. 219).

Andererseits wäre es nicht mehr als oberflächliche Political Correctness, die Figur der »Stellvertretung« (Ackermann/Dederich 2011) als historisch überholt anzusehen und so zu tun, als seien stellvertretende Entscheidungen und Handlungen im Hinblick auf die Lebensgestaltung von Menschen mit geistiger Behinderung nicht mehr nötig.

Nach einem kurzen Überblick über die aktuell verfolgten *Wege der Öffnung des politischen Raums* für Menschen mit geistiger Behinderung und einem Blick auf den *Begriff der politischen Partizipation* skizzieren wir entlang der Begriffspaare *Selbstvertretung und Stellvertretung* sowie *Gemeinschaft und Gesellschaft* zentrale Spannungsfelder dieses Teilhabebereichs.

Ansatzpunkte zur Öffnung des politischen Raums für Menschen mit geistiger Behinderung

Das Spektrum politischer Partizipationsmöglichkeiten reicht von einem Interesse an Politik, einer Beteiligung an Wahlen, Mitgliedschaft bzw. Engagement in Parteien, Politik und Bürgerinitiativen, Repräsentanz in politischen Körperschaften bis hin zu sogenannten unkonventionellen Formen der politischen Partizipation (Protestbewegungen, Hausbesetzungen u. Ä.) (Waldschmidt 2009, S. 123 f.). Menschen mit geistiger Behinderung wurden im Laufe der Zeit verschiedene Räume politischer Partizipation erschlossen – zum einen im Rahmen der etablierten Institutionen der Behindertenhilfe in Form von Mitwirkungs- und Mitbestimmungsmöglichkeiten, zum anderen aber auch in Form von Initiativen und Projekten, die politische Partizipation von vornherein in einem »inklusiven Rahmen« denken und gestalten. Die folgende Auflistung liefert, ohne Anspruch auf Vollständigkeit, einen Überblick über verschiedene Teilhabewege innerhalb und außerhalb des Systems der Behindertenhilfe:

- Mitwirkung/Mitbestimmung im Bereich Arbeit, z. B. Werkstatträte;
- Mitwirkung/Mitbestimmung im Bereich Wohnen, z. B. Heimbeiräte, Bewohnerbeiräte;
- zielgruppenorientierte und inklusive Erwachsenenbildung, z. B. Bildungsangebote für Heimbeiräte, Bewohnerbeiräte und Werkstatträte, aber auch Angebote der Erwachsenenbildung, die sich mit politischen Themenfeldern beschäftigen (z. B. Erwachsenenbildung und Behinderung 2005);
- zielgruppenorientierte und inklusive Erwachsenenbildung im Hinblick auf die Freizeitgestaltung und Nutzung kommunaler und kultureller Einrichtungen im Sozialraum;
- einzelne Initiativen, z. B. die in Leichter Sprache verfasste Broschüre *Klar gehe ich wählen* zur Bundestagswahl 2013 (LpB Brandenburg u. a.);

- Selbstvertretungsgruppen *(Mensch zuerst – Netzwerk People First Deutsch-land e. V.).*

Darüber hinaus lassen sich verschiedene Ansatzpunkte kommunaler Teilhabeplanung (z. B. Lampke u. a. 2011) ausmachen, wie:

- Sozialraumerkundung (auf der Basis von Sozialraumorientierung);
- Mitgestaltung der Kommunalpolitik über eine Beteiligung in kommunalen Beiräten (z. B. im Hinblick auf Stadt-/Quartierentwicklung, barrierefreies Bauen etc.);
- Bildung von kommunalen »Teilhaberäten« (Rohrmann/Wissel 2011).

Wenngleich die politische Partizipation von Menschen mit geistiger Behinderung aufs Ganze gesehen noch eher eine politische Forderung als eine bereits etablierte gesellschaftliche Praxis darstellt, existiert eine Vielfalt bereits beschrittener Wege der Öffnung des politischen Raums – die Liste ließe sich noch weiter fortsetzen. Aus dieser Vielfalt wurden exemplarische Felder politischer Partizipation bzw. Projekte ausgewählt, die in den anderen drei Beiträgen dieses Teils (3.2) des Bandes genauer dargestellt und diskutiert werden.

Politische Partizipation

Der Begriff »Partizipation« wird in der Regel synonym mit »Beteiligung«, »Teilhabe« und »Mitgestaltung« verwendet. Während *soziale* Partizipation die Beteiligung an den unterschiedlichen Formen der Vergesellschaftung (Vereine, Kulturangebote, Bildung, Arbeit, Beschäftigung etc.) bezeichnet, meint *politische* Partizipation »die Teilhabe an der öffentlichen Meinungsbildung und den Institutionen des politischen Lebens wie z. B. dem Parlament, Parteien oder den Regierungen auf allen Ebenen der staatlichen Organisation« (Weisser 2012, S. 170).

Dabei werden Vorstellungen politischer Partizipation weitestgehend auf einer demokratietheoretischen Basis entwickelt und Demokratie als politische Gesellschaftsform normativ gesetzt, wobei es unterschiedliche Perspektiven und Schwerpunksetzungen bei der konkreten Ausgestaltung gibt: Ein *instrumentelles* Partizipationsverständnis fokussiert beispielsweise auf das Einüben der demokratischen »Spielregeln« und damit letztlich auf das autonome und vernünftige Ausüben des Wahlrechts, wodurch politische Partizipation auf die Beteiligung an Wahlen und die Abgabe des Stimmzettels reduziert werden kann (ebd., S. 171 f.). Ein *aktives* Partizipationsverständnis ist hingegen nicht an eine Liste von Kompetenzen, die erst zur Partizipation befähigen, gebunden und betont zudem die konkreten, individuellen Entscheidungszusammenhänge und deren Effekte und Konsequenzen (ebd.).

Im Zusammenhang mit der UN-Behindertenrechtskonvention wird politische Partizipation oft im Hinblick auf demokratische Mitbestimmung und das Wahlrecht diskutiert. Menschen mit psychischen Erkrankungen oder geistiger Behinderung sind jedoch vom aktiven wie passiven Wahlrecht ausgeschlossen, sofern eine gerichtlich bestellte »Totalbetreuung« (Jentsch 2014, S. 94) auf der Basis von § 13 Nr. 2 BWahlG vorliegt. Es gab im Vorfeld der Bundestagswahl 2013 Initiativen, dies zu ändern (z. B. Bundesvereinigung Lebenshilfe 2013), sie scheiterten jedoch.

Kann die Wahrnehmung des Wahlrechts an bestimmte Bedingungen geknüpft werden? Und ist die Einschätzung, dass das Recht zu wählen für einige wichtiger als für andere ist, zulässig? Martha Nussbaum diskutiert u. a. diese Fragen im Rahmen ihres gerechtigkeitstheoretischen Verständnisses des *Capability Approach*. Sie nennt zehn Fähigkeiten, deren Vorhandensein sie als Minimalbedingungen der Gerechtigkeit ansieht, zumindest bis zu einem bestimmten Schwellenwert. Die zehnte Fähigkeit lautet *Kontrolle über die eigene Umwelt*. Darunter versteht Nussbaum, »wirksam an den politischen Entscheidungen teilzunehmen, die das eigene Leben betreffen; ein Recht auf politische Partizipation, auf Schutz der freien Rede und auf politische Vereinigung zu haben« (2010, S. 114). Sie nimmt allerdings eine recht gravierende Einschränkung vor: »Sicher, manche Menschen mit schweren geistigen Beeinträchtigungen können nicht direkt zu der Gruppe der die politische Wahl Treffenden gehören, wie wohlwollend wir ihr Potential zu einer solchen Teilnahme auch einschätzen mögen. In diesem Fall erscheint es nicht als Ungerechtigkeit, wenn sie nicht an der Entscheidung teilnehmen, solange es einen Weg gibt, ihre Interessen miteinzubeziehen.« (ebd., S. 35)

Jentsch (2014) stellt dagegen auf der Basis eines inklusiven Modells politischer Partizipation den Zusammenhang zwischen der Zuerkennung des Wahlrechts einerseits und der Fähigkeit, es autonom und vernünftig auszuüben, radikal infrage. Aus dieser Perspektive sei z. B. das Grundprinzip der »Höchstpersönlichkeit« der Wahl, das eigentlich keine Stellvertretung bei der Ausübung des Wahlrechts erlaube (ebd., S. 94 f.), »durchaus mit der Vorstellung einer unterstützten Entscheidung vereinbar und ›Unterstützung‹ daher nicht ungeprüft mit ›Stellvertretung‹ gleichzusetzen« (ebd., S. 95). Angebote politischer Bildung und die Förderung der Möglichkeiten politischer Willensbildung bleiben aber auch dann notwendig, wenn sie *nicht* als Voraussetzung dafür angesehen werden, sich auf der Basis von – ggf. mit Hilfe von Assistenz artikulierten – Bedürfnissen und Interessen an politischen Entscheidungsprozessen beteiligen und die demokratischen Mitbestimmungsmöglichkeiten nutzen zu können.

Selbstvertretung und Stellvertretung

Im Sinne der eingangs skizzierten Begriffsbestimmung kann politische Partizipation zum einen als *Mittel zum Zweck* betrachtet werden, d. h., dass man als Bürgerin bzw. Bürger im Rahmen der repräsentativen Demokratie versucht, individuell oder kollektiv politische Entscheidungen direkt oder indirekt zu beeinflussen. Sie kann zum anderen in Zusammenhang mit den Paradigmen der Selbstbestimmung, Selbstvertretung und des Empowerments als *Ziel und Wert an sich* verstanden werden (Waldschmidt 2009, S. 119). Allerdings sind die Möglichkeiten zur politischen Partizipation ganz wesentlich an individuumsbezogene und soziale, externe Ressourcen, die den Handlungsspielraum des Einzelnen beeinflussen, geknüpft (Beck 2013, S. 6, Waldschmidt 2009, S. 120). Für die Unterstützung und Förderung politischer Partizipation sind deshalb beide Ebenen in den Blick zu nehmen. Zu bedenken ist außerdem, dass sowohl die Entwicklung eigener Interessen als auch ihre Artikulation und Vertretung nicht als selbstverständlich vorauszusetzen sind, sondern dass diese vielmehr im Zuge von Lernprozessen und durch entsprechende Erfahrungen entstehen (Beck 2013, S. 7).

Aus der Perspektive von Menschen mit geistiger Behinderung kann die Verwendung von Standardsprache eine wesentliche Barriere beim Zugang zu Informationen in schriftlicher oder mündlicher Form darstellen und so auch Möglichkeiten der Beteiligung an Aushandlungsprozessen und Mitbestimmung einschränken (Seitz 2014, S. 4). In diesem Zusammenhang kommt der *Leichten Sprache* neben ihrem lebenspraktischen Nutzen auch eine wichtige Bedeutung zu, wenn es um politische Partizipationsmöglichkeiten dieses Personenkreises geht (vgl. auch den Beitrag von Christoph Dönges in Teil 3.2 dieses Bandes).

Das Projekt der Entwicklung einer Leichten Sprache wurde vom Netzwerk *Mensch zuerst – People First Deutschland e. V.*, einer Selbstvertretungsorganisation von Menschen mit Lernschwierigkeiten, initiiert. Sie ist inzwischen in verschiedenen gesellschaftlichen Zusammenhängen und Intitutionen auch in Deutschland präsent (vgl. auch den Beitrag von Nadine Rüstow in Teil 1.4 dieses Bandes). So wurden beispielsweise die Wahlprogramme verschiedener Parteien im Vorfeld der Bundestagswahl 2013 zusätzlich auch in Leichter Sprache veröffentlicht und die Bundeszentrale für politische Bildung bietet Publikationen in Leichter Sprache zu den Themen Bundestagswahl, Europawahl und Europäische Union an. Durch die Beachtung bestimmter typografischer und orthografischer Regeln und Empfehlungen hinsichtlich Grammatik und Vokabular sollen insbesondere schriftlich fixierte Texte in eine leichter lesbare Form gebracht werden, damit

Menschen mit Lernschwierigkeiten die Möglichkeit haben, »sich Informationen eigenständig und ungefiltert zugänglich zu machen und hiernach selbstbestimmt zu handeln« (Wessels 2005, S. 238).

Dieser Anspruch eines »ungefilterten Zugangs« zu Informationen durch Leichte Sprache ist allerdings als sehr idealistisch zu bewerten, da eine Vereinfachung sprachlicher Strukturen in Bezug auf die kommunizierten Inhalte nie »kostenneutral« ist, sondern notgedrungen mit gewissen Abstrichen an inhaltlicher Komplexität und Detailliertheit und mit gewissen Bedeutungsverschiebungen einhergeht (Stefanovitsch 2014, S. 17). Diese Feststellung ist nicht als grundsätzliches Argument gegen Leichte Sprache misszuverstehen, auch soll ihr Potenzial für die Ermöglichung politischer Partizipation nicht geleugnet werden. Es ist jedoch in Rechnung zu stellen, dass die Transformation von Texten in Leichte Sprache mehr ist als ein einfacher Übersetzungsprozess und als solcher durch Dritte vorgenommen wird, welche formale, aber eben auch semantisch wirksame Aspekte eines Textes durch ihre Entscheidungen beeinflussen. Vor diesem Hintergrund ist nicht nur die Deutungsmacht darüber, *was* überhaupt in Leichte Sprache übersetzt wird und *wie* dies geschieht, kritisch zu reflektieren (Seitz 2014, S. 6). Hinzuweisen ist vielmehr auch auf die Notwendigkeit von Angeboten der Erwachsenenbildung, die die Rezipientinnen und Rezipienten entsprechend sensibilisieren und somit eine kritische Bewusstseinsbildung bei ihnen fördern (Kellermann 2014, S. 10; zur Kritik am Konzept der Leichten Sprache vgl. auch den Beitrag von Bettina Zurstrassen in Teil 1.4 dieses Bandes).

Angesichts der Komplexität politischer Themen und Inhalte sowie der Heterogenität des Personenkreises von Menschen mit geistiger Behinderung ist darüber hinaus zu fragen, welche Reichweite mündliche oder schriftliche Informationen in Leichter Sprache haben. Denkt man beispielsweise an Menschen mit schwerer und mehrfacher Behinderung, die sich aufgrund ihrer eingeschränkten kognitiven Fähigkeiten nicht mit Hilfe sprachlicher Symbole – weder verbalsprachlich noch mit Hilfe Unterstützter Kommunikation – verständigen können, sondern auf körperbezogene Ausdrucksformen und Kontaktmöglichkeiten angewiesen sind, geraten Ansätze wie Leichte Sprache schnell an ihre Grenzen. Auch die Erfassung von Sachverhalten, die über das eigene gegenwarts- und körperbezogene Erfahrungsfeld hinausweisen, scheint für diese Menschen (zumindest nach Einschätzung von außen) nicht leistbar. Hier stellt sich die Frage, wie auch dieser Personenkreis im Rahmen von politischen Aushandlungs- und Entscheidungsprozessen zur Geltung kommen kann.

Im Hinblick auf das Leitprinzip der Selbstbestimmung in der Heil- und Sonderpädagogik konstatiert Dederich (2011, S. 168), dass mit zunehmendem Ausprägungsgrad kognitiver Beeinträchtigung stellvertretende Entscheidungen und Handlungen immer wahrscheinlicher und manchmal unumgänglich werden. Damit bewegt sich professionelles Handeln gerade im Umgang mit erwachsenen Menschen mit schwerer Behinderung in einem Spannungsfeld zwischen der Anerkennung der Autonomie des Anderen einerseits und den Fürsorgepflichten in Zusammenhang mit eingeschränkten Fähigkeiten zu autonomen Entscheidungen bzw. Handlungen andererseits. In der Fachdiskussion werden Selbstbestimmung, Empowerment und auch Selbstvertretung allerdings häufig als programmatische Gegenentwürfe zur Figur der Stellvertretung ins Spiel gebracht, sodass diese selbst kaum zum Thema gemacht und kritisch reflektiert wird, obgleich sie in der Praxis weiterhin wirksam bleibt (ebd., S. 177, Ackermann 2011, S. 161).

Mit dieser einseitigen Betonung der Selbstbestimmung und Selbstvertretung ist die Gefahr verbunden, dass »diejenigen häufig übersehen werden, deren einzige Chance, angemessen repräsentiert zu werden, darin besteht, dass andere ihr Wünsche und Bedürfnisse, sofern diese bekannt sind, zum Ausdruck bringen und sich für deren Anerkennung einsetzen« (Bérubé 2010, S. 102, zit. nach Dederich 2013, S. 200). Um überhaupt mit ihren Belangen als Mitglieder der Gesellschaft wahrgenommen zu werden, sind Menschen mit hohem Unterstützungsbedarf insofern auf eine Stellvertretung durch Andere angewiesen (ebd.). Seifert führt in diesem Zusammenhang indirekte Formen der Beteiligung an. Auf diese Weise könnten Anliegen und Bedürfnisse von Menschen mit schwerer und mehrfacher Behinderung beispielsweise durch teilnehmende Beobachtung in den Blick genommen, aufgegriffen und in politische Entscheidungsprozesse eingebracht werden (2011, S. 217).

Wie am Beispiel der Leichten Sprache und der Selbstvertretungsmöglichkeiten von Menschen mit schwerer und mehrfacher Behinderung skizziert, spielt das spannungsreiche Verhältnis von Selbstvertretung und Stellvertretung im Kontext politischer Partizipation von Menschen mit geistiger Behinderung auf unterschiedlichen Ebenen ebenfalls eine Rolle: in Form eines (im Hinblick auf seine Legitimität ethisch begründungspflichtigen) Handelns für Andere in konkreten Aushandlungs- und Entscheidungsprozessen, aber auch als politisch-advokatorisches Handeln, durch das auf die Benachteiligung von Personengruppen gesellschaftspolitisch wirksam aufmerksam gemacht wird (Kardorff 2011, S. 84, Stein 2013, S. 126 f.). Auf dieser Ebene stellt sich gleichermaßen die Frage nach der Legitimität stellvertretenden Handelns und danach, *welche* Gruppen und Organisationen die Interessen von Personen, die nicht selbst für sich eintreten können, politisch-advokatorisch einbringen (sollten). Gerade aus Perspektive der Selbstvertretungsbewegungen wird hier (zu Recht) kritisch gefragt, ob angesichts der Erfahrungen paternalistischer und integritätsverletzender Fremdbestimmung im System der Behindertenhilfe Vertreterinnen und Vertreter der Heil- und Sonderpädagogik die »richtige Besetzung für diese Rolle« sind. Andererseits ist der Blick auch kritisch darauf zu richten, welche Personengruppen durch die Themen, die Selbstvertretungsinitiativen und -organisationen in den gesellschaftlichen Diskurs einbringen, und die Ziele, die diese verfolgen, repräsentiert sind und welche Berücksichtigung beispielsweise Menschen mit schwerer und mehrfacher Behinderung erfahren.

Gemeinschaft und Gesellschaft

Die politische und soziale Partizipation von Menschen mit geistiger Behinderung ist oft stark reglementiert und limitiert. Häufig beschränkt sich ihre Teilhabe und Einflussnahme auf das unmittelbare soziale Umfeld, die Familie, die Wohngruppe, die soziale Gemeinschaft einer Einrichtung der Behindertenhilfe. Politische Partizipation im Sinne einer Teilhabe an *öffentlicher* Meinungsbildung und den Institutionen des *politischen Lebens* hat bislang noch Seltenheitswert (vgl. den Beitrag von A. Kuhn und J. M. Köhler in Teil 3.2 dieses Bandes), wenngleich Selbstvertretungsgruppen bundesweit auf die Interessen von Menschen mit geistiger Behinderung (sie bevorzugen den Begriff »Menschen mit Lernschwierigkeiten) aufmerksam machen und die uneingeschränkte Teilhabe in allen zentralen Lebensbereichen (z. B. Arbeit, Freizeit, Wohnen) einfordern.

In diesem Zusammenhang drängt sich eine begriffliche Differenzierung auf, die auf eine Veröffentlichung von Tönnies aus dem Jahr 1887 mit dem Titel »Gemeinschaft und Gesellschaft. Grundbegriffe der reinen Soziologie« zurückgeht (2005, kritisch dazu Plessner 1924/2013). Obgleich dieses Begriffspaar gerade im Kontext der Behindertenhilfe besondere Relevanz besitzen könnte, finden sich kaum explizite Bezugnahmen in der heilpädagogischen Literatur (Felder 2013).

Gemeinschaft und Gesellschaft sind nach Tönnies als zwei verschiedene, idealtypisch gefasste Formen der Organisation des Sozialen zu verstehen (Rosa 2010): Ein Beispiel für Gemeinschaft ist die Familie mit ihren unmittelbaren direkten Beziehungen; ihre ursprünglichste Form findet sie in der Verbindung von Mutter und Kind. Gemeinschaft hat also eher einen privaten, intimen Charakter und existiert um ihrer selbst willen, ist somit nicht an »äußere« Zwecke gebunden. Gesellschaft hingegen bezeichnet das Zusammenleben in der Öffentlichkeit und zweckrationale Verbindungen wie bei Handelsbeziehungen, Geschäftspartnern oder politischen Parteien (Musenberg 2002, S. 154 ff.). In der Behindertenhilfe sind beide Sphären wahrscheinlich intensiver als anderswo miteinander verwoben, z. B. wenn im privaten Bereich des Wohnens (Gemeinschaft) nicht nur Familienangehörige, sondern auch »professionelle Helferinnen und Helfer« (Gesellschaft) anwesend sind.

Für den schulischen Kontext macht Felder (2013) darauf aufmerksam, dass die Sphäre der Gemeinschaft und die damit verbundenen Anerkennungsformen wie Freundschaft und soziale Wertschätzung in besonderem Maße wichtig sind, gerade weil sie sich nicht rechtlich einfordern lassen. Im Zusammenhang mit politischer Partizipation ist wiederum eine lediglich »gemeinschaftliche Inklusion« (ebd., S. 150) nicht hinreichend oder zumindest zu problematisieren, z. B. wenn politische Bildung »nur« auf Gemeinschaft bezogen und dadurch zum sozialen Lernen wird (Bittlingmayer u. a. 2012) oder wenn politische Partizipation nicht über die Grenzen der unmittelbaren Gemeinschaft (der Familie, der Wohnstätte) hinaus wirksam werden kann. Die Teilhabe an der öffentlichen Meinungsbildung und den Institutionen des politischen Lebens ist damit noch nicht gesichert.

Wenn Partizipationsmöglichkeiten von Menschen mit geistiger Behinderung bislang innerhalb der Sphäre der Gemeinschaft verbleiben, so hängt dies durchaus mit den entwickelten Interessen, individuellen Fähigkeiten und Herausforderungen, sich politisch zu artikulieren, zusammen. Ebenso zentral ist aber die Frage, ob Menschen mit geistigen und schweren Behinderungen überhaupt von der »Mehrheitsgesellschaft« als Bürgerinnen und Bürger adressiert und damit als solche anerkannt werden. Diese Frage kann wohl nur dann mit »ja« beantwortet werden, wenn Menschen mit geistiger Behinderung im »System« Politik nicht ausschließlich als »Experten in eigener Sache« und als Fachleute für Behinderungsfragen einbezogen werden – so wichtig und bislang unzureichend realisiert dies auch ist –, sondern »als Bürgerinnen und Bürger« an öffentlichen Entscheidungsprozessen beteiligt sind und sich auch zu anderen politischen Fragen einbringen können.

Literatur

Ackermann, K.-E. (2011): »Stellvertretung« in der Geistigbehindertenpädagogik. In: Ackermann, K.-E./Dederich, M. (Hrsg.), S. 139–165.

Ackermann, K.-E./Amelung, M. (2009): Gutachten zur Situation der Erwachsenenbildung von Menschen mit geistiger Behinderung in Berlin (Broschüre der Lebenshilfe Berlin). Verfügbar unter: http://www.lebenshilfe-berlin.de/fileadmin/

user_upload/Downloads/07_Service/Publikationen/Gutachten_zur_Situation_
der_Erwachsenenbildung_von_Menschen_mit_geistiger_Behinderung_in_Berlin.
pdf (Zugriff: 24.02.2015).

Ackermann, K.-E./Dederich, M. (2011) (Hrsg.): An Stelle des Anderen. Ein interdisziplinärer Diskurs über Stellvertretung und Behinderung. Oberhausen.

Beck, I. (2013): Partizipation – Aspekte der Begründung und Umsetzung im Feld von
Behinderung. In: Teilhabe. Heft 1. S. 4–11.

Bittlingmayer, U. H./Gerdes, J./Sahrai, D. (2012): Politische Bildung unter erschwerten Bedingungen in Förderschulen. Einige Anmerkungen aus der Perspektive des
VorBild-Projekts. In: Widmaier, B./Nonnenmacher, F. (Hrsg.): Unter erschwerten Bedingungen. Politische Bildung mit bildungsfernen Zielgruppen. Schwal-
bach/am Taunus. S. 131–148.

Bundeszentrale für politische Bildung (2013): Wählen ist einfach: Die Bundestagswahl.
Bonn. Verfügbar unter: http://www.bpb.de/shop/lernen/weitere/159175/waeh-
len-ist-einfach-die-bundestagswahl (Zugriff: 20.04.2015).

Bundeszentrale für politische Bildung (2014): Wählen ist einfach: Die Europawahl. Bonn.
Verfügbar unter: http://www.bpb.de/shop/lernen/weitere/179730/waehlen-ist-
einfach-die-europawahlin-leichter-sprache (Zugriff: 20.04.2015).

Bundeszentrale für politische Bildung (2015): Einfach Politik: Europa. Ein Heft über die
Europäische Union. Bonn. Verfügbar unter. http://www.bpb.de/shop/lernen/wei-
tere/202382/einfach-politik-europa (Zugriff: 20.04.2015).

Bundesvereinigung Lebenshilfe e.V. (2013): Stellungnahme zur Öffentlichen Anhörung
des Innenausschuss des Deutschen Bundestages am 3. Juni 2013 zu zwei parla-
mentarischen Initiativen zum Wahlrecht von Menschen mit Behinderung. 16. Mai
2013. Verfügbar unter: http://www.lebenshilfe.de/de/themen-recht/artikel/Stel-
lungnahme-Wahlrecht.php?listLink=1 (Zugriff: 24.02.2015).

Dederich, M. (2011): Paternalismus als ethische Figur – ein Problemaufriss. In: Ackermann, K.-E./Dederich, M. (Hrsg.), S. 167–193.

Dederich, M. (2013): Philosophie in der Heil- und Sonderpädagogik. Stuttgart.

Erwachsenenbildung und Behinderung (2005). Heft 1: »Teilhabe und Mitwirkung. Politische Bildung und Nachhaltigkeit«.

Felder, F. (2013): Die Sphären von Inklusion und ihre Bedeutungen für den inklusiven
Kontext. In: Sonderpädagogische Förderung heute. Heft 2. S. 136–152.

FRA [European Union Agency for Fundamental Rights] (2014): The right to political participation for persons with disabilities. Luxemburg: Publications Office
of the European Union. Verfügbar unter: http://fra.europa.eu/en/publications-
and-resources/data-and-maps/comparative-data/political-participation (Zugriff:
24.02.2015).

Graumann, S. (2011): Stellvertretung und die UN-Konvention über die Rechte von
Menschen mit Behinderungen. In: Ackermann, K.-E./Dederich, M. (Hrsg.),
S. 217–233.

Jentsch, S. (2014): Politische Emanzipation und demokratische Inklusion. In:
Widersprüche Heft 133. S. 93–102.

Kardorff, E. von (2011): Paradoxien der Stellvertretung. In: Ackermann, K.-E./Dede-
rich, M. (Hrsg), S. 79–84.

Kellermann, G. (2014): Leichte Sprache und einfache Sprache – Versuch einer Definition. In: Aus Politik und Zeitgeschichte. Heft 9–11. S. 7–10.

LpB [Landeszentrale für politische Bildung] Brandenburg u. a., Klar geh ich wählen, http://www.berlin.de/imperia/md/content/lzpb/aktuelles/klar_geh_ich_w__ hlen_barrierefreiespdf.pdf?start&ts=1421226149&file=klar_geh_ich_w__hlen_ barrierefreiespdf.pdf (Zugriff: 25.03.2015).

Lampke, D./Rohrmann, A./Schädler, J. (Hrsg.) (2011): Örtliche Teilhabeplanung mit und für Menschen mit Behinderungen. Theorie und Praxis. Wiesbaden.

Mürner, C./Sierck, U. (2012): Behinderung. Chronik eines Jahrhunderts. Weinheim/Basel.

Musenberg, O. (2002): Der Körperbehindertenpädagoge Hans Würtz (1875–1958). Hamburg.

Nussbaum, M. C. (2010): Die Grenzen der Gerechtigkeit. Behinderung, Nationalität und Spezieszugehörigkeit. Berlin.

Plessner, H. (1924/2013): Grenzen der Gemeinschaft. Eine Kritik des sozialen Radikalismus. Frankfurt am Main.

Rosa, H. u. a. (2010): Theorien der Gemeinschaft zur Einführung. Hamburg.

Rohrmann, A./Wissel, T. (2011): Teilhabeplanung konkret – Das Modellprojekt der »Örtlichen Angebots- und Teilhabeplanung im Landkreis Weilheim-Schongau«. In: Lampke, D./Rohrmann, A./Schädler, J. (Hrsg.), S. 169–181.

Seifert, M. (2011): Beteiligung von Menschen mit Lernschwierigkeiten an Prozessen der örtlichen Teilhabeplanung für Menschen mit Behinderungen. In: Lampke, D./ Rohrmann, A./Schädler, J. (Hrsg), S. 211–226.

Seitz, S. (2014): Leichte Sprache? Keine einfache Sache. In: Aus Politik und Zeitgeschichte. Heft 9–11. S. 3–6.

Stefanovitsch, A. (2014): Leichte Sprache, komplexe Wirklichkeit. In: Aus Politik und Zeitgeschichte. Heft 9–11. S. 11–18.

Stein, A.-D. (2013): Das Politische als das Handeln im »Zwischen« – Die politische Dimension der Heilpädagogik. In: Dederich, M./Greving, H./Mürner, C./Rödler, P. (Hrsg.): Behinderung und Gerechtigkeit. Heilpädagogik als Kulturpolitik. Gießen.

Tönnies, F. (1887/2005): Gemeinschaft und Gesellschaft. Grundbegriffe der reinen Soziologie. Darmstadt.

UN-Behindertenrechtskonvention. Verfügbar unter http://www.institut-fuer-menschenrechte.de/fileadmin/user_upload/PDF-Dateien/Pakte_Konventionen/ CRPD_behindertenrechtskonvention/crpd_b_de.pdf (Zugriff: 24.02.2015).

Wahlprogramme in Leichter Sprache. Verfügbar unter http://www.bundestagswahl-bw. de/leicht.html (Zugriff: 24.02.2015).

Waldschmidt, A. (2009): Politische Partizipation von Menschen mit Behinderungen und Benachteiligungen. In: Orthmann, D./Stein, R. (Hrsg.): Lebensgestaltung bei Behinderungen und Benachteiligungen im Erwachsenenalter und Alter. Basiswissen Sonderpädagogik. Band 5. Hohengehren. S. 118–152.

Weisser, J. (2012): Politische und soziale Partizipation. In: Beck, I./Greving, H. (Hrsg.): Lebenslage und Lebensbewältigung. Enzyklopädisches Handbuch der Behindertenpädagogik. Band 5. Stuttgart.

Wessels, C. (2005): So kann es jeder verstehen. Das Konzept der leichten Lesbarkeit. In: Geistige Behinderung. Heft 3. S. 226–239.

Christoph Dönges

Politik einfach verstehen
Folgerungen aus einem Bildungsprojekt für Menschen mit geistiger Behinderung

Im Vorfeld der Bundestagswahl wurde im August/September 2013 die Veranstaltungsreihe *Politik einfach verstehen* im Auftrag der Bundeszentrale für politische Bildung von einem auf barrierefreie Informationen speziali-sierten Bildungsträger durchgeführt. Dieses Angebot zielte besonders auf Menschen mit Lernschwierigkeiten/geistiger Behinderung ab und hatte zum Ziel, deren politische Teilhabe speziell im Hinblick auf die Teilnahme an der Bundestagswahl zu fördern. Auf Basis der wissenschaftlichen Ver-anstaltungsbeobachtung (Dönges 2013) sollen in diesem Beitrag Erfahrun-gen mit und Rückschlüsse und Erkenntnisse aus dieser Veranstaltungsreihe für eine inklusive politische Bildung aufgezeigt und diskutiert werden.

Konzept und Rahmenbedingungen

Die Veranstaltungen wurden in Stuttgart, Wilhelmsdorf, Hamburg und Köln in Zusammenarbeit mit Einrichtungen und Trägern der Behinder-tenhilfe durchgeführt. Die für Berlin geplante Veranstaltung konnte aus organisatorischen Gründen nicht stattfinden. Für jede der Veranstaltungen war eine dreigliedrige Struktur vorgesehen:
1. ein dreistündiger Workshop für die Zielgruppe Menschen mit Lern-schwierigkeiten/geistiger Behinderung; im ersten Teil des Workshops sollten mit Hilfe leichter Sprache[1] wesentliche Informationen zu Hin-tergründen und zum Ablauf der Bundestagswahl vermittelt werden; im zweiten Teil sollten als Vorbereitung zur Podiumsdiskussion konkrete Fragen an die Wahlkreiskandidatinnen und -kandidaten der im Bun-destag vertretenen Parteien erarbeitet werden.
2. ein Briefing zur leichten Sprache für die an der Podiumsdiskussion teil-nehmenden Politikerinnen und Politiker, um sie auf die Diskussion mit Menschen mit Lernschwierigkeiten/geistiger Behinderung vorzubereiten;
3. die Podiumsdiskussion selbst, für die zwei Stunden angesetzt waren; während dieser Veranstaltung sollten sich die Wahlkreiskandidatinnen

und -kandidaten den Fragen der Menschen mit Lernschwierigkeiten/ geistiger Behinderung stellen.

Obwohl es sich bei *Politik einfach verstehen* um ein zielgruppenspezifisches Angebot handelte, sind die dabei gewonnenen Erkenntnisse auch für inklusive politische Bildungsangebote aufschlussreich. Denn das Klientel der beteiligten Einrichtungen ist nicht auf Menschen mit Lernschwierigkeiten/geistiger Behinderung eingegrenzt, sodass die Teilnehmerinnen und Teilnehmer der Veranstaltungsreihe sich im Hinblick auf kognitive Fähigkeiten und Bildungsniveaus heterogen darstellten. Zudem wurde die Podiumsdiskussion in Wilhelmsdorf als eine für alle Interessierten offene inklusive Wahlkampfveranstaltung durchgeführt.

Die wissenschaftliche Beobachtung zielte auf drei Fragekomplexe ab, die als pädagogisch, methodisch und politikdidaktisch charakterisiert werden können. Aus pädagogischer Perspektive wurden spezifische Möglichkeiten, Erschwernisse und Erfordernisse im Hinblick auf die Zielgruppe betrachtet, wobei es nicht um das Aufzeigen von Defiziten ging. Das Erkenntnisinteresse war vielmehr vom Empowermentansatz geprägt und richtete sich auf die Ausprägung von Selbstbestimmung, Selbstständigkeit und Selbstvertretung bei den Teilnehmenden. Aus methodischer Sicht wurde die Reichweite leichter Sprache ermittelt. Unter politikdidaktischen Gesichtspunkten wurden inhaltliche Schwerpunktsetzungen, die Zugänglichkeit der Inhalte und die Beachtung des »Beutelsbacher Konsens« (Wehling 1977) untersucht.

Ergebnisse des Beobachtungsschwerpunkts Empowerment

An erster Stelle ist die erhebliche Bandbreite, mit welcher Selbstständigkeit, Selbstbestimmung und Selbstvertretungskompetenzen in Erscheinung traten, zu nennen. So konnten Teilnehmerinnen und Teilnehmer beobachtet werden, die keine Probleme hatten, ihre Fragen selbstständig zu formulieren und im Rahmen der Podiumsdiskussion vorzutragen. Sie waren auch in der Lage, ihrer Unzufriedenheit angesichts von ausweichenden und abwegigen Antworten Ausdruck zu verleihen. Andere konnten ihre Fragen in den Workshops selbstständig formulieren, wollten diese im Rahmen der Podiumsdiskussion aber nicht selbst vortragen. Eine solche Hemmung ist nicht ungewöhnlich und an sich nicht erwähnenswert. Allerdings fiel auf, dass auch Personen, die Selbstvertretungsfunktionen innehatten (z. B. im Heimbeirat oder im kommunalen Behindertenbeirat) und sich während der Workshops mit sachkundigen Beiträgen und vermittelnden Diskussionsbeiträgen eingebracht hatten, bei den Podiumsdiskussionen nicht das Wort ergriffen. In einem Nachgespräch gaben sie an, dass sie sich in einem so großen öffentlichen Rahmen keine Äußerungen zutrauten. Dazu kommt, dass die Podiumsdiskussionen in Wilhelmsdorf und Hamburg in ihrem Verlauf zunehmend von Menschen ohne kognitive Beeinträchtigungen bestimmt wurden, sodass für inklusive Settings politischer Bildung eine achtsame Moderation in Richtung Menschen mit Lernschwierigkeiten/geistiger Behinderung zu fordern ist. Eine weitere Erkenntnis ist, dass es notwendig ist, Angebote advokatorischer Assistenz (s. dazu den Beitrag von Christoph Dönges und Jan Markus Köhler in Teil 1.3 dieses Bandes) zu entwickeln, um mehr Menschen mit Lernschwierigkeiten/geistiger Behinderung mit Hilfe von Fürsprecherinnen und Fürsprechern eine Beteiligung an inklusiven politischen Veranstaltungen zu ermöglichen. Ein solches Assistenzangebot ist insbesondere für Menschen zu fordern, denen es schwerfällt, ihr Anliegen für andere verständlich vorzutragen. So konnte während der Workshops beobachtet werden, dass es Teilnehmerinnen und Teilnehmern gelang, die assoziativ und unsortiert wirkenden Äußerungen anderer in wichtige Beiträge oder Fragen für die Podiumsdiskussion zu »übersetzen«. Menschen mit Selbstvertretungserfahrungen zeigten sich dabei besonders kompetent.

Aus diesen Beobachtungen lassen sich speziell im Hinblick auf Menschen, die Selbstvertretungsfunktionen wahrnehmen, Bedarfe und Potentiale ableiten, welche es nahelegen, diese als eine Zielgruppe für spezifische politische Bildungsangebote in den Blick zu nehmen. Um einer Diskriminierung entgegenzuwirken, müssen die Angebote auf die wahrgenommenen Funktionen und teilnehmerorientiert ausgerichtet sein, nicht aber auf die Kompensation von angenommenen Defiziten. Ziele könnten sein, selbstbewusste Akteure für den öffentlichen politischen Raum, advokatorische Assistenten für politische Anliegen sowie Moderatoren und Multiplikatoren für politische Bildungsangebote aus der Personengruppe Menschen mit Lernschwierigkeiten/geistiger Behinderung selbst zu gewinnen.

Die heterogene Zusammensetzung der Teilnehmerinnen und Teilnehmer von *Politik einfach verstehen* ist auch im Hinblick auf Menschen mit anderen Behinderungsformen aufschlussreich. So nahmen an den Workshops in Köln mehrere Männer mit Körperbehinderungen teil, die zwar von keiner kognitiven Beeinträchtigung betroffen sind, sich aber wegen ihrer Anarthrie bzw. Dysarthrie nicht oder kaum verständlich lautsprachlich artikulieren können und deshalb Talker (elektronische Geräte mit Sprachausgabe) oder Kommunikationstafeln (mit Schriftzeichen, Symbolen) benutzen. Da die Ansteuerung einzelner Buchstaben (z. B. aufgrund einer ausgeprägten Spastizität) nur langsam erfolgen kann, brauchten sie viel Zeit, um sich an den Diskussionen mit eigenen Beiträgen zu beteiligen. Deshalb wurde für den ersten Teil des Workshops (Informationen zur Bundestagswahl) die für den Workshop insgesamt vorgesehene Zeit benötigt. Sollen unterstützt kommunizierende Menschen an inklusiven Veranstaltungen politischer Bildung teilnehmen, ist bereits bei der Planung mehr Zeit für Diskussionen vorzusehen und von den anderen Teilnehmerinnen und Teilnehmern entsprechende Akzeptanz zu verlangen.

Die Heterogenität der Personengruppe »Menschen mit Behinderungen« verlangt somit von den Anbietern politischer Bildung zielgruppenspezifische Bedarfe und Barrieren zu erkennen und diese in inklusiven Formaten zu berücksichtigen. Dazu ist eine enge Kooperation mit den Einrichtungen für Menschen mit Behinderungen erforderlich. Die Erfahrungen mit der Veranstaltungsreihe *Politik einfach verstehen* zeigen eindeutig, dass die planerische Berücksichtigung unterschiedlicher Aneignungsmöglichkeiten, Zugangserschwernisse und Ausgangspunkte nicht als überflüssige Etikettierung oder Diskriminierung, sondern als Bedingung für das Gelingen inklusiver politischer Bildung zu verstehen ist.

Ergebnisse des Beobachtungsschwerpunkts leichte Sprache

Weil sich der durchführende Bildungsträger auf leichte Sprache in Form von Schrift und Verbalsprache beschränkte und somit die Möglichkeiten, die diese bietet, nicht ausgeschöpft wurden, obwohl Materialien der Bundeszentrale für politische Bildung zur Verfügung standen, lassen sich nur wenige Rückschlüsse auf Wirkungen und Reichweite leichter Sprache ziehen. Rein verbalsprachlich ließen sich Unklarheiten im Hinblick auf Erst- und Zweitstimme, die in jedem Workshop auftraten, nicht beseitigen. Dazu wären ein Wahlzettel oder zumindest die Abbildung eines Wahlzettels hilfreich gewesen. Leichte Sprache erfordert über Schrift und Verbalsprache hinaus Bilder, Symbole, Grafiken und andere Informationsträger, um Inhalte zugänglicher zu machen.

Die eingeschränkte Nutzung leichter Sprache schränkt auch die Beurteilung ihrer Reichweite ein. Inhaltliche Probleme traten vor allem bei abstrakten, komplexen oder vieldeutigen Begriffen und Prozessen auf, die spontan eingebracht wurden und bei denen die Durchführenden sowohl fachlich als auch mit ihrer rein verbalsprachlichen Vermittlung an Grenzen stießen.

Die Briefings der eingeladenen Politikerinnen und Politiker zur leichten Sprache erzielten aufgrund unzureichender Durchführung nicht den erhofften Zweck. Wie sinnvoll die dahinterstehende Idee ist, zeigte sich jedoch auf der inklusiven Wahlkampfveranstaltung in Wilhelmsdorf, bei der dem Bürgermeister eine vorbildliche Rede in leichter Sprache gelang, an der sich die anwesenden Politikerinnen und Politiker orientieren konnten und dies auch über einen langen Zeitraum taten. Interessant, wenn auch nicht repräsentativ, war die Rückmeldung eines Teilnehmers ohne Behinderung zu dieser inklusiven Wahlkampfveranstaltung. Er wertete sie sie als beste Wahlkampfveranstaltung, die er je erlebt habe, da die Wahlkreiskandidatinnen und -kandidaten klar, sachlich und ohne Polemik argumentiert hätten. Obwohl nach Lutz (2003, S. 17 f.) und Lindmeier (2003, S. 191) nicht von einem Interesse von Menschen ohne Behinderung an inklusiven Angeboten politischer Bildung auszugehen ist, kann diese Rückmeldung ein optimistisch stimmender Hinweis darauf sein, dass leichte Sprache und inklusive Formate durchaus auch für Menschen ohne Behinderung gewinnbringend sein können.

Ergebnisse des Beobachtungsschwerpunkts Politikdidaktik

Im Hinblick auf den »Beutelsbacher Konsens«, ließ sich lediglich feststellen, dass die Moderatorinnen der Workshops das Überwältigungsverbot und das Kontroversitätsgebot durchgängig beachteten und die Veranstaltungen insgesamt auf die Interessen und Anliegen der Teilnehmerinnen und Teilnehmer ausgerichtet waren.

Was ist eine Partei? Wie unterscheiden sich Erst- und Zweitstimme? Was sind Überhangmandate? Diese Fragen und die Begriffe »Diktatur«, »Kommunismus«, »konservativ« führten während der Workshops zu inhaltlichen Schwierigkeiten. Diese dürfen aber nicht als grundsätzliche Überforderung der Teilnehmerinnen und Teilnehmer gedeutet werden. Das Problem war vielmehr, dass diese Inhalte allein auf der Basis von kurzen verbalen Hinweisen und ohne Anschauungsmittel nicht angemessen bearbeitet werden konnten.

Die Fragen an die Politikerinnen und Politiker bezogen sich vorwiegend auf Bereiche, die für die Teilnehmerinnen und Teilnehmer von unmittelbarer Bedeutung waren. So ging es vor allem um sozial-, behinderungs- und lokalpolitische Themen, wie Abbildung 1 zeigt. Beim Thema Verkehrspolitik standen Barrierefreiheit und verbesserte Busanbindungen im ländlichen Bereich (Wilhelmsdorf) im Mittelpunkt. Auch in den Workshops entzündeten sich intensive Diskussionen fast ausschließlich an Themen, die mit der Lebenswirklichkeit der Teilnehmenden zu tun hatten.

Die beschriebene inhaltliche Ausrichtung kann als Bestätigung des Empowermentansatzes verstanden werden, denn die Teilnehmerinnen und Teilnehmer signalisierten mit ihren Fragen ihr Interesse, sich für die eigenen Belange politisch zu engagieren.

Abb. 1: Inhaltliche Verteilung der Fragen aus den Workshops

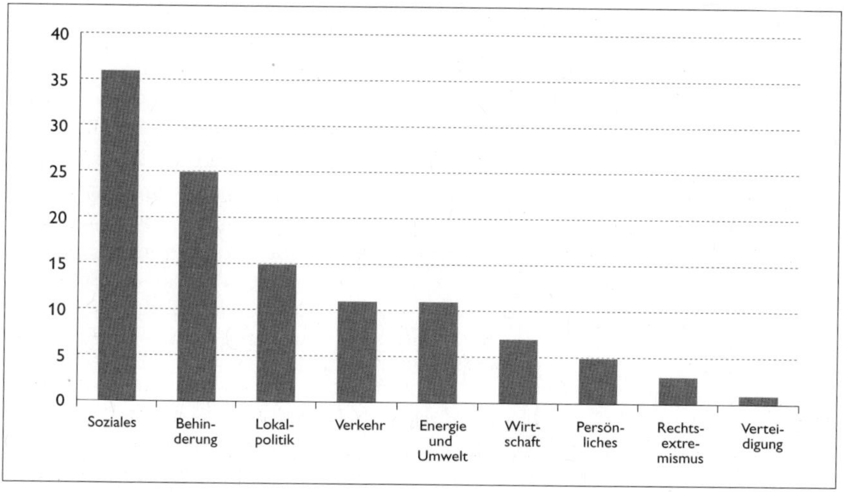

Quelle: Dönges 2013.

Fazit

Die beobachteten Defizite bei der Umsetzung der Veranstaltungsreihe *Politik einfach verstehen* dürfen nicht den Blick darauf verstellen, dass die zugrunde liegende Konzeption erfolgsversprechend ist. Nimmt man die Veranstaltung in Wilhelmsdorf als Muster, kann man die richtungsweisende Verknüpfung von zielgruppenspezifisch separierenden (Workshops, Politikerbriefing) und inklusiven Phasen (öffentliche Wahlkampfveranstaltung) hervorheben. Bei einer solchen Struktur wird den Bildungserfordernissen von Menschen mit Lernschwierigkeiten/geistiger Behinderung durch eine separierende zielgruppenspezifische Phase entsprochen und gleichzeitig garantiert die unmittelbare Verknüpfung mit einem inklusiven Angebot, dass kein Rückfall in zu überwindende rein separierende Bildungsformate erfolgt.

Anmerkungen

1 Die Schreibweise »leichte Sprache« zeigt an, dass es die leichte Sprache nicht gibt. Der Schwierigkeitsgrad eines Textes wird von unterschiedlichen Individuen unterschiedlich wahrgenommen. Das Regelwerk für Leichte Sprache darf über dieses Problem nicht hinwegtäuschen und eine für die gesamte Zielgruppe gültige Lösung suggerieren.

Literatur

Dönges, C. (2013): Bericht zur wissenschaftlichen Veranstaltungsbeobachtung »Politik einfach verstehen«. Bonn (unveröffentlicht).

Lindmeier, C. (2003): Integrative Erwachsenenbildung. In: Theunissen, G.: Erwachsenenbildung und Behinderung. Impulse für die Arbeit mit Menschen, die als lern- oder geistig behindert gelten. Bad Heilbrunn. S. 189–204.

Lutz, J. (2003): Integrative Politische Bildung – eine Quadratur des Kreises? Eine Antwort auf die Kritik an den politischen Bildungsseminaren in der Diakonie Stetten. In: Erwachsenenbildung und Behinderung. Heft 2. S. 12–19.

Wehling, H. G. (1977): Konsens à la Beutelsbach? Nachlese zu einem Expertengespräch. In: Schiele, S./Schneider, H. (Hrsg.): Das Konsensproblem in der politischen Bildung. Stuttgart. S. 173–184.

Werner Schlummer

Mitwirkung von Werkstatträten: ein Handlungsfeld im Kontext politischer Bildung

Begriffliches zur Einführung

Was ist eine Werkstatt für behinderte Menschen?

Die Werkstatt für behinderte Menschen (WfbM)ist ein im Sozialrecht verankerter Arbeitsplatz für Menschen mit Behinderung. Bundesweit sind in etwa 700 Werkstätten über 250 000 Menschen mit Behinderung im sogenannten Arbeitsbereich beschäftigt. Hinzu kommen etwa weitere 50 000 Menschen mit Behinderung, die in angegliederten Bereichen gefördert und betreut werden. Eine der Aufgaben der WfbM ist es, »ihren behinderten Beschäftigten [zu] ermöglichen, ihre Leistungs- oder Erwerbsfähigkeit zu erhalten, zu entwickeln, zu erhöhen oder wiederzugewinnen« (BMAS 2015, S. 148). Sie sucht dies u. a. durch eine angemessene berufliche Bildung zu erreichen. Die WfbM dient ferner der Weiterentwicklung der Persönlichkeit der Beschäftigten und schafft für diese ein arbeitnehmerähnliches Rechtsverhältnis. Die Beschäftigten sind Menschen mit Behinderung, die wegen der Art oder Schwere der Behinderung nicht, noch nicht oder noch nicht wieder auf dem allgemeinen Arbeitsmarkt beschäftigt werden können. Von diesen Beschäftigten haben ca. 77 % Menschen vorrangig eine geistige Behinderung, ca. 19 % eine vornehmlich psychische und rund 3 % vor allem eine körperliche Beeinträchtigung (BAG WfbM 2013).

Wer oder was sind Werkstatträte?

Der Gesetzgeber hat für die WfbM eine Beteiligung der Beschäftigten vorgesehen. Diese Beteiligungsform ist in relevanten Gesetzen und Verordnungen als Mitwirkung beschrieben. Dazu wählen die wahlberechtigten Beschäftigten alle vier Jahre aus ihren Reihen Vertreterinnen und Vertreter, die als Werkstatträtinnen und -räte im Gremium Werkstattrat (WR) diesen Mitwirkungsauftrag erfüllen. Dieses Gremium hat in der Regel drei, fünf oder sieben Mitglieder, je nach Größe der Werkstätten. Die Geschäftsfähigkeit der Beschäftigten hat für die Mitwirkung und die Wahlberechtigung keine Relevanz. Die Mitwirkung selbst bezieht sich auf Angelegenheiten in der WfbM, die die Beschäftigten betreffen.

Was ist die Werkstätten-Mitwirkungsverordnung?

Die Werkstätten-Mitwirkungsverordnung (WMVO) von 2001 ist auf das im gleichen Jahr verabschiedete *Neunte Buch Sozialgesetzbuch − Rehabilitation und Teilhabe behinderter Menschen* (SGB IX) ausgerichtet. Die WMVO konkretisiert die in § 139 SGB IX gesetzlich verankerte Mitwirkung der Beschäftigten. Inhaltlich beschreibt sie u. a. allgemeine Aufgaben des WR, dessen Mitwirkungs- und Unterrichtungsrechte, die Zusammenarbeit zwischen Werkstatt (d. h. Werkstattleitung bzw. entsprechend verantwortliche Personen) und WR sowie zwischen WR und anderen relevanten Personen bzw. Gremien. Ausführlich geht die WMVO auf die Wahl des WR ein.

Die WMVO findet keine Anwendung auf Religionsgemeinschaften und ihre Einrichtungen, soweit sie eigene gleichwertige Regelungen getroffen haben (§ 1 Abs. 2 WMVO). Eine solche Regelung besteht für Werkstätten in Caritas-Trägerschaft als Caritas-Werkstätten-Mitwirkungs-Verordnung (CWMO) seit 2003 und für Werkstätten in Diakonie-Trägerschaft als Diakonie-Werkstättenmitwirkungsverordnung (DWMV) seit 2004.

Bei der Abfassung der WMVO dienten die im Betriebsverfassungsgesetz (BetrVG) verankerten Mitbestimmungsrechte als Orientierung. Im direkten Vergleich von BetrVG und WMVO sind allerdings deutliche und substanzielle Unterschiede zu erkennen, die vor allem mit dem sogenannten arbeitnehmerähnlichen Rechtsstatus der beschäftigten Menschen mit Behinderung zu tun haben. Ein solcher substanzieller Unterschied ist, dass der Werkstattrat über Mitwirkungsrechte und nicht wie der Betriebsrat über Mitbestimmungsrechte verfügt.

Engagement von Werkstatträten im Kontext politischer Bildung

Rechte und Pflichten der beteiligten Akteure

Über die Werkstatträte nehmen die Beschäftigten ihr in der WMVO festgeschriebenes Recht auf Beteiligung wahr. Dieses Beteiligungsrecht steht im Zusammenhang mit dem üblichen Zusammenspiel von Arbeitgebern und Arbeitnehmern und ist als Übertragung auf den Sonderarbeitsplatz WfbM zu sehen. Der zuvor schon angedeutete Unterschied zwischen Mitbestimmungs-rechten (nach dem BetrVG) und Mitwirkungsrechten (im Zusammenhang mit der WMVO) lässt sich folgendermaßen präzisieren: Mitbestimmung der Arbeitnehmerinnen und Arbeitnehmer bedeutet, dass die Wirksamkeit einer Maßnahme des Arbeitgebers von der vorherigen Zustimmung der Arbeit-nehmervertretung (also z. B. des Betriebsrats oder des Personalrats) abhängig ist. Mitwirkung beinhaltet dagegen nur das Recht auf Beratung über und Mitsprache bei Entscheidungen des Arbeitgebers (im Sinne der festgelegten Mitwirkungs- und Unterrichtungsrechte); eine Zustimmung des WR zu Entscheidungen der Werkstatt als Arbeitgeber ist nicht erforderlich. Mit-wirkung ist somit eine schwächere Form der Beteiligung. Allerdings ist die Rechtsgültigkeit der Entscheidung nach §5 Abs. 3 WMVO von der vorheri-gen Unterrichtung und Beteiligung der WR abhängig. Mitwirkungs- und Anhörungsrechte sollen eine Einflussnahme auf Entscheidungen der Werk-statt gewährleisten.

Im Kern geht es neben der grundsätzlich vom Gesetzgeber geforderten »vertrauensvollen Zusammenarbeit« von Werkstatt und Werkstattrat (§7 WMVO) vor allem um die Verpflichtung der Werkstattleitung, den WR bei Mitwirkungsangelegenheiten rechtzeitig, umfassend und in angemes-sener Weise zu informieren bzw. im Vorfeld einer Entscheidung zu betei-ligen (§5 WMVO). Hier wird politisches Wirken eines Vertretungsgremi-ums mit Besonderheiten des Personenkreises kombiniert.

Politisches Wirken und Mitwirkung von Werkstatträten

Den Zusammenhang von Mitwirkung der Werkstatträte und politischem Wirken unterstreicht auch der erste Teilhabebericht der Bundesregierung über die Lebenslagen von Menschen mit Beeinträchtigungen. Er verweist auf politische Institutionen und Verhandlungssysteme und deren Bedeu-tung für den Interessenausgleich zwischen Arbeitgebern und Arbeitneh-merinnen und Arbeitnehmern. Der Teilhabebericht zählt auf betrieblicher Ebene Betriebsräte oder Mitarbeitervertretungen sowie auf überbetriebli-cher Ebene Organisationen wie Gewerkschaften, Unternehmensverbände, Kammern etc. auf. Dabei schließt er gleichermaßen die Werkstatträte ein. Für diese bildet die Verknüpfung von Selbstbestimmung, Empowerment und Selbstvertretung ein zentrales Moment ihres Aufgabenbereichs rund um Mitwirkung. Diese Leitbegriffe kennzeichnen den deutlich (gesell-schafts-)politischen und emanzipatorischen Charakter ihrer Tätigkeit. Vor allem in der Kombination von Selbstvertretung und Empowerment wird die aktive Annahme und Gestaltung eines Politikverständnisses deutlich.

Kompetenzen für Stellvertretung und Selbstvertretung

Mit der Wahl von Beschäftigten in Werkstätten in das Gremium WR beginnt die besondere Übernahme der Aufgabe »Stellvertretung durch Selbstvertretung«. Mit dieser Rolle sind hohe Anforderungen verknüpft, für deren Bewältigung eine kontinuierliche Unterstützung – u. a. durch Fortbildungen und durch das Einbeziehen von Vertrauenspersonen – gewährleistet sein muss. Besonders in Fortbildungen geht es um Entwicklung und Erweiterung erforderlicher Fähigkeiten der Mitglieder des WR im Spektrum klassischer Kompetenzbereiche wie Sachkompetenz, Selbst- oder Individualkompetenz, Sozialkompetenz und Methodenkompetenz. All dies dient u. a. dem Ziel, bessere Möglichkeiten für die Gestaltung bzw. Weiterentwicklung demokratischer und damit politischer Verhältnisse in den gewählten WR zu schaffen.

Beispiel: Fortbildung von Werkstatträten zum Thema »Leitbild«

Im Rahmen einer einrichtungsbezogenen Fortbildung mit sieben Mitgliedern eines WR und einer Vertrauensperson (VP) entwickelt sich aus dem Sammeln möglicher Themen das Schwerpunktthema »Leitbild des Werkstattrats«. In einem Brainstorming benennen die WR Gesichtspunkte, die ihnen als WR für das Thema wichtig sind. Im Rahmen einer Diskussion über die genannten Aspekte (vgl. Abb. 1) wird gemeinsam versucht, deutlich zu machen, für wen genau die einzelnen Aspekte wichtig sind. Dabei ergeben sich drei Oberbegriffe/Kategorien (siehe Abkürzungen in der Abbildung links neben der Linie).

Die erstellte Themenliste wird für das Weiterarbeiten am Leitbild des WR zur wesentlichen Orientierung. Nach einer Phase, in der im Rahmen von Textarbeit Ideen dazu formuliert werden, was genau in einem schriftlichen Leitbild des WR stehen soll, werden die einzelnen Textbausteine noch einmal kritisch hinsichtlich der jeweiligen Bedeutung für die drei Oberbegriffe/Kategorien überprüft.

Im Rahmen der Texterstellung und -bearbeitung entsteht im Verlauf der dreitägigen Fortbildung nach mehreren Schritten ein knapp vierseitiges Leitbild, für das die WR folgende Zwischenüberschriften gewählt haben: »Zum Verständnis«, »Interessen in der Werkstatt«, »Arbeitsumfeld, Rechte und Pflichten des Werkstattrats«, »Wichtiges und Grundsätzliches für das Amt des Werkstattrats«, »Organisatorisches zum Werkstattrat« und »Regeln in der Werkstatt«. Nach weiterer Diskussion erstellen die WR zusätzlich noch eine Art Kurzfassung: »Das Wichtigste in 7 Punkten«.

Abb. 1: Ergebnisse aus Brainstorming zum Thema »Leitbild des Werkstattrats«

Was uns wichtig ist (1)		Was uns wichtig ist (2)	
MA	• Für Mitarbeiter da sein	W	• Recht haben/nehmen
T/W/MA	• Es soll gerecht zugehen	W	• Durchsetzungsfähigkeit
W/MA	• Gleichwertigkeit/Augenhöhe	T	• Teamfähigkeit
T -> MA	• Schweigepflicht	W/T/MA	• »Abstriche« machen können
W	• Regeln/Gesetze beachten	T -> W	• Kompromissfähigkeit
W	• Gleichbehandlung des WR (gegenüber BR)	T/W	• Mut
		MA -> T	• Verlässlichkeit
W	• Arbeit als WR umsetzen können	T	• »Lässigkeit« und Ernsthaftigkeit
MA/T	• WR für MA/Beschäftigte	(W) T	• Vorbild sein
T->MA/W	• Verbindlichkeit	T -> W	• Wirtschaftl. Solidität d. WfbM
W/T/MA	• Respektvoller Umgang	W/T	• Verantwortlicher Umgang mit Schöpfung/Ressource
W/T/MA	• Zeit haben/nehmen	T	• Öffentlichkeitsarbeit
		W	• Vertrauensvolle Zusammenarbeit

T	= Team (intern) und als WR	T	= Team (intern) und als WR
MA	= auf Mitarbeiter ausgerichtet	MA	= auf Mitarbeiter ausgerichtet
W	= auf WfbM insgesamt ausgerichtet	W	= auf WfbM insgesamt ausgerichtet

Der gesamte Prozess innerhalb der Fortbildung hat den WR – so ihre Rückmeldungen am Ende der Fortbildung – mehreres verdeutlicht: »Der Werkstattrat ist Vorbild.« »Wir sind gern Werkstattrat.« »Wir wollen und pflegen einen respektvollen Umgang miteinander (in Wort und Tat)«.

Der erstellte Text soll anschließend auf der Homepage der Werkstatt veröffentlicht und als Faltblatt gedruckt werden. Und der WR will den Geschäftsführer rasch über das Ergebnis der Fortbildung informieren. Schließlich waren den WR in der Leitbild-Entwicklung Querverweise zur UN-Behindertenrechtskonvention wichtig; für sie war dadurch die Bedeutung ihrer Arbeit auch im gesamtgesellschaftlichen Sinne erkennbar.

Perspektiven der Mitwirkung

Seit der Verabschiedung der WMVO im Jahr 2001 ist viel Engagement unterschiedlicher Beteiligter in das Thema Mitwirkung geflossen. Gegenwärtig steht eine Novellierung der WMVO an. Ein Referentenentwurf wird für Ende 2015 erwartet (BAG WfbM 2015). In welchem Rahmen die Novellierung erfolgt und welche Konsequenzen aus ihr resultieren, ist zum Zeitpunkt der Drucklegung dieses Buches noch nicht konkret absehbar. Werkstatträte haben mit ihren Gremien auf Länder- und Bundesebene allerdings etliche Vorschläge unterbreitet (BVWR 2011; LAG WR NRW 2014). In diesem Prozess verschaffen sie sich selbstbewusst Gehör: im zuständigen Bundesministerium, bei Politikerinnen und Politikern, bei der BAG WfbM und bei Werkstatträten vor Ort.

Damit einhergehen muss allerdings auch eine aktive und verstärkte Informationsarbeit relevanter Bildungsinstitute über die Bedeutung von Mitbestimmung und Mitwirkung von Menschen mit Behinderung im Allgemeinen und die gezielte Qualifizierung von WR im Besonderen. Sie müssen sich den Institutionen der Behindertenhilfe als Partner anbieten. Politische Bildung kann dabei wichtige Netzwerkarbeit von, für und mit Werkstatträten WR realisieren und in inklusiven Bildungsangeboten gestalten – etwa gemeinsam mit Betriebsräten und anderen Mitarbeitervertretungen. So werden z.B. Menschen mit geistiger Behinderung als WR auch zukünftig in eine inklusive politische Bildung eingebunden – und sie werden sich hinsichtlich ihrer Selbstvertretungsansprüche und -möglichkeiten weiterbilden.

Literatur

BAG WfbM [Bundesarbeitsgemeinschaft Werkstätten für behinderte Menschen e.V.] (Hrsg.) (2013): Menschen in Werkstätten. Veröffentlichung im Internetportal der BAG WfbM vom 14.05.2013. Verfügbar unter: http://www.bagwfbm.de/page/25 (Zugriff: 29.05.2015).

BAG WfbM [Bundesarbeitsgemeinschaft Werkstätten für behinderte Menschen e.V.] (Hrsg.) (2015): BMAS plant Entwurf zur Novellierung der WMVO noch in 2015. Veröffentlichung vom 06.05.2015. Verfügbar unter: http://www.bagwfbm.de/article/2436 (Zugriff: 29.05.2015).

BMAS [Bundesministerium für Arbeit und Soziales] (Hrsg.) (2013): Teilhabebericht der Bundesregierung über die Lebenslagen von Menschen mit Beeinträchtigungen. Teilhabe – Beeinträchtigung – Behinderung. Bonn. Verfügbar unter: https://www.bmas.de/SharedDocs/Downloads/DE/PDF-Meldungen/2013-07-31-teilhabebericht.pdf?__blob=publicationFile (Zugriff: 14.11.2014).

BMAS [Bundesministerium für Arbeit und Soziales] (Hrsg.) (2015): Rehabilitation und Teilhabe behinderter Menschen. Bonn. Verfügbar unter: https://www.bmas.de/SharedDocs/Downloads/DE/PDF-Publikationen/a990-rehabilitation-und-teilhabe-deutsch.pdf?__blob=publicationFile (Zugriff: 28.05.2015).

BVWR [Bundesvereinigung der LAG Werkstatträte e.V.] (2011): Das Positions-Papier zur Änderung der Werkstätten-Mitwirkungs-Verordnung in Leichter Sprache. Verfügbar unter: www.bvwr.de/uploads/media/Positionspapier_WMVO_Leichte_

Sprache_gepruefte_Fassung_12-2012_01.pdf?PHPSESSID=7a2c08943f3f1271d495
f65e6d80bbd4 (Zugriff: 14.11.2014).

Cramer, H.H. (2009): Werkstätten für behinderte Menschen. Kommentar. 5. Auflage. München.

LAG WR NRW [Landesarbeitsgemeinschaft der Werkstatträte NRW] (2014): Positionspapier der LAG WR NRW 2014. Verfügbar unter: www.nrw-werkstattraete.de/zielsetzung (Zugriff: 14.11.2014).

Schiefer, F./Schlummer, W./Schütte, U. (2011): Politische Bildung für alle?! – Anbahnung von Politik- und Demokratie-Kompetenz bei Schülern mit dem Förderschwerpunkt geistige Entwicklung. In: Ratz, C. (Hrsg.): Unterricht im Förderschwerpunkt geistige Entwicklung. Fachorientierung und Inklusion als didaktische Herausforderung. Oberhausen. S. 241–261.

Schlummer, W. (2010): Heilpädagogische Grundlegung im Kontext Arbeit. In: Grampp, G./Hirsch, S./Kasper, C. M./Scheibner, U./Schlummer, W.: Arbeit. Herausforderungen und Verantwortung der Heilpädagogik. Stuttgart. S. 53–95.

Schlummer, W./Schütte, U. (2006): Mitwirkung von Menschen mit geistiger Behinderung. Schule, Arbeit, Wohnen. München/Basel.

Andreas Kuhn / Jan Markus Köhler

Kommunale Teilhabeplanung und bürgerschaftliche Interessenvertretung in Rheinland-Pfalz

Anknüpfungspunkte und Spannungsfelder exemplarisch aufgezeigt

Die Vertragsstaaten der UN-Behindertenrechtskonvention (UN-BRK) verpflichten sich in Artikel 19 zur Entwicklung »wirksame[r] und geeignete[r] Maßnahmen, um Menschen mit Behinderungen [...] ihre volle Einbeziehung in die Gemeinschaft und Teilhabe an der Gemeinschaft zu erleichtern« (BMAS 2011, S. 28). Dies soll unter anderem durch »gemeindenahe Dienstleitungen« (ebd., S. 29) geschehen. Nach der Ratifizierung der UN-BRK wurden in den vergangenen Jahren zunehmend Teilhabe- oder Aktionspläne zur Umsetzung der Konvention erarbeitet. Zwar sind diese nicht verbindlich, die Monitoring-Stelle zur UN-BRK bewertet sie jedoch als notwendige Planungsinstrumente für eine effektive Umsetzung (Palleit 2010, S. 1 f.).

Neben kommunalen Teilhabe- und Aktionsplänen als politisch geschaffene Instrumente zur Ermöglichung von Partizipation und Inklusion finden sich im Diskurs um die Ausgestaltung eines inklusiven Gemeinwesens gleichzeitig weitere Interessen. Diese organisieren sich in vielfältigen bürgerschaftlichen Gruppen. Sie beschäftigen sich oftmals mit ähnlichen Fragestellungen und versuchen ihrerseits Vorschläge in den politischen Diskurs einzubringen. Es stellt sich in diesem Zusammenhang die Frage, welche Anknüpfungspunkte und Spannungsfelder zwischen kommunaler Teilhabeplanung und verschiedenen Formen bürgerschaftlichen Engagements bestehen.

Wege zur Öffnung des politischen Raums für Menschen mit Behinderungen

Kommunale Teilhabe- und Aktionsplanung: Politische Inklusion als kommunale Aufgabe

Der Begriff der kommunalen Teilhabeplanung beschreibt »einen lernorientierten und partizipativen Prozess, in dem sich unter politischer Federführung der Kommunen die örtlich relevanten Akteure auf den Weg machen, die Zielsetzungen eines ›inklusiven Gemeinwesens‹ unter den Bedingungen ihrer spezifischen Örtlichkeit zu verwirklichen« (Lampke u. a. 2011, S. 15). Das Ziel der Verwirklichung eines inklusiven Gemeinwesens verweist dabei auf einen Perspektivwechsel im Umgang mit Menschen mit Behinderungen, der sich auf zwei Ebenen zeigt:

1. Die Behindertenhilfe arbeitete lange Zeit in zielgruppenorientierten Strukturen, in denen Beeinträchtigungen und Bedarfe einzelner Gruppen zum Ausgangspunkt des Handelns gemacht wurden (vgl. den Beitrag von Christoph Dönges und Jan Markus Köhler in Teil 1.3 dieses Bandes). Wie Büch beschreibt, bedeutet die Teilhabeplanung eine Abkehr von diesem Vorgehen (2010, S. 182).

2. Bislang waren Strategien zur Integration meist kompensatorisch angelegt und versuchten die Teilhabe Einzelner durch individuelle Unterstützung zu ermöglichen (Seifert/Steffens 2009, S. 12). Dadurch gelang es aber insbesondere nicht, Menschen mit höheren Hilfebedarfen zu mehr Teilhabe zu verhelfen, weil wirkmächtige Zugangsbarrieren der Kommune an sich vielfach nicht verändert wurden. Kommunale Teilhabeplanung setzt deshalb auf eine »Ergänzung durch eine sozialräumliche Perspektive« (Blankenfeld/Wachtel 2009, S. 197).

Kommunale Teilhabeplanung ist derzeit nach dem Sozialleistungsrecht geregelt, relevant sind insbesondere die Sozialgesetzbücher IX und XII. Von Bedeutung sind zudem das Benachteiligungsverbot nach Art. 3 GG, das Gesetz zur Gleichstellung behinderter Menschen (BGG) sowie die UN-BRK (Welti 2011, S. 56 ff.). In den letzten Jahren wurden bundesweit vielerorts kommunalpolitische Ansätze der Teilhabeplanung entwickelt (Lampke u. a. 2011, S. 18). Allerdings sind die Regelungen bislang noch uneinheitlich, sowohl in Begriffen als auch in ihrer konkreten Ausgestaltung. Entsprechend schwer fällt derzeit eine systematische Darstellung vorliegender Teilhabepläne (ebd.).

Kommunale Aktionsplanung in Rheinland-Pfalz

In Rheinland-Pfalz wirbt die Landesregierung mittels einer Handreichung für die Erstellung kommunaler Planungen, genutzt wird der Begriff »Aktionsplan« (MSAGD 2013). Das Land empfiehlt kommunale Planungen an den Aktionsplan der rheinland-pfälzischen Landesregierung anzulehnen (ebd., S. 8). Dieser betrachtet insgesamt zehn Handlungsfelder (ebd., S. 10 f.):

1. Bildung und Erziehung,
2. Arbeit/Personalentwicklung,
3. Bauen und Wohnen,
4. Freizeit, Kultur, Sport,
5. Persönlichkeitsrechte,
6. Interessenvertretung und gesellschaftliche Teilhabe,
7. Gesundheit,
8. Mobilität, Barrierefreiheit, Verkehr,
9. Barrierefreie Kommunikation und Information, Öffentlichkeitsarbeit,
10. Bewusstseinsbildung und Sonstiges.

Tab.1: Bausteine zu einem Aktionsplan

	Baustein	Hinweise zum Baustein
1.	Beschluss	Beauftragung zur Erstellung eines kommunalen Aktionsplans durch das Gemeindeparlament
2.	Einberufung eines ressortübergreifenden Lenkungsgremiums	Übernimmt die Erstellung des Plans unter Einbezug der Zivilgesellschaft
3.	Öffentlichkeitsarbeit	Veröffentlichung des Ziels der Aktionsplanung, Beteiligung der Öffentlichkeit an der Entwicklung und Ausführung der Planung
4.	Partizipation	Insbesondere Menschen mit Behinderungen und ihre Verbände, kommunale Gruppen, Hochschulen, lokale Unternehmen, Medien etc. sollen an der Planung beteiligt sein
5.	Barrierefreie, thematische Diskussionsveranstaltungen	Zweck: Erhebung des Ist-Stands und Bestimmung notwendiger Schritte, z.B. in Zukunftswerkstätten
6.	Barrierefreier Aktionsplan	Erstellung und Veröffentlichung z.B. auch in leichter Sprache[1] und Gebärdensprache
7.	Kontrolle	Regelmäßige Evaluation durch öffentliche Stellen, Recht der Zivilbevölkerung, eigene Parallelberichte vorzulegen
8.	Weiterentwicklung	Aktualisierung von Maßnahmen und Zielen

Quelle: Zusammenstellung in Anlehnung an MSAGD 2013, S. 13 f.

Die Planung für diese Handlungsfelder soll sich jeweils an einem Drei-schritt orientieren: (1) Benennen der verfolgten Vision, (2) Zielformulie-rung und (3) Festschreibung konkreter Maßnahmen und Bewertungsin-dikatoren (ebd., S. 9 f.).

In der Handreichung des Landes Rheinland-Pfalz werden zudem ver-schiedene »Bausteine« zur Erstellung eines Aktionsplans benannt (vgl. Tab. 1). In diesen wird deutlich, dass die Zivilbevölkerung und gesell-schaftliche Interessengruppen zu verschiedenen Zeitpunkten in die Pla-nung und Erstellung einbezogen werden sollen.

Politische Inklusion durch bürgerschaftliches Engagement am Beispiel des Stammtischs barrierefreies Landau

In den letzten ca. 40 Jahren war die Thematisierung von Behinderung in Zusammenschlüssen interessierter Bürgerinnen und Bürger, insbesondere getragen durch behinderte Menschen selbst, fokussiert auf Auseinander-setzung mit und Kritik an dem System der Hilfe für behinderte Menschen. Dabei wurden das aktuelle Verständnis von Behinderung und Hilfe sowie die Diskussion um Inklusion und Barrierefreiheit wesentlich durch die Selbstvertretung behinderter Menschen (mit)bestimmt und forciert. Zen-trale Teile der rechtlich verankerten Beteiligungsmöglichkeiten gehen auf diese Auseinandersetzungen und Diskurse zurück (Evers-Meyer 2012, S. 305 ff.). Mit der Diskussion um Inklusion eröffnen sich neue Perspekti-ven auf der Ebene der Formen, der Programmatik sowie des politischen Handelns, welche auf die Thematisierung von Behinderung, entlang der Strukturen gesellschaftlicher Teilbereiche, fokussieren und so zu neuen Konstellationen von Interessen sowie Vertretungsformen führen.

Die Idee zum *Stammtisch barrierefreies Landau* entstand in einem Seminar am Institut für Sonderpädagogik der Universität Koblenz-Landau. In dem Seminar zum Thema *Inklusive Stadt Landau?!* arbeiteten Studierende der Universität gemeinsam mit Menschen, die in Einrichtungen der Behinder-tenhilfe leben, sowie unterschiedlichen Gruppen der Selbstvertretung der Interessen behinderter Menschen. Ziel war, ein niedrigschwelliges Ange-bot zu gestalten, das in die Stadt hineinwirkt und für das Thema »Barrie-refreiheit« sensibilisiert. Gleichzeitig sollte eine Plattform geschaffen wer-den, um unterschiedliche Themen in diesem Kontext einzubringen und zu diskutieren. Der Stammtisch wurde als offenes Angebot für alle Men-schen konzipiert, die in Landau leben, wohnen und arbeiten. Der Gedanke war, Menschen mit unterschiedlichen Behinderungserfahrungen zusam-menzubringen und Austausch zu ermöglichen. Seit Dezember 2012 trifft sich der Stammtisch ca. einmal monatlich.

Zentral war (und ist bis heute) zum einen die Frage, wie die Treffen des Stammtischs so gestaltet werden können, dass alle Interessierten mitarbeiten können. Das beginnt bei der Auswahl des Ortes, der barrierefrei erreichbar sein muss, und reicht bis zur inhaltlichen und methodischen Gestaltung der einzelnen Treffen, insbesondere bezüglich der Frage einer barrierefreien Kommunikation. Zum anderen stellte sich die Frage, welchen Themen sich der Stammtisch annehmen soll. In diesem Zusammenhang wurde ein Programm formuliert, in dem geklärt wurde, was unter Barrierefreiheit sowie Barrieren verstanden werden soll und wie sich diese in Landau zeigen. Das Programm enthält darüber hinaus konkrete Zielsetzungen und wurde von Teilnehmenden des Stammtischs in leichter Sprache formuliert.

Als zentrale Ziele benennt das Programm die Sensibilisierung für das Thema »Barrierefreiheit«, die Einrichtung eines Beirats zur Vertretung der Belange von Menschen mit Behinderung, die Planung und Realisierung eines Stadtführers barrierefreies Landau sowie die Erstellung eines Aktionsplans für die Stadt Landau. Zum Stammtisch gehören gegenwärtig Menschen, die in Landau in unterschiedlichen Einrichtungen der Behindertenhilfe leben, Bewohnerbeiräte, Vertreter blinder und sehbehinderter Menschen, Vertreter gehörloser Menschen, Selbstvertretungsgruppen, Vertreter von Einrichtungen der Behindertenhilfe und Psychiatrie, Behindertenbeauftragte aus Stadt und Region, Studierende, Mitarbeitende der Universität Koblenz-Landau sowie Bürger der Stadt Landau mit unterschiedlichen Behinderungserfahrungen. Ca. 15 bis 25 Personen nehmen regelmäßig an den Treffen teil, ca. doppelt so viele kommen zu einzelnen Treffen und Veranstaltungen, die thematisch für sie interessant sind, darunter auch Vertreterinnen und Vertreter der Verwaltung sowie kommunaler Parteien.

Anknüpfungspunkte und Spannungsfelder kommunaler Teilhabeplanung und bürgerschaftlichen Engagements

Lampke u. a. machen deutlich, dass sich kommunale Teilhabeplanung »auf keine eigenständige Planungstradition stützen« (2011, S. 17) kann, vielfach ist die Zusammenarbeit relevanter Stellen vor Ort noch unklar (ebd.). Mit Rohrmann kann aber davon ausgegangen werden, dass die Kommunen Teilhabeplanung als lokale Ansprechpartner zielgerichteter angehen können als übergeordnete Stellen (2009, S. 19). Gleichzeitig sind Netzwerke und Strukturen in verschiedenen Städten und Landkreisen jedoch unterschiedlich gut ausgebildet (Blankenfeld/Wachtel 2009, S. 204). Insbesondere mit Hinblick auf Menschen mit Lernschwierigkeiten/geistiger Behinderung sind Strukturen für eine politische Interessenvertretung »auf kommunaler Ebene noch nicht flächendeckend entwickelt« (Seifert 2011, S. 212). Es gilt deshalb Maßnahmen zu entwickeln, um auch Menschen mit Lernschwierigkeiten als Experten in eigener Sache einzubinden. Dies umfasst (ebd., S. 215 ff.):

1. die Stärkung von Selbstvertretungskompetenzen, angelehnt an den Empowerment-Ansatz,
2. politische Bildungsmaßnahmen,
3. persönliche Zukunftsplanungen mit Unterstützerkreisen,
4. verschiedene Formen von Assistenz und
5. Fragen von Barrierefreiheit (leichte Sprache, Formen der Unterstützten Kommunikation etc.).

Besonders wichtig erscheint dabei die Zusammenarbeit verschiedener Stellen kommunaler Politik und Verwaltung sowie bürgerschaftlicher Interessengruppen, die sich mit verschiedenen Aspekten von Teilhabe und Inklusion beschäftigen (Evers-Meyer 2012, S. 307). Dies lässt sich am Beispiel des Stammtischs konkretisieren. Sein zentraler Bezugspunkt ist nicht das System der Hilfe oder konkrete Schädigungen und Beeinträchtigungen, sondern die Kommune. Der Stammtisch versucht eine Plattform zu bieten, auf der unterschiedliche Interessen dargestellt und diskutiert werden können. Dies schließt nicht aus, dass auch gruppenbezogene Interessen vertreten werden (können), bleibt jedoch immer an die Teilnahme am Stammtisch gebunden. Daraus ergeben sich zwei grundlegende Probleme.

1. Der Stammtisch ist ein Angebot, das nicht nur Teilhabe ermöglicht, sondern, durch die Form seiner Gestaltung, auch Menschen von der Teilhabe ausschließt, die am Thema Barrierefreiheit interessiert sind. Es stellt sich somit das Problem von Inklusion und Exklusion.
2. Der Stammtisch kann als Plattform zur ausschließlichen Darstellung partikularer Interessen genutzt werden.

In diesem Kontext versucht der *Stammtisch barrierefreies Landau*, seine Form und Programmatik stetig mit Blick auf die Ermöglichung der Teilhabe aller Interessierten zu revidieren und fortgesetzt für Interesse zu werben. Das führt nicht zur andauernden Teilhabe aller, ermöglicht jedoch – über die konkrete methodische und thematische Gestaltung einzelner Treffen – immer wieder, dass alle interesse- und themenbezogen mitarbeiten und sich einbringen können.

Mit Blick auf das Verhältnis kommunaler Teilhabeplanung und bürgerschaftlichen Engagements zeigt sich eine mögliche Instrumentalisierung als zentrale Gefahr. Bürgerschaftliche Interessengruppen können von der Politik und Verwaltung als themenbezogene Gesprächspartner begriffen werden, die eigene Ideen zu einer inklusiven Ausgestaltung der Kommune einbringen. Jedoch sind auch Bestrebungen zu beobachten, Gruppierungen als Elemente politischer Steuerung zu vereinnahmen. Ziele und Inhalte werden von der (kommunalen) Politik scheinbar aufgegriffen und nach außen dargestellt, ohne jedoch die Differenzen in der Sache zu thematisieren und sichtbar zu machen. Beteiligung gerät dann zur Legitimationsstrategie für die Durchsetzung politischer Interessen.

Dies scheint insbesondere schwierig, da bürgerschaftliches Engagement sich in der Regel auf Grundlage gemeinsamer Interessen und Motivationen formiert und damit nicht einfach ein politisch legitimiertes Steuerungsinstrument ersetzen kann (und will). Mit Hinblick auf die kommunale Teilhabeplanung besteht weiter die Gefahr, dass sich Kommunen durch die Arbeit bürgerschaftlicher Interessengruppen von ihrer Aufgabe der Gestaltung eines inklusiven Gemeinwesens (teilweise) entlasten. Gleichzeitig bleibt die Wahrnehmung kommunaler Verantwortung immer auf die aktive Einbringung bürgerschaftlicher Interessen angewiesen. Es scheint deshalb zielführend, enge Kooperationen mit bürgerschaftlichen Strukturen anzustreben und deren Expertise und Vorschläge mit dem landes- und kommunalpolitischen Prozess der Teilhabeplanung zusammenzudenken, ohne dabei die Differenz unterschiedlicher Interessen einzuebnen. Dabei scheint es zentral, bürgerschaftlichem Engagement gleichzeitig seine Widerständigkeit zu lassen.

Anmerkungen

1 Mit der Schreibweise »leichte Sprache« möchten wir darauf hinweisen, dass es *die* leichte Sprache nicht gibt. Ob ein Text leicht oder schwer ist, hängt vom einzelnen Individuum ab. Ein Text in leichter Sprache kann demnach nicht alle Personen einer Zielgruppe erreichen. Die unbestritten sinnvollen und hilfreichen Regeln für Leichte Sprache dürfen über dieses Problem nicht hinwegtäuschen und eine für die gesamte Zielgruppe gültige Lösung suggerieren.

Literatur

Blankenfeld, C./Wachtel, G. (2009): Auf dem Weg ins Gemeinwesen – Kommunale Planung für Menschen mit Behinderung in Theorie und Praxis. In: Vierteljahresschrift für Heilpädagogik und ihre Nachbargebiete. Heft 3. S. 197–211.
BMAS [Bundesministerium für Arbeit und Soziales] (Hrsg.) (2011): Übereinkommen über die Rechte von Menschen mit Behinderungen. Stand: Dezember 2011. Bonn.
Büch, E.-M. (2010): «Menschen mit Einschränkungen willkommen!» Teilhabeplanung für Menschen mit Behinderung. In: Teilhabe. Heft 4. S. 181–185.

Evers-Meyer, K. (2012): Politische Beteiligung und kommunale Interessenvertretung. In: Beck, I./Greving, H. (Hrsg.): Lebenslage und Lebensbewältigung. Stuttgart. S. 305–307.

Lampke, D./Rohrmann, A./Schädler, J. (2011): Kommunale Teilhabeplanung – Einleitung. In: Lampke, D./Rohrmann, A./Schädler, J. (Hrsg.): Örtliche Teilhabeplanung mit und für Menschen mit Behinderungen. Theorie und Praxis. Wiesbaden. S. 9–24.

MSAGD [Ministerium für Soziales, Arbeit, Gesundheit und Demografie Rheinland-Pfalz] (Hrsg.) (o. J.): Kommunen. Umsetzung der UN-Konvention über die Rechte von Menschen mit Behinderungen in den Kommunen. Verfügbar unter: http://inklusion.rlp.de/die-un-konvention/was-machen-die-partnerinnen-und-partner/kommunen/(Zugriff: 19.01.2015).

MSAGD [Ministerium für Soziales, Arbeit, Gesundheit und Demografie Rheinland-Pfalz] (Hrsg.) (2013): Unsere Gemeinde wird inklusiv! Ein Leitfaden für die Erstellung kommunaler Aktionspläne zur Umsetzung der UN-Behindertenrechtskonvention. Mainz.

Palleit, L. (2010): Aktionspläne zur Umsetzung der UN-Behindertenrechtskonvention. In: Positionen. Monitoring-Stelle zur UN-Behindertenrechtskonvention. Heft 2. Verfügbar unter: http://www.institut-fuer-menschenrechte.de/uploads/tx_commerce/positionen_nr_2_aktionsplaene_zur_umsetzung_der_un_behindertenrechtskonvention_01.pdf (Zugriff: 10.01.2015).

Rohrmann, A. (2009): Teilhabe planen. Ziele und Konzepte kommunaler Teilhabeplanung. In: Teilhabe. Heft 1. S. 18–25.

Seifert, M. (2011). Beteiligung von Menschen mit Lernschwierigkeiten an Prozessen der örtlichen Teilhabeplanung für Menschen mit Behinderungen. In: Lampke, D./Rohrmann, A./Schädler, J. (Hrsg.): Örtliche Teilhabeplanung mit und für Menschen mit Behinderungen. Theorie und Praxis. Wiesbaden. S. 211–226.

Seifert, M./Steffens, B. (2009): Das Gemeinwesen mitdenken. Die Inklusionsdebatte an der Schnittstelle zwischen Behindertenhilfe und Sozialer Arbeit. In: Teilhabe. Heft 1. S. 11–18.

Welti, F. (2011). Rechtliche Grundlagen einer örtlichen Teilhabeplanung. In: Lampke, D./Rohrmann, A./Schädler, J. (Hrsg.): Örtliche Teilhabeplanung mit und für Menschen mit Behinderungen. Theorie und Praxis. Wiesbaden. S. 55–67.

Verzeichnis der Autorinnen und Autoren

Prof. Dr. Karl-Ernst Ackermann ist emeritierter Professor für Rehabilitationswissenschaften der Humboldt-Universität zu Berlin und Präsident der Gesellschaft Erwachsenenbildung und Behinderung e.V. Kontakt: karl-ernst.ackermann@gmx.de

Prof. Dr. Anja Besand ist Professorin für die Didaktik der politischen Bildung an der Technischen Universität Dresden. Kontakt: anja.besand@tu-dresden.de

Prof. Dr. Uwe Bittlingmayer ist Professor für Allgemeine Soziologie mit dem Schwerpunkt Bildungssoziologie. Kontakt: uwe.bittlingmayer@ph-freiburg.de

Prof. Dr. Joachim Detjen ist emeritierter Professor für Politikwissenschaft mit dem Schwerpunkt Politische Bildung und Didaktik der Sozialkunde der Katholischen Universität Eichstätt-Ingolstadt. Kontakt: uni@detjenonline.de

Dr. Eduard Jan Ditschek war Volkshochschuldirektor und ist Redakteur der Zeitschrift *Erwachsenenbildung und Behinderung* der Gesellschaft Erwachsenenbildung und Behinderung e. V. Kontakt: ditschek@geseb.de

Dr. Christoph Dönges ist Akademischer Direktor am Institut für Sonderpädagogik der Universität Koblenz-Landau in der Fachrichtung Pädagogik bei geistigen und körperlichen Behinderungen. Kontakt: doenges@uni-landau.de

Karin Eckenroth, 2. Staatsexamen LA für die Primarstufe, ist Grundschullehrerin an der Rosenmaarschule in Köln. Kontakt: karin.eckenroth@web.de

Victoria Fiedler, 2. Staatsexamen LA für die Primarstufe, ist Grundschullehrerin an der Rosenmaarschule in Köln

Benjamin Freese, M. A, Dipl.-Soz.-Päd./Dipl.-Soz.Arb., ist Leiter des PIKSL-Labors in Düsseldorf-Flingern. Kontakt: benjamin.freese@igl-duesseldorf.de

Jürgen Gerdes, Dipl.-Pol., ist wissenschaftlicher Mitarbeiter am Institut für Soziologie der Pädagogischen Hochschule Freiburg. Kontakt: juergen.gerdes@ph-freiburg.de

Walter Heilmann, 2.Staatsexamen LA Grund- und Hauptschulen, war Schulleiter der Rosenmaarschule in Köln und arbeitet jetzt freiberuflich als Schulberater. Kontakt: nc-heilmawa@netcologne.de

Wolfram Hilpert, 2.Staatsexamen LA Sek. I/II, ist Referent der Bundeszentrale für politische Bildung im Fachbereich Zielgruppenspezifische Angebote. Kontakt: wolfram.hilpert@bpb.bund.de

Prof. Dr. Klaus-Peter Hufer ist außerplanmäßiger Professor an der Fakultät Bildungswissenschaften der Universität Duisburg-Essen. Kontakt: klaus-peter. hufer@t-online.de

David Jugel, M.Ed., ist wissenschaftlicher Mitarbeiter am Institut für Erziehungswissenschaft mit dem Schwerpunkt Inklusive Bildung der Technischen Universität Dresden und leitet das Zentrum für inklusive politische Bildung in Dresden. Kontakt: david.jugel@tu-dresden.de

Prof. Dr. Joachim Kahlert ist Professor für Grundschulpädagogik und -didaktik an der Ludwig-Maximilians-Universität München. Kontakt: kahlert@lmu.de

Jan Markus Köhler ist Wissenschaftlicher Mitarbeiter am Institut für Sonderpädagogik der Universität Koblenz-Landau. Kontakt: koehler@uni-landau.de

Dr. Jens Korfkamp ist Leiter der Verbandsvolkshochschule Rheinberg. Kontakt: jens.korfkamp@vhs-rheinberg.de

Prof. Dr. Martin Kronauer ist emeritierter Professor für Gesellschaftswissenschaft der Hochschule für Wirtschaft und Recht Berlin. Kontakt: kronauer@hwr-berlin.de

Dr. Andreas Kuhn ist Wissenschaftlicher Mitarbeiter am Institut für Sonderpädagogik der Universität Koblenz-Landau. Kontakt: kuhna@uni-landau.de

Tobias Marczinzik, Dipl.-Designer, ist Leiter des Projektes PIKSL in Düsseldorf-Flingern. Kontakt: tobias.marczinzik@igl-duesseldorf.de

Dr. Oliver Musenberg ist Wissenschaftlicher Mitarbeiter am Institut für Rehabilitationswissenschaften der Humboldt-Universität zu Berlin. Kontakt: oliver. musenberg@staff.hu-berlin.de

Prof. Dr. Tonio Oeftering ist Juniorprofessor für Politikdidaktik an der Leuphana Universität Lüneburg. Kontakt: tonio.oeftering@leuphana.de

Prof. Dr. Dagmar Richter ist Professorin für Sachunterricht und seine Didaktik an der Technischen Universität Braunschweig. Kontakt: d.richter@tu-braunschweig.de

Dr. Judith Riegert ist Wissenschaftliche Mitarbeiterin am Institut für Rehabilitationswissenschaften an der Humboldt-Universität zu Berlin. Kontakt: judith. riegert@staff.hu-berlin.de

Nadine Rüstow, Diplom-Rehabilitationspädagogin, ist Koordinatorin im AWO-Büro Leichte Sprache Berlin. Kontakt: nadine.ruestow@gmx.de

Prof. Dr. Diana Sahrai ist Professorin für Soziales Lernen unter erschwerten Bedingungen an der Fachhochschule Nordwestschweiz. Kontakt: diana.sahrai@fhnw.ch

Fereschta Sahrai, M. A., ist Wissenschaftliche Mitarbeiterin im Projekt »Vor-Bild II« der Pädagogischen Hochschule Freiburg. Kontakt: fereschta.sahrai@ph-freiburg.de

Dr. Frank Schiefer ist Akademischer Rat am Institut für Politikwissenschaft und Soziologie der Julius-Maximilians-Universität Würzburg. Kontakt: frank.schiefer@uni-wuerzburg.de

Dr. Jan-René Schluchter ist Akademischer Rat für Medienpädagogik und wissenschaftlich-fachlicher Leiter im Bereich Medien des Zentrums für Medien- und Informationstechnologie der Pädagogischen Hochschule Ludwigsburg. Kontakt: schluchter@ph-ludwigsburg.de

Dr. Werner Schlummer ist Wissenschaftlicher Mitarbeiter am Institut für Pädagogik und Rehabilitation bei Menschen mit geistiger und schwerer Behinderung der Universität zu Köln. Kontakt: werner.schlummer@uni-koeln.de

Dr. Ute Schütte, ist Lehrkraft einer Förderschule mit dem Schwerpunkt geistige, motorische und körperliche Behinderung. Kontakt: ute.schuette@t-online.de

Volker Schwier, 2. Staatsexamen Sek I/II, ist Lehrkraft im Hochschuldienst an der Bielefeld School of Education (BiSEd) der Universität Bielefeld. Kontakt: volker.schwier@uni-bielefeld.de

Prof. Dr. Georg Weißeno ist Professor für Politikwissenschaft und ihre Didaktik an der Pädagogischen Hochschule Karlsruhe. Kontakt: weisseno@ph-karlsruhe.de

Prof. Dr. Bettina Zurstrassen ist Professorin für die Didaktik der Sozialwissenschaften an der Universität Bielefeld. Kontakt: bettina.zurstrassen@uni-bielefeld.de